Die Zulässigkeit atypischer Arbeitskampfformen und die Kampfmittelfreiheit

Schriften zum Recht der Arbeit

Herausgegeben von Olaf Deinert und Rüdiger Krause

Band 14

PL ACADEMIC RESEARCH

Yu-Fan Chiu

Die Zulässigkeit atypischer Arbeitskampfformen und die Kampfmittelfreiheit

Eine rechtssoziologische und rechtsdogmatische Analyse im Licht der Flashmob-Entscheidungen von Bundesarbeitsgericht und Bundesverfassungsgericht in Zeiten der wirtschaftlichen Globalisierung

PL ACADEMIC RESEARCH

Bibliografische Information der Deutschen Nationalbibliothek
Die Deutsche Nationalbibliothek verzeichnet diese Publikation in der Deutschen Nationalbibliografie; detaillierte bibliografische Daten sind im Internet über http://dnb.d-nb.de abrufbar.

Zugl.: Göttingen, Univ., Diss., 2015

D 7
ISSN 2191-4079
ISBN 978-3-631-66742-2 (Print)
E-ISBN 978-3-653-06385-1 (E-PDF)
E-ISBN 978-3-631-69890-7 (EPUB)
E-ISBN 978-3-631-69891-4 (MOBI)
DOI 10.3726/b10488

PL Academic Research ist ein Imprint der Peter Lang GmbH.

Peter Lang – Frankfurt am Main · Bern · Bruxelles · New York · Oxford · Warszawa · Wien

Diese Publikation wurde begutachtet.

www.peterlang.com

Meinen lieben Eltern
Shi-Ling Lee 李淑鈴 und Da-De Chiu 邱達德(+)
gewidmet

Vorwort

Die vorliegende Arbeit wurde im Sommersemester 2015 von der Juristischen Fakultät der Georg-August-Universität Göttingen als Dissertation angenommen. Das Manuskript wurde im Juli 2015 abgeschlossen, Rechtsprechung und Literatur konnten bis Oktober 2015 berücksichtigt werden. Ihre Entstehung haben die Hans-Böckler-Stiftung und das taiwanesische Bildungsministerium in dankenswerter Weise durch Stipendien gefördert.

Mein herzlicher Dank gilt vor allem meinem Doktorvater Herrn Professor Dr. *Rüdiger Krause*. Ihm möchte ich für seine hilfreichen Gespräche, kritischen Anregungen und auch seine großzügige Förderung besonders danken. Für die zügige Erstellung des Zweitgutachtens danke ich Herrn Professor Dr. *Olaf Deinert*. Herrn Prof. Dr. *Volker Lipp* danke ich für die Übernahme des Vorsitzes des Rigorosums.

Zu danken habe ich den Kollegen beim Vorstand der IG Metall Frankfurt sowie der U35-Gruppe des ver.di-Bezirks Süd-Ost-Niedersachsen, allen voran den Gewerkschaftssekretären Herrn *Patrick von Brandt* und Herrn *Martin Krämer* für den hilfreichen Erfahrungs- und Meinungsaustausch in Bezug auf atypische Arbeitskampftaktiken der Gewerkschaften. Mein besonderer Dank gilt ferner Herrn *Heino Berg* und Herrn *Ingo Hempel* für ihr geduldiges Korrekturlesen in Verbindung mit kritischen Diskussionen über alle Entwürfe meiner Arbeit.

Ganz besonderes bedanke ich mich bei meinen Eltern *Shu-Ling Lee* 李淑鈴 und *Da-De Chiu* 邱達德(†) sowie bei meiner Schwester *Yu-Han* 雨涵 und meinen Brüdern *Tzu-Chin* 子欽 und *Tzu-Wie* 子威. Ohne die stete Unterstützung meiner Familie wäre die Erstellung dieser Arbeit nicht möglich gewesen.

Göttingen, im Juli 2016 *Yu-Fan Chiu*

Inhaltsübersicht

Inhaltsverzeichnis

Tabellen- und Abbildungsverzeichnis

Abkürzungsverzeichnis

a. A.	anderer Ansicht
Abs.	Absatz
AcP	Archiv für die civilistische Praxis
AEUV	Vertrag über die Arbeitsweise der Europäischen Union
AiB	Arbeitsrecht im Betrieb, Zeitschrift
AFLCIO	American Federation of Labor and Congress of Industrial Organizations
AG	Arbeitsgericht
Anm.	Anmerkung
AöR	Archiv des öffentlichen Rechts
AP	Arbeitsrechtliche Praxis (Nachschlagewerk des Bundesarbeitsgerichts)
ArbG	Arbeitsgericht
ArbGG	Arbeitsgerichtsgesetz
ArbR	Arbeitsrecht Aktuell, Zeitschrift
Art.	Artikel
AsylVfG	Gesetz über das Asylverfahren
AufenthG	Gesetz über den Aufenthalt, die Erwerbstätigkeit und die Integration von Ausländern im Bundesgebiet
Aufl.	Auflage
AÜG	Gesetz zur Regelung der gewerbsmäßigen Arbeitnehmerüberlassung (Arbeitnehmerüberlassungsgesetz)
AuR	Arbeit und Recht, Zeitschrift
BAG	Bundesarbeitsgericht
BayVerf.	Verfassung des Freistaates Bayern
BB	Betriebs-Berater, Zeitschrift
Bd.	Band
BeckOK	Beck'scher Online- Kommentar
Begr., begr.	Begründung, begründet
BerlVerf.	Verfassung von Berlin
BetrVG	Betriebsverfassungsgesetz
BGB	Bürgerliches Gesetzbuch
BGBl.	Bundesgesetzblatt
BGH	Bundesgerichtshof
BrandbgVerf.	Verfassung des Landes Brandenburg
BremVerf.	Landesverfassung der Freien Hansestadt Bremen
BPersVG	Bundespersonalvertretungsgesetz
BSG	Bundessozialgericht
BVerfG	Bundesverfassungsgericht
BVerwG	Bundesverwaltungsgericht

bzw.	Beziehungsweise
ca.	circa
CGT	Confédération générale du travail
CR	Computer und Recht, Zeitschrift
CLC.	Canadian Labour Congress
CTW	Change-to-Win-Koalition
DB	Der Betrieb, Zeitschrift
DGB	Deutscher Gewerkschaftsbund
Diss.	Dissertation
EDV	Elektronische Datenverarbeitung
EGMR	Europäischen Gerichtshofs für Menschenrechte
EGWStG	Einführungsgesetz zum Wehrstrafgesetz
EMRK	Europäische Menschenrechtskonvention
ErfK	Erfurter Kommentar zum Arbeitsrecht
ESC	Europäische Sozialcharta
etc.	et cetera
EU	Europäische Union
EuGRCh	Charta der Grundrechte der Europäischen Union
EUV	Vertrag über die Europäische Union
EuZW	Europäische Zeitschrift für Wirtschaftsrecht
EuZA	Europäische Zeitschrift für Arbeitsrecht
f., ff.	folgend(e), fortfolgend(e)
FAU	Freie Arbeiterinnen- und Arbeiter Union
FD-ArbR	Fachdienst Arbeitsrecht
Fn.	Fußnote
FreizügG	Gesetz über die allgemeine Freizügigkeit von Unionsbürgern
GAL	Grün-Alternative Liste
GATS	General Agreement on Trade in Services
Gewerkschaft HBV	Gewerkschaft Handel, Banken und Versicherungen
GewO	Gewerbeordnung
GG	Grundgesetz
ggf.	gegebenenfalls
GRC	Charta der Grundrechte der Europäischen Union
GRUR	Gewerblicher Rechtsschutz und Urheberrecht, Zeitschrift
GS	Großer Senat
Halbbd.	Halbband
h. M.	herrschende Meinung
HessVerf.	Verfassung des Landes Hessen
Hrsg., hrsg.	Herausgeber, herausgegeben
HSI	Hugo Sinzheimer Institut für Arbeitsrecht
IAB	Institut für Arbeitsmarkt und Berufsforschung
Ich-AG	Ich-Aktiengesellschaft
i. d. F.	in der Fassung
IG Metall	Industriegewerkschaft Metall,

ILO	International Labour Organization
IPWSKR	Internationaler Pakt über wirtschaftliche, soziale und kulturelle Rechte
IPBPR	Internationaler Pakt über bürgerliche und politische Rechte
IW	Institut der deutschen Wirtschaft Köln
JA	Juristische Arbeitsblätter, Zeitschrift
JuS	Juristische Schulung, Zeitschrift
JZ	Juristenzeitung, Zeitschrift
KDA	Kirchlicher Dienst in der Arbeitswelt
KSchG	Kündigungsschutzgesetz
LAG	Landesarbeitsgericht
LV	Landesverfassung von Baden-Württemberg
LSAVerf.	Verfassung des Landes Sachsen-Anhalt
MMR	MultiMedia und Recht, Zeitschrift
MPIfG	Max-Planck-Institut für Gesellschaftsforschung
MVVerf.	Verfassung des Landes Mecklenburg-Vorpommern
m. w. N.	mit weiteren Nachweisen
NDSVerf.	Niedersächsische Verfassung
NJW	Neue Juristische Wochenschrift, Zeitschrift
NGG	Gewerkschaft Nahrung-Genuss-Gaststätten
NGO	Non-Governmental Organisation
NLRA	National Labor Relations Act
NLRB	National Labor Relations Board
Nr.	Nummer
NUP	New Unity Partnership
NRW	Nordrhein-Westfalen
NZA	Neue Zeitschrift für Arbeitsrecht
NRW Verf.	Landesverfassung von Nordrhein-Westfalen
NZA-Beil.	Neue Zeitschrift für Arbeitsrecht, NZA-Beilage
NZA-RR	NZA Rechtsprechungs Report Arbeitsrecht
öAT	Zeitschrift für das öffentliche Arbeits- und Tarifrecht
OBS	Otto Brenner Stiftung
OrKa	Organisierung und Kampagnen
OLG	Oberlandesgericht
RdA	Recht der Arbeit, Zeitschrift
Red.	Redakteur
RG	Reichsgericht
RhPfVerf.	Verfassung für Rheinland-Pfalz
Rn.	Randnummer
S.	Seite
SAE	Sammlung arbeitsrechtlicher Entscheidungen, Zeitschrift
SEIU	Service Employees International Union
SaVerf.	Verfassung des Freistaates Sachsen
SGB	Sozialgesetzbuch

SLVerf.	Verfassung des Saarlandes
sog.	sogenannt
StGB	Strafgesetzbuch
ThürVerf.	Verfassung des Freistaats Thüringen
TV	Tarifvertrag; Tarifverträge
TVG	Tarifvertragsgesetz
TVöD	Tarifvertrag für den öffentlichen Dienst
TzBfG	Teilzeit- und Befristungsgesetz
u. a.	unter anderem, und andere
UN-Sozialpakt	siehe IPWSKR
UN-Zivilpakt	siehe IPBPR
usw.	und so weiter
v.	vom, von
ver.di	Vereinte Dienstleistungsgewerkschaft
vgl.	vergleiche
Vorbem.	Vorbemerkungen
VStGB	Völkerstrafgesetzbuch
WRV	Weimarer Reichsverfassung
WSI	Wirtschafts- und Sozialwissenschaftliches Institut in der Hans-Böckler-Stiftung
WStG	Wehrstrafgesetz
WTO	World Trade Organization
ZAAR	Zentrum für Arbeitsbeziehungen und Arbeitsrecht
ZAS	Zeitschrift für Arbeits- und Sozialrecht, Österreich
z. B.	zum Beispiel
ZfA	Zeitschrift für Arbeitsrecht
zit.	Zitiert

Einleitung

§ 1 Problemaufriss

A. Vom Streik zum atypischen Arbeitskampf

„Es gab und gibt für die Gewerkschaften genügend Anlässe, über ihre klassischen Durchsetzungs- und Kampfformen nachzudenken".[1] Eine Debatte über zeitgemäße Arbeitskampfformen und die Blickwinkel des Arbeitskampfes ist tatsächlich nichts Neues. Bereits in den 1970er- und 1980er-Jahren wurden flexible Arbeitskampfkonzeptionen entwickelt und in der Praxis eingesetzt. In jener Zeit fanden die umfangreichen Anwendungen des Warn- und Demonstrationsstreiks (im Rahmen der sog. neuen Beweglichkeit) große Aufmerksamkeit.[2] In der Fortentwicklung der Kampfstrategien wurden Kampfmaßnahmen weiter flexibilisiert, zum Beispiel durch Konzepte von „Flexi-Streik"[3] oder „Kombi-Streik"[4]. Gewöhnlich ist der Streik das wirksamste Kampfmittel der Arbeiternehmer, weil es „dem Kapitalisten die Arbeitskraft, die Quelle aller Werte, entzieht und damit den Gegner an seiner empfindlichsten Stelle trifft, nämlich bei der Produktion, der Grundlage des Profits"[5]. Aus diesem Grund spielt der Streik inklusive seiner Sonderformen längst die wichtigste Rolle und das Grundrecht der Koalitionsfreiheit umfasst in Art. 9 Abs. 3 GG auch zuallererst die Garantie des Streikrechts.[6]

Auch heutzutage gilt die vorgenannte Aussage, wenn man sich die jüngste Entscheidung des BAG zum Arbeitskampfrecht vom 22. September 2009 anschaut.[7] Jedoch sollte der Blickwinkel erweitert werden: Das Kampfmittel, mit dem sich das BAG in diesem Urteil befasste, ist keine Sonderform des Streiks, sondern eine atypische Kampfform. Rechtlich anerkannt war ein **Flashmob**, der „bislang kein typisches, in der Geschichte des Arbeitskampfs schon seit längerem bekanntes und anerkanntes, sondern ein neues Arbeitskampfmittel, ist" – so das Verständnis des BAG.[8] Es ging darum, dass Personen koordiniert einzelne Waren von geringem Wert

1 Detje/Ehlscheid/Unterhinninghofen, Perspektiven des Streiks, S. 7.
2 Vgl. Detje/Ehlscheid/Unterhinninghofen, Perspektiven des Streiks, S. 148 ff.
3 Vgl. Detje/Ehlscheid/Unterhinninghofen, Perspektiven des Streiks, S. 135 ff.
4 Vgl. Detje/Ehlscheid/Unterhinninghofen, Perspektiven des Streiks, S. 130 ff. Zu den alternativen Kampfformen im Ruhrgebiet in den 1980er-Jahren vgl. König, Alternative Konzepte, S. 13 ff.
5 Enderle/Schreiner/Walcher/Weckerle, Das rote Gewerkschaftsbuch, S. 118 f.
6 Vgl. die Analyse von Blanke, NZA 1990, 209 (209).
7 BAG 22.09.2009 – 1 AZR 972/08 – AP Nr. 174 Art. 9 Arbeitskampf GG.
8 BAG 22.09.2009 – 1 AZR 972/08 – AP Nr. 174 Art. 9 Arbeitskampf GG Rn. 34. Diese Auffassung des BAG wurde vom BVerfG 26.03.2014 – 1 BvR 3185/09 = NJW 2014, 1874 Rn. 23, betätigt: „Er ist auch nicht auf die traditionell anerkannten Formen des Streiks und der Aussperrung beschränkt, denn es gibt keinen Anhaltspunkt dafür, dass allein

kaufen, um dadurch Warteschlangen an den Kassen zu verursachen. Ein von einer Vielzahl von Aktionsteilnehmern abgesprochener Kauf der „Cent-Artikel" führte dazu, dass sich an den Kassen lange Warteschlangen bildeten und dadurch potenzielle Kunden von einem Einkauf in diesem Ladengeschäft abgehalten wurden.[9] Dies kennzeichnet auch eine Besonderheit und den wesentlichen Unterschied zum Streik: Der Flashmob war zwar eine streikbegleitete Aktion, aber die Flashmobber selbst hatten die Arbeit nicht niedergelegt. Stattdessen wurde der Betriebsablauf durch diese Betriebsstörungsmaßnahme absichtlich und offensiv gestört. Eine solche Kampfform wird deshalb als „atypisch" verstanden.[10] Zum ersten Mal wurde eine solche aktive Betriebsstörungsform des Arbeitskampfes nicht vom BAG generell abgelehnt.[11]

Das Flashmob-Kampfkonzept charakterisiert einen Wandel der gewerkschaftlichen Kampfstrategie und die Flashmob-Entscheidung kennzeichnet einen Paradigmenwechsel der arbeitskampfrechtlichen Judikatur. Allerdings ist diese Flashmob-Aktion nur eine von zahlreichen gewerkschaftlichen atypischen Arbeitskämpfen. Im Dienstleistungsbereich treten seit Jahren verschiedenen Arbeitskampfformen über den Streik hinaus auf.[12] Nun deutet die Aufnahme der atypischen Kampfform des Flashmobs in die rechtliche Ordnung einen Dogmenwechsel der Rechtsprechung des BAG an.[13] Dadurch wurden wissenschaftliche Diskussionen über neue Kampfformen nach der Entscheidung des BAG zur Arbeitskampfform des Flashmobs vom 22. September 2009[14] ausgelöst.[15]

---

diese Arbeitskampfmittel in ihrer historischen Ausprägung vom Verfassungsgeber als Ausdruck eines prästabilen Gleichgewichts angesehen worden wären."

9 BAG 22.09.2009 – 1 AZR 972/08 – AP Nr. 174 Art. 9 Arbeitskampf GG Rn. 28; vgl. auch ArbG Berlin 01.04.2008 – 34 Ca 2402/08; LAG Berlin–Brandenburg 29.09.2008 – 5 Sa 967/08 – NZA-RR 2009, 149; BAG 22.09.2009 AP Nr. 174 Art. 9 GG Arbeitskampf. Siehe auch unten § 4 B. II. Flashmob im deutschen Arbeitskampfgeschehen.

10 Zum Begriff des atypischen Arbeitskampfes siehe unten § 5 B. Abgrenzung zu anderen Koalitionsbetätigungen.

11 Andere aktive Betriebsstörungsmaßnahmen, z. B. die Betriebsblockade, wurden nur begrenzt vom BAG zugelassen, vgl. die Rechtsprechung im § 7 A. I. 2. Behinderung und Blockade der Betriebszugänge.

12 Zu Beispielen dafür siehe § 6 Erscheinungsformen des atypischen Arbeitskampfes.

13 Jacobs, ZfA 2011, 71 (74), spricht vom „radikalen Dogmenwechsel".

14 BAG 22.09.2009 – 1 AZR 972/08 – AP Nr. 174 Art. 9 Arbeitskampf GG.

15 Vgl. Berg/Kocher/Platow/Schoof/Schumann, Teil 3, Rn. 213 ff.; Bertke, NJW 2014, 1852 (1852 ff.); Brugger/Steinau-Steinrück, NZA-Beil. 2010, 127 (127 ff.); Callsen, in: Rehder/Deinert/Callsen, S. 25 ff.; Däubler/Däubler, Arbeitskampfrecht, § 31 Rn. 1 ff.; Deinert, in: Rehder/Deinert/Callsen, S. 45 ff.; Ernst, DÖV 2011, 537 (537 ff.); Fischer, RdA 2011, 50 (50 ff.); Franzen, JbArbR 47 (2010), S. 131 ff.; Gaede, Strafrechtliche Mindeststandards im Arbeitskampf, S. 129 ff.; Giesen, Erweiterte Kampfbefugnisse, S. 95 ff.; Greiner, NJW 2010, 2977 (2977 ff.); Günther/Krieger, NZA 2010, 20 (20 ff.); Hanau, Verhältnismäßigkeitsmaßstab, S. 15 ff.; Sachs/Höfling, Art. 9, Rn. 116; Jacobs, ZfA 2011, 71 (71 ff.); Kersten, Neues Arbeitskampfrecht, S. 66 ff.; Kersten, Kampfmittelfreiheit, S. 61 ff.; Kittner/Deinert, Richterrechtliches Verhältnismäßigkeits-

Nun einige Jahre vor dieser Entscheidung des BAG hatte *Loritz* in der Festschrift „50 Jahre Bundesarbeitsgericht" noch geäußert, dass der Arbeitskampf heute in Deutschland ein ungeeignetes Instrumentarium sei, um angemessene Tarifabschlüsse zu erzwingen.[16] Ein bisschen zurückhaltender, aber ebenfalls skeptisch war *Rüthers*: Es sei fraglich, ob der Arbeitskampf weiterhin als eine Einrichtung gelten könne, die unter den veränderten Rahmenbedingungen generell für alle Wirtschaftszweige dazu geeignet sei, angemessene (das heißt volkswirtschaftlich vertretbare) kollektive Mindestpreise am Arbeitsmarkt zu regeln.[17] Die Rede vom „Ende des Arbeitskampfes"[18] bestätigte sich allerdings nicht. Diese Einschätzung könnte nur gelten, wenn die Arbeitskampfmittel sich nicht mehr „an die sich wandelnden Umstände anzupassen [hätten], um dem Gegner gewachsen zu bleiben und ausgewogene Tarifabschlüsse zu erzielen"[19]. Würde ein Arbeitskampf nur rituell eingesetzt, könnte der Druck nicht mehr effektiv auf den Kampfgegner ausgeübt werden. Diese Gefahr wurde und wird jedenfalls nach wie vor von den Gewerkschaften in Kauf genommen. Doch entkräftet die aktuelle Entwicklung der gewerkschaftlichen Kampfpraxis die Behauptung vom „anachronistischen"[20] Arbeitskampf – sowohl die neue Beweglichkeit als auch der Flashmob sind dafür beispielhaft.

---

prinzip, S. 283 ff.; Klumpp, Kampfexzesse, S. 129 ff.; Konzen, Kampfmittelfreiheit und Flashmob-Aktionen, 603 ff.; Krause, Flashmob, S. 43 ff.; Lembke, NZA 2014, 471 (471 ff.); Löwisch, NZA 2010, 209 (209 ff.); Maaß, ArbR 2009, 151 (151 ff.); Melms/Reinhardt, NZA 2010, 1033 (1033 ff.); Otto, RdA 2010, 135 (135 ff.); Otto, auf dem Weg zum schrankenlosen Arbeitskampf, S. 13 ff.; Picker, Zur Zukunft des Kollektivarbeitsrechts, S. 823 ff.; Picker, ZfA 2010, 499 (499 ff.); Rehder/Deinert/Callsen, AuR, 2012, 103 (103 ff.); Rehder, in: Rehder/Deinert/Callsen, S. 3 ff.; Richardi, Arbeitskampf und Deliktsschutz, S. 286 ff.; Rieth, SAE 2010, 37 (37 ff.); Rein, NZA 2009, 1127 (1127 ff.); Rieble, NZA 2008, 796 (796 ff.); Rosenau, Koalitionsbetätigungsfreiheit, S. 234 ff.; Rudkowski, Regulierung des Streiks S. 169 ff.; Rüthers, NZA 2010, 6 (6 ff.); Rüthers/Höpfner, JZ 2010, 261 (261 ff.); Säcker, NJW 2010, 1115 (1115 ff.); Säcker/Mohr, JZ 2010, 440 (440 ff.); Schmitz-Scholemann, NZA 2012, 1001 (1001 ff.); Sprenger, Drittbetroffenheit, S. 97 ff.; Sprenger, BB 2013, S. 1146 (1146 ff.); Thüsing/Waldhoff, ZfA 2011, 329 (329 ff.); Wolf, Deutsches Tarifrecht, S. 61 ff. Anm. zu BVerfG 26.03.2014 – 1 BvR 3185/09, vgl. Bauer, FD-ArbR 2014, 357620; Bauer, ArbR 2014, 233; Lützeler, öAT 2014, 97 (97 ff.); Anm. zu BAG 22.09.2009 – 1 AZR 972/08 – AP Nr. 174 Art. 9 Arbeitskampf GG, vgl. Lingemann, FD-ArbR 2009 ff., 295074; Schwarze, JA 2010, 468; Willemsen/Mehrens, Anm. zu AP Nr. 174 Art. 9 GG Arbeitskampf.

16 Loritz, Arbeitskampfrecht, S. 557 (575).

17 Rüthers hatte diese Frage nicht beantwortet. Stattdessen hatte er eine von den Tarifparteien vertraglich vereinbarte, paritätisch besetzte, verbindliche Schlichtung mit Unterwerfungszwang vorgeschlagen, vgl. ders., NZA 2010, 6 (9).

18 Vgl. die Hinweise von Detje/Ehlscheid/Unterhinninghofen, Perspektiven des Streiks, S. 7.

19 BAG 22.09.2009 – 1 AZR 972/08 – AP Nr. 174 Art. 9 Arbeitskampf GG Rn. 34.

20 So die Formulierung von Loritz, Arbeitskampfrecht, S. 557 (575).

Man muss sich vergegenwärtigen, dass der Arbeitskampf so alt wie die Industriegesellschaft und die Konsequenz der Interessenunterschiede zwischen Arbeit und Kapital ist.[21] Zwischen ihnen besteht ein Klassenverhältnis und der Arbeitnehmer als Eigentümer und Verkäufer seiner Arbeitskraft ist abhängig vom Arbeitgeber.[22] Als ein notwendiges Hilfsmittel, um die Ungleichheit der Arbeitsvertragsparteien zu überwinden und angemessene Arbeitsbedingung zu schaffen, insbesondere mittels der Tarifautonomie, ist der Arbeitskampf damit unverzichtbar.[23] Die Erwartung, „viele Unternehmen würden die Konditionen ihrer Beschäftigten gerne verbessern, wenn sie dies nur können",[24] ist tatsächlich nichts anderes als eine elegante Formulierung für das „kollektive Betteln", welches die Stellungnahme des BAG ablehnt.[25] Gerade weil sich die wirtschaftlichen Rahmenbedingungen in der Marktwirtschaft ständig ändern, ist das Instrument des Arbeitskampfes unentbehrlich, solange der Interessengegensatz zwischen Arbeit und Kapital fortbesteht.

Ausgehend von diesen Prämissen stehen die neuen Aktionsmöglichkeiten für Arbeitnehmer und Gewerkschaften nicht dem Basisgedanken des Arbeitskampfrechts in der verfassungsrechtlichen Ordnung entgegen. Dabei ist ein Hinweis von *Blanke* hilfreich, um die Rolle des Arbeitskampfes eindeutig zu erfassen: Die historischen Lernprozesse im Umgang mit dem Konflikt zwischen Arbeit und Kapital haben gezeigt, dass er weder nach der einen noch nach der anderen Seite hin definitiv aufzulösen ist: Er kann weder dauerhaft unterdrückt noch – wie in den „sozialistischen" Ländern – ignoriert werden.[26] Die Entscheidung des BAG zum Arbeitskampfrecht vom 22. September 2009 bestätigt diese These und bezeichnet zugleich einen Wendepunkt der arbeitskampfrechtlichen Judikatur. Vor diesem Hintergrund ist es das Ziel dieser Arbeit, diese Entwicklung unter rechtlichen Aspekten nachzuprüfen, also die Zulässigkeit der atypischen Kampfformen unter der koalitionsrechtlichen Ordnung darzustellen und die verfassungsrechtlichen Grenzen dafür festzustellen.

---

21 Schneider, Der Streik. Begriff und Geschichte, S. 8.

22 Bontrup, Arbeit, Kapital und Staat, S. 28 ff.

23 Otto, Arbeitskampfrecht, § 2 Rn. 49 ff.

24 Loritz, Arbeitskampfrecht, S. 557 (575).

25 BAG 10.06.1980 – 1 AZR 822/79 – AP Nr. 64 Art. 9 GG Arbeitskampf = NJW 1980, 1642 (1643): „Bei diesem Interessengegensatz wären Tarifverhandlungen ohne das Recht zum Streik im Allgemeinen nicht mehr als ‚kollektives Betteln' (*Blanpain*). Soweit TV überhaupt zustande kämen, beruhten sie nur auf dem einseitigen Willensentschluss einer Seite und böten daher nicht die Gewähr eines sachgerechten Ausgleichs der beiderseitigen Interessen."

26 Blanke, NZA 1990, 209 (209).

B. Gegenstand und Grenze der Untersuchung

I. Gegenstand der Untersuchung

In der rechtswissenschaftlichen Debatte gab es bereits Erörterungen zu den Arbeitskampfformen, die über den Streik hinausgehen. Allerdings wurden in der Regel nur bestimmte Arbeitskampfformen, hauptsächlich die Betriebsblockade, die Betriebsbesetzung[27]oder der Boykott[28], in der Forschung behandelt. Erst im 21. Jahrhundert entstanden allgemeine Aufwertungen des atypischen Arbeitskampfes,[29] insbesondere nach der Flashmob-Entscheidung des BAG.[30] Allerdings steht hauptsächlich die Kampfform des Flashmobs im Mittelpunkt der Arbeitskampfrechtsforschung,[31] wobei die arbeitskampfrechtliche Bewertung einer Reihe von atypischen Arbeitskampfformen offenbleibt. Vor diesem Hintergrund ist anstelle einer Untersuchung einzelner Kampfformen eine grundlegende Analyse der Zulässigkeit des atypischen Arbeitskampfes in der koalitionsrechtlichen Ordnung der Gegenstand der Arbeit. Konkret geht es also einerseits um die Frage der Tragfähigkeit des Richterrechtskonzeptes der Flashmob-Entscheidung des BAG[32] und andererseits um die Problematik der Zulässigkeit des atypischen Arbeitskampfes. Allerdings setzt die rechtsdogmatische Analyse eine rechtssoziologische Studie zur Ermittlung der Ursachen des Zuwachses der atypischen Arbeitskampfformen im Dienstleistungsbereich („an die

---

27 Zu Betriebsblockade und der Betriebsbesetzung in der rechtswissenschaftlichen Literatur vgl. Berg/Kocher/Platow/Schoof/Schumann, Teil 3, Rn. 225; Däubler/Bieback/Wroblewski, Arbeitskampfrecht, § 17 Rn. 212 ff.; Kissel, Arbeitskampfrecht, § 62 Rn. 57 ff.; Otto, Arbeitskampfrecht, § 11 Rn. 4 ff.; Richter, Grenzen aktive Produktionsbehinderung, S. 37 ff., 74 ff.; Treber, Aktiv produktionsbehindernde Maßnahmen, S. 25 ff.; Wesch, Betriebsbesetzungen, S. 19 ff.

28 Zum Boykott in der rechtswissenschaftlichen Literatur vgl. Binkert, Boykottmaßnahmen, S. 15 ff.; Brunner, Boykott, S. 11; Matthöfer, Streiks und streikähnliche Formen, S. 186 ff.; Otto, Arbeitskampfrecht, § 11 Rn. 25 ff.

29 Mit der Ausnahme von Däubler/Däubler, Arbeitskampfrecht 1987, Rn. 1380 ff. Zwar hatte Glietsch, Arbeitskampfformen, S. 1 ff., dafür auch umfassend erörtert, aber er konzentrierte sich nur auf die alten Kampfmittel, also Bummelstreik, Dienst nach Vorschrift, Sabotage, Gründung von Konkurrenzunternehmen durch die Arbeitnehmerseite und spezifische Formen des Streiks (umgekehrten Streik, Sitzstreik usw.).

30 Zur umfassenden Untersuchung verschiedener Arbeitskampfformen im 21. Jahrhundert vor der Flashmob-Entscheidung des BAG vgl. Renneberg, Arbeitskämpfe, S. 215 ff.; Richter, Grenzen aktive Produktionsbehinderung, S. 56 ff.; nach der Flashmob-Entscheidung des BAG 22.09.2009 – 1 AZR 972/08 – AP Nr. 174 Art. 9 Arbeitskampf GG, vgl. Berg/Kocher/Platow/Schoof/Schumann, Teil 3, Rn. 209 ff.; Rehder/Deinert/Callsen, S. 3 ff.; Däubler/Däubler, Arbeitskampfrecht, §§ 27–31.

31 Siehe Nachweise im Fn. 15

32 Diese Frage ist auch eine der zentralen Themen des 7. ZAAR-Kongress am 07.05.2010, vgl. das Vorwort in: Giesen/Junker/Rieble, Neues Arbeitskampfrecht.

sich wandelnden Umstände anzupassen")[33] sowie eine Recherche zu den möglichen einschlägigen Kampfformen voraus.

II. Grenze der Untersuchung

Unvermeidlicherweise kann die Arbeit mit dieser Zielsetzung nur die Kampfmittel auf der Arbeitnehmerseite berücksichtigen, weil die Arbeitgeberseite an neuen Wegen im druckvollen Kampf zur Veränderung des Kräfteverhältnisses zwischen Arbeit und Kapital kein Interesse hat.[34] Das Arbeitskampfrecht und die zugehörige Problematik des Arbeitgebers sind in der Regel aus der Untersuchung ausgeschlossen. Nur im Hinblick auf die Beurteilung der Zulässigkeit des atypischen Arbeitskampfes auf der Arbeitnehmerseite, zum Beispiel die Bedingung der Verteidigungsmöglichkeiten des Kampfgegners, werden seine Gegenmaßnahmen in die Untersuchung miteinbezogen. Dies bildet die erste Grenze der Untersuchung.

Ferner wird nur den Arbeitskämpfen in den tariflichen Auseinandersetzungen Rechnung getragen. Es ist auch plausibel, die Forschung darauf zu beschränken, weil der Abschluss von Tarifverträgen bis heute der Hauptzweck des Arbeitskampfes in Deutschland bleibt. Außerdem sind die nichttariflichen Arbeitskämpfe, zum Beispiel die politischen Arbeitskämpfe, nicht eng verbunden mit der Idee des atypischen Arbeitskampfes und können in dieser Arbeit nicht berücksichtigt werden.

§ 2 Gang der Untersuchung

Im Anschluss an die Einleitung werden im ersten Teil der Arbeit die Ursachen des Formwandels der Arbeitskämpfe in den tariflichen Auseinandersetzungen im Dienstleistungsbereich erklärt. Maßgebliche Einflussfaktoren sind die unternehmerische Rationalisierung mittels des Einsatzes der atypischen Beschäftigung vor dem Hintergrund der neoliberalen Globalisierung und der dadurch hervorgebrachten Deregulierungspolitik. Die dadurch geschwächte Arbeitskampffähigkeit der Gewerkschaften wird dementsprechend thematisiert (§ 3).

Im § 3 erfolgt eine Auseinandersetzung mit dem Formwandel des Arbeitskampfes in Deutschland. Hierfür werden zuerst der Sinn sowie der Inhalt des Organizing-Konzepts als eine der Gegenstrategien von Gewerkschaften geschildert, für welches man auf die Erfahrungen der US-amerikanischen Gewerkschaften zurückgreifen kann. Dabei wird die Übertragbarkeit dieses aus den USA stammenden Organizing-Konzepts angesprochen. Nachfolgend sind die Ansätze des neuen Modells des Arbeitskampfes in Verbindung mit den Ideen des Organizing vorzustellen. An dieser Stelle ist auch die Premiere des Flashmobs im deutschen Arbeitskampfgeschehen und seines Charakters zu behandeln (§ 4).

---

33 BAG 22.09.2009 – 1 AZR 972/08 – AP Nr. 174 Art. 9 Arbeitskampf GG Rn. 34.

34 „Zu „kollektivem Betteln" der Arbeitgeberseite am Verhandlungstisch der Tarifvertragsparteien ist es nicht gekommen", Däubler/Wolter Arbeitskampfrecht, § 21 Rn. 16.

Gegenstände des zweiten Teils der Arbeit sind der Begriff, die Erscheinungsformen und die rechtliche Entwicklung des atypischen Arbeitskampfes. Der Terminus „atypischer Arbeitskampf" ist zwar in der Literatur verbreitet; was genau aber damit gemeint ist, bleibt bisher undefiniert. An dieser Stelle wird zunächst eine grundlegende Begriffsbestimmung des Arbeitskampfes vorgenommen und dann werden die Besonderheiten des atypischen Arbeitskampfes in Vergleich zum Streik vorgestellt, um diesen Begriff zu bestimmen. Der Arbeitskampf – sowohl seine klassische als auch seine atypische Form – ist ferner auch eine Koalitionsbetätigung. Es ist mithin notwendig, den Arbeitskampf zu anderen Koalitionsbetätigungen begrifflich abzugrenzen, um einerseits den Arbeitskampfbegriff schärfer zu konturieren und andererseits die den arbeitskampfrechtlichen Grundsätzen unterliegende Verhaltensweise festzulegen (§5).

Anschließend werden die verschiedenen atypischen Arbeitskampfmittel im Überblick dargestellt. Damit wird die Vorstellung des atypischen Arbeitskampfes konkretisiert. Zugleich werden diese Kampfmittel je nach der Art und Weise der Druckausübung unter zugehörigen Kampfformen (aktive Betriebsstörungsformen, Öffentlichkeitsarbeit und Boykott) kategorisiert, wonach die verfassungsrechtlichen Grenzen, die die Forschungsgegenstände des § 11 bilden, anders gezogen werden (§ 6).

Im § 7 schließt sich die rechtliche Entwicklung in der Rechtsprechung der im letzten Paragrafen geschilderten Kampfformen an. Einen Paradigmenwechsel in der Judikatur kennzeichnet die Flashmob-Entscheidung des BAG vom 22. September 2009. An dieser Stelle werden die Kernaussagen dieser Entscheidung und die daran orientierten Entscheidungen in Bezug auf andere Arbeitskampfformen gezeigt (§ 7).

Im dritten Teil der Arbeit werden die rechtsdogmatischen Fragen hinsichtlich der Rechtsgrundlage und der Grenzen des atypischen Arbeitskampfes behandelt. Zunächst wird die Rechtsgrundlage des Arbeitskampfrechts untersucht. Insbesondere bedarf die Problematik des grundrechtlichen Schutzes des Arbeitskampfrechts nach der Aufgabe der Kernbereichslehre einer näheren Analyse, wobei das Verhältnis des Arbeitskampfrechts zur Tarifautonomie im Gebiet der Koalitionsfreiheit, welches die Frage einer tatbestandsimmanenten Grenze des Tarifbezugs im Art. 9 Abs. 3 GG betrifft, erörtert wird. In der nationalen Rechtsordnung werden ferner die Bundesgesetze und die Landesverfassungen berücksichtigt. Daneben werden die einschlägigen Rechtsnormen im völkerrechtlichen Bereich in die Argumentation eingebracht (§8).

Eine andere fundamentale Problematik des Arbeitskampfrechts ist der Rechtsträger des Arbeitskampfrechts. Nach der herrschenden Meinung sind zwar der Einzelne und die Koalition im Sinne des Doppelgrundrechts Rechtsträger der Koalitionsfreiheit. Ob dem Einzelnen ein subjektives Arbeitskampfrecht zusteht oder die Befugnis des Einzelnen lediglich das Derivat der kollektiven Koalitionsfreiheit ist, wird klargestellt. Das Arbeitskampfrecht der Arbeitnehmeraußenseiter wird anschließend behandelt. Ferner spielt die aktive Drittbeteiligung im atypischen Arbeitskampf eine bedeutsame Rolle. Ihre Legitimation wird im Rahmen der Koalitionsfreiheit auch behandelt (§ 9).

Bevor die verfassungsrechtlichen Grenzen des atypischen Arbeitskampfes analysiert werden, ist der Umfang der Arbeitskampfgarantie im Voraus zu verdeutlichen. Nach der Preisgabe der Kernbereichslehre beschränkt sich der Schutzbereich des Art. 9 Abs. 3 GG zwar nicht von vornherein auf den Bereich des Unerlässlichen, sondern erstreckt sich auf alle koalitionsspezifischen Verhaltensweisen. Die Frage des Umfangs des Arbeitskampfrechts wird damit jedoch nicht automatisch beantwortet. Das Kriterium der Koalitionsspezifität ist vielmehr klärungsbedürftig. In diesem Zusammenhang wird zuerst die Reichweite der Arbeitskampfgarantie in Bezug auf die Auseinandersetzung mit der engen und weiten Grundrechtstatbestandstheorie erörtert und anschließend der Frage nachgegangen, welche atypische Arbeitskampfformen auf Basis des Forschungsergebnisses vom Schutzbereich des Art. 9 Abs. 3 GG umfasst werden (§10).

Nach der Klarstellung des Umfangs der Arbeitskampfgarantie wird anschließend die Frage untersucht, ob und inwiefern ein im Schutzbereich des Art. 9 Abs. 3 GG geführter Arbeitskampf verfassungsrechtlich begrenzt werden kann. Diese Frage verdient besondere Aufmerksamkeit, weil die Koalitionsfreiheit gemäß Art. 9 Abs. 3 GG vorbehaltlos gewährleistet ist. Als maßgebliches Rechtmäßigkeitskriterium dafür setzt das BAG das Gebot der Verhältnismäßigkeit ein. Seine Verfassungskonformität wird im Hinblick auf das Verhältnismäßigkeitsgebot im öffentlich-rechtlichen und privatrechtlichen Sinne nachgeprüft. Danach werden die wichtigsten Sonderfragen bei den atypischen Arbeitskämpfen gemäß den festgesetzten verfassungsrechtlichen Grenzen im Detail behandelt (§ 11).

Eine Zusammenfassung der wesentlichen Forschungsergebnisse der Arbeit schließt die Untersuchung ab.

Erster Teil: Wirtschaftliche Globalisierung und Formwandel des Arbeitskampfes in Deutschland

Die Debatte um die Anpassungsstrategien des Arbeitskampfes erreichte in den Gewerkschaften bereits in den 1980er- und 1990er-Jahren einen ersten Höhepunkt. Der Einsatz neuer Technologien bewirkte Veränderungen: Sowohl die flexible Produktion als auch die flexible Arbeitsorganisation hatten die industriellen Streiks schon damals geschwächt.[35] Aufgrund der tief greifenden wirtschaftlichen Umwälzungen kamen immer neue unternehmerische Rationalisierungsmaßnahmen zur Anwendung und die Gewerkschaften entwickelten neue Gegenstrategien, um die Arbeits- und Wirtschaftsbedingungen zu verteidigen sowie die Arbeitskampffähigkeit zu verstärken. Aufgrund des strukturellen Sektorenwandels von der Industrie- zur Dienstleistungsgesellschaft und der Expansion der Dienstleistungstätigkeit konzentrierte sich der Formwandel des Arbeitskampfes in Deutschland im 21. Jahrhundert vor allem in den Dienstleistungssektoren, wobei der industrielle Sektor bisher hauptsächlich durch die klassische Kampfform des Streiks geprägt wird.

Was die Ursachen des Formwandels des Arbeitskampfes in den Dienstleistungssektoren sind (dazu § 3) und wie sich die Arbeitskampfformen deshalb verändern (dazu § 4), erfordert eine rechtssoziologische Analyse, um den Hintergrund der Flashmob-Entscheidungen zu beleuchten. Diese Fragen sind daher in diesem Teil zu untersuchen.

§ 3 Ursachen des Formwandels des Arbeitskampfes in den Tarifauseinandersetzungen: Neoliberale Globalisierung, Strukturwandel der Beschäftigungsverhältnisse und Arbeitskampffähigkeit

Gegenwärtig sind die Gewerkschaften mit dem anhaltenden Rückgang der Tarifbindung und der zunehmenden Tendenz zur Dezentralisierung sowie mit der Verbetrieblichung der Tarifpolitik konfrontiert.[36] Als ökonomisches Druckmittel der

35 Vgl. Detje/Ehlscheid/Unterhinninghofen, Perspektiven des Streiks, S. 25 ff.; Hensche, Arbeitskämpfe in der Druckindustrie 1976 und 1978, S. 23 ff.; Hindrichs/Mäulen/Scharf, Computer auf dem Vormarsch S. 23 ff.; Müller-Jentsch, Streikfähigkeit, S. 59 ff.; Lang, Streikfähigkeit, S. 91 ff.; Roth, Neue Technologien und Streikfähigkeit, S. 11 ff., Schumm-Garling, Die neue Anatomie der Arbeit, S. 50 ff. Zu Kampfformen der industriellen Streiks in den 1980/90er-Jahren in Deutschland vgl. Kittner, Arbeitskampf, § 41 S. 694 ff.; König, Alternative Konzepte, S. 13 ff.

36 Vgl. Brandt/Schulten, WSI-Mitteilungen 10/2008, 570 (570).

Arbeitnehmerseite in den Tarifauseinandersetzungen spielt der Arbeitskampf zwar nach wie vor eine entscheidende Rolle, aber dieses Kampfmittel wird je nach der gewerkschaftlichen Organisations- und Durchsetzungsmacht in unterschiedlicher Weise eingesetzt. Im Dienstleistungsbereich können Streiks und Arbeitsniederlegungen „selten einen vergleichbaren ökonomischen Druck wie in der kapitalintensiven Industrie entfalten."[37] Die Kampftaktiken der industriellen Streiks können nicht einfach auf die Arbeitskampfbewegung in einem Kaufhaus, einem Kindergarten, einem Krankhaus oder in einer anderen Dienstleistungsbranche übertragen werden.[38] In diesem Bereich sind heterogene Belegschaftsstrukturen sowie dezentrale Unternehmensstrukturen erkennbar. In der aktuellen Arbeitskampfpraxis im Dienstleistungsbereich wird der Streik aber deshalb nicht aufgegeben, sondern durch eine Vielzahl von atypischen Kampfformen ergänzt.[39] Vor diesem Hintergrund ist zu erörtern, wie und auf welcher Grundlage sich die Formen des Arbeitskampfes sowie die Arbeitskampffähigkeit im Dienstleistungsbereich wandeln. Dies erfordert eine neue Analyse im Unterschied zum Industriesektor.

A. Deregulierung und ihre Auswirkung auf den Dienstleistungssektor

I. Sektorwandel unter der wirtschaftlichen Globalisierung und die Dienstleistungsgesellschaft

Mit der erhöhten geografischen Beweglichkeit der Unternehmen werden die internationalen Wirtschaftsaktivitäten beschleunigt und die Konkurrenz von Produkten sowie von Arbeitskräften verschärft.[40] Im Zentrum dieses Prozesses stand lange Zeit der klassische Industriesektor.[41] Während die Ursachen des Formwandels der industriellen Streiks unbestreitbar mit der wirtschaftlichen Globalisierung verbunden sind,[42] ist umstritten, ob dieser Faktor auch im Dienstleistungsbereich zu berücksichtigen ist. Im Schrifttum wird folgende Auffassung vertreten:

37 Riexinger, Demokratisierung von Streiks, S. 8.

38 Vgl. Riexinger, Demokratisierung von Streiks, S. 8 ff.

39 Siehe das Zwischenergebnis im § 4 B. I. 3. Flashmob und Ansätze des neuen Modells des Arbeitskampfes. Zu Beispielen der atypischen Arbeitskampfformen siehe unten § 6 Erscheinungsformen des atypischen Arbeitskampfes.

40 Vgl. Detje/Ehlscheid/Unterhinninghofen, Perspektiven des Streiks, S. 36; Modernisierung und Globalisierung, S. 45 f.; Müller-Jentsch, Strukturwandel der industriellen Beziehungen, S. 91.

41 In Deutschland wurde die Industrie im Ruhrgebiet in den 1980er-Jahren am stärksten getroffen, zu zahlreichen Berichten und Analysen dafür vgl. König, Alternative Konzepte, S. 13 ff.

42 Zu den Auswirkungen der Globalisierung auf den Industriesektor vgl. Detje/Ehlscheid/Unterhinninghofen, Perspektiven des Streiks, S. 24 ff.; Hoffmann, Arbeitsbeziehungen, S. 115; Müller-Jentsch, Strukturwandel der industriellen Beziehungen, S. 81 ff.

„Offensichtlich ist es hier weniger die Globalisierung als das Fehlen gewerkschaftlicher Organisations- und Durchsetzungsmacht und die arbeitsmarktpolitische Förderung prekärer Beschäftigungsverhältnisse, die die Erosion der Tarifvertragsstrukturen begünstigt haben“[43]. Infolgedessen würde die Dienstleistungstätigkeit als nicht internationalisierbar beurteilt werden und könnte von den Auswirkungen der wirtschaftlichen Globalisierung entbunden werden. Um diese zu verdeutlichen und die Ursachen des Strukturwandels der Dienstleistungstätigkeit herauszufinden, ist im Voraus die Bedeutung der Globalisierung zu erklären und sind ihre Auswirkung auf den Dienstleistungssektor zu erörtern.

1. *Allgemeine Bedeutung der wirtschaftlichen Globalisierung*

Der Weltmarkt entstand bereits im 19. Jahrhundert[44] und bildete „überhaupt die Basis und die Lebensatmosphäre der kapitalistischen Produktionsweise“[45]. Gegenwärtig wird die Notwendigkeit der Liberalisierung der weltweiten Marktbeziehungen fast von niemandem bezweifelt. Heutzutage ist der aktuelle Liberalisierungsprozess jedoch durch den Neoliberalismus geprägt und gewinnt dadurch eine andere Qualität.[46] In Vergleich zum Liberalismus ist der Neoliberalismus ein junges Phänomen und seine Geschichte kann bis in die 1970er-Jahre zurückverfolgt werden, wobei er seit den 1990er-Jahren zur dominanten Ideologie der Marktwirtschaft geworden ist.

Dabei ist zu erwähnen, dass diese Veränderung des Leitgedankens keine akademische Erfindung, sondern eine Antwort der Kapitalseite auf die wirtschaftlichen Veränderungen ist. Bis Ende der 1960er-Jahre hatte der vom Keynesianismus gestützte nationalstaatliche Interventionismus zur Nachkriegskonjunktur beigetragen. Der Staat schaffte nicht nur die wirtschaftlichen Rahmenbedingungen, sondern griff auch in den Wirtschaftsablauf ein. Beherrschende Begriffe waren der Wohlfahrtsstaat, der Sozialstaat, die Regulierung der Arbeitsbeziehungen sowie die Sicherung der Vollbeschäftigung.[47] Jedoch ergab sich aus der mit technischen Neuerungen einhergehenden Produktivitätssteigerung eine Überakkumulation: Dadurch wurden weniger Arbeitskräfte benötigt. Seit dem Ende der 1960er-Jahre begann das Wirtschaftswachstum zu sinken und Mitte der 1970er-Jahre spitzte sich die Situation zu. Die Neoliberalen betrachteten die Wirtschaftskrise sowie das Problem der

43 Brandt/Schulten, WSI-Mitteilungen 10/2008, 570 (570).
44 Vgl. Heinrich, Kritik der politischen Ökonomie, S. 218 f.
45 Marx, Das Kapital Bd. 3, S. 120.
46 Müller-Jentsch, Strukturwandel der industriellen Beziehungen, S. 90; vgl. auch die Analyse der neuen Qualität des Internationalisierungsprozesses von Hoffmann, Arbeitsbeziehungen, S. 124 ff.
47 Müller-Jentsch, Strukturwandel der industriellen Beziehungen, S. 67 f.

Massenarbeitslosigkeit[48] als Krisensymptome des Keynesianismus.[49] Sie gingen von Staats- und Politikversagen anstatt von Marktversagen aus.

Vor diesem Hintergrund und aufgrund des Glaubens an die Unfehlbarkeit des unregulierten Marktes wurde angenommen, dass der Einfluss des Staates zurückgedrängt werden müsste. Der Markt solle stattdessen die gesamte Gesellschaft regulieren und formen. Die Entstaatlichung und Entinstitutionalisierung der Wirtschaft sollte in diesem Kontext unter dem Schlüsselwort „Deregulierung" weitestgehend realisiert werden[50], und zwar auf globaler Ebene. Es wird darauf erwartet, den Staat sich größtenteils aus der Wirtschaft herauszuhalten, um Marktteilnehmer mehr Raum zu geben und so zu einer Erhöhung der Wettbewerbsintensität beizutragen. Mit anderen Worten bedeutet die Deregulierung die „neoliberale Form der Regulierung, eine marktorientierte Regulierung"[51] und dient der Freisetzung der Marktmechanismen. Demgemäß wurden seit Beginn der 1980er-Jahre „die Liberalisierung des Kapitalverkehrs, die Deregulierung des Arbeitsmarktes, die Flexibilisierung und Ausdifferenzierung der Beschäftigungsverhältnisse sowie die (Re-)Privatisierung der öffentlichen Daseinsvorsorge"[52] als neoliberale Prinzipien bestimmt. Im Rahmen der staatlichen Aufgaben steht neben der Privatisierung öffentlicher Dienste auch noch die Vermarktung von Staatsfunktionen im Zentrum. Denn das Ziel des Neoliberalismus ist anstelle eines Wohlfahrtsstaates die Schaffung eines Wettbewerbsstaates.[53] Aus neoliberaler Sicht bedeutet ein Weltmarkt nicht mehr nur den Einkauf der Rohstoffe und den Verkauf der Produkte auf internationalen Märkten. Stattdessen wird eine globale Marktgesellschaft ohne nationale Grenze als Ziel verfolgt.[54]

2. Die Globalisierung von Dienstleistungen

Vor dem oben geschilderten Hintergrund ist zu klären, wie das Verhältnis der Dienstleistungen zur globalen Marktgesellschaft und deren Folgen aussehen. In erster Linie ist zur Kenntnis zu nehmen, dass Dienstleistungen als ein Erbringungsprozess weder sichtbar noch greifbar sind. Bei der konsumorientierten Dienstleistung[55] wird

---

48 Für den Begriff der Massenarbeitslosigkeit gibt es keine allgemeine oder einheitliche Definition. Im Jahr 1974/75 bzw. in der Krisenzeit lag die Arbeitslosigkeit erstmals wieder über einer Million und es war wieder von Massenarbeitslosigkeit die Rede. Entwicklung der Arbeitslosigkeit in Deutschland, vgl. Bäcker/Naegele/Bispinck/Hofemann/Neubauer, Sozialpolitik, S. 482.

49 Butterwegge/Lösch/Ptak, Kritik des Neoliberalismus, S. 83.

50 Müller-Jentsch, Strukturwandel der industriellen Beziehungen, S. 72 f.

51 Müller-Jentsch, Strukturwandel der industriellen Beziehungen, S. 73.

52 Butterwegge/Lösch/Ptak, Kritik des Neoliberalismus, S. 176.

53 Müller-Jentsch, Strukturwandel der industriellen Beziehungen, S. 73.

54 Vgl. Butterwegge/Lösch/Ptak, Kritik des Neoliberalismus, S. 27 ff.

55 Innerhalb von Dienstleistungen werden konsumorientierte Dienstleistungen und produktionsbezogene Dienstleistungen unterschieden. Die produktionsbezogenen Dienstleistungen sind wie Unternehmensberatung oder Marktforschung und die

ferner auf das Uno-actu-Prinzip[56] hingewiesen. Jedoch ist die Dienstleistungstätigkeit deshalb weder völlig standortgebunden noch nicht internationalisierbar. Seit Langem zeigt die Empirie Möglichkeiten, Dienstleistungen zu materialisieren. Dafür können einige klassische Beispiele genannt werden: „von der Massenuniversität zur Fernuniversität ... vom Konzert zum Radio und zur CD-Platte; von der Theateraufführung über Kino und Fernsehen zur Videokassette ... und schließlich zu den künftigen Möglichkeiten der Breitband-Kommunikationsnetze, mit deren Hilfe jede Art von Informations- und Unterhaltungsangebot für jeden Teilnehmer jederzeit auf Abruf verfügbar gemacht werden kann“[57]. Mittels des Einsatzes der digitalen Informations- und Kommunikationsmedien kann die Immaterialität von Dienstleistungen die Möglichkeit zu ihrer Internationalisierung nicht mehr ausschließen. Deshalb können die Produzentenzeit und die Konsumentenzeit in gewissem Maße entkoppelt werden.[58] Tatsächlich sind die zunehmenden grenzüberschreitenden Lieferungen von Dienstleistungen keine Seltenheit mehr. Als neue Ware auf dem Weltmarkt stehen die Dienstleistungen per Internet oder Telefon zu einem ausländischen Kunden regelmäßig zur Verfügung, zum Beispiel Online-Bildungsangebote oder grenzüberschreitende Beratungsdienstleistungen über das Internet.[59] Deshalb ist der Import kostengünstiger Dienstleistungen ebenso wie der Transport von Industrieprodukten ins Inland im Globalisierungsprozess gegenwärtig durchführbar. Vor diesem Hintergrund ist der Kostenwettbewerb nicht mehr nur eine Besonderheit der industriellen (Sach-)Gütermärkte.

Allerdings spielt nicht nur der grenzüberschreitende Handel mit Dienstleistungen für die transnationalen Wirtschaftsaktivitäten eine Rolle. Die internationale Mobilität der „Produktionsfaktoren“ Kapital und Arbeitskraft, also die ausländischen Direktinvestitionen[60] im Inland und die Verlagerung von Dienstleistungen ins Ausland – vor allem in Billiglohn- und Schwellenländer – gewinnt ebenfalls

konsumorientierten Dienstleistungen jene Leistungen, die unmittelbar vom Letztverbraucher in Anspruch genommen werden: „Hierzu gehören die personenbezogenen Leistungen der Gesundheits- und Körperpflege, Bildung, Unterhaltung, Freizeitgestaltung, Ernährung und Beherbergung, aber auch sachbezogene Instandsetzungs-, Pflege- und Bewachungsleistungen“, Scharpf, Soziale Welt 1/1986, 3 (7).

56 Das Uno-actu-Prinzip bei Dienstleistungen bedeutet: „Dienstleistungen werden im Akt der Produktion zugleich konsumiert, weshalb Produzent und Konsument zur selben Zeit am selben Ort sein müssen“, Häußermann/Siebel, Dienstleistungsgesellschaften, S. 141.

57 Scharpf, Soziale Welt 1/1986, 3 (16); vgl. auch Häußermann/Siebel, Dienstleistungsgesellschaften, S. 143.

58 Scharpf, Soziale Welt 1/1986, 3 (17).

59 Tiedtke, GATS als unmittelbar geltendes Recht, S. 23.

60 Zur Bedeutung und Funktion ausländischer Direktinvestitionen in den globalen Wirtschaftsbeziehungen vgl. Panetta, Ausländische Direktinvestitionen und Welthandelsordnung, S. 27 ff.

an Bedeutung.[61] Die Produktionsfaktoren Arbeit und Kapital im Inland bzw. in Deutschland werden dadurch von einer doppelten Gefahr bedroht: Für die Arbeitnehmer im Inland könnte die Arbeitslosigkeit wegen grenzüberschreitender Standortverlagerung von Dienstleistungen zunehmen. Auch wegen des Rückgangs der Transportkosten werden die Bedingungen für transnationale Investitionen erleichtert.[62] Zum Beispiel kann ein Online-Händler die Logistikzentren aus Deutschland ohne besondere Schwierigkeiten nach Osteuropa verlagern.[63] Andererseits gilt: Wenn ausländisches Kapital im Inland (Deutschland) direkt investiert wird, ist es für das lokale Kapital unvermeidlich, mit den ausländischen Unternehmen zu konkurrieren, und der Wettbewerbsdruck wird dadurch erhöht. Auch wenn lokales Kapital nicht unmittelbar am Prozess der globalen Wirtschaftsintegration teilnimmt, kann es sich nicht völlig von der ökonomischen Konkurrenz befreien, wenn der lokale Anbieter nicht von den Märkten verdrängt werden soll.[64]

Es ist demgemäß festzustellen, dass die neoliberale Wirtschaftspolitik nicht nur den Industriesektor, sondern auch den Dienstleistungssektor betrifft. Der Dienstleistungssektor steht ebenfalls unter Anpassungsdruck und Dienstleistungen befinden sich keineswegs im wettbewerblichen Ausnahmebereich. Dabei arbeiten gemäß der amtlichen Statistik (2012) im Jahr 2009 in Westdeutschland 72,4 % und in Ostdeutschland 72,3 % aller Erwerbstätigen im Dienstleistungsbereich.[65] Der Einfluss sowie die Auswirkung der Globalisierung auf den Dienstleistungssektor sind damit sehr bedeutsam.

61 Zu Standortverlagerungen als neue unternehmerische Strategie, insbesondere in Industriesektoren, vgl. Krause, Standortsicherung und Arbeitsrecht, S. 11 f.

62 Krause, Standortsicherung und Arbeitsrecht, S. 11.

63 Zum Beispiel berichtete die polnische Tageszeitung „Puls Biznesu", dass der weltgrößte Internet-Versandhändler Amazon neue Logistikzentren in Polen und Tschechien plane. Dorthin könnte dann auch ein Teil der Deutschlandaktivitäten des Unternehmens verlegt werden. Auch weil Polen Amazon mit enormen Steuerermäßigungen subventioniert und der durchschnittliche Stundenlohn von Amazon-Mitarbeitern in Polen bei umgerechnet 3,98 Euro liegen soll. Vgl. dazu die deutschen Berichte von Die Welt am 01.10.2013: Amazon will angeblich Jobs nach Osteuropa verlagern (http://www.welt.de/wirtschaft/article120544128/Amazon-will-angeblich-Jobs-nach-Osteuropa-verlagern.html) (zuletzt geprüft am 01.05.2016).

64 Zu allgemeinen ökonomischen Auswirkungen der ausländischen Direktinvestitionen vgl. Wolf, Direktinvestitionen, S. 13 ff.

65 Statistisches Bundesamt, Arbeitsmärkte im Wandel, S. 24. Nach dem Statistischen Bundesamt erfasst der Dienstleistungsbereich die Wirtschaftsbereiche von Handel, Gastgewerbe und Verkehr; Finanzierung, Vermietung, Unternehmensdienstleister und öffentliche und private Dienstleister.

II. *Deregulierungspolitik und Strukturwandel der Beschäftigungsverhältnisse*

1. *Allgemeine Deregulierungsmaßnahmen im Dienstleistungsbereich*

Um die neoliberale Politik zu praktizieren, werden Liberalisierungsmaßnahmen zum Abbau von Handelsbeschränkungen auf der internationalen, der europäischen und der nationalen Ebene durchgesetzt. Die deutsche Wirtschaft ist wie andere Industrieländer auch in den ökonomischen Globalisierungsprozess integriert und in gleicher Weise mit der internationalen Konkurrenz sowie mit veränderten Marktbedingungen konfrontiert. In den 1980er-Jahren erlebte auch Deutschland einen politischen Strategiewechsel zugunsten des Neoliberalismus.[66] Institutionell gilt dafür zuerst auf der internationalen Ebene das Allgemeine Übereinkommen über den Handel mit Dienstleistungen (General Agreement on Trade in Services, GATS) seit 1995 für den grenzüberschreitenden Handel mit Dienstleistungen als unmittelbar geltendes Recht in Deutschland. Die oben genannten Module – der grenzüberschreitende Handel mit Dienstleistungen sowie die ausländischen Direktinvestitionen – sind davon erfasst,[67] und die öffentlichen Dienstleistungen sollten für eine marktliche Verwertung geöffnet bzw. privatisiert werden.[68] Auf der europäischen Ebene wird die Dienstleistungsfreiheit ebenfalls gewährleistet. In der Regel werden alle

---

66 Vgl. Hoffmann, Arbeitsbeziehungen, S. 44 ff.

67 Die vier Erbringungsarten der Dienstleistung im GATS sind die grenzüberschreitenden Lieferungen, der ausländische Konsum im Inland, die Handelsniederlassungen im Ausland und die natürlichen Personen im Ausland, dazu vgl. Tiedtke, GATS als unmittelbar geltendes Recht, S. 23. Die zum GATS gehörigen 12 Hauptsektoren sind: (1) Unternehmensbezogene Dienstleistungen (u. a. Freiberufler, EDV–Dienstleistungen, Reinigung; (2) Personaldienste, Maschinenvermietung); (3) Kommunikationsdienstleistungen (Kurierdienste, Telecom, audiovisuelle Dienstleistungen); (4) Baudienstleistungen (gesamter Baubereich einschließlich vor- und nachgelagerter Tätigkeiten); (5) Vertriebsdienstleistungen (u. a. Groß- und Einzelhandel, Franchising); (6) Private Bildungsdienstleistungen (Primär-, Sekundärerziehung, Erwachsenenbildung); (7) Umweltdienstleistungen (Müll, Recycling usw.); (8) Finanzdienstleistungen (Versicherungs- und Bankdienste); (9) Gesundheitsdienstleistungen (u. a. Krankenhäuser, Sozialdienste); (10) Tourismusdienstleistungen (Reiseveranstalter, Fremdenführer); (11) Dienstleistungen betreffend Erholung, Kultur und Sport; Transportdienstleistungen (Schiffs-, Luft- und Straßenverkehrsdienste); (12) Andere Dienstleistungen, die in den anderen genannten Sektoren nicht aufgeführt sind. Dazu vgl. Tiedtke, GATS als unmittelbar geltendes Recht, S. 22 f.

68 Butterwegge/Lösch/Ptak, Kritik des Neoliberalismus, S. 120.

selbstständigen, grenzüberschreitenden und entgeltlichen Erwerbstätigkeiten davon erfasst (Art. 57 Abs. 1, 2 AEUV[69]).[70]

Um das Wirtschaftswachstum zu fördern, erfolgte auf nationaler Ebene des Weiteren einer Reihe von Deregulierungsmaßnahmen. In der Beschäftigungspolitik wurde die Flexibilisierung der Arbeit im großen Umfang ermöglicht. Im Zeitraum von 1982 bis 1998 wurden die folgenden Deregulierungsmaßnahmen in Deutschland durchgesetzt:[71]

- Ausweitung atypischer Beschäftigungsverhältnisse,
- Aufhebung des Vermittlungsmonopols der Bundesanstalt für Arbeit,
- Lockerung der arbeitsrechtlichen Regelungen zur Befristung von Arbeitsverträgen, Einschränkung des Kündigungsschutzes in Kleinbetrieben von bisher fünf auf zehn Beschäftigte,
- Herabsetzung der Lohnfortzahlung im Krankheitsfall,
- Ermöglichung der Sonntagsarbeit aus wirtschaftlichen Gründen,
- Änderung des Ladenschlussgesetzes.

Diese Deregulierungsmaßnahmen wurden zwar ohne Branchenspezifika durchgesetzt, aber der Dienstleistungssektor im privaten Bereich war besonders stark davon betroffen, insbesondere durch die Ausweitung atypischer Beschäftigungsverhältnisse.

Ferner wurde die Deregulierungspolitik durch die Privatisierung von öffentlichen Diensten schrittweise in die Praxis umgesetzt. Im Jahr 1991 betrug die Beschäftigtenzahl in der öffentlichen Dienstleistung noch ca. 6,73 Millionen.[72] Im Zeitraum von 1999 bis 2008 wurde die Privatisierungspolitik weiter verstärkt.[73] Bis 2008 gab es nur noch 4,51 Millionen Beschäftigte im öffentlichen Dienst und er befand sich damit auf einem Tiefstand.[74] Nachdem öffentliche Dienstleistungen zunehmend dereguliert wurden, sind sie nun auch mit dem Einsatz von atypischen Beschäftigungsverhältnissen konfrontiert.

---

69 Art. 57 Abs. 1, 2 AEUV: (Abs. 1) Dienstleistungen im Sinne der Verträge sind Leistungen, die in der Regel gegen Entgelt erbracht werden, soweit sie nicht den Vorschriften über den freien Waren- und Kapitalverkehr und über die Freizügigkeit der Personen unterliegen. (Abs. 2) Als Dienstleistungen gelten insbesondere: a) Gewerbliche Tätigkeiten, b) Kaufmännische Tätigkeiten, c) Handwerkliche Tätigkeiten, d) Freiberufliche Tätigkeiten.

70 Zum Schutzbereich des Art. 57 Abs. 1, 2 AEUV vgl. Hobe, Europarecht, § 18 Rn. 202.

71 Müller-Jentsch, Strukturwandel der industriellen Beziehungen, S. 75.

72 Quelle: Statistisches Bundesamt: Personal des öffentlichen Dienstes (2013).

73 Vgl. Butterwegge/Lösch/Ptak, Kritik des Neoliberalismus, S. 108.

74 Quelle: Statistisches Bundesamt: Personal des öffentlichen Dienstes (2013).

2. Entwicklung der atypischen Beschäftigung unter der Deregulierungspolitik

Unter der rot-grünen Koalition wurde eine noch radikalere Deregulierungspolitik praktiziert und es wurden die Hartz-Reformen eingeführt.[75] Ihr Kern ist die Flexibilisierung der Arbeitskräfte inklusive Leiharbeit, Mini- und Midijobs, Ich-AGs (Solo-Selbstständige) und befristeter Beschäftigung. Als eine Abweichungsform vom Normalarbeitsverhältnis ist die atypische Beschäftigung nach der Definition des Statistischen Bundesamts das Gegenteil der Vollzeitbeschäftigung (mindestens 21 Wochenstunden)[76] und eines unbefristeten Beschäftigungsverhältnisses. Dazu zählt die Teilzeitbeschäftigung inklusive der geringfügigen Beschäftigung (Minijobs) und der befristeten Beschäftigungsverhältnisse.[77] Zusätzlich arbeitet ein Arbeitnehmer im Normalarbeitsverhältnis direkt für den Arbeitsvertragspartner. Daher wird die für den Verleiher arbeitende Leiharbeit als atypisches Arbeitsverhältnis klassifiziert.[78] Die Abgrenzung vom Normalarbeitsverhältnis und atypischem Arbeitsverhältnis entspricht in der Regel dem Konzept der Stamm- und Randbelegschaft. Wie in einem Normalarbeitsverhältnis sind die Arbeitnehmer der Stammbelegschaft sozialversicherungspflichtig, geschützt, unbefristet, vollzeitig und mit hinreichendem Einkommen beschäftigt.[79] Hingegen zählen befristete oder in Teilzeit Beschäftigte sowie Leiharbeitskräfte zur Randbelegschaft. Die Bedeutung und die Entwicklung der atypischen Beschäftigung sind im Folgenden darzustellen.

a) Teilzeitarbeit und geringfügige Beschäftigung (Minijobs)

Unter Teilzeitarbeit versteht man ein Arbeitsverhältnis, bei dem die regelmäßige Wochenarbeitszeit eines Arbeitnehmers kürzer ist als die eines vergleichbaren vollzeitbeschäftigten Arbeitnehmers (§ 2 Abs. 1 Satz 1 TzBfG). Mit weniger als 21 Wochenstunden befindet sich der Arbeitnehmer nach der Terminologie des Statistischen Bundesamts in einem atypischen Arbeitsverhältnis.[80] Die geringfügige Beschäftigung (Minijobs) ist in der Regel auch eine Teilzeitarbeit. Sie ist in die beiden Gruppen Entgeltgeringfügigkeit und Zeitgeringfügigkeit unterteilt. Für die Entgeltgeringfügigkeit übersteigt das Arbeitsentgelt regelmäßig monatlich nicht 450 Euro (§ 8 Abs. 1 Nr. 1 SGB IV) und gemäß § 2 Abs. 2 TzBfG wird diese Gruppe der Teilzeitarbeit zugeordnet. Für die Zeitgeringfügigkeit hingegen ist allein die Arbeitszeit entscheidend. Deren zeitlicher Umfang ist gemäß § 8 Abs. 1 Nr. 2 SGB IV

75 Zum Inhalt der Harz-Reform vgl. Bontrup, Arbeit, Kapital und Staat, S. 83 f.

76 Die Abgrenzung atypischer Arbeitsverhältnisse ist besondere problematisch bei unbefristet Teilzeitbeschäftigten; ebenso problematisch ist das Kriterium der Wochenstunden: Das Statistische Bundesamt zieht die Grenze bei 21 Wochenstunden, wobei das Kriterium auch bei 31 Wochenstunden verwendet wird, vgl. Sachverständigenrat, Jahresgutachten 2012/13, S. 314; Sachverständigenrat, Jahresgutachten 2008/09, S. 434 f.

77 Statistisches Bundesamt, Arbeitsmärkte im Wandel, S. 57.

78 Statistisches Bundesamt, Arbeitsmärkte im Wandel, S. 57.

79 Dütsch/Struck, Interne und externe Flexibilität, S. 6.

80 Statistisches Bundesamt, Arbeitsmärkte im Wandel, S. 57.

innerhalb eines Kalenderjahres seit dem Arbeitsvertragsbeginn auf längstens zwei Monate oder 50 Arbeitstage begrenzt. Zusätzlich wird verlangt, dass die Beschäftigung nur gelegentlich (nicht berufsmäßig) ausgeübt wird.[81] Die Zeitgeringfügigkeit ist zwar von der Teilzeitarbeit zu unterscheiden, aber bei dieser Beschäftigungsform kommt ein Vollzeitarbeitsverhältnis nur als Ausnahme zustande.[82]

Für die geringfügige Beschäftigung gelten arbeitsrechtlich keine Besonderheiten. Ebenso wie für die Vollzeitbeschäftigten gelten der gesetzliche Mindesturlaub, die Entgeltfortzahlung im Krankheitsfall sowie die Feiertagsvergütung auch für die geringfügig Beschäftigten.[83] Die besondere Bedeutung der geringfügigen Beschäftigung liegt eher in ihrem steuer- und sozialversicherungsrechtlichen Sonderstatus. Die Entgeltgeringfügigkeit ist versicherungsfrei in der Arbeitslosenversicherung, aber Pauschalbeiträge zur Kranken- und Rentenversicherung müssen entrichtet werden. Für die Zeitgeringfügigkeit besteht Versicherungsfreiheit in diesen drei Sozialversicherungen.[84]

Die Teilzeitarbeit ist die dominante Erwerbsform bei den atypischen Beschäftigungsverhältnissen. Im Jahr 2008 arbeiteten 14,1 % bzw. 4,9 Millionen aller Erwerbstätigen in Teilzeitbeschäftigung. Zu beachten ist die Überschneidung zwischen der Teilzeit- und der geringfügigen Beschäftigung: Im Jahr 2008 arbeiteten rund 1,9 Millionen Personen sowohl teilzeitig als auch geringfügig.[85] Nach amtlichen Angaben ist die Zahl der geringfügig entlohnten Beschäftigten von 5.532.842 im Juni 2003 auf insgesamt 7.399.000 im Januar 2014 gestiegen. Davon beträgt der aktuelle Anteil (2013) der ausschließlich geringfügig entlohnten Beschäftigten 64 %.

b) Leiharbeit

Die Ausbreitung der Leiharbeit bzw. der Arbeitnehmerüberlassung in den vergangenen Jahren belegt eine dynamische Entwicklung in allen atypischen Arbeitsverhältnissen in Deutschland. Im Juni 2013 betrug die Zahl der Leiharbeiter nach Angaben der Bundesagentur für Arbeit 851.818, während es in den 1990er-Jahren nur ca. 100.000 Leitarbeiter gab. Die Gründe für diesen Beschäftigungszuwachs liegen in der Funktion der Leiharbeitskräfte. Gemeint ist damit zum einen, dass die Leiharbeit durch eine gespaltene Arbeitgeberstellung[86] und ein Dreiecksverhältnis (Leiharbeitnehmer – Verleiher – Entleiher)[87] geprägt ist. Bei dieser Form der Arbeitsorganisation wird der Arbeitnehmer von einem Arbeitgeber (Verleiher) eingestellt, aber seine Arbeitsleistung erbringt er bei einem anderen Arbeitgeber

---

81 BSG, NZS 1993, 550 (550).
82 Moll/Reinfeld, § 75 Rn. 4.
83 Schaub/Linck, § 44 Rn 1.
84 ErfK/Rolfs, SGB IV § 8, Rn. 25 ff. Zu den steuerlichen Besonderheiten der geringfügigen Beschäftigung vgl. nur Moll/Reinfeld, § 75 Rn. 17 f.
85 Wingerter, Wirtschaft und Statistik 11/2009, 1080 (1084 f.).
86 Krause, Arbeitsrecht, § 24 Rn. 1.
87 ErfK/Wank, § 1 AÜG Rn. 7a.

(Entleiher). Der Arbeitsvertragspartner des Leiharbeitnehmers ist der Verleiher, aber das Direktionsrecht wird vom Entleiher gegenüber dem Leiharbeitnehmer ausgeübt.

Aufgrund der Deregulierungspolitik der Arbeitnehmerüberlassung steigt die Zahl der Leiharbeiter kontinuierlich an; insbesondere nach der Hartz-Reform des Jahres 2003 wuchs sie massiv. Während die Anzahl der Leiharbeiter im Jahr 2002 nur 287.567 betrug, erreichte sie im Jahr 2015 951.000. Jedoch ist die Zahl der Leiharbeiter im Krisenjahr 2009 um 62.000 niedriger als im Vorjahr und belegt die Anpassung an den externen Markt (s. Abbildung 1). Neben der dynamischen Entwicklung der Leiharbeit ist auch die Beschäftigungsdauer eines Leiharbeitsverhältnisses zu berücksichtigen. In den 2000er-Jahren wurde mehr als die Hälfte der Leiharbeitsverhältnisse innerhalb von drei Monaten und mehr als Zehntel innerhalb einer Woche beendet.[88] Eine Beschäftigungsstabilität bei der Leiharbeit ist kaum zu erwarten.

Abbildung 1: Zahl der Leiharbeiter in Deutschland (2002–2015)

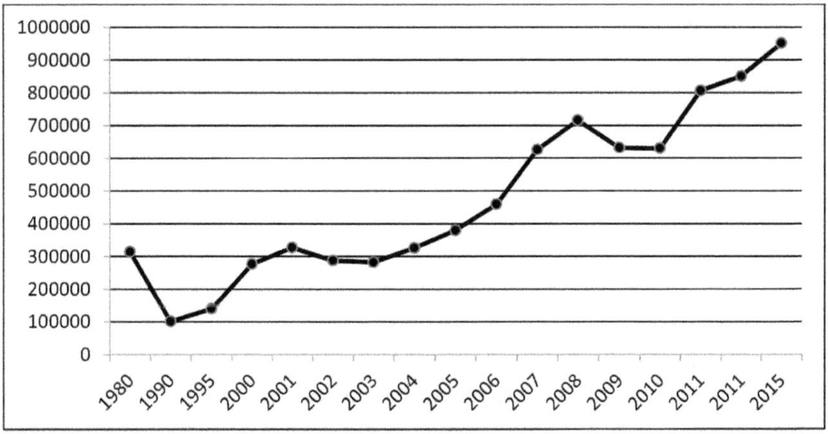

Quelle: Statistik der Bundesagentur für Arbeit (2016)[89]

c) Befristete Beschäftigung

Gemäß dem Teilzeit- und Befristungsgesetz sind zwei Formen des befristeten Arbeitsverhältnisses zu unterscheiden: die Zeitbefristung und die Zweckbefristung. Bei der Zeitbefristung wird das Arbeitsverhältnis mit Ablauf einer kalendermäßig bestimmten Frist beendet; eine Zweckbefristung liegt vor, wenn sich die Zeit aus

88 Wagner, Atypische Beschäftigung, S. 32.

89 Bundesagentur für Arbeit, Zeitarbeit 2016, S. 7. Alte Arbeitnehmerüberlassungsstatistiken sind online verfügbar: https://statistik.arbeitsagentur.de/Navigation/Statistik/Statistik-nach-Themen/Beschaeftigung/Arbeitnehmerueberlassung/vor-der-Datenrevision/vor-der-Datenrevision-Nav.html (zuletzt geprüft am 01.05.2015)

Art, Zweck oder Beschaffenheit der Arbeitsleistung bestimmt (§ 3 Abs. 1 TzBfG). Dabei ist die Form der Zeitbefristung im Vergleich zur Zweckbefristung in der Praxis bedeutsamer.[90] Eine befristete Beschäftigung ist jedoch rechtlich nur begrenzt zulässig bzw. es wird in der Regel ein Befristungsgrund dafür benötigt. Im Teilzeit- und Befristungsgesetz sind acht Fallgruppen der sachlichen Gründe geregelt (§ 14 Abs. 1 TzBfG): 1. der betriebliche Bedarf an der Arbeitsleistung besteht nur vorübergehend, 2. die Befristung erfolgt im Anschluss an eine Ausbildung oder ein Studium, um den Übergang des Arbeitnehmers in eine Anschlussbeschäftigung zu erleichtern, 3. der Arbeitnehmer wird zur Vertretung eines anderen Arbeitnehmers beschäftigt, 4. die Eigenart der Arbeitsleistung rechtfertigt die Befristung, 5. die Befristung erfolgt zur Erprobung, 6. in der Person des Arbeitnehmers liegende Gründe rechtfertigen die Befristung, 7. der Arbeitnehmer wird aus Haushaltsmitteln vergütet, die haushaltsrechtlich für eine befristete Beschäftigung bestimmt sind, und er entsprechend beschäftigt wird oder 8. die Befristung beruht auf einem gerichtlichen Vergleich.[91] Allerdings ist dieser Katalog nicht vollständig und die Angabe weiterer Gründe erlaubt.[92]

In den letzten Jahren ist die Zahl der befristeten Beschäftigungsverhältnisse ebenso wie anderer atypische Erwerbsformen deutlich angestiegen, obwohl deren Entwicklung nicht so dynamisch wie die der Leiharbeit oder der geringfügigen Beschäftigung ist. Im Jahr 2008 arbeiteten insgesamt 2,7 Millionen Beschäftigte bzw. 7,9 % aller Erwerbstätigen mit befristeten Arbeitsverträgen.[93]

d) Selbstständige Erwerbstätige und Outsourcing

In der Regel sind die Erwerbstätigen in Selbstständige und Unselbstständige aufgegliedert.[94] Darunter ist das unselbstständige Arbeitsverhältnis als Arbeitnehmer zwar die Hauptform der Erwerbsarbeit. Aus Sicht der Flexibilisierung der Arbeit werden davon außerdem die selbstständigen Erwerbstätigen erfasst. Insbesondere die Ausübung der Selbstständigkeit, die grundsätzlich auf Werkverträgen basiert, gewann in den vergangenen Jahren zunehmend an Bedeutung. Dabei sind zwei Gruppen der Selbstständigen zu unterscheiden (s. Abbildung 2). Je nach Werkvertragsnehmer treten Solo-Selbstständige oder Fremdfirmenbeschäftigte in Erscheinung:[95] Wird die selbstständige Tätigkeit von einer natürlichen Person bzw. einem Freelancer allein ausgeübt, geht es um einen solo-selbstständigen

---

90 Krause, Arbeitsrecht, § 19 Rn. 3.

91 Für die Interpretation des jeweiligen sachlichen Grund vgl. nur ErfK/Müller-Glöge,, § 14 TzBfG Rn. 23 ff.

92 BAG 16.03.2005 – 7 AZR 289/04 – NZA 2005, 923 (927); 13.10.2004 – 7 AZR 218/04 – NZA 2005, 401 (405); vgl. auch ErfK/Müller-Glöge, § 14 TzBfG Rn. 5.

93 Wingerter, Wirtschaft und Statistik 11/2009, 1080 (1085).

94 Rebhahn, RdA 2009, 154 (155 f).

95 Kelleter, Wirtschaft und Statistik 12/2009, 1204 (1204); Koch, Werkverträge in der Arbeitswelt, S. 9.

Werkvertrag; im Fall von Selbstständigen mit Beschäftigten (Fremdfirmen) ist der Werkvertragnehmer eine juristische Person. Dann wird vom Outsourcing (outside resource using) gesprochen.[96] Die ausgelagerten Tätigkeiten können entweder von den Fremdfirmenbeschäftigten durchgeführt werden oder weiter an einen anderen Subunternehmer übertragen werden.[97]

Abbildung 2: Zwei Gruppen von Selbstständigen

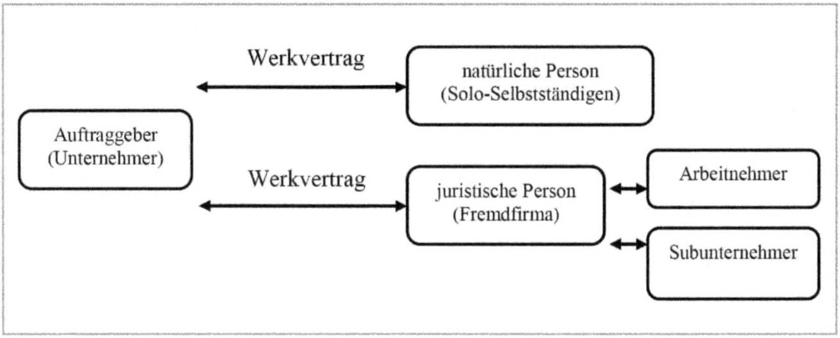

Quelle: Koch (2012)[98], verändert

Seit der deutschen Wiedervereinigung nahmen die Selbstständigen mit Ausnahme der Krisenjahre 2008/09 ständig zu. Im Jahr 2012 erreichte die Zahl der Selbstständigen (Solo-Selbstständige und Selbstständige mit Beschäftigen) 4,5 Millionen, und die Selbstständigenquote betrug damit 11 %. Insbesondere hat die Zunahme der Solo-Selbstständigen zum Anstieg der Selbstständigen beigetragen. Der aktuelle Anteil der Solo-Selbstständigen an allen Selbstständigen beträgt bereits 57 %, während die Zahl der Fremdfirmenbeschäftigten sinkt.[99] Ein Erklärungsansatz für den Anstieg der Zahl der Solo-Selbstständigen sind die staatlichen Förderprogramme. Mit der Einführung der sog. Ich-AG-Förderung im Jahr 2003 und der teilweisen Abschaffung des Meisterzwangs durch die Novellierung der Handwerksordnung im Jahr 2004 wurde die Zahl der Solo-Selbstständigen erhöht.[100]

96 Koch, Werkverträge in der Arbeitswelt, S. 13.
97 Koch, Werkverträge in der Arbeitswelt, S. 9.
98 Koch, Werkverträge in der Arbeitswelt, S. 9.
99 Mai/Marder-Puch, Wirtschaft und Statistik 7/2013, 482 (486).
100 Mai/Marder-Puch, Wirtschaft und Statistik 7/2013, 482 (485 f.).

III. *Gesamte Betrachtung des Strukturwandels der Beschäftigungsverhältnisse und der Dienstleistungsgesellschaft*

Die obige Darstellung vermittelt Einblicke in den Formwandel der Beschäftigung. Im Jahr 2009 arbeiteten 22,2 % aller Erwerbstätigen bzw. 7,72 Millionen Personen in atypischen Beschäftigungsformen von insgesamt 34,7 Millionen Erwerbstätigen. Ferner waren 11,0 % bzw. 3,8 Millionen aller Erwerbstätigen selbstständig, während der Anteil der Normalarbeitsverhältnisse im Jahr 1998 noch 72,6 % betrug.[101] Zwar bleibt das Normalarbeitsverhältnis im Vergleich zu den atypischen Beschäftigungen inklusive der Selbstständigen nach wie vor die dominante Erwerbsform. Durch die dynamische Entwicklung der atypischen Beschäftigungen inklusive der Selbstständigen hat in den vergangenen Jahren die Bedeutung des Normalarbeitsverhältnisses abgenommen. Daher wird von einer Abkehr vom Normalarbeitsverhältnis gesprochen.

Die Zunahme der atypischen Beschäftigungen hat außerdem sektorale Bedeutung. In den letzten Jahrzehnten expandierte der Dienstleistungssektor in Deutschland und die starke Arbeitsplatzzunahme fand auch im Dienstleistungsbereich statt. Nach Angeben der amtlichen Statistik (2012) arbeiteten im Jahr 2009 in Westdeutschland 72,4 % und in Ostdeutschland 72,3 % aller Erwerbstätigen im Dienstleistungsbereich. In ganz Deutschland waren somit 72,9 % aller Erwerbstätigen im Dienstleistungsbereich beschäftigt.[102] Dabei ist die Expansion der Dienstleistungstätigkeit stark durch atypische Beschäftigung geprägt. Insbesondere im Gastgewerbe beträgt der Anteil der gesamten atypischen Beschäftigten mehr als 50 %. Im Gesundheitswesen, in Erziehung und Unterricht, bei sonstigen öffentlichen und privaten Dienstleistern sowie im Handel arbeiten ebenfalls knapp 50 % aller Beschäftigten in atypischen Erwerbsformen (s. Tabelle).

Tabelle 1: Anteile atypisch Beschäftigter nach Wirtschaftszweigen in % (2010)

Wirtschaftsbereiche	**Anteile atypisch Beschäftigter in %**
Gastgewerbe	56
Gesundheitswesen	48
Erziehung/Unterricht	46
Sonst. öffentliche und private Dienstleister	45

101 Wingerter, Wirtschaft und Statistik 11/2009, 1080 (1083).

102 Der Dienstleistungsbereich inklusive der Wirtschaftsbereiche von (1) Handel, Gastgewerbe und Verkehr (2) Finanzierung, Vermietung, Unternehmensdienstleister und (3) Öffentliche und private Dienstleister, vgl. Statistisches Bundesamt, Arbeitsmärkte im Wandel, S. 25.

Wirtschaftsbereiche	Anteile atypisch Beschäftigter in %
Handel	44
Grundstück/Wohnungswesen	39
Energie/Wasserversorgung	23
Verkehr/Nachrichten	22
Kredit/Versicherung	21
Baugewerbe	16
Produzierendes Gewerbe ohne Baugewerbe	15

Quelle: SOEP 2010. Berechnungen nach Keller/Seifert (2012)[103]

Tabelle 2: Anteil der vier Formen der atypischen Beschäftigung nach Wirtschaftszweigen in % (2010)

	Teilzeit-arbeit	Minijobs	Befristung	Selbst-ständige	Leiharbeit
Unternehmensnahe Dienstleistungen	26	13	7	4	1
Handel, Verkehr	28	15	4	1	1
Erziehung, Gesundheit, Kultur, Verbände	41	11	12	3	0
Öffentliche Verwaltung	27	3	6	1	0
Personenbezogene Dienstleistungen	37	25	8	3	0
Produzierendes Gewerbe	11	6	4	1	3

Quelle: Eichhorst/Marx/Thode.[104] Berechnung nach Bellmann/Fischer/Hohendanner (2010)[105]

103 Keller/Seifert, Atypische Beschäftigung und soziale Risiken, S. 14.
104 Eichhorst/Marx/Thode, Atypische Beschäftigung, S. 19.
105 Bellmann/Fischer/Hohendanner, S. 379 ff.

Dabei ist zu berücksichtigen, dass die Hypothese der Erweiterung des Dienstleistungssektors in Richtung einer Dienstleistungsgesellschaft bereits vor mehr als 60 Jahren aufgestellt wurde. Als bahnbrechend hierfür gilt der französische Ökonom und Soziologe Jean Fourastié,[106] der einen sektoralen Wandel prognostizierte und an die Drei-Sektoren-Hypothese anknüpfte. Seine Hypothese lautet, dass die vom primären und sekundären Sektor freigesetzten Arbeitskräfte für Dienstleistungstätigkeiten genutzt werden können. Die Produktivität würde sich aufgrund der unterschiedlichen Effekte des technischen Fortschritts zuerst im Agrarsektor und dann im Industriesektor steigern; dies hätte eine Überproduktionskrise zur Folge. Die Arbeitskräfte würden vom primären und sekundären in den tertiären Sektor abwandern, sodass die Erhöhung der Nachfrage nach Dienstleistungen und die geringe Produktivitätssteigerung im tertiären Sektor zusammen zur Ausweitung der Dienstleistungsbeschäftigung beitragen würden.[107] Danach könnte nach Fourastié die Menschheit in der tertiären Zivilisation endlich wieder zur Ruhe kommen und die Lebensbedingungen und die Stabilität der Dienstleistungsgesellschaft würden insgesamt verbessert.[108] Gegenwärtig entspricht der hohe Anteil der Erwerbstätigen im tertiären Sektor zwar beinahe Fourastiés Vorstellung einer Dienstleistungsgesellschaft. Jedoch entspricht er nicht der Idee der „Dienstleistungsgesellschaft als Hoffnungsträger“ von Jean Fourastié.

Der Grund für diese Fehlentwicklung ist zugleich Gegenstand der nächsten Forschungsfrage, in der es darum geht, wie die atypischen Erwerbsformen als Maßnahmen der unternehmerischen Rationalisierung im Dienstleistungssektor verwendet werden. Dafür wird nach der obigen Einführung des Neoliberalismus weiterhin eine Mikroanalyse auf der unternehmerischen Ebene durchgeführt, um die Auswirkungen der staatlichen Deregulierungspolitik anhand der unternehmerischen Rationalisierung in der Praxis zu beleuchten.

B. Unternehmerische Rationalisierung im Dienstleistungssektor

Unter der unternehmerischen Rationalisierung wird die Gesamtheit aller Maßnahmen verstanden, die zu einer kostengünstigeren Produktion führen, um die wirtschaftliche Leistungsfähigkeit zu sichern und die Wettbewerbsfähigkeit zu stärken. Darunter findet vor allem der Einsatz von Technologie zur Produktivitätssteigerung eine hohe Aufmerksamkeit. Beim Rationalisierungsprozess geht es jedoch über die technischen Neuerungen hinaus um ein gesamtes flexibles Produktions- und Arbeitsorganisationskonzept.[109] Zu den Gestaltungsbereichen des Rationalisierungskonzepts gehören das Produkt, der

106 Fourastié, Die große Hoffnung des 20. Jahrhunderts.
107 Vgl. Häußermann/Siebel, Dienstleistungsgesellschaften, S. 30 f.
108 Häußermann/Siebel, Dienstleistungsgesellschaften, S. 36 f.
109 Vgl. Roth, Neue Technologien und Streikfähigkeit, S. 12.

Prozess und die Organisation.[110] Allerdings sind die Rationalisierungsstrategien, insbesondere das flexible Produktionssystem im industriellen Sektor, auf den Dienstleistungssektor nicht so einfach übertragbar. Auf der Suche nach neuen Rationalisierungspotenzialen wird das Arbeitsverhältnis selbst ins Auge gefasst.[111] Im Dienstleistungssektor hat sich seit einiger Zeit der Schwerpunkt der Rationalisierungsstrategien verschoben und die Wertschöpfungssteigerung lässt sich auch durch den „Eingriff in Arbeitsverhältnisse" anstreben.[112] Die Gestaltung des Arbeitsverhältnisses wird von den Unternehmen als neue Quelle der Wertschöpfung genutzt. Hierbei geht es nicht ausschließlich um eine möglichst geringe Bezahlung im Sinne einer Kostensenkung. Stattdessen wird eine möglichst intensive und flexible Nutzung der Arbeitskraft angestrebt.[113] In einer von Konkurrenz geprägten dynamischen Wirtschaftsentwicklung wird die Flexibilisierung der Arbeit als eine notwendige Maßnahme für die Arbeitgeber betrachtet, um sich an die ständig verändernden Bedingungen anzupassen. Das Ziel ist die Schaffung einer „atmenden Fabrik"[114]. Dafür wird den Unternehmen in dem von der Deregulierungspolitik gebildeten „ordnungspolitischen Rahmen" ein neuer Hebel verliehen, um die Arbeitskräfte im Rahmen der unternehmerischen Rationalisierungsstrategie flexibler zu verwenden. Gemeint ist nicht nur die Anwendung der verschiedenen Erwerbsformen, sondern auch der vergrößerte Spielraum für die Nutzung der Arbeitskraft.[115]

I. Prekarität der Arbeit als Rationalisierungsressource

Vor allem sind prekäre und atypische Erwerbsformen zu unterscheiden. Nicht jede atypische Arbeit wird gleichzeitig dem Risiko der Prekarität unterworfen. Das Wort „prekär" stammt aus dem Lateinischen und charakterisiert eine „bedenkliche, peinlich, unsichere, labile und heikle Situation".[116] Für prekäre Beschäftigungsverhältnisse gibt es keine einheitliche Definition. Bei der Zuordnung sind die Kriterien Einkommen, Beschäftigungsstabilität, Kontrolle über die Arbeitsbedingungen, soziale Absicherung und Schutzrechte gegenüber Diskriminierung und unfairer Behandlung sowie soziale Kontextfaktoren (wie Familieneinkommen,

110 Vgl. Helfert/Trautwein-Kalms, WSI-Mitteilungen 1/2000, 1, (2); Willke, Die Zukunft unserer Arbeit, S. 117 ff., S. 168 ff.

111 Helfert/Trautwein-Kalms, WSI-Mitteilungen 1/2000, 1 (4). Vgl. auch Schumann, WSI-Mitteilungen 7/2008, 379 (380).

112 Helfert/Trautwein-Kalms, WSI-Mitteilungen 1/2000, 1 (4).

113 Bontrup, Arbeit, Kapital und Staat, S. 71.

114 Detje/Ehlscheid/Unterhinninghofen, Perspektiven des Streiks, S. 69.

115 Die Bedingungen des Einsatzes der verschiedenen Erwerbsformen, siehe oben § 3 A. II. 2. Entwicklung der atypischen Beschäftigung unter der Deregulierungspolitik.

116 Horstmeier, Prekäre Beschäftigungsverhältnisse, S. 6.

Kapazitätsbestandes dienen, wird dieses „zusätzliche" Personal anschließend wieder vom Unternehmen „freigesetzt". Insoweit wird der Bestandschutz der Stammbelegschaft durch die Instabilität dieser „externen Randbelegschaft" kompensiert.[127]

Die unternehmerischen Risiken könnten durch die Nutzung interner sowie externer Flexibilisierungsmaßnahmen verringert werden, aber die verschiedenen Gruppen der Erwerbstätigen werden anhand der Wahl der Flexibilisierungsstrategien nicht gleichzeitig und in derselben Weise betroffen. In der Regel kommen zuerst interne Flexibilisierungsmaßnahmen als Lösung für das Anpassungsproblem in Betracht. Reichen diese Maßnahmen nicht aus, werden externe temporäre Arbeitskräfte engagiert, um größere Schwankungen zu bewältigen.[128] Allerdings können verschiedene Modelle miteinander kombiniert werden; eine optimale Reihenfolge der Strategien könnte dabei wie folgt aussehen: Flexibilisierung der Arbeitszeit (Überstunden, Arbeitszeitkonten etc.)[129], Teilzeitarbeit, geringfügige Beschäftigung, befristete Beschäftigung und Leiharbeit.[130] Im Folgenden werden das Modell sowie die Funktion der jeweiligen Flexibilisierungsstrategien dargestellt.

a) Interne Flexibilisierung: Teilzeitarbeit und Minijobs

Wenn der Arbeitskräftebedarf zeitlich begrenzt ist oder wenn die Betriebs- bzw. Öffnungszeiten verlängert werden, können die Teilzeitarbeit oder/und die geringfügige Beschäftigung in Betrieben eingesetzt werden. Bei der geringfügigen Beschäftigung ist es außerdem aufgrund der niedrigeren Stundenzahl für den Unternehmer vorteilhaft, diese Beschäftigungsform wegen der hohen Bereitschaft spezifischer Gruppen von Beschäftigten anzuwenden, insbesondere für die Branchen mit hoch variablen Kunden– und Dienstleistungsfrequenzen.[131] Häufig wird die geringfügige Beschäftigung in Klein- und Kleinstbetrieben eingesetzt,[132] während ein großer Teil der Teilzeitarbeit in größeren Betrieben stattfindet. Ein Grund dafür könnte im Kündigungsschutz liegen, denn der allgemeine Kündigungsschutz gilt nicht in Klein- und Kleinstbetrieben.[133] Dies erleichtert in solchen Betrieben die unternehmerische Flexibilisierung.[134]

---

127 Bornewasser/Zülch, Flexibilisierung der Arbeit, S. 27.

128 Bornewasser/Zülch, Flexibilisierung der Arbeit, S. 28.

129 Unter dem Leitgedanken der Flexibilisierung der Arbeit bietet das Normalarbeitsverhältnis als solches ebenfalls Ansatzpunkte zur Herleitung von Flexibilitätspotenzialen. Um die Schwankungen des Kapazitätsbedarfes zu bewältigen, wird die Flexibilisierung der Arbeitszeit der Stammbelegschaft als wichtiges Instrument verwendet, wie. z. B. Arbeitszeitkonten oder Gleitzeit und Vertrauensarbeitszeit, Bornewasser/Zülch, Flexibilisierung der Arbeit, S. 23 ff.

130 Promberger, WSI-Mitteilungen 05/2006, 263 (265).

131 Bäcker, WSI-Mitteilungen 05/2006, 255 (258).

132 Keller/Schulz/Seifert, Beschäftigten, S. 10.

133 Vgl. nur Schaub/Linck, § 130 Rn 15 f.

134 Keller/Schulz/Seifert, Beschäftigten, S. 10.

b) Externe Flexibilisierung

(1) Einsatz der befristeten Beschäftigung

Gemäß dem Teilzeit- und Befristungsgesetz benötigt die Befristung in der Regel einen Befristungsgrund. Jedoch sind mehre sachgrundlose Befristungen vom Gesetzgeber geschaffen worden. Vor allem darf eine Zeitbefristung ohne Vorliegen eines sachlichen Grundes bis zur Dauer von zwei Jahren zulässig vereinbart werden, und bis zu dieser Gesamtdauer von zwei Jahren ist eine Verlängerung der Zeitbefristung höchstens drei Mal zulässig (§ 14 Abs. 2 Satz 1 TzBfG). Ferner wurde durch das Gesetz zu Reformen am Arbeitsmarkt von 24. Dezember 2003 eine Privilegierung junger Unternehmen geschaffen: In den ersten vier Jahren nach der Gründung eines Unternehmens ist die kalendermäßige Befristung eines Arbeitsvertrages ohne Vorliegen eines sachlichen Grundes zulässig; bis zu dieser Gesamtdauer von vier Jahren ist auch eine mehrfache Verlängerung eines kalendermäßig befristeten Arbeitsvertrages zulässig (§ 14 Abs. 2a Satz 1 TzBfG). Insoweit wurden bestehende Einstellungshemmnisse durch die Entbehrlichkeit des sachlichen Grundes von Anfang an abgebaut.[135] Unter diesen rechtlichen Rahmenbedingungen wird dem Unternehmer ein gewisser Spielraum eingeräumt, um seinen Flexibilisierungsbedarf durchzusetzen, wobei die befristete Beschäftigung im Arbeitsmarkt nicht ausschließlich diesem Zweck dienen soll.[136]

Die Flexibilität des Personaleinsatzes mittels einer befristeten Beschäftigung kann dazu beitragen, die Anzahl der Beschäftigten schnell an die Nachfrageschwankungen anzupassen.[137] Diese Intention, den Flexibilisierungsinteressen des Unternehmers zu folgen, ist im Gesetzestext nachweisbar: „ [...] dass der betriebliche Bedarf an der Arbeitsleistung nur vorübergehend besteht, stellt einen der sachlichen Gründe der Befristung dar." (§ 14 Abs. 2 Satz 1 Nr. 1 TzBfG). In Anlehnung an die Untersuchung von *Giesecke/Groß* könnte die befristete Beschäftigung zumindest die folgenden Funktionen wahrnehmen:[138] Eine zeitnahe Anpassung der Produktion und Dienstleistungen an Nachfrageschwankungen, den Ausgleich von Personalschwankungen und die Erledigung außergewöhnlicher oder unregelmäßig wiederkehrender Aufgaben.

Der Einsatz der Befristung ist für den Unternehmer sinnvoller in Großbetrieben als in Klein- und Kleinstbetrieben. Denn der Kündigungsschutz findet grundsätzlich Anwendung in Großbetrieben und der Personalbestand kann mittels der Befristung einfacher der Auftragslage angepasst werden,[139] solange das Unternehmen die externen Arbeitskräfte (Leiharbeit, Solo-Selbstständige) nicht berücksichtigt.

135 Krause, Arbeitsrecht, § 19 Rn. 9.
136 Vgl. Giesecke/Groß, WSI-Mitteilungen 5/2006, 247 (247 ff.).
137 Vgl. Dütsch/Struck, Interne und externe Flexibilität, S. 4.
138 Giesecke/Groß, WSI-Mitteilungen 5/2006, 247 (247).
139 Giesecke/Groß, WSI-Mitteilungen 5/2006, 247 (248).

(2) Strategische Nutzung der Leiharbeit

Zwar wird die Leiharbeit in Deutschland bislang hauptsächlich im Industriesektor eingesetzt, jedoch spielt diese Arbeitsform im Dienstleistungsbereich ebenfalls eine Rolle. In den Branchen Handel und Verkehr und in unternehmensnahen Dienstleistungen ist jeweils 1 % aller Beschäftigten Leiharbeiter (s. Tabelle 2).

Die Besonderheit der Leiharbeit besteht darin, dass der Arbeitsvertragspartner des Leiharbeitnehmers der Verleiher ist, aber dass das Direktionsrecht vom Entleiher gegenüber dem Leiharbeitnehmer ausgeübt wird. Dadurch können die Leiharbeitskräfte effektiv als Flexibilisierungs- und Kostensenkungsinstrument eingesetzt werden. Dies ist vor allem auf der Seite des Unternehmers vorteilhaft, denn der Leiharbeiter kann ohne Such- und Entlassungskosten eingesetzt werden.[140]

Allerdings ist die Funktion der Leiharbeit im Betrieb mehrdimensional. Ursprünglich fungierte die Leiharbeit als Ad-hoc-Ersatz, um einen kurzfristigen Personalausfall zu kompensieren und die Kontinuität der betrieblichen Abläufe sicherzustellen.[141] Jedoch hat sich die Funktion des Leiharbeitseinsatzes inzwischen stark gewandelt (s. Tabelle 4).

Tabelle 4: Betriebliche Nutzungsstrategien von Leiharbeit

	Typ I Ad-hoc-Ersatz	**Typ II Flexibilitätspuffer**	**Typ III Strategische Nutzung**
Funktion	Personalersatz (Suchkosten)	Schwankungen des Auftragsvolumens (Such- und Einstellungskosten)	strategische Ungewissheitskontrolle (Entlassungskosten)
Nutzungsintensität	minimal	mittel bis hoch (> 5 %)	mittel bis hoch (> 5 %)
Reichweite	punktuell	begrenzt auf Randbelegschaft	umfassend in allen Arbeitsbereichen
Dauer	temporär	temporär	verstetigt

Quelle: Holst/Nachtwey/Dörre (2009)[142], verändert

Neben der aktuell wenig relevanten Rolle des Ad-hoc-Ersatzes dient die Leiharbeit vor allem als Flexibilitätspuffer. So kann der Einsatzbetrieb auf die reale Schwankung des Auftragsvolumens mithilfe der Leiharbeit reagieren,[143] weil der Einsatzbetrieb

140 Promberger, WSI-Mitteilungen 05/2006, 263 (265).
141 Holst/Nachtwey/Dörre, Funktionswandel von Leiharbeit, S. 16.
142 Holst/Nachtwey/Dörre, Funktionswandel von Leiharbeit, S. 15.
143 Holst/Nachtwey/Dörre, Funktionswandel von Leiharbeit, S. 16 f.

„nur den Arbeitnehmerüberlassungsvertrag mit dem Verleiher beenden muss, um die Leiharbeitnehmer loszuwerden“[144], ohne den Kündigungsschutz zu berücksichtigen. Mittels eines solchen Flexibilisierungsinstrumentes ist es den Unternehmen in Phasen des wirtschaftlichen Abschwungs relativ leicht möglich, sich schnell von diesen Beschäftigten zu trennen, und das Instrument fungiert somit als Puffer gegen konjunkturelle Schwankungen.[145]

Tendenziell ist aber heutzutage eher die „strategische Nutzung der Leiharbeit“ in der Praxis von Bedeutung.[146] Bei diesem Einsatztyp geht es weniger um eine Anpassung an Schwankungen des Personalbestandes (Ad-hoc-Ersatz) oder des Auftragsvolumens (Flexibilitätspuffer), sondern eher um ein „proaktives Instrument der Ungewissheitskontrolle“,[147] weil die Leiharbeiter als ein Sicherheitsnetz fungieren, um die Kapitalrendite bei einer unsicheren Entwicklung der Produktmärkte zu bewahren und das unternehmerische Risiko zu minimieren.[148] An dieser Stelle wird einerseits die Stammbelegschaft durch die „Personalpolitik der unteren Linie“[149] möglichst klein gehalten und andererseits die Leiharbeit in gewissem Umfang als fester Bestandteil in die Belegschaft des Einsatzbetriebs integriert (sog. flexible Quasi-Stammbelegschaft).[150] Somit könnte der Einsatzbetrieb ohne diese Leiharbeitskräfte nicht normal funktionieren. Allerdings wird die Anzahl der Leiharbeiter in Zeiten der Absatzkrise wieder ohne Entlassungskosten verringert.[151]

Die Realisierung der strategischen Nutzung von Leiharbeit stützt sich wesentlich auf eine Gesetzesnovellierung. Denn eine „vorübergehende“ Überlassung ist eines der wichtigsten Merkmale von Leiharbeit.[152] Dabei ist Leiharbeit nur als eine zeitlich begrenzte Lösung vorgesehen, und die Stammbelegschaft im Entleiherbetrieb wird damit nicht verdrängt.[153] Jedoch wurde die Überlassungsdauer seit der Schaffung des Arbeitnehmerüberlassungsgesetzes im Jahr 1972 immer wieder verlängert, und seit 2003 ist diese zeitliche Begrenzung sogar völlig aufgehoben (s. Tabelle 5)

144 Krause, Arbeitsrecht, § 24 Rn. 2.
145 Giesecke/Wotschack, WZBrief Arbeit, Juni 2009, 1 (2).
146 Holst, WSI-Mitteilungen 03/2009, 143 (145 f.); Holst/Nachtwey/Dörre, Funktionswandel von Leiharbeit, S. 15 ff.; Krause, Leiharbeit, S. 12 f.
147 Krause, Leiharbeit, S. 13.
148 Holst/Nachtwey/Dörre, Funktionswandel von Leiharbeit, S. 17.
149 Holst/Nachtwey/Dörre, Funktionswandel von Leiharbeit, S. 17.
150 Holst/Nachtwey/Dörre, Funktionswandel von Leiharbeit, S. 13.
151 Holst/Nachtwey/Dörre, Funktionswandel von Leiharbeit, S. 17.
152 Gemeint ist die Dauer des Überlassungsverhältnisses, nicht das Leiharbeitsverhältnis, weil das Leiharbeitsverhältnis auch im Grundsatz eine Dauerrechtsbeziehung sein soll. ErfK/Wank, § 1 AÜG Rn. 37.
153 ErfK/Wank, § 1 AÜG Rn. 37b.

Tabelle 5: Überlassungsdauer der Leiharbeit

Zeitpunkt	11.10. 1972	01.05. 1985	01.01. 1994	01.04. 1997	01.01. 2002	01.01. 2003	01.12. 2011
Überlassungs-dauer (Monate)	3	6	9	12	24	Wegfall der Überlassungsdauer	vorübergehend

Quelle: Bundesagentur für Arbeit (2016)[154]

Dadurch ist die Möglichkeit einer Dauerüberlassung gegeben. Zwar wurde anhand der Gesetzesnovelle vom 28. April 2011 die zeitliche Beschränkung als eine zwingende Tatbestandsvoraussetzung[155] wieder ins Gesetz aufgenommen (§ 1 Abs. 1 Satz 2 AÜG). Wie sich diese Regelung in der Praxis auswirkt, ist bisher aber noch unklar.[156]

(3) Outsourcing und Solo-Selbstständige

Neben der geschilderten Diskussion um Leiharbeit und befristete Beschäftigung sind ferner das Outsourcing sowie die Solo-Selbstständigen auf der Basis von Werkverträgen als wichtige externe Flexibilisierungsinstrumente einsetzbar. Im Fall eines Outsourcings können die Fremdfirmenbeschäftigten theoretisch nur für die vertraglich bestimmten Aufgaben eingesetzt werden und stehen damit nicht für andere Tätigkeiten zur Verfügung. Ansonsten könnte ein Scheinwerkvertrag infrage kommen.[157]

Auf der Basis von Werkverträgen organisiert darüber hinaus ein Großteil der Solo-Selbstständigen ihre Tätigkeit. Die Förderung der „Ich-AG“ hat zwar deutlich zum Anstieg der Solo-Selbstständigkeit in Deutschland beigetragen.[158] Ein anderer Faktor, der Einsatz von Informations- und Kommunikationstechnologien, ermöglicht die Solo-Selbstständigkeit durch projektbezogene Dienstleistungen. Das geschieht zum Beispiel durch die Unternehmensstrategie des Crowdsourcing. Die Arbeit wird über eine Internetplattform zwischen Solo-Selbstständigen (Crowdworker) und dem Auftraggeber vermittelt.[159] Diese Erwerbsform hat zugleich ein hohes Flexibilisierungspotenzial, da

154 Bundesagentur für Arbeit, Zeitarbeit 2016, S. 5.

155 Vorübergehende Überlassung als eine zwingende Tatbestandsvoraussetzung, vgl. nur ErfK/Wank, § 1 AÜG Rn. 37a.

156 Koch, Werkverträge in der Arbeitswelt, S. 13 (Fn. 18).

157 Zu Scheinwerkverträgen und illegaler Arbeitnehmerüberlassung vgl. Koch, Werkverträge in der Arbeitswelt, S. 13 f.

158 Siehe oben § 3 A. II. 2. d) Selbstständige Erwerbstätige und Outsourcing.

159 Zu Crowdsourcing und Crowdworking vgl. Schwemmle/Schröder, Gute Arbeit in der Crowd?, S. 1 ff.; Schwemmle, Digitale Arbeit: dominant, mobil, gestaltungsbedürftig, DGB Magazin „Gegenblende“ , 07.08.2013, online abrufbar unter http://www.gegenblende.de/22-2013/++co++d0807704-0021-11e3-9e32-52540066f352 (zuletzt geprüft am 01.05.2016).

„ [...] sich auf Basis der neuen technischen und organisatorischen Gegebenheiten des Internets die Möglichkeiten von Unternehmen zur flexiblen Gestaltung von Wertschöpfung enorm erweitert haben – und damit auch die Anreize, Arbeitsleistung nur noch fallweise und zeitweilig zu kaufen und immer wieder neu zu kombinieren, ohne dazu Arbeitskräfte dauerhaft, u. a. mit den Sicherungsmechanismen des klassischen Normalarbeitsverhältnisses, an sich zu binden."[160]

Das Crowdworking ist eine Unterform der Solo-Selbstständigkeit; so besteht kein Arbeitsverhältnis zwischen Crowdworker und Auftraggeber. Damit ist der Kündigungsschutz hier nicht anwendbar.[161] Im Vergleich von Selbstständigen mit Normalbeschäftigten unterliegen die Solo-Selbstständigen unsichereren und instabileren Arbeitsbedingungen in Bezug auf Sozialversicherung, Betriebsrisiko, unfreiwillige Teilzeitarbeit und Niedriglohn.[162]

III. Zwischenergebnis

Die vom sektoralen Wandel begleitete Abkehr vom Normalarbeitsverhältnis und der Bedeutungszuwachs der atypischen Erwerbsarbeit weisen auf einen Umbruch in der Erwerbsarbeit hin. Die atypischen Beschäftigungsformen sind durch die unternehmerische Rationalisierungspolitik in die Organisation der Betriebe eingebettet. Die Beschäftigten sind häufig mit der Instabilität und der Prekarität der Arbeit konfrontiert. Die Vorstellung „kontinuierlicher Dauerbeschäftigung und lebenslanger Belegschaftszugehörigkeit" gilt heutzutage vielmehr als utopisch.[163] Dadurch wurden die Rahmenbedingungen der gewerkschaftlichen Betätigung inklusive Arbeitskampf deutlich verändert. Selbstverständlich ist der Zuwachs der atypischen Beschäftigung nicht die einzige nennenswerte Folge der Deregulierungspolitik im Arbeitsmarkt. Jedoch hat sie unmittelbare Auswirkungen auf das Mobilisierungspotenzial im Arbeitskampf. Bevor die mögliche Gegenstrategie der Gewerkschaften behandelt wird, soll zunächst eine Kausalanalyse hinsichtlich des Verhältnisses zwischen der Arbeitskampffähigkeit und dem Faktor des Zuwachses der atypischen Beschäftigung erfolgen.

160 Schwemmle/Schröder, Gute Arbeit in der Crowd? S. 2.

161 Neugebauer/Klebe, AuR 1/2014, 4 (5). Zur Anwendung des Arbeitsrechts auf die Solo-Selbstständigkeit vgl. nur Deinert, RdA 2014, 65 (75).

162 Koch, Werkverträge in der Arbeitswelt, S. 19; Mai/Marder-Puch, Wirtschaft und Statistik 7/2013, 482 (492 ff.).

163 Deinert, RdA 2014, 65 (65).

C. Auswirkungen der unternehmerischen Rationalisierungsmaßnahmen auf die Arbeitskampffähigkeit

Arbeitskampffähigkeit ist nicht gleichbedeutend mit Arbeitskampfrecht. Denn es ist unrealistisch zu erwarten, dass „der Anspruchsberechtigte zugleich in die Lage versetzt wird, von seinem Recht auch Gebrauch zu machen“[164] oder dass die Streikleitung lediglich auf einen „Knopf drückt“[165], um einen Arbeitskampf auslösen zu können. Der Gebrauch des Rechts ist vielmehr von einer Reihe von Faktoren abhängig und verhält sich nicht anders als beim Arbeitskampf. Ein Arbeitskampf ist eine voraussetzungsvolle Kollektivaktion, und für sie ist die organisatorische Erfassung der Gewerkschaft und des gewerkschaftlichen Bewusstseins der Arbeitnehmerschaft von entscheidender Bedeutung.[166] Ein Arbeitskampf ist nur dann möglich, wenn eine starke Organisation der Arbeitnehmerschaft besteht und zugleich die Mitglieder „in gleicher Lage und mit gleichen Interessen und im selbstorganisierten Verbund ihren kollektiven Willen durchsetzen wollen“[167]. In jeder Phase eines Arbeitskampfes wird intendiert, eine möglichst große Zahl von Arbeitnehmern einzubeziehen und sie aktiv zu beteiligen.

Heutzutage sind die Gewerkschaften mit schwierigen Ausgangsbedingungen konfrontiert. Zum einen wird ihre Basis von einem dauerhaften Mitgliederrückgang erodiert. Dadurch wird die Arbeitskampffähigkeit quantitativ beeinträchtigt. Zum anderen wird auch das Mobilisierungspotenzial im Arbeitskampf qualitativ verringert, was infolge des Bedeutungszuwachses der atypischen Beschäftigungen die Zersplitterung der Arbeitnehmerschaft und eine Verringerung der kollektiven Bindung zwischen Mitgliedern und Gewerkschaften zur Folge hat. Entsprechend können die Mobilisierungsmöglichkeiten im Arbeitskampf erschwert werden. Im Folgenden werden die Auswirkungen des Bedeutungszuwachses der atypischen Beschäftigungen auf die Arbeitskampffähigkeit von Gewerkschaften aus quantitativer sowie qualitativer Sicht im Detail beleuchtet.

I. Mitgliederentwicklung und Arbeitskampffähigkeit: quantitativer Aspekt

Für Mitgliederorganisationen wie die Gewerkschaften ist ihr Organisationsgrad ausschlaggebend. Dies ist aber nicht nur im Sinne der finanziellen Ressourcen bzw. Mitgliedsbeiträge für die Gewerkschaften von Bedeutung.[168] Ebenso gravierend

164 Hartwich, Gewerkschaftliche Monatshefte, 5/1987, 265 (265).
165 Däubler/Wolter Arbeitskampfrecht, § 16 Rn. 1.
166 Dzielak/Hindrichs/Martens/Schophaus, Gewerkschaftliche Monatshefte, 11/1979, 680 (689).
167 Hoffmann, Arbeitskampf im Arbeitsalltag, S. 215.
168 Greef, Mobilisierung der Basis bei den Gewerkschaften, 94 f.

sind die Verhandlungsmacht und das Mobilisierungspotenzial der Gewerkschaften verbunden mit deren Mitgliederzahlen. Je höher die Organisationsfähigkeit ist, desto größer sind auch die Mobilisierungsreserven für den Arbeitskampf.[169]

Mit der deutschen Einheit im Jahr 1990 hatten die Gewerkschaften durch die Übernahme der Mitglieder in Ostdeutschland eine Rekord-Mitgliederzahl und zugleich den Höhepunkt ihres Organisationsgrades seit den 1970er-Jahren erreicht. Seither hatten die Gewerkschaften aber einen starken Mitgliederschwund zu verzeichnen. Seit 1991 nahm die Mitgliederzahl kontinuierlich ab, und es gingen insgesamt mehrere Millionen Mitglieder verloren.[170] Ende 2010 betrug der Nettoorganisationsgrad[171] nur noch etwa 19 %[172] und lag damit um etwa 13,8 Prozentpunkte niedriger als kurz nach der Deutschen Einheit. Im größten gewerkschaftlichen Dachverband, dem DGB, nimmt der Organisationsgrad ebenfalls seit den 1990er-Jahren bis heute ständig ab (s. Tabelle 6). Die Mitgliederzahlen sind von 11.800.412 im Jahr 1991 auf 6.095.513 im Jahr 2015 massiv gesunken (s. Tabelle 7).

Tabelle 6: Organisationsgrad der deutschen Gewerkschaften (1950–2000)

	West				West und Ost		
	1950	1960	1970	1980	1990	1991	2000
Nettoorganisationsgrad BRD insgesamt (in %)	35,4	33,8	31,1	32,9	29,3	32,8	21,6
Nettoorganisationsgrad des DGB (in %)	32,2	27,8	25,4	27,3	24,2	28,1	17,3

Quelle: Ebbinghaus (2002)[173]

169 Ebbinghaus, MPIfG Working Paper 02/3, 2.

170 Ebbinghaus, MPIfG Working Paper 02/3, 3.2.

171 Der Nettoorganisationsgrad gibt den Anteil der Beschäftigten an, die Mitglieder einer Gewerkschaft sind. Im Vergleich dazu beschreibt der Bruttoorganisationsgrad das Verhältnis zwischen der Gesamtzahl der Gewerkschaftsmitglieder, die neben den abhängig beschäftigten Mitgliedern auch Arbeitslose, Rentner und Studenten berücksichtigt, und der Zahl der Arbeitnehmer, oder das Verhältnis zwischen der Gesamtzahl der Gewerkschaftsmitglieder und der Zahl der abhängig Beschäftigten zuzüglich der Arbeitslosen. Da der effektive Organisationsgrad umso stärker überzeichnet wird, je höher die Zahl der Rentner ist, wird aus diesem Grunde hier der Nettoorganisationsgrad herangezogen, vgl. Lesch, IW-Trends, Nr. 2/2004, 1(2).

172 Organisationsgrad der Gewerkschaft im Jahr 2010, vgl. Die Gewerkschaften in der Bundesrepublik Deutschland, S. 3.

173 Ebbinghaus, MPIfG Working Paper 02/3, 3.2.

Tabelle 7: Mitglieder in den DGB-Gewerkschaften (1981–2015)

Jahr	Mitgliederzahl	**Jahr**	Mitgliederzahl	**Jahr**	Mitgliederzahl
1983	7.745.913	**1995**	9.354.670	**2007**	6.441.045
1985	7.719.468	**1997**	8.623.471	**2009**	6.264.923
1987	7.757.039	**1999**	8.036.687	**2011**	6.155.899
1989	7.861.120	**2001**	7.899.009	**2013**	6.142.720
1991	11.800.412	**2003**	7.363.147	**2014**	6.104.851
1993	10.290.152	**2005**	6.778.429	**2015**	6.095.513

Quelle: DGB, Die Mitglieder der DGB-Gewerkschaften (2016)[174]

Die Mitgliederentwicklung in verschiedenen Branchen muss ebenfalls berücksichtigt werden. Traditionell sind die Beschäftigten der Metall- und Elektroindustrie in Deutschland vergleichsweise gut organisiert. Bisher ist der gewerkschaftliche Organisationsgrad in der Metall- und Elektroindustrie immer überragend gewesen. Dagegen beträgt der durchschnittliche gewerkschaftliche Organisationsgrad im privaten Dienstleistungsbereich, der größtenteils von der Vereinten Dienstleistungsgewerkschaft ver.di vertreten wird,[175] nur knapp 10 %. Deren Mitgliederentwicklung ist seit ihrer Gründung ebenfalls negativ verlaufen: Im Gründungsjahr von ver.di (2001) betrug die Mitgliederzahl 2.806.496, und sie war die größte Mitgliedergewerkschaft des DGB.[176] Innerhalb von zwölf Jahren (2001 bis 2013) hat ver.di aber fast 750.000 Mitglieder verloren; die Mitgliederzahlen von ver.di sanken von 2.806.496 im Jahr 2001 auf 2.064.541 im Jahr 2013.

Im Sinne einer Verstärkung der Arbeitskampffähigkeit ist es sinnvoll, sich um die Mitgliederrekrutierung zu bemühen. Dem haben die Gewerkschaften auch seit Jahren Rechnung getragen. Es ist trotzdem zur Kenntnis zu nehmen, dass ein

174 Die Mitglieder der DGB-Gewerkschaften, online abrufbar: http://www.dgb.de/uber-uns/dgb-heute/mitgliederzahlen (zuletzt geprüft 01.05.2016).

175 Die 13 Fachbereiche von ver.di sind: Finanzdienstleistungen; Ver- und Entsorgung; Gesundheit, Soziale Dienste, Wohlfahrt und Kirchen; Sozialversicherung; Bildung, Wissenschaft und Forschung; Bund und Länder; Gemeinden; Medien, Kunst und Industrie; Telekommunikation, Informationstechnologie, Datenverarbeitung; Postdienste, Speditionen und Logistik; Verkehr; Handel; Besondere Dienstleistungen.

176 Anteil von DGB-Gewerkschaften an der Gesamtmitgliederzahl (in %): 2001 IG BAU 6,5; IG BCE 10,9; GEW 3,4; IG Metall 34,3; NGG 3,2; GdP 2,3; TRANSNET 3,9; ver.di 35,6: http://www.dgb.de/uber-uns/dgb-heute/mitgliederzahlen/2000-2009/?tab=tab_0_16#tabnav (zuletzt geprüft am 01.05.2016).

hoher gewerkschaftlicher Organisationsgrad zwar für einen druckvollen Arbeitskampf bedeutsam ist. Eine Steigerung der Mitgliederzahlen allein führt aber nicht zwangsläufig oder automatisch zur Verstärkung der Arbeitskampffähigkeit. Das Mobilisierungspotenzial im Arbeitskampf ist nicht ausschließlich ein Problem der Mitgliederzahlen. Vielmehr ist eine kollektive Bindung zwischen Mitgliedern und Gewerkschaften erforderlich, um zur Ausbildung einer kollektiven Identität führen zu können.[177]

II. Mobilisierungspotenzial im Arbeitskampf: qualitativer Aspekt

1. Auswirkung der Aufspaltung der Arbeitnehmerschaft

Gewerkschaften sind „die kollektiven Klassenorganisationen, die die Interessen der Lohnabhängigen *gemeinsam* zu organisieren und durchzusetzen versuchen"[178]. Die gemeinsamen Interessen werden traditionell unter der von der männlichen Industriearbeiterschaft geprägten Gewerkschaftsorientierung überwiegend als Interessen der in Normalarbeitsverhältnissen Beschäftigten verstanden. Allerdings gibt es neue Herausforderungen für die Gewerkschaften im Hinblick auf die von der atypischen Beschäftigung bzw. der Randbelegschaft verursachten pluralisierten Arbeitsorganisationen, denn

> „der Arbeitsmarkt hat sich mit der Bildung eines doppelten Marktes fragmentiert: auf der einen Seite qualifizierte, relativ gut bezahlte und zumeist in den Unternehmen gewerkschaftlich organisierte Arbeitskräfte in stabilen Beschäftigungsverhältnissen, auf der anderen Seite gering qualifizierte und unterbezahlte Arbeitskräfte mit schwacher sozialer Absicherung in den angegliederten Dienstleistungsunternehmen in instabilen Beschäftigungsverhältnissen"[179].

Die Aufspaltung der Arbeitnehmerschaft in Stamm- und Randbelegschaft hat zum einen eine differenzierte Interessenlage aufseiten der Erwerbstätigen zur Folge. Auch der Faktor der prekären Arbeitsbedingungen, insbesondere das niedrige Einkommensniveau, erschwert der Randbelegschaft die Integration in die Gesellschaft stärker als bei der Stammbelegschaft.[180] Diesem Umstand widerspricht aber die Voraussetzung einer erfolgreichen Interessendurchsetzung, wonach die Vereinheitlichung der materiellen und ideologischen Ziele der Belegschaft im Mittelpunkt steht. Darauf haben Pernicka/Holst bereits hingewiesen:

> „[...] wenn nun die (potenziellen) Gewerkschaftsmitglieder aufgrund ihrer vielfältigen Beschäftigungsverhältnisse in ihren partikularen Interessen immer weiter voneinander abweichen, und sich auch kollektive Identitäten als ideologisches Bindemittel für eine

177 Vgl. Hoffmann, Arbeitskampf im Arbeitsalltag, S. 215; Lang, Streikfähigkeit, S. 93.
178 Esser, Gewerkschaften in der Krise, S. 229.
179 Boltanski/Chiapello, Kapitalismus, S. 276.
180 Keller/Seifert, Atypische Beschäftigung und soziale Risiken, S. 30.

> gemeinsame gewerkschaftsorientierte Problemsicht zunehmend auflösen, dann geraten Gewerkschaften in Gefahr, ihre innerorganisatorische Legitimität einzubüßen“[181].

Zum anderen besteht die Gefahr für die Gewerkschaften, dass die an der Stammbelegschaft orientierte gewerkschaftliche Vorstellung wegen der zunehmenden Rolle der Randbelegschaft nicht mehr der Realität entspricht. Die Gewerkschaften sind mit einer „Abkopplung der Mitgliederstruktur von der realen Struktur der Arbeitsmärkte“[182] konfrontiert. Solange die Gewerkschaften nicht in der Lage sind, die segmentierten Erwerbstätigen in die Gewerkschaften zu integrieren, ist es für die Mitglieder schwer, sich mit den gewerkschaftlichen Forderungen zu identifizieren.

2. Interessenkonflikt zwischen den Arbeitnehmern

Ferner hat, wie oben bereits beschrieben, aufgrund der internen und externen Flexibilisierung des Personaleinsatzes die Inhomogenität der Arbeiternehmer zugenommen. Infolge dieser Veränderung in der Arbeitnehmerstruktur entsteht ein Verdrängungseffekt zwischen den Erwerbstätigen in den verschiedenen Erwerbsformen. Eine damit ausgelöste Spaltung der Arbeitnehmerschaft sowie ein möglicher Interessenkonflikt sind als Folgen zu berücksichtigen.[183]

a) Minijobs

Die Frage, ob und inwieweit sozialversicherungspflichtige Beschäftigte durch Minijobs verdrängt werden, lässt sich zuerst anhand der Beschäftigtenstatistik beantworten (s. Tabelle 8).[184] Auf den ersten Blick ist die Zahl der sozialversicherungspflichtig Beschäftigten zwischen 2003 und 2005 rückläufig und zugleich nehmen die Minijobs zu. Dieser Trend hielt aber nur bis 2006 an. Kein kausaler Zusammenhang zwischen den Entwicklungen der Stamm- und der Randbelegschaft bzw. der sozialversicherungspflichtigen Beschäftigte und der Minijobs in diesem Zeitraum kann bestätigt werden.[185]

---

181 Pernicka/Aust, Unorganisierten gewinnen, S. 30.
182 Greef, Mobilisierung der Basis bei den Gewerkschaften, S. 96.
183 Lang, Streikfähigkeit, S. 95.
184 Bäcker, WSI-Mitteilungen 05/2006, 255 (260).
185 Ebenfalls ist die Entwicklung je nach der Branche anders. Insbesondere ist die Tendenz, den Rückgang der sozialversicherungspflichtig Beschäftigten durch Anstieg der Mini-Jobs zu kompensieren, im verarbeitenden und im Baugewerbe nicht erkennbar. Bäcker, WSI-Mitteilungen 05/2006, 255 (260).

Tabelle 8: Anzahl der sozialversicherungspflichtig Beschäftigten und der Minijobs (2003–2013)

	2003	2004	2005	2006	2007	2008
Minijobber	5.532.842	6.465.645	6.491.964	6.750.892	6.917.770	7.078.025
Sozialversiche-rungspflichtig Beschäftigte	26.954.686	26.523.982	26.178.266	26.354.336	26.854.566	27.457.715
	2009	**2010**	**2011**	**2012**	**2013**	
Minijobber	7.191.748	7.274.398	7.386.881	7.406.900	7.446.850	
Sozialversiche-rungspflichtig Beschäftigte	27.380.096	27.710.487	28.381.343	28.920.588	29.268.918	

Quelle: Statistisches Bundesamt[186]

Ebenfalls kann aber auch keine Widerlegung des Verdrängungseffektes aus der Beschäftigtenstatistik hergeleitet werden. In Anlehnung an den Hinweis von Kaldybajewa lässt sich annehmen, dass „der Ausbau geringfügiger Beschäftigung zu einem deutlich höheren Anteil in jenen Betrieben erfolgt ist, die sozialversicherungspflichtige Beschäftigungsverhältnisse abbauen, als in den Betrieben, die ihre Beschäftigtenzahl ausweiten oder konstant halten“[187]. Zwar kann man nicht vollends beweisen, dass Minijobs für den Abbau der Stammbelegschaften verantwortlich sind. Die These, die billigen Minijobs würden unter den verschärfen Wettbewerbsbedingungen auf dem Arbeitsmarkt den Abbau von Stammarbeitsplätzen begünstigen, wird aber für hoch wahrscheinlich gehalten.[188] Das könnte auch schon als Anreiz zur Herstellung des möglichen Konfliktpotenzials zwischen den Belegschaften reichen,[189] insbesondere in Branchen, wo die Minijobs aggressiv eingeführt werden.[190]

186 https://www.destatis.de/DE/Startseite.html (zuletzt geprüft am 01.05.2015)
187 Kaldybajewa/Mielitz/Thiede, Minijobs, S. 126 ff.
188 Voss-Dahm, Verdrängen Minijobs „normale“ Beschäftigung ? S. 243 f.
189 Vgl. Fedders, Gewerkschaftliche Handlungsbedingungen, S. 126.
190 Die Entwicklung der sozialversicherungspflichtig Beschäftigten und der Mini-Jobs ist je nach der Branche anders. Insbesondere ist die Tendenz, den Rückgang der sozialversicherungspflichtige Beschäftigte durch Anstieg der Mini-Jobs zu kompensieren, im verarbeitenden und dem Baugewerbe nicht erkennbar. Hingen ist es im Einzelhandel aber erwiesen, vgl. Bäcker, WSI-Mitteilungen 05/2006, 255 (260); Voss-Dahm, Verdrängen Minijobs „normale“ Beschäftigung? S. 242.

b) Leiharbeit und Werkverträge

Bei der Leiharbeit ist der Konkurrenzdruck zwischen internen und externen Belegschaften deutlicher. Wie oben bereits dargestellt, ist die Hauptfunktion des Einsatzes von Leiharbeit seit einiger Zeit nicht mehr der Personalersatz oder ein Flexibilitätspuffer. Vielmehr ist die strategische Nutzung der Leiharbeit[191] in der Praxis entscheidend. Mittels der strategischen Nutzung stellen die Leiharbeitskräfte eine „flexible Quasi-Stammbelegschaft" und werden immer mehr in die Arbeitsabläufe des Einsatzbetriebs integriert. Sie übernehmen auch dauerhaft die gleichen Tätigkeiten wie die Stammkräfte – trotz erheblich schlechterer Konditionen.[192] Das führt zu einem direkten Konkurrenzverhältnis zwischen den Leiharbeitskräften und der Stammbelegschaft.[193] Diese strategische Nutzung der Leiharbeit macht es weiterhin möglich, dass damit dauerhafte Arbeitsverhältnisse verdrängt bzw. ersetzt werden. Ähnlich ist es bei den Fremdfirmenbeschäftigten. Die Werkverträge dienen in der Praxis immer häufiger als Ersatz für Leiharbeit – ungeachtet der vorstehenden Regelungen und der Rechtmäßigkeit[194] – und können die Stammbelegschaft verdrängen.[195]

Ebenso besteht wegen der geringen Übernahmechancen ein Konkurrenzdruck unter den Leiharbeitskräften. Die Leiharbeiter versuchten permanent, ihre Vorgesetzten von ihrer Leistungsfähigkeit und Leistungsbereitschaft zu überzeugen.[196]

3. Konkurrenz innerhalb der Arbeitnehmerschaft

Die aufgrund der Wettbewerbssituation auf dem Arbeitsmarkt bewirkte Heterogenität und Widersprüchlichkeit der Interessenlagen von Stamm- und Randbelegschaft erzeugt damit einen großen Konkurrenzdruck. Auffällig ist, dass die gefühlte Unsicherheit in der Regel größer ist als das reale Ausmaß der Bedrohung. Die bloße Präsenz von Leiharbeitskräften oder Selbstständigen im Betrieb lässt bei der Stammbelegschaft ein Gefühl der Angst, man könne ersetzt werden, entstehen.[197] „Gerade weil sich die prekär Beschäftigten im unmittelbaren Erfahrungsbereich der über Normalarbeitsverhältnisse Integrierten bewegen, wirken sie als ständige Mahnung."[198] Die Auswirkung besteht darin, dass sich die „Prekarisierungsängste und Furcht vor einen möglichen sozialen Abstieg"[199] unter der Stammbelegschaft verbreiten. Ein weiterer Effekt ist die Drohung mit dem Absturz in die „Zone der

---

191 Holst/Nachtwey/Dörre, Funktionswandel von Leiharbeit, S. 15 ff.
192 Holst/Nachtwey/Dörre, Funktionswandel von Leiharbeit, S. 13.
193 Hans-Böckler-Stiftung, Böckler Impuls, 06/2008, S. 1; Hans-Böckler-Stiftung, Böckler Impuls, 05/2009, S. 7.
194 Koch, Werkverträge in der Arbeitswelt, S. 13.
195 Deinert, RdA 2014, 65 (74).
196 Holst, WSI-Mitteilungen 3/2009, 143 (146).
197 Tumforde, Subjektive Verarbeitungsformen von prekärer Beschäftigung, S. 14.
198 Dörre, Wiederkehr der Prekarität, S. 23.
199 Tumforde, Subjektive Verarbeitungsformen von prekärer Beschäftigung, S. 14.

Entkoppelung“[200], die symbolisch für eine Welt jenseits der Chance auf eine reguläre Erwerbsarbeit steht. Um die Chance auf existenzsichernde Löhne bei voller sozialer Absicherung zu behalten oder zu erhalten, wird die Konkurrenz innerhalb der Arbeitnehmerschaft erhöht und die Spaltung der Belegschaft in Stamm- und Randbeschäftigte damit vergrößert.

Die Spaltung der Belegschaft in Stamm- und Randbeschäftigte sowie der Verlust des kollektiven Zusammenhalts hat dementsprechend einen negativen Effekt auf das Solidaritätsbewusstsein der Arbeitnehmerschaft sowie auf die gewerkschaftliche Mobilisierungsarbeit, denn die gewerkschaftliche Arbeitskampffähigkeit kann sich nur dann voll entwickeln, wenn sich alle Erwerbstätigen (Stamm- und Randbelegschaft einschließlich der externen Arbeitskräfte) der Konkurrenz untereinander bewusst sind und sich entsprechend organisieren.[201] Erst dann kann eine gewerkschaftliche Forderung von den meisten Mitgliedern erfolgreich vertreten werden. Wie die Gewerkschaften auf die gefährdete Arbeitskampffähigkeit reagieren, um ein kooperatives Verhältnis der Rand- und Stammbelegschaft auszubilden, obliegt der gewerkschaftlichen Mitgliederpolitik.

4. Effekt der geschwächten kollektiven Macht

Im Vergleich zur Stammbelegschaft befindet sich die Randbelegschaft in flexiblen Organisationen in prekärer Beschäftigung. Dies zeigt sich besonders deutlich beim Leiharbeitsverhältnis. Denn „wenn ein Leiharbeiter nicht funktioniert oder wenn die Qualität nicht da ist, dann wird er abbestellt, dann ist er weg, da wird nicht lange rumgefackelt“[202]; ebenso verhält es sich mit den befristet Beschäftigten. So kommt es zu der Konstellation, dass der Arbeitgeber bei der Befristung die volle Entscheidungsgewalt hat, ob das befristet Arbeitsverhältnis verlängert wird oder ob die Beschäftigung einfach ausläuft.[203] Unter diesen ungünstigen Umständen befinden sich befristet Beschäftigte in einer schwachen Verhandlungsposition und wollen sich möglichst nicht „unbeliebt“ machen.

Ferner fehlt der Randbelegschaft ein ausreichender Kündigungsschutz. Ein großer Teil der Randbelegschaft arbeitet in Klein- und Kleinstbetrieben ohne Kündigungsschutz: Das gilt etwa für die geringfügige Beschäftigung oder für Fremdfirmenbeschäftige. Auch Solo-Selbstständige genießen nicht den Kündigungsschutz im Beschäftigungsleben. Dadurch wird die Beschäftigungssicherheit der Randbelegschaft gefährdet.

Diese Faktoren bewirken außerdem eine allgemeine subjektive Unsicherheit, die bis tief hinein in alle Lebenslagen der faktisch Integrierten reicht.[204] In Bezug

200 Tumforde, Subjektive Verarbeitungsformen von prekärer Beschäftigung, S. 15.
201 Detje/Ehlscheid/Unterhinninghofen, Perspektiven des Streiks, S. 31; Fedders, Gewerkschaftliche Handlungsbedingungen, S. 125 f.
202 Holst, WSI-Mitteilungen 3/2009, 143 (147).
203 Krause, Arbeitsrecht, § 19 Rn. 1.
204 Dörre, Wiederkehr der Prekarität, S. 24.

darauf wird ein Kontrollsystem eingerichtet, um die Instabilität zu überwinden und die strukturelle Schwäche der Randbeschäftigten zu beseitigen. Es zeichnet sich ab, dass einerseits die Randbeschäftigten nicht arbeitskampffähig sind und andererseits in einem relativ distanzierten Verhältnis zu den Gewerkschaften stehen und damit auch nur schwer in einen Arbeitskampf integriert werden können. Das hat den Wegfall der wichtigen „Organisationszentren, Kampfbastionen und streikerfahrene[n] Kollektive“[205] der Gewerkschaft zur Folge. Insbesondere durch die Schrumpfung der alten Industrie verschärft sich diese Situation noch, denn die Arbeitergruppen, die regulär gewerkschaftlich gut organisiert sind, verkleinern sich, während der Anteil der atypischen Erwerbstätigkeit im Dienstleistungssektor zunimmt.

§ 4 Formwandel des Arbeitskampfes in Deutschland

Durch die Strukturänderung der Beschäftigungsformen ist die Arbeitskampffähigkeit der Gewerkschaften besonders beeinträchtigt. Vor allem ist der Dienstleistungssektor schwer betroffen, in dem sich überwiegend die atypischen Erwerbstätigen befinden. Vor diesem Hintergrund wird das Organizing-Konzept als eine der Strategien von Gewerkschaften gegen den Mitgliederschwund sowie die geschwächte Arbeitskampffähigkeit angesehen. Das Konzept des Organizing wurde ursprünglich von US-amerikanischen Gewerkschaften, in erster Linie der Dienstleistungsgewerkschaft Service Employees International Union (SEIU), entwickelt und dann in die gewerkschaftliche Praxis des Auslands exportiert. Schon seit Jahren werden Organizing-Strategien in britischen, irischen und australischen sowie deutschen Gewerkschaften umgesetzt,[206] wodurch diese Strategie eine internationale Verbreitung gefunden hat.[207] Trotz unterschiedlicher institutioneller Bedingungen für die gewerkschaftlichen Aktivitäten ist die Ausgangssituation dieser Länder vergleichbar mit der in den USA.[208] Die starken Mitgliederverluste im Zuge der neoliberalen Globalisierung sind eine gemeinsame Herausforderung für alle Gewerkschaften.

Im Folgenden werden zuerst der Hintergrund der Entstehung des Organizing-Konzeptes der US-amerikanischen Gewerkschaften und dann dessen Inhalte skizziert. Anschließend folgen die Analyse der Übertragbarkeit der US-amerikanischen Erfahrungen auf Deutschland und deren Anwendbarkeit als Arbeitskampfform sowie die Ausführung der bisherigen diesbezüglichen Kampfpraxis, insbesondere der Einsatz des Flashmobs als atypische Arbeitskampfform.

---

205 Müller-Jentsch, Streikfähigkeit, S. 72.

206 Vgl. Crosby, Wie die australische Gewerkschaftsbewegung fast gestorben wäre, S. 117 ff.; Graham, Vertrauensleutebewegung, S. 135 ff.

207 Dribbusch, Organizing-Modell, S. 30.

208 Fedders, Gewerkschaftliche Handlungsbedingungen, S. 174.

A. Neue Arbeitskampfformen als gewerkschaftliche Gegenstrategie

I. Das Organizing-Konzept der US-amerikanischen Gewerkschaften

1. Hintergrund der Entstehung des Organizing-Konzeptes in den USA

Ebenso wie in Deutschland und sogar noch stärker in den USA findet ein massiver Mitgliederverlust der Gewerkschaften statt. Während im Jahr 1953 noch etwa 35 % aller US-amerikanischen Beschäftigten gewerkschaftlich organisiert waren,[209] befindet sich der Organisationsgrad im Jahr 2013 mit 11,3 % auf einem historischen Tiefpunkt. Insgesamt sind nur noch 12,75 Millionen von 129 Millionen Arbeitnehmern in den USA organisiert. Besonders schwer betroffen ist die private Wirtschaft; ihr Organisationsgrad im Jahr 2013 lag bei nur 6,7 %, während er im öffentlichen Dienst noch bei 35,3 % lag.[210]

Verantwortlich für die Strukturschwäche der US-amerikanischen Gewerkschaften sind neben den ungünstigen politischen und wirtschaftlichen Kontextbedingungen sowohl die gewerkschaftliche Politik als auch die individuellen Beitrittsmotive der Mitglieder.[211] Allerdings spielen nicht zuletzt die gesetzlichen Bedingungen für gewerkschaftliches Handeln in den USA eine große Rolle. Anders als das duale System der Arbeitnehmerinteressenvertretung von Gewerkschaft und Betriebsrat in Deutschland[212] besteht in den USA keine betriebliche Interessenvertretung oder ein gesetzlich geregeltes Mitbestimmungsrecht der Arbeitnehmer. Die kollektive Interessenvertretung erfolgt ausschließlich durch die Gewerkschaften.[213] Die Koalitionsfreiheit wird zwar vom National Labor Relations Act (NLRA) gewährt. Die Begründung einer gewerkschaftlichen Arbeitnehmervertretung wird im Rahmen einer Anerkennungswahl unter dem National Labor Relations Board (NLRB) überwacht. Die Anerkennungswahl setzt mindestens 30 % der Stimmen aller Beschäftigten des Betriebes voraus (bargaining unit) und wird durch die Vorlage von „authorization cards"[214] nachgewiesen, welche die Voraussetzung für einen Wahlantrag sind. Inzwischen kann der Arbeitgeber entweder die Gewerkschaften freiwillig anerkennen oder er darf ganz im Gegenteil behaupten, dass die Voraussetzungen eines

---

209 Woodruff, Gewerkschaftsaufbau in schwierigen Zeiten, S. 96.

210 Union Members-2013, U.S. Department of Labor: Bureau of Labor Statistics, aufrufbar unter http://www.bls.gov/news.release/archives/union2_01232015.pdf (Datum der Recherche: 24.01.2014) Zur gewerkschaftlichen Mitgliederentwicklung in den USA bis 2008 vgl. Schroth, Mitgliederaktivierung, S. 18 ff.

211 Umfassende Analyse, Yates, Why Unions Matter, S. 185 ff. Vgl. auch Schroth, Mitgliederaktivierung, S. 23 f., 27 ff.

212 Zum dualen System der Interessenvertretung von Gewerkschaft und Betriebsrat in Deutschland vgl. nur Krause, RdA 2009, 129 (134 ff.).

213 Reimann/Ackmann, Privatrecht, S. 326.

214 Reimann/Ackmann, Privatrecht, S. 329.

Wahlantrags („appropriate bargaining unit“)[215] nicht vorhanden seien. Dann kann die Wahl nicht stattfinden bis zur Entscheidung des NLRB. Erfolgt eine Wahl, muss die Gewerkschaft die Mehrheit in der Wahl gewinnen; nur dann ist sie als alleinige Tarifvertragsrepräsentantin legitimiert.[216]

Ferner sind die Rechte der Gewerkschaften eingeschränkt. Zum Beispiel sind Flugblätterverteilungsaktionen von Gewerkschaften, unabhängig davon, ob außerhalb oder während der Arbeitszeit, in Betrieben nicht gestattet.[217] Außerdem sind anti-gewerkschaftliche Kampagnen der Unternehmen besonders ausgeprägt (Union-Busting)[218] und als zentrales Merkmal der US-amerikanischen Arbeitsbeziehungen anzusehen.[219] Das könnte auch in abschließenden Tarifverhandlungen passieren. Darüber berichtet der amtierende Executive Vice President der SEIU Tom Woodruff:

> „80 % der Unternehmen heuern Berater an, deren einzige Aufgabe es ist, gewerkschaftliche Mitgliederkampagnen und den Gewerkschaftsaufbau zu verhindern; 91 % der Unternehmen berufen während der Arbeitszeit so genannte Beschäftigtenversammlungen mit ‚gefesseltem Publikum‘ ein, auf denen sie gegen die gewerkschaftliche Interessenvertretung Stimmung machen [...] Die Gewerkschaften haben kein Recht auf Zugang zum Betrieb; 80 % der Unternehmen verlangen von ihren Aufsehern und Vorarbeitern, dass sie mit allen Beschäftigten Einzelgespräche führen, um sie zu überzeugen, dass die Gewerkschaft ihre Interessen nicht vertritt; in 98 % der Unternehmen werden gewerkschaftskritische Schriften entweder am Arbeitsplatz verteilt, den Lohnabrechnungen beigelegt oder an die Beschäftigten nach Hause verschickt; hinzu kommt antigewerkschaftliche Agitation per E-Mail etc.“[220]

Andere Maßnahmen durch US-Unternehmer gegen Gewerkschaften, wie z. B. Entlassungen, Versetzungen oder Bedrohung der Gewerkschaftsunterstützer, kommen trotz ihrer Rechtswidrigkeit nicht selten vor.[221] An dieser Stelle wird oft kritisiert, dass keine ausreichenden Sanktionen dagegen vorhanden seien.

Unter diesen Umständen werden im Verlauf einer Gewerkschaftsgründung Kampagnen im Rahmen eines Organizing-Konzepts in aller Regel organisiert, um Unterstützungen von der Belegschaft zu gewinnen.[222] Das bedeutet: „Ohne die aktive Zustimmung der Beschäftigten gibt es keine gewerkschaftliche Interessenvertretung.“[223]

---

215 Yates, Why Unions Matter, S. 56 f.
216 Reimann/Ackmann, Privatrecht, S. 331 f.
217 Reimann/Ackmann, Privatrecht, S. 333.
218 Fedders, Gewerkschaftliche Handlungsbedingungen, S. 172; Schreieder, Gewerkschaft als soziale Bewegung, S. 9 f.; Woodruff, Gewerkschaftsaufbau in schwierigen Zeiten, S. 94 f.
219 Schroth, Mitgliederaktivierung, S. 54.
220 Woodruff, Gewerkschaftsaufbau in schwierigen Zeiten, S. 94 f.
221 Für Beispiele von Union-Busting siehe Yates, Why Unions Matter, S. 57.
222 Dribbusch, Organizing-Modell, S. 27.
223 Rehder, Berliner Journal für Soziologie (2008) 3, 432(439).

2. *Das Organizing-Konzept der SEIU*

Als Pionier des Organizing-Konzepts hat die Dienstleistungsgewerkschaft SEIU einen großen Erfolg bezüglich des Mitgliederzuwachses erzielt. Zwischen 1996 und 2013 gewann die SEIU mehr als eine Million neue Mitglieder.[224] Aktuell sind über 2,1 Million Beschäftigte in der SEIU Mitglieder.[225] Diese Mitgliederzahl ist mehr als doppelt so hoch wie im Jahr 1996. Bisher können keine anderen US-Gewerkschaften die Fortschritte der SEIU beim Mitgliedergewinn erreichen.[226] Heutzutage ist die SEIU in der Gesundheitsversorgung sowie den Immobiliendienstleistungen die größte Gewerkschaft mit jeweils ca. 1 Million bzw. 225.000 Mitgliedern. In der öffentlichen Verwaltung hat die SEIU über eine Million Mitglieder und ist damit die zweitgrößte Gewerkschaft in diesem Bereich.[227]

Die Idee des Organizing-Konzepts ist aber keine Erfindung der SEIU. Die Wurzeln reichen zurück in die Geschichte der US-amerikanischen Arbeiterbewegung.[228] Bereits in den 1980er-Jahren kam es bei den Gewerkschaften zu Diskussionen über neue Organizing-Konzepte. Unter John Sweeneys Führung (von 1980 bis 1995 Vorsitzender der SEIU) wurde die erste Justice-for-Janitors-Kampagne[229] durchgeführt und im Jahr 1989 ein Organizing Institute gegründet.[230] Ein Handbuch über die Taktiken des Organizing, das Contract Campaign Manual – Pressuring the Employer, erschien im Jahr 1988.[231] Als Andy Stern im Jahr 1996 zum neuen Vorsitzenden der SEIU gewählt wurde, wurden noch mehr Ressourcen für das Organizing-Konzept aufgewendet.[232]

Der Sinn des Organizing ist in Anlehnung an die Kampagnenarbeit zu verstehen und eine Kampagne bedeutet, dass eine Reihe von Aktionen in einem begrenzten Zeitraum mit einem bestimmten Ziel geplant und umgesetzt wird und es finanzielle und personelle Ressourcen benötigt.[233] Der zentrale Gedanke des Organizing zielt auf das Empowerment und die Selbstorganisation der Belegschaft[234] ab und es wird vor allem anhand eines beteiligungsorientierten Konzepts praktiziert. Es wird erwartet, dass die Mitglieder sich an den Kampagnen beteiligen, den Aktionsverlauf selbst organisieren und kontrollieren. Damit wird die Verantwortung auf die Mitglieder übertragen und es kommt zum Effekt der „Selbstermächtigung". Allerdings

---

224 Woodruff, Gewerkschaftsaufbau in schwierigen Zeiten, S. 93.
225 SEIU: http://www.seiu.org/our–union/ (Datum der Recherche: 01.05.2015).
226 Woodruff, Gewerkschaftsaufbau in schwierigen Zeiten, S. 102 ff.
227 SEIU: http://www.seiu.org/our–union/ (Datum der Recherche: 01.05.2015).
228 Schroth, Mitgliederaktivierung, S. 145.
229 Justice for Janitors ist eine soziale Bewegung Organisation, die für die Rechte der Arbeitnehmer in Gebäudedienstleistungen im kommerziellen Immobiliensektor in den USA kämpft, dazu vgl. Chio, WSI-Mitteilungen, 1/2008, 11 (11 ff.).
230 Schroth, Mitgliederaktivierung, S. 150 ff.
231 SEIU u. a., Contract Campaign Manual – Pressuring the Employer, 1988.
232 Woodruff, Gewerkschaftsaufbau in schwierigen Zeiten, S. 98.
233 Schroth, Mitgliederaktivierung, S. 142.
234 Dribbusch, Organizing-Modell, S. 30.

sind die Inhalte des Organizing-Konzepts uneinheitlich und situationsbedingt;[235] es gibt folglich zahlreiche Gestaltungsmöglichkeiten. Die Umsetzung des Konzepts erfordert zugleich einen Wandel aufseiten der Gewerkschaft bzw. die Transformation des Service-Modells[236] hin zum Organizing-Modell.[237]

Vor diesem Hintergrund versteht es sich von selbst, dass die Organizing-Arbeit in der Regel offensiv sein muss, um gegen den massiven Widerstand der Arbeitgeber gegen eine Neuorganisierung der Arbeitnehmer zu kämpfen.[238] Was genau durchgeführt wird, basiert auf den Ergebnissen einer systematischen Recherche und Planung.[239] Hierfür werden die traditionellen Strategien, wie z. B. Hausbesuche, Eins-zu-eins-Diskussionen[240], Aktionstage im Betrieb und die Bildung von Organizing-Komitees, als wichtige Methoden im Prozess des Anerkennungswahlkampfes den Umständen angepasst angewendet.[241] Außerdem werden weitere Strategien im Rahmen des Organizing entwickelt; darunter sind drei Vorgehensweisen vor allem zu nennen: a) Aufbau von öffentlichem Druck; b) Ausweitung des Aktionsfeldes; c) Erweiterung der Solidaritätsbasis. Diese Strategien sind in den Justice-for-Janitors-Kampagnen wiederholt verwendet worden. Die Einzelheiten der jeweiligen Vorgehensweisen werden im Folgenden ausgeführt.

a) Aufbau von öffentlichem Druck

In einer Kampagne wird je nach der Situation der Druck mittels einer direkten Aktion, wie z. B. Demonstrationen, das Tragen von Buttons, Straßenblockaden, Aufrufe zu Protesten und Boykotts sowie Streiks, erhöht.[242] Diese Ideen sind auf die Erfahrungen der Bürgerrechtsbewegung sowie der Anti-Kriegsbewegung der 1960er-Jahre zurückzuführen. Anlässe zu solchen Aktionen sind konfliktorientierte und konfrontative Taktiken, bewusste Regelverletzung und Formen zivilen Ungehorsams.[243] In der Justice-for-Janitors-Kampagne in Los Angeles kam die Taktik der Image-Schädigung zum Einsatz: Im Anschluss an die Verbreitung eines Videos, das den Angriff auf Streikende durch die Polizei dokumentiert, wird Druck auf

235 Dribbusch, Organizing-Modell, S. 34 f. Zu einer präzisen und umfassenden Darstellung und Analyse des Inhalts der US-amerikanischen Organizing vgl. nur Schroth, Mitgliederaktivierung, S. 138 ff.

236 Die Mitglieder der Gewerkschaften eines Service Model werden als Beitragszahler und Empfänger von gewerkschaftlichen Services, aber nicht als Beteiligte verstanden, vgl. Dribbusch, Organizing-Modell, S. 30.

237 Meyer, US-Gewerkschaften unter Handlungsdruck, S. 146 ff.; Schroth, Mitgliederaktivierung, S. 440.

238 Vgl. Dribbusch, Organizing-Modell, S. 35.

239 Dribbusch, Organizing-Modell, S. 31.

240 Vgl. Bremme/Fürniß/Meinecke, Denglish für Gewerkschaften, S. 275.

241 Dribbusch, Organizing-Modell, S. 32; Yates, Why Unions Matter, S. 65 ff.

242 Rehder, Berliner Journal für Soziologie (2008) 3, 432(440 f.); vgl. auch Dribbusch, Organizing-Modell, S. 33.

243 Dribbusch, Organizing-Modell, S. 33.

den Arbeitgeber anhand der öffentlichen Empörung erzeugt. Ähnliche Strategien, um Aufmerksamkeit von den Medien zu bekommen, sind Aktionen in der Öffentlichkeit, wie z. B. Massenversammlungen oder Demonstrationen auf öffentlichen Plätzen.[244] Mittels der Öffentlichkeitsarbeit ist der Aktionszweck, die Störung der Vertrauensbeziehung zwischen den Unternehmen und deren Geschäftspartnern, erreichbar.[245]

b) Ausweitung des Aktionsfeldes

Es ist auch effektiv, wenn die Umwelt des Unternehmens, z. B. dessen Geschäftspartner (Auftraggeber, Kundenunternehmen), in die Kampagne einbezogen wird.[246] Es ist insbesondere dann sinnvoll, wenn der direkte Druck auf den Arbeitgeber wirkungslos geblieben ist. Die Kampagne wird an den Geschäftspartner, wie etwa den Auftraggeber, adressiert. Die Aktion intendiert, die Marktchance der Arbeitgeber zu verschlechtern oder sogar den Unternehmer aus dem Markt zu drängen.[247] An dieser Stelle wird nicht nur ein Appell zur Mitverantwortung[248] an den Geschäftspartner gerichtet. In der Praxis sind direkte offensive Aktionen, wie z. B. die Besetzung von Betriebsteilen wie Foyers oder Fahrstühlen des Geschäftspartners[249] oder der Boykott des Geschäftspartners (secondary boykotts)[250], nicht unwichtig. In der kalifornischen Justice-for-Janitors-Kampagne wurde der Auftraggeber der Reinigungsarbeit, nicht der Arbeitgeber (Reinigungsunternehmer) von den Reinigungskräften unter Druck gesetzt.[251] Hier wird auch von guerilla legal tactics gesprochen.[252]

c) Erweiterung der Solidaritätsbasis

Ferner ist die Organisierungsarbeit außerhalb des Betriebs bedeutsam. Gemäß dem Seven-Strengths-Programm der SEIU sind neben der innergewerkschaftlichen Organisationsarbeit die folgenden zwei Punkte zu berücksichtigen:[253] 1. Gesellschaft: Kontaktaufnahme mit Bürgerrechtsgruppen, Umweltgruppen, Kirchen oder

---

244 Schroth, Mitgliederaktivierung, S. 135.

245 Rehder, Berliner Journal für Soziologie (2008) 3, 432(442).

246 Dribbusch, Organizing-Modell, S. 32; Rehder, Revitalisierung der Gewerkschaften, S. 442; Schroth, Mitgliederaktivierung, S. 142.

247 Rehder, Revitalisierung der Gewerkschaften, S. 442.

248 Nach Dribbusch basiert die Mitverantwortung der Geschäftspartner darauf, dass sie mit dem Arbeitgeber Geschäftsbeziehungen haben, Dribbusch, Organizing-Modell, S. 32.

249 Rehder, Revitalisierung der Gewerkschaften, S. 443.

250 Schroth, Mitgliederaktivierung, S. 142.

251 Schroth, Mitgliederaktivierung, S. 142.

252 Schroth, Mitgliederaktivierung, S. 142.

253 Im Seven-Strengths-Programm der SEIU sind außerdem „Politik“ und „Global“ in Erwägung gezogen: Organisation der Arbeitnehmer in multinationalen Unternehmen mit Gewerkschaften in anderen Ländern zusammen zu gründen.

anderen politischen und sozialen Gruppen; 2. Arbeiterbewegung: Zusammenarbeit mit der übrigen Arbeiterbewegung und Aufforderung zur Unterstützung anderer Gewerkschaften.[254] Das Programm zeigt die Notwendigkeit der Erweiterung der Solidaritätsbasis im Rahmen eines Organizing-Konzepts. Es wird auch erwartet, Koalitionen mit den Gruppen in der Gesellschaft zu bilden, um den Spielraum auszuweiten und die Durchsetzung der Öffentlichkeitsarbeit zu ermöglichen. Übliche Öffentlichkeitsarbeit sind beispielsweise Medienkampagnen, Solidaritätserklärungen vonseiten sozialer Verbände, Politiker oder Prominenter und Unterstützungserklärungen anderer Gewerkschaften.[255]

3. Kritik am Organizing-Konzept

Als *John Sweeney* im Jahr 1995 zum Vorsitzenden der American Federation of Labor and Congress of Industrial Organizations (AFL-IO) gewählt wurde, wurde das Organizing-Konzept zum Schwerpunkt im Dachverband AFL-IO gemacht.[256] In der AFL-IO ist die SEIU nach wie vor die führende US-Gewerkschaft bei der ernsthaften Umsetzung des Organizing-Konzepts. Während der Organisationsgrad der SEIU ständig wächst, konnten die US-amerikanischen Gewerkschaften den Mitgliederschwund hingegen nicht stoppen.[257]

Die Erklärung könnte daran liegen, dass nicht wenige Mitgliedsgewerkschaften der AFL-IO dem Organizing-Konzept skeptisch gegenüberstehen.[258] Einerseits ist das Organizing-Konzept anspruchsvoll und verlangt viele Ressourcen, sowohl finanziell als auch personell. Andererseits spielen die unterschiedlichen Traditionen und Kulturen einzelner Gewerkschaft eine wichtige Rolle.[259] Als Kritiker im AFL-IO schloss sich die SEIU mit vier anderen Gewerkschaften im Jahr 2003 zur „Neuen Partnerschaft für Einheit“ (New Unity Partnership, NUP) zusammen, um die Politik der AFL-IO zu reformieren. Nach erfolglosen Versuchen kam es zwei Jahre später zu einer Spaltung des Dachverbandes. Mit 7 Millionen Mitgliedern gründeten 7 Gewerkschaften inklusive der SEIU ein neues Gewerkschaftsbündnis unter dem Namen „Wandel für den Sieg“ (Change to Win, CTW). CTW ist zurzeit der zweite große Gewerkschaftsdachverband in den USA.[260]

---

254 Woodruff, Gewerkschaftsaufbau in schwierigen Zeiten, S. 107 f.

255 Singe, Gewerkschaftliche Organisierung in den Vereinigten Staaten, S. 167.

256 Heumer, Gewerkschaftsspiegel Nr. 2/2012, 1 (4); Singe, Gewerkschaftliche Organisierung in den Vereinigten Staaten, S. 165.

257 Der Organisationsgrad in den USA ging zwischen 1995 und 2013 von 14,9 % auf 11,3 % zurück, siehe Hauptmeier, Magazin Mitbestimmung Ausgabe 10/2005, online Veröffentlichung: http://www.boeckler.de/20072_20077.htm (zuletzt geprüft am 01.05.2016).

258 Fedders, Gewerkschaftliche Handlungsbedingungen, S. 173;.Hauptmeier, Magazin Mitbestimmung Ausgabe 10/2005, online Veröffentlichung: http://www.boeckler.de/20072_20077.htm (zuletzt geprüft am 01.05.2016).

259 Dribbusch, Organizing-Modell, S. 42.

260 Hurd, Fokus Amerika Nr. 6/2006, S. 2.

Trotz dieser Erfolge wird am Organizing-Konzept kritisiert, dass dieses Konzept die Wichtigkeit der Mitgliederrekrutierung überbetone und die Gewerkschaften zu viele Ressourcen in die Organisierungsarbeit investieren müssen. Der Mitgliedergewinn solle nicht Selbstzweck sein. Weitere gewerkschaftliche Handlungsbedingungen, wie etwa die Arbeitsmarktpolitik oder die Rechte der Gewerkschaften, sollten auch berücksichtigt werden.[261]

II. Übertragung der US-amerikanischen Erfahrungen auf Deutschland

1. Übertragbarkeit des Organizing-Konzepts

Das US-amerikanische Organizing-Konzept wurde seit einigen Jahren Schritt für Schritt auch in Deutschland übernommen. Allerdings stößt eine direkte Übertragung auf Schwierigkeiten, auf die in der wissenschaftlichen und gewerkschaftlichen Diskussion hingewiesen worden ist. An dieser Stelle ist die Frage zu beantworten, ob die Übertragung des Organizing-Konzeptes auf Deutschland wegen der unterschiedlichen institutionellen Bedingungen auf Schwierigkeiten stößt, denn die Rahmenbedingungen und die Arbeitsbeziehungen im US-amerikanischen System sind ganz andere als in Deutschland.

Bevor diese Frage beantwortet wird, ist darauf hinzuweisen, dass sich das Organizing-Konzept mittlerweile in Deutschland verbreitet hat.[262] Die Schlecker- und Lidl-Kampagne von ver.di sowie die Kampagne „Gleiche Arbeit – Gleiches Geld" der IG Metall belegen die Umsetzungsmöglichkeit des Organizing-Konzepts in der deutschen Praxis. Vor diesem Hintergrund betrifft die Frage nicht mehr nur die Übertragbarkeit des Organizing-Konzepts. Vielmehr geht es darum, wie das Konzept in Deutschland anzuwenden ist. Modifikationen in Bezug auf Ziele und Strategien werden diskutiert.[263] Während das US-amerikanische Organizing-Konzept wesentlich auf den Kampf für die Anerkennung der Arbeitnehmervertreter des Betriebs und die Tarifverhandlungen auf betrieblicher Ebene fokussiert bleibt, ist in Deutschland die Schaffung neuer gewerkschaftlicher Strukturen in Betrieben sowie die Mobilisierung der Gewerkschaftsmitglieder von Gewicht. Hierfür lehnt sich die Strategie der Mitgliederrekrutierung in großem Umfang an die Etablierung von Betriebsratsstrukturen bzw. die Bildung von Betriebs- und Personalräten an,[264] denn „ohne Arbeitnehmermitbestimmung im Betrieb, ohne Vertrauensleute und aktive Tarifkommissionsmitglieder bleibt die Gewerkschaft eine nur mittelbar in

261 Yates, Why Unions Matter, S. 191 ff.

262 Vgl. die zahlreichen Berichte von ver.di und IG Metall, in: Kocsis/Sterkel/Wiedemuth (Hrsg.), Organisieren am Konflikt, Hamburg, Tarifauseinandersetzungen und Mitgliederentwicklung im Dienstleistungssektor, S. 12 ff.; Wetzel (Hrsg.), Organizing, Die Veränderung der gewerkschaftlichen Praxis durch das Prinzip Beteiligung, 2013, S. 13 ff.

263 Vgl. Greef, Mobilisierung der Basis bei den Gewerkschaften, S. 94 f., 104.

264 Greef, Mobilisierung der Basis bei den Gewerkschaften, S. 104.

größeren politischen oder tarifpolitischen Zusammenhängen erlebbare Organisation ohne persönlichen Bezug."[265]

Zwar ist die Mitgliederrekrutierung bedeutsam, aber die Umsetzung des Organizing-Konzepts in der deutschen gewerkschaftlichen Praxis ist mehr als bloße Mitgliederwerbung. Ebenfalls wichtig ist die Mobilisierung, um das Beteiligungspotenzial der Mitglieder an den Tarifverhandlungen, betrieblichen Konflikten oder auch gesellschaftspolitischen Auseinandersetzungen zu verstärken.[266] Dabei handelt es sich um eine Erneuerungsbewegung der deutschen Gewerkschaften.

Die Wirksamkeit des Organizing-Konzepts in Deutschland kann an dieser Stelle nicht untersucht werden; es handelt sich dabei auch nicht um den zentralen Forschungsgegenstand dieser Arbeit. Stattdessen werden der Leitgedanke des Organizing-Konzepts und dessen Umsetzung in der deutschen gewerkschaftlichen Praxis im Folgenden skizziert, welche mit der Entwicklung des atypischen Arbeitskampfes zusammenhängt.

2. Organizing in der deutschen Praxis: eine kursorische Darstellung

Im deutschen Kampagnen- und Organizing-Konzept wird das US-gewerkschaftliche Organizing anknüpfend an den Erfolg der SEIU als wichtiger Bezugspunkt angenommen. Insbesondere die Dienstleistungsgewerkschaft ver.di unterhält eine enge Zusammenarbeit mit der SEIU.[267] Das Organizing in Deutschland ist ebenfalls als eine Kampagne zu verstehen. In Anlehnung an das US-Vorbild sind drei Komponenten wesentlich für die Kampagnenkonzepte in Deutschland: a) Partizipation der Mitglieder; b) kampagnenorientierte Strategie und c) Orientierung an sozialen Bewegungen,[268] worauf im Folgenden eingegangen wird.

a) Partizipation der Mitglieder

Das Konzept des Organizing bedeutet einen Wandel im Organisationsverständnis. Anstatt der traditionellen Stellvertreterpolitik steht die partizipative Organisationsstruktur im Mittelpunkt. Betont werden die aktive Mitgliedschaft und die direkte Mitgliederbeteiligung. Denn durch die Teilhabe an Organisationsentscheidungen und die Mitgliederselbstmitbestimmung werden die Mitglieder in der Lage versetzt, für eigene Interessen selbstständig zu handeln und zur Selbsthilfe zu greifen (Empowerment). Ferner steht auch der Punkt „Ownership" im Mittelpunkt. Es wird erwartet, dass die Mitglieder nicht bloß an Aktionen teilnehmen, sondern die Kampagnen

265 Schreieder, Gewerkschaft als soziale Bewegung, S. 32.
266 Schreieder, Gewerkschaft als soziale Bewegung, S. 7 f.
267 Greef, Mobilisierung der Basis bei den Gewerkschaften, S. 97. Ein Beispiel dafür ist das zwölfmonatige Projekt von ver.di in Kooperation mit der SEIU im Jahr 2006 im Hamburger Bewachungsgewerbe, Dribbusch, WSI-Mitteilungen, 1/2008, 18 (18 ff.).
268 Vgl. Greef, Mobilisierung der Basis bei den Gewerkschaften, S. 97.

organisieren und deren Prozess kontrollieren.[269] Zweifellos gehören die Mitglieder in schwach organisierten Betrieben zur Zielgruppe des Organizing. Ebenso wichtig sind die Arbeitnehmer in unorganisierten Betrieben für das Organizing bzw. der Gedanke „organizing the unorganized“[270].

b) Kampagnenorientierte Strategie

Eine Kampagne ist ein Mittel zur Erzeugung von Druck, um ein bestimmtes Ziel zu erreichen. Sie wird durch unterschiedliche Taktiken, Instrumente und Methoden umgesetzt, die den gewerkschaftlichen Druck Schritt für Schritt aufbauen sollen. Vor allem wird dadurch für öffentliche Aufmerksamkeit gesorgt. Um den wirtschaftlichen Druck auf Unternehmen zu entwickeln, kann eine Kampagne zudem darauf zielen, die Kunden oder die Geschäftspartner (z. B. Zulieferbetriebe) einzubeziehen. So werden Boykott, Appelle an Kunden und andere ähnliche Aktionen gegen den bekämpften Arbeitgeber organisiert.[271] Außerdem bieten die Konfliktorientierung und konfrontative Besonderheiten der Kampagnen auch neue Ansätze für den kreativen Arbeitskampf. Dadurch fungiert der Arbeitskampf als ein Mobilisierungsinstrument bzw. als ein Katalysator der Organisierung.[272] In diesem Zusammenhang haben das Organizing und der Arbeitskampf eine positive Wechselwirkung.[273]

c) Orientierung an sozialen Bewegungen

Ferner ist in Kampagnen die Bildung neuer Koalitionen mit sozialen Bewegungen bedeutsam. Die Akteure der Zivilgesellschaft, etwa intermediäre Organisationen, soziale Bewegungen/Bürgerinitiativen, Non-governmental Organizations (NGOs) (z. B. globalisierungskritische NGOs wie Attac) und Kirchen, kommen dafür in Betracht. Um diese zivilgesellschaftlichen Akteure zu mobilisieren, ist es notwendig, dass die betrieblichen Konflikte an die Kritik an gesellschaftlichen Themen anknüpfen: „Organizing kombiniert betriebliche und außerbetriebliche Aktion, koppelt unmittelbare Anliegen am Arbeitsplatz mit Verbesserungen im sozialen Umfeld (z. B. Kinderbetreuung, Wohnung, öffentlicher Nahverkehr, Ausbildung etc.).“[274]

In diesem Sinne versteht sich die gewerkschaftliche Kampagne als soziale Bewegung. Das Ziel ist es, den Druck der Kampagne mithilfe der Bündnisbildung zu erhöhen und die Durchsetzungsfähigkeit zu verstärken.[275]

---

269 Vgl. Dörre, WSI-Mitteilungen 1/2008, 3 (6); Dribbusch, Organizing-Modell, S. 30; Greef, Mobilisierung der Basis bei den Gewerkschaften, S. 98.
270 Greef, Mobilisierung der Basis bei den Gewerkschaften, S. 98.
271 Greef, Mobilisierung der Basis bei den Gewerkschaften, S. 100.
272 Siehe unten § 4 B. I. Zwei Aspekte des atypischen Arbeitskampfes.
273 Prott, Organizing als riskante gewerkschaftliche Erneuerungsstrategie, S. 241 f.; Schulten, Gute Tarifverträge gibt es nur mit starken Gewerkschaften, S. 257.
274 Schreieder, Gewerkschaft als soziale Bewegung, S. 15.
275 Greef, Mobilisierung der Basis bei den Gewerkschaften, S. 99.

3. Kampagnentypen und der -ablauf

Für die verschiedenen Aufgaben von Kampagnen hat der gewerkschaftsnahe Beraterkreis OrKa (Organisierung und Kampagnen) drei Kampagnentypen formuliert: 1. die Organisierungs-Kampagne bzw. den Aufbau einer lebendigen Gewerkschaft im Betrieb, 2. die Mobilisierungs-Kampagne bzw. den Aufbau von Handlungs-, Aktions- und Streikfähigkeit für Tarifrunden, 3. die Druck-Kampagne bzw. den alternativen Arbeitskampf.[276] Einen Einblick in die konkrete Umsetzung der Komponenten in den einzelnen Kampagnentypen und die Kombination der drei Kampagnentypen bietet das Muster des Organizing von ver.di. Der Ablauf ist in sieben Schritte gegliedert (s. Tabelle 9).[277]

Der Ausgangpunkt besteht darin, innerbetriebliche Konflikte als „heißes Thema" zu entwickeln. Gemeint sind konkrete Probleme am Arbeitsplatz, um die Beschäftigten zu mobilisieren und zu aktivieren.[278] Voraussetzung dafür sind ausreichende Recherchen über die betreffenden Unternehmen und die Bereitstellung der Ressourcen für die Kampagne. Anschließend können mehrere Kommunikationsmodelle des Organizing dazu dienen, die Beschäftigten zu mobilisieren, die Öffentlichkeit sowie die sozialen Netzwerke umfassend in die Kampagne einzubeziehen und die Aktion in der Gesellschaft zu verbreiten.[279]

Tabelle 9: Ablauf von Organizing-Kampagnen

Schritt	Inhalt
1	**Auswahl des/der Unternehmens/Betriebs/Dienststelle/Einrichtung** a. Bedeutung in der Branche b. Trendsetter in Sachen Arbeitsbedingungen c. Anzahl Arbeitnehmer d. Einfluss in Arbeitgeberverbänden und Politik e. Örtliche Präsenz
2	**Recherche zum Unternehmen** a. Konzern, Kapitalgeber, Unternehmenssituation, Kunden, Machtzentrale b. Kampagne zielt darauf ab, wirtschaftlichen Druck auf das Unternehmen zu entwickeln. c. Wer sind die richtigen Adressaten, um diesen Druck herstellen zu können?

276 Wohland, Kampagnen, S. 67.
277 Schreieder, Gewerkschaft als soziale Bewegung, S. 31.
278 Renneberg, Arbeitskämpfe, S. 216.
279 Vgl. nur ver.di, Kampagnen, S. 15 ff.

Schritt	Inhalt
3	**Probe bei Beschäftigten vor Ort** a. Wollen sich Beschäftigte gewerkschaftlich organisieren? b. Kampagne setzt bei betrieblichen Konflikten und Unzufriedenheit von Beschäftigten an. Gibt es einen Wunsch auf Veränderungen bei den Beschäftigten? c. Welche Themen sind in der Belegschaft aktuell?
4	**Ressourcen für Kampagne ermitteln und bereitstellen** a. Was ist erforderlich, um erfolgreich organisieren zu können? b. Stehen ausreichend ehren- und hauptamtliche Organizer in den verschiedenen Phasen der Kampagne zur Verfügung? c. Sicherstellen, dass notwendige Ausstattungen, Mittel und personelle Ressourcen auch zum vorhersehbaren Zeitpunkt in der Kampagne einsetzbar sind.
5	**Kontakte zu Beschäftigten aufbauen** a. Erforschen, wo welche Beschäftigte unter welchen Bedingungen arbeiten. b. Erste Kontakte zu Beschäftigten aufnehmen. c. Intensive Vertrauensbildung mit möglichen Organizing-Comitee-Mitgliedern starten.
6	**Blitz** a. Gewerkschaft macht Organisierungskampagne betrieblich öffentlich. b. Beschäftigte werden gezielt in einem ganz kurzen Zeitraum, z. B. innerhalb von 2 oder 3 Tagen persönlich vor dem Betrieb oder bei Hausbesuchen angesprochen. c. Werbung für gewerkschaftliche Organisierung, Hoffnung auf Verbesserung geben, deutlich machen, dass Beschäftigte selbst Gewerkschaft in Betrieb/Dienststelle/Einrichtung bilden. d. Wichtig: Organizer müssen in Gesprächsführung mit Beschäftigten ausgebildet sein.
7	**Organizing-Comitee** a. 10–15 % der Belegschaft sollen das „Organizing-Comitee" bilden. b. Mitglieder des Organizing-Comitee sollten aus möglichst allen Abteilungen stammen und repräsentativ (Geschlecht, Herkunft, Tätigkeit) sein. c. Beschäftigte werden von Organizern für aktive Organisierungsarbeit von innen ausgebildet und angeleitet. d. Nur mit ausreichend vielen aktiven Beschäftigten sind erfolgreiche Organisierungskampagnen trotz des Widerstands von Arbeitgeberseite möglich.

Schritt	Inhalt
8	**Mobilisierung der Belegschaft und Konflikt** a. Gemeinsame Ziele für verbesserte Arbeits- und Lebensbedingungen finden und formulieren. b. Zielsetzungen in Belegschaft immer rückkoppeln und ggf. korrigieren. c. Betriebliche und außerbetriebliche Aktionen planen, in denen Beschäftigte für Zielsetzungen mobilisiert werden (Flugblätter, Versammlungen, Veranstaltungen, Unterschriftensammlung, Öffentlichkeitsarbeit etc.). d. Konflikt mit Arbeitgeber starten und Organizing-Comitee darin begleiten. e. Bündnispartner (Gemeinde, soziale Bewegungen, Einzelpersönlichkeiten etc.) werden aktiv. f. Mitgliederwerbung (Anerkennungskarten).
9	**Anerkennung der Gewerkschaft als Tarifvertragspartei** a. Druckkampagne mündet in freiwilliger Anerkennung der Gewerkschaft durch den Arbeitgeber. b. Gewerkschaft reicht ausreichend Anerkennungskarten der Beschäftigten bei der Arbeitsbehörde ein und beantragt Durchführung von Anerkennungswahlen.
10	**Tarifverhandlungen und –abschluss** a. Tarifverhandlungen und –abschluss, Urabstimmung der Belegschaft b. Einrichtung einer gewerkschaftlichen Arbeitnehmervertretung im Betrieb/Dienststelle. c. Umsetzung des Tarifvertrags

Quelle: Schreieder (2005)[280]

B. Flashmob und neue Ansätze des Arbeitskampfes

I. Zwei Aspekte des atypischen Arbeitskampfes

Die obige Schilderung lässt erkennen, dass der Arbeitskampf nicht als eine isolierte Aktion fungiert, sondern regelmäßig in einer Kampagne integriert werden kann, und zwar im Verlauf der gesamten Aktion. Vor diesem Hintergrund ist die Idee des atypischen Arbeitskampfes im Vergleich zum traditionellen Streik unter zweierlei Gesichtspunkten zu betrachten: der Wandel der Kampftaktik einerseits und die Veränderung der Zieldefinition andererseits.

280 Schreieder, Gewerkschaft als soziale Bewegung, S. 31.

1. *Wandel der Kampftaktik*

In Hinblick auf den Wandel der Kampftaktik ist es ersichtlich, dass der atypische Arbeitskampf eine von der traditionellen Kampfform (Streik) abweichende Vorgehensweise aufweist. Hauptsächlich werden die kreativen Arbeitsmethoden des Organizing im Umfeld des Arbeitskampfes herangezogen. Die Taktik des Organizing selbst enthält ein gewisses Druckpotenzial[281] und kann als ein Arbeitskampfmittel fungieren. Anhand der Aktionsformen des Organizing wird das Repertoire des Arbeitskampfes erweitert.

Außerdem besteht der Vorteil dieser Taktik darin, dass der Druck auf den Arbeitgeber auch ohne Streik erzeugt werden kann (Druckkampagnen).[282] Wo der Streik nicht funktioniert oder nicht effektiv funktionieren kann, können die aktionsorientierten Kampagnenstrategien Alternativen bieten.[283] Tatsächlich wurden die Aktionen im Organizing, wie z. B. Demonstrationen, Straßenblockaden, Aufrufe zu Protesten, Boykotts (Käuferboykotts) oder Öffentlichkeitsarbeit, bereits umfassend in der Praxis angewendet.[284] Im Augenblick bildet genau diese Taktik das entscheidende Kriterium des atypischen Arbeitskampfes.[285]

2. *Veränderung der Zieldefinition*

Ferner ist die Veränderung der Zieldefinition des atypischen Arbeitskampfes zu berücksichtigen. Der atypische Arbeitskampf bezeichnet zugleich einen Wandel der strategischen Überlegungen der Gewerkschaftspolitik. Traditionell dient ein Arbeitskampf in Deutschland den Tarifverhandlungen. Im Vergleich dazu könnte ein Arbeitskampf unter dem Hinweis „Organizing am Konflikt" eine besondere Rolle in Kampagnen spielen.[286] Gemeint ist, dass der atypische Arbeitskampf zwar in der Regel als ein Mittel erscheint, um Druck auszuüben. Nicht selten hat dessen kreative Arbeitsmethode aber zudem eine Mobilisierungsfunktion und trägt zur Selbstermächtigung der Arbeitnehmer bei. Diese Organisierungsfunktion hat nicht zuletzt eine Mitgliedergewinnung zur Folge und kann in gewissem Maß dem Verlust der Organisationsmacht abhelfen.[287]

Es ist zu Kenntnis zu nehmen, dass Arbeitskämpfe nicht immer den Tarifverhandlungen dienen und auch als „Instrument der Mobilisierung und Veränderung

281 Siehe oben § 4 A. I. 2. Das Organizing-Konzept der SEIU.
282 Callsen, in: Rehder/Deinert/Callsen, S. 29.
283 Rehder, in: Rehder/Deinert/Callsen, S. 14.
284 Vgl. unten § 6 Erscheinungsformen des atypischen Arbeitskampfes.
285 Entscheidendes Kriterium aller atypischen Arbeitskämpfe ist die Kampftaktik bzw. die Art und Weise der Druckausübung, siehe die Analyse im § 5 A. 2. Definition des atypischen Arbeitskampfes.
286 Dribbusch, Organisieren am Konflikt, S. 202 ff.
287 Vgl. Deinert, in: Rehder/Deinert/Callsen, S. 91; Rehder, in: Rehder/Deinert/Callsen, S. 17 f.

des Bewusstseins in der Arbeitnehmerschaft agieren“ können.[288] Die Mobilisierung der Mitglieder ist zwar für den atypischen Arbeitskampf besonders relevant, aber das Ziel wird nicht zwingend dadurch verwirklicht. Diese Wahrnehmung entspricht auch der gegenwärtigen gewerkschaftlichen Praxis. Die mit der Organisierungsfunktion verbundene Zieldefinition wird aktuell in großem Umfang auf die Bewegung der „Erneuerung des Streiks“ übertragen[289] und kann auch innerhalb eines mit Streiks geführten Tarifkampfes realisiert werden. Streiks sind „gleichzeitig immer auch bedeutende Momente, in denen sich im Großen wie im Kleinen Emanzipationsbestrebungen ausdrücken: Sie lassen Solidarität entstehen, überwinden Spaltungen und stellen die Herrschaft im Betrieb infrage“[290].

Daher ist festzustellen, dass die Organisierungsfunktion des Arbeitskampfes eine der Besonderheiten des atypischen Kampfes bildet. Allerdings hat der atypische Arbeitskampf hierfür keine monopolisierte oder privilegierte Stellung. Streiks können ebenso die Arbeitnehmerschaft aktivieren oder revitalisieren.

3. Zwischenergebnis

Zurzeit steht der Arbeitskampf inklusive des Streiks und des atypischen Arbeitskampfes als eine Kampagnen- und beteiligungsorientierte Strategie mit der Organisierung in einer positiven Wechselbeziehung.[291] Nicht zuletzt muss beachtet werden, dass sich Streik und atypischer Arbeitskampf sowohl in der taktischen Dimension als auch bei der Zieldefinition parallel entwickeln, ohne einander zu verdrängen. Die Empirie hat auch gezeigt, dass der atypische Arbeitskampf den Streik nicht vollständig ersetzen kann, sondern je nach Situation gemäß dem Grundsatz „Ergänzung statt Ersetzung“ als ein zusätzliches Druckmittel dient. Der wesentliche Unterschied zwischen dem atypischen Arbeitskampf und dem Streik liegt in der Kampftaktik. Dies wird beim Flashmob als Beispiel für einen atypischen Arbeitskampf besonders deutlich, weshalb der Flashmob im deutschen Arbeitskampfgeschehen im Folgenden dargestellt wird.

II. Flashmob im deutschen Arbeitskampfgeschehen

Vor dem Hintergrund der Übertragung des Organizing-Konzepts entwickelt sich der atypische Arbeitskampf seit Jahren in Deutschland über den Streik hinaus. Darunter ist der Flashmob eine auffällige atypische Kampfform. In Deutschland

288 Lang, WSI-Mitteilungen 09/1982, 543 (543); vgl. auch Rehder, in: Rehder/Deinert/Callsen, S. 17.

289 Vgl. Zeise/Hoffmann (Hrsg.), Erneuerung durch Streik, 2014; Schmalstieg, Partizipative Arbeitskämpfe, neue Streikformen, höhere Streikfähigkeit?, S. 6 ff.

290 Zeise, Einleitung, S. 2.

291 Deinert, in: Rehder/Deinert/Callsen, S. 91; Dribbusch, Organisieren am Konflikt, S. 213.

wurde der arbeitskampforientierte Flashmob von ver.di zuerst aufgegriffen und eingesetzt.

1. *Premiere des Flashmobs als Arbeitskampfform*

Die Premiere des Flashmobs als eine aktive Betriebsstörungsmaßnahme der Gewerkschaft im deutschen Arbeitskampfgeschehen war im Dezember 2007 in Berlin. Die dreiviertelstündige Aktion von ver.di fand in einer Supermarktfiliale statt, wo Streikbrecher arbeiteten. Vor der Flashmob-Aktion wurde ein virtuelles Flugblatt auf der Homepage von ver.di veröffentlicht:

> „Wunschliste der EinzelhändlerInnen an Gewerkschaftsmitglieder und alle, die uns unterstützen wollen [...] Hast Du Lust, Dich an Flashmob-Aktionen zu beteiligen? Gib uns Deine Handy-Nummer und dann lass uns zu dem per SMS gesendeten Zeitpunkt zusammen in einer bestreikten Filiale, in der Streikbrecher arbeiten, gezielt einkaufen gehen, z. B. so:
> – Viele Menschen kaufen zur gleichen Zeit einen Pfennig-Artikel und blockieren damit für längere Zeit den Kassenbereich.
> – Viele Menschen packen zur gleichen Zeit ihre Einkaufswagen voll (bitte keine Frischware!!!) und lassen sie dann stehen."[292]

Am 08.12.2007 begann die Aktion um 10.45 Uhr im Einzelhandel im Berliner Ostbahnhof. Daran beteiligten sich ca. 40 bis 50 Personen, die per SMS von ver. di dorthin bestellt worden waren. In der Folgezeit kauften sie dort sogenannte Cent-Artikel. Deren Einscannen durch die Kassiererinnen nahm längere Zeit in Anspruch, sodass sich an den Kassen Warteschlangen bildeten. Überdies befüllten die Aktionsteilnehmer etwa 40 Einkaufswagen und ließen sie dann ohne Begründung oder mit dem Vorwand, das Geld vergessen zu haben, in den Gängen oder im Kassenbereich stehen. In einem Fall begab sich eine Frau mit einem von ihr gefüllten Einkaufswagen an die Kasse und bejahte dort die Frage der Kassiererin, ob sie bezahlen könne. Die Artikel wurden sodann von der Kassiererin eingescannt und von der Frau wieder in den Einkaufswagen gelegt. Es ergab sich ein Gesamtbetrag von 371,78 Euro. Die Aktionsteilnehmerin erklärte daraufhin, ihr Geld vergessen zu haben und stellte den Einkaufswagen an der Kasse ab. Dabei klatschten die anderen Aktionsteilnehmer Beifall und brachten durch laute Zurufe ihr Gefallen zum Ausdruck.[293]

---

292 Sachverhalt nach BAG 22.09.2009 – 1 AZR 972/08 – AP Nr. 174 Art. 9 Arbeitskampf GG.

293 Sachverhalt nach BAG 22.09.2009 – 1 AZR 972/08 – AP Nr. 174 Art. 9 Arbeitskampf GG.

Das Hauptziel des Flashmobs ist die Bekämpfung von Streikbrechern. Diese Strategien, wie etwa Einkauf durch „Fremde“, die „leider“ ihr Geld zum Bezahlen vergessen haben; gefüllte Einkaufswagen vor den Kassen zurücklassen; Einkaufswagen im Laden verteilen oder stehen lassen, wurden bereits von der ver.di-Gründungsgewerkschaft HBV eingesetzt.[294]

2. Merkmale des ver.di-Flashmobs als Arbeitskampfform

Um als Arbeitskampfform zu gelten, ist dafür eine kollektive Druckausübung notwendig.[295] Anders als die Arbeitseinstellung im Streik wurde der Druck im Flashmob von ver.di durch massenhaften Einkauf von Cent-Artikeln und Befüllen von Einkaufswagen kreativ umgesetzt. Jedoch besteht die Besonderheit des Flashmobs im Vergleich zu anderen Arbeitskampfformen nicht nur in der Art und Weise der Druckausübung als eine Betriebsstörungsmaßnahme, sondern vor allem in seiner Flexibilität und dem damit verbundenen Überraschungsmoment. Denn ein Flashmob verläuft in der Regel so, wie im ver.di-Flashmob, dass eine Menschenmenge blitzartig auftaucht und ebenso schnell wieder verschwindet, ohne für den Unternehmer vorhersehbar zu sein. Diese Unvorhersehbarkeit ist seine Wirkungsbedingung.[296] Auf der anderen Seite ist die aktive Drittbeteiligung auffällig. Im ver.di-Flashmob behauptete der Arbeitgeber, dass etwa die Hälfte der Teilnehmer an der „Flashmob-Aktion" weder Mitglied von ver.di noch Arbeitnehmer eines Mitgliedsunternehmens des Arbeitgebers gewesen sei.[297] Sie tarnten sich als Kunden, kamen in den Betrieb und störten den Betrieb ohne eigene Verantwortung und Haftung. Eine solche Aktion wird teilweise als ein „Partisanenkampf" beschrieben.[298] Diesem Beispiel ist zu entnehmen, dass ein Flashmob eine mehrdimensionale Aktion und durch aktive Störungen, Flexibilität sowie aktive Drittbeteiligung charakterisiert ist.[299]

Die Arbeitskampfstrategie ist seitens der Gewerkschaften eine Reaktion auf die veränderten strukturellen Rahmenbedingungen gewerkschaftlicher Aktivitäten. Die geänderten wirtschaftlichen Rahmenbedingungen veranlassen und zwingen die Gewerkschaften, neue Handlungsstrategien zu entwickeln. Durch

---

294 Gewerkschaft HBV, Arbeitskampf, S. 22; vgl. auch Berg/Kocher/Platow/Schoof/Schumann, Teil 3, Rn. 213.

295 Zum Begriff des Arbeitskampfes siehe unten § 5 A. I. Begriff des Arbeitskampfes.

296 Deinert, in: Rehder/Deinert/Callsen, S. 91.

297 Im Gegensatz dazu berichtete ver.di, dass es sich bei den 40 Aktionsteilnehmern ausschließlich um ihre Mitglieder und Arbeitnehmer aus Mitgliedsunternehmen des Arbeitgebers gehandelt habe. Sachverhalt nach BAG 22.09.2009 – 1 AZR 972/08 – AP Nr. 174 Art. 9 Arbeitskampf GG.

298 Säcker, NJW 2010, 1115 (1116).

299 Zu diesen drei Elementen des Flashmobs: aktive Störungsfunktion, Flexibilität sowie aktive Drittbeteiligung siehe unten § 6 A. I. 3. a) Kollektive Handlung und Druckausübung; b) Flexibilität und Überraschungsmoment; c) Aktive Beteiligung von Dritten.

das Organizing-Konzept haben Arbeitskampfstrategien vielfältige Perspektiven entfalten können. Der ver.di-Flashmob ist keineswegs die einzige atypische Kampfform oder eine einmalige Aktion. Danach entwickelte sich der Flashmob auf unterschiedliche Weise – sowohl als Ergänzung oder Verstärkung eines Streiks als auch kombiniert mit anderen Aktionen, z. B. demonstrativer Flashmob.[300] Außerdem spielt der atypische Arbeitskampf mit Flashmob-Elementen in der virtuellen Welt eine auffällige Rolle, z. B. E-Mob als Demonstration im Netz.[301]

Angesichts des erneuerten Repertoires des Arbeitskampfes stellen sich deshalb die Fragen, welche Kampfformen unter dem Begriff atypischer Arbeitskampf subsumiert werden dürfen und welche möglichen Kampfformen bestehen. Im Folgenden werden diese Fragen behandelt.

300 Siehe unten § 6 B. II. 1. Demonstrativer Flashmob.
301 Siehe unten § 6 B. II. 2. a) E-Mob.

Zweiter Teil: Begriff, Formen und rechtliche Entwicklung der atypischen Arbeitskampfformen

Um die Zulässigkeit des atypischen Arbeitskampfes zu untersuchen, ist es zunächst notwendig, begrifflich zu bestimmen und abzugrenzen, welche Aktionsformen zu einem Arbeitskampf dazuzählen dürfen. Demgemäß ist die Ermittlung der rechtlichen Besonderheiten des atypischen Arbeitskampfes die erste Aufgabe dieses Teils der Untersuchung (dazu § 5). Auf dieser Grundlage werden die verschiedenen atypischen Arbeitskampfmittel anschließend im Überblick dargestellt und die jeweilige Art und Weise der Druckausübung verdeutlicht (dazu § 6). Zusätzlich wird die Entwicklung in der Rechtsprechung der geschilderten Kampfformen dargestellt. Dadurch wird ein Gesamtüberblick über den aktuellen Stand der Rechtsprechung zum atypischen Arbeitskampf gewonnen. Ferner ist der Einfluss der Flashmob-Entscheidung des BAG auf die rechtliche Entwicklung diesbezüglich zu beleuchten (dazu § 7).

§ 5 Begriff des atypischen Arbeitskampfes

Mit der Zunahme der atypischen Arbeitskampfformen gewinnt heutzutage die Klärung des Begriffes Arbeitskampf wieder an Bedeutung. Anders als der Streit um den engen oder weiten Arbeitskampfbegriff fokussiert sich die erneute Diskussion auf die atypischen Arbeitskampfformen, die zur Begriffsbestimmung des Arbeitskampfes neue Ansätze beitragen. Traditionell orientiert sich die Definition des Arbeitskampfes an der Kampfform des Streiks, der durch den Entzug der Arbeitskräfte gekennzeichnet ist. Im Vergleich dazu ist der atypische Arbeitskampf eine von dieser traditionellen Kampfform abweichende Vorgehensweise. Der Flashmob ist ein repräsentatives Beispiel für einen atypischen Arbeitskampf und durch Flexibilität, aktive Störungsfunktion und aktive Drittbeteiligung charakterisiert.[302] Dadurch haben sich neue Handlungsmöglichkeiten für Arbeitnehmer und Gewerkschaften herausgebildet. Im Folgenden ist zuerst der Begriff des allgemeinen Arbeitskampfes zu klären. Anschließend wird der atypische Arbeitskampf, der als Unterfall des allgemeinen Arbeitskampfes gekennzeichnet ist, betrachtet. Dabei ist es sinnvoll, den atypischen Arbeitskampf von anderen nicht kämpferischen Koalitionsbetätigungen abzugrenzen, um den Umfang des atypischen Arbeitskampfes klar zu konturieren.

---

302 Siehe oben § 4 B. II. 2. Merkmale des ver.di-Flashmobs als Arbeitskampfform.

A. Begriff des Arbeitskampfes und Definition des atypischen Arbeitskampfes

I. Begriff des Arbeitskampfes

1. Verfassung und Gesetzesvorschrift

Im Grundgesetz wird der Arbeitskampf erstmals mit der Einführung des Notstandsgesetzes 1968 im Art. 9 Abs. 3 Satz 3 erwähnt.[303] Bestimmte Maßnahmen dürfen sich nicht gegen Arbeitskämpfe richten, die zur Wahrung und Förderung der Arbeits- und Wirtschaftsbedingungen von Vereinigungen im Sinne des Art. 9 Abs. 3 Satz 1 GG geführt werden. Dieser Artikel ist auch die einzige Bestimmung in der Verfassung, die sich auf den Arbeitskampf bezieht. Jedoch gibt es dort keine entsprechende Definition des Begriffes Arbeitskampf.[304]

Ebenso fehlt in deutschen Bundes- und Landesgesetzen eine Definition des Arbeitskampfes. Obwohl das Wort „Arbeitskampf" in mehreren Rechtsnormen erwähnt wird (z. B. § 25 KSchG, § 11 Abs. 5 AÜG, § 74 Abs. 2 BetrVG, § 100 SGB III, § 2 Abs. 1 Nr. 2 ArbGG), erfolgt keine Definition.[305] In den gesetzlichen Bestimmungen ist „Arbeitskampf" lediglich ein Gebrauchsbegriff. Seine Bedeutung erschöpft sich im jeweiligen Regelungszweck des Gesetzbereichs.[306] Ein allgemeiner Begriff des Arbeitskampfes kann nicht bestimmt werden. Daher ist es ohnehin nicht sinnvoll, den Arbeitskampfbegriff in den Gesetzen weiter zu untersuchen.[307]

2. Meinungsstand in der Literatur

In der Literatur lässt sich der Arbeitskampfbegriff nicht unstreitig bestimmen. Grundsätzlich stehen zwei Auffassungen von Arbeitskampf gegenüber: der Arbeitskampfbegriff im engen und im weiten Sinne.

a) Der enge Arbeitskampfbegriff

Nach dem engen Begriffsverständnis ist Arbeitskampf die aufgrund eines Kampfentschlusses der Arbeitnehmer- oder Arbeitgeberseite erfolgende Störung des Arbeitslebens durch kollektive Kampfmaßnahmen zu dem Zweck, mithilfe des dadurch ausgeübten Drucks eine freiwillig nicht zugestandene kollektivvertragliche Regelung

---

303 Zum Notstandsgesetz des Art. 9 Abs. 3 S. 3 GG vgl. Gamillscheg, Kollektives Arbeitsrecht Bd. 1, S. 942; Hueck, RdA 1968, 430 (430 ff.).

304 Vgl. Hueck, RdA 1968, 430 (431).

305 Zum Arbeitskampfrecht in Bundesgesetzen und Landesverfassungen siehe unten § 8 B. Arbeitskampfrecht in Bundesgesetzen und § 8 C. Arbeitskampfrecht in Landesverfassungen.

306 Vgl. nur Lerche, Arbeitskampfes, S. 12; siehe auch unten § 8 C. Arbeitskampfrecht in Landesverfassungen.

307 Vgl. nur Hueck/Nipperdey/Säcker, Bd. II/2, S. 870; a. A. Bötticher, RdA 1955, 81 (82).

zu erreichen oder abzuwehren.[308] Nach *Hueck/Nipperdey/Säcker* impliziert diese Definition einen objektiven und einen subjektiven Tatbestand: Der objektive Tatbestand erfordert zuerst, dass der Kampf zwischen den sozialen Gegenspielern, dem Arbeitnehmer und dem Arbeitgeber, geführt werden müsse. Ansonsten gehe es nicht um einen *Arbeits*kampf. Es sei aber nicht notwendig, dass der Kampf auf der Arbeitnehmerseite von einer Gewerkschaft organisiert werde. Auch ein wilder Streik zähle zum Arbeitskampf.[309] Außerdem setze ein Arbeitskampf eine Störung des Arbeitslebens voraus, nämlich eine Bedrängung, Bedrohung oder Schädigung des sozialen Gegenspielers. Kernpunkt sei es, mittels des Kampfmittels den sozialen Gegenspieler unmittelbar unter Druck zu setzen und damit seine Entscheidungsfreiheit zu beeinträchtigen.[310] Weiterhin begrenzt der subjektive Tatbestand ein Kampfziel auf die Schaffung neuer Rechtsansprüche.[311] So sei ein Kampf um Durchsetzung bestehender Rechte kein Arbeitskampf, wenn es nicht um Regelungsstreit gehe.[312] Ein politischer Arbeitskampf gegen das Hoheitssubjekt bzw. den Staat sei von der Begriffsbestimmung auch auszuscheiden. Dies sei kein kollektivarbeitsrechtliches Problem, sondern eine Grundfrage des Verfassungsrechts.[313] Eine noch engere Begriffsstimmung erkennt den Arbeitskampf nur als Instrument zur kollektivvertraglichen (tariflichen) Regelung der Arbeits- und Wirtschaftsbedingungen an.[314] Dann falle der Kampf um das betriebsverfassungsrechtliche oder einzelvertragliche Ziel nicht unter diesen Begriff.[315]

Konsequent erfährt der enge Arbeitskampfbegriff eine doppelte Einschränkung in Bezug auf das Kampfziel (nur Regelungsstreit) sowie die Kampfparteien (sozialer Gegenspieler).[316] Hinsichtlich des subjektiven Tatbestands wird die enge Auffassung auch als kampfzielorientierter Arbeitskampfbegriff bezeichnet.

b) Der weite Arbeitskampfbegriff

In Gegensatz dazu bezeichnet der Arbeitskampf im weiten Sinne kollektive Maßnahmen von der Arbeitgeber- oder Arbeitnehmerseite zur Störung der Arbeitsbeziehungen, um ein bestimmtes Ziel zu erreichen.[317] Von der Bedeutung her ist es das eingesetzte

308 Hueck/Nipperdey/Säcker, Bd. II/2, S. 870.
309 Hueck/Nipperdey/Säcker, Bd. II/2, S. 873.
310 Hueck/Nipperdey/Säcker, Bd. II/2, S. 874.
311 Hueck/Nipperdey/Säcker, Bd. II/2, S. 878 ff.; Säcker, Grundprobleme, S. 81 (Fn. 157).
312 Hueck/Nipperdey/Säcker, Bd. II/2, S. 880 ff.
313 Hueck/Nipperdey/Säcker, Bd. II/2, S. 885 f.
314 Hueck/Nipperdey/Säcker, Bd. II/2, S. 888, hatten darauf hingewiesen: „Der Arbeitskampf ist in Form einer instrumentellen Kernbereichsgarantie verfassungsrechtlich lediglich als Konnexinstitut des Tarifvertrages gewährleistest, weil er unter den gegebenen Umständen in einer freiheitlichen sozialen Wirtschaftsordnung ein unerlässliches Mittel zur Erreichung des Koalitionszwecks ist. “
315 Vgl. Brox, in: Brox/Rüthers, Arbeitskampfrecht, Rn. 23.
316 Wohlgemuth, Staatseingriff und Arbeitskampf, S. 38.
317 Brox, in: Brox/Rüthers, Rn. 17; Kalb, Arbeitskampfrecht, Rn. 12; Kissel, Arbeitskampfrecht, § 13 Rn. 1; Waltermann/Söllner, Arbeitsrecht, Rn. 226.

Kampfmittel, das die Störung der Arbeitsziehung bewirkt. Welches Ziel dafür gesetzt wird, spielt keine Rolle.[318] Auch der politische Arbeitskampf sei in den Begriff einzubeziehen.[319] Der subjektive Tatbestand des engen Arbeitskampfbegriffs wird an dieser Stelle aufgehoben.

Ebenso wie beim engen Begriff wird eine Kollektivität des Arbeitskampfes nach der weiten Definition gefordert. Der Arbeitskampf ist von oder gegen eine bewusst gewollte solidarische Gemeinsamkeit des Handels bestimmt.[320] Auf der Arbeitgeberseite können einzelne Arbeitgeber oder ein Arbeitgeberkollektiv als Kampfpartei auftreten. Auf der Arbeitnehmerseite ist in der Regel eine Vielzahl von Arbeitnehmern erforderlich. Wohl aber können unter Umständen ein oder wenige Arbeitnehmer aufgrund des Kampfplans in Schlüsselpositionen eingesetzt werden.[321]

3. Analyse und Stellungnahme

Vor ca. 30 Jahren hat *Däubler* bereits darauf hingewiesen, dass die Bestimmung des Arbeitskampfbegriffs keine theoretische Spielerei ist, sondern ein eminent praktisches Problem.[322] Ebenso wichtig ist, dass der Arbeitskampfbegriff entscheidend für den Anwendungsbereich des Arbeitskampfrechts ist.[323] Da heutzutage immer mehr Arbeitskampfformen neben dem Streik und der Aussperrung in Erscheinung treten, sollte der Begriff des Arbeitskampfes alle Arten und Weisen der Kampfformen umfassen. Deshalb ist es nötig, die Plausibilität des engen sowie weiten Arbeitskampfbegriffs näher zu überprüfen.

a) Methodenkritik

Berücksichtigt man die Diskrepanz zwischen der engen und der weiten Definition des Arbeitskampfbegriffes, ist vor allem der mehrfach hervorgehobene Hinweis zu beachten, dass die begriffliche Eingrenzung keine rechtliche Würdigung enthalten darf.[324] Im Rahmen der Begriffsbestimmung soll nur das soziale Phänomen kollektiver Arbeitskonflikte möglichst vollständig erfasst werden. Ein Präjudiz sowie ein Indiz für die Rechtmäßigkeit sind abzulehnen.[325] Ein rechtswidriger Arbeitskampf kann nicht wegen der rechtlichen Bewertung aus dem Arbeitskampfgeschehen ausgeschlossen werden.[326]

---

318 Vgl. nur Wohlgemuth, Staatseingriff und Arbeitskampf, S. 37 f.

319 Brox, in: Brox/Rüthers, Rn. 22.

320 Brox, in: Brox/Rüthers, Rn. 20.

321 Brox, in: Brox/Rüthers, Rn. 20.

322 Däubler/Däubler, Arbeitskampfrecht 1984, Rn. 54.

323 Däubler/Däubler, Arbeitskampfrecht 1984, Rn. 50; vgl. auch Kreuz, Verhältnismäßigkeit, S. 21.

324 Statt aller Brox, in: Brox/Rüthers, Rn. 24.

325 Otto, Arbeitskampfrecht, § 1 Rn. 1; vgl. auch Kissel, Arbeitskampfrecht, § 13 Rn. 1.

326 Lerche, Arbeitskampfes, S. 13.

So erweckt der engere Arbeitskampfbegriff den Eindruck, als sei dessen Begriffsbildung lediglich auf einen tarifbezogenen Kampf beschränkt. Die Prüfung der Rechtmäßigkeit ist aber darin vorweggenommen und führt zu einer ergebnisorientierten Eingrenzung.[327] Mehrere Arbeitskampfformen, wie der politische Streik, werden damit ausgeschlossen und das Verständnis des Arbeitskampfes wird ungeeigneterweise verengt.[328] Tatsächlich kann das Kampfziel vielfältig sein. Ob es um individualrechtliche, betriebsverfassungsrechtliche, politische oder tarifvertragliche Förderung geht, ist nicht die Frage der Begriffsbestimmung, sondern unterliegt der Prüfung der Rechtmäßigkeit. Demgemäß wird der enge Arbeitskampfbegriff in der Literatur[329] sowie in der Rechtsprechung[330] übereinstimmend abgelehnt. Der Streit um den engen oder den weiten Arbeitskampfbegriff ist damit beigelegt.

b) „Störung der Arbeitsbeziehungen" als Begriffsbestandteil?

Im Sinne des Arbeitskampfbegriffes ist es auch irrelevant, mit welchem Einsatz von Kampfmaßnahmen der Druck entfaltet wird. Aufgrund des Grundsatzes der Kampfmittelfreiheit[331] beschränkt sich der Arbeitskampf nicht auf einen historisch gewachsenen, abschließenden numerus clausus von Arbeitskampfmaßnahmen.[332] Der Arbeitskampf kann unzweifelhaft nicht nur durch Arbeitseinstellung praktiziert werden. Die Minderheitsmeinung, die lediglich den Streik oder weiterhin den arbeitsrechtlichen Boykott als Arbeitskampf sieht, ist nicht haltbar.[333]

Keine Einigkeit besteht jedoch darüber, wie die Druckausübung fungiert und dann dem Arbeitskampf zugeordnet wird.[334] Im älteren Schrifttum impliziert die Art und Weise der Druckausübung alle „Störungen des Arbeitsfriedens".[335] Diese Definition

---

327 Engels, Arbeitskampfrecht, S. 76 f.; Kalb, Arbeitskampfrecht, Rn. 12; Otto, Arbeitskampfrecht, § 1 Rn. 7; Staudinger/Richardi/Fischinger, Vorbem. zu §§ 611 ff. Rn. 820; Treber, Aktiv produktionsbehindernde Maßnahmen, S. 99.

328 Vgl. nur Engels, Arbeitskampfrecht, S. 77.

329 Brox, in: Brox/Rüthers, Rn. 24; Kalb, Arbeitskampfrecht, Rn. 12; Kaskel, Arbeitsrecht, S. 327; Kissel, Arbeitskampfrecht, § 13 Rn. 1; Nikisch, Arbeitsrecht Bd. 2, S. 271; Otto, Arbeitskampfrecht, § 1 Rn. 7; Staudinger/Richardi/Fischinger, Vorbem. zu §§ 611 ff. Rn. 815; Wohlgemuth, Staatseingriff und Arbeitskampf, S. 37; Zöllner/Loritz/Hergenröder, Arbeitsrecht, S. 414.

330 BAG 28.04.1966 – 2 AZR 176 / 65 – AP Nr. 37 zu Art 9 GG Arbeitskampf.

331 Zur Kampfmittelfreiheit siehe unten §10 Reichweite der Arbeitskampfgarantie und Kampfmittelfreiheit.

332 BAG 22.09.2009 – 1 AZR 972/08 – AP Nr. 174 Art. 9 Arbeitskampf GG Rn. 34; dazu siehe auch § 10 B. I. 3. c) Kampfmittelfreiheit als Gegenerklärungsansatz.

333 Vgl. Zöllner, Arbeitskampfformen, S. 429.

334 Deinert, in: Rehder/Deinert/Callsen, S. 89; Otto, Arbeitskampfrecht, § 1 Rn. 3.

335 Kaskel, Arbeitsrecht, S. 326; Lerche, Arbeitskampfes, S. 14; Nikisch, Arbeitsrecht Bd. 2, S. 270; Ramm, AcP 1960, 336 (336).

lässt sich hinsichtlich der Kritik der Tautologie nicht mehr aufrechterhalten.[336] Aktuell wird der Ausdruck „Störung der Arbeitsbeziehung" als Begriffsbestandteil des Arbeitskampfes in der Literatur mehrfach verwendet.[337] Was damit genau gemeint ist, bleibt aber unklar. Ein Teil der Meinungen begrenzt die Störung der Arbeitsbeziehung auf die Verletzung bzw. Suspendierung der bestehenden Arbeitspflichten.[338] Entsprechend ist die klassische Kampfform der „Streiks" auf der Arbeitnehmerseite. Ein anderer Versuch von *Wesch* bezieht sich auf die arbeitsvertraglichen Pflichtenprogramme.[339] Dann kommt nicht nur die Arbeitsleistungspflicht in Betracht. Beispielsweise verletzen Betriebsbesetzung und Betriebsblockade gegenüber dem Streik weiterhin die Leistungstreuepflichten.[340] Nach einer weiten Auffassung besteht dann eine Störung, wenn die Arbeitsbeziehung nicht mehr wie bisher funktioniert.[341] Demgemäß erfasst der Arbeitskampf neben dem Streik darüber hinaus Aktionsformen ohne Verletzung oder Suspendierung der Arbeitspflichten. Beispiele sind die Verweigerung von Überstunden[342] oder die Verringerung der Arbeitsleistungen[343].

Soweit sich der Blickwinkel lediglich auf den Streik oder dessen Sonderformen beschränkt, lässt sich ein Arbeitskampf mit der Störung der Arbeitsbeziehung ohne besondere Schwierigkeiten begründen. Denn ein Streik inklusive seiner Sonderformen erzeugt den Druck regelmäßig durch Arbeitseinstellung. Zum Beispiel erzeugt eine Unterform der Streiks, wie die aktive Mittagspause, den Druck mittels der Arbeitsniederlegung und ist nichts anderes als ein minimaler Streik.[344] Die Arbeitsbeziehung wird dann in aller Regel berührt. Jedoch wäre dies dann problematisch, wenn man die anderen Kampfformen außer dem Streik inklusive seiner Sonderformen betrachtet. Dann könnten sie nicht unter den Arbeitskampfbegriff fallen.[345] Im Hinblick auf die traditionelle Kampfform „Käuferboykott" ist das bereits der Fall. Da

---

336 Treber, Aktiv produktionsbehindernde Maßnahmen, S. 102, „Gegen die Definition wurde angesichts der Merkmale ‚Kampf' versus ‚Frieden' der Vorwurf der Tautologie erhoben." Vgl. auch Wesch, Betriebsbesetzungen, S. 20; Wohlgemuth, Staatseingriff und Arbeitskampf, S. 38 (Fn. 8).

337 Brox, in: Brox/Rüthers, Rn. 21; Kalb, Arbeitskampfrecht, Rn. 12; Staudinger/Richardi/Fischinger, Vorbem. zu §§ 611 ff. Rn. 815; Waltermann/Söllner, Arbeitsrecht, Rn. 226; Zöllner/Loritz/Hergenröder, Arbeitsrecht, S. 414; ebenso Däubler, in: Däubler/Däubler, Arbeitskampfrecht 1984, Rn. 58, „bestehende arbeitsvertragliche Pflichten verletzt."

338 Däubler/Bieback/Wroblewski, Arbeitskampfrecht, § 17 Rn. 170; Däubler/Däubler, Arbeitskampfrecht 1984, Rn. 58; Engels, Arbeitskampfrecht, S. 78.

339 Wesch, Betriebsbesetzungen, S. 21 ff.

340 Wesch, Betriebsbesetzungen, S. 28.

341 Däubler/Däubler, Arbeitskampfrecht, § 8 Rn. 4.

342 Däubler/Däubler, Arbeitskampfrecht, § 29 Rn. 2 ff.

343 Däubler/Däubler, Arbeitskampfrecht, § 29 Rn. 10 ff.

344 Deinert, in: Rehder/Deinert/Callsen, S. 108.

345 Otto, Arbeitskampfrecht, § 1 Rn. 3; Preis, Kollektivarbeitsrecht, S. 304; Schaub/Treber, § 192 Rn. 6.

der Käuferboykott[346] bezweckt, den Arbeitgeber auf dem Gütermarkt zu bedrängen, wird die Arbeitsbeziehung dadurch nur indirekt berührt.[347] Noch problematischer ist dies bei der neuen Kampfform „Öffentlichkeitsarbeit“ in einer gewerkschaftlichen Druckkampagne, die auf den Imageschaden des Arbeitgebers abzielt.[348] Dafür werden die Öffentlichkeit sowie Dritte angesprochen und die Drucksituation besteht im Verhältnis zwischen den Unterstützern und dem Arbeitgeber. Ebenso ist es bei der Kampfform der Betriebsblockade oder Blockade in der virtuellen Welt, die unmittelbar den Außenkontakt des Unternehmens zu unterbinden beabsichtigt, ohne die Arbeitsbeziehung zu beeinträchtigen.[349] Im Rahmen solcher Handlungsformen kann der wirtschaftliche Druck außerhalb der Arbeitsbeziehung erzeugt werden. Die Arbeitsbeziehung wird davon nicht betroffen.[350] Tatsächlich kann ein Arbeitskampf immer wieder über den Bereich der Arbeitsbeziehung hinaus wirken und dies sind auch keine Ausnahmefälle im Kampfgeschehen.

Obwohl die Befürworter das Merkmal „Störung der Arbeitsbeziehung“ im weiteren Sinne auszulegen beabsichtigen und sich nicht auf die unmittelbare Störung der Arbeitsbeziehung beschränken wollen,[351] wäre folglich für mehrere Kampfformen entweder eine zusätzliche Auslegung nötig oder eine Ausnahme zu schaffen, um sie als Arbeitskampf zu qualifizieren. Das wiederholte Beispiel ist die Einordnung des Boykotts als Arbeitskampf. Zwar ist die Arbeitsbeziehung zumindest mittelbar gestört oder mitberührt.[352] Jedoch ist eine zutreffende Begriffsbestimmung nur dann sinnvoll, wenn die sozialen Phänomene der kollektiven Arbeitskonflikte möglichst umfassend unter den Begriff subsumiert werden können. Ebenso unzutreffend ist die Auffassung von *Wesch*. Seine Ansicht, wonach sich die Auswirkung der Druckausübung auf den Arbeitsvertrag erstrecke, kann dem Manko auch nicht abhelfen, da der Druck vom Arbeitskampf mehr ist als nur eine arbeitsvertragsbezogene Störung. Die Betrachtungsweise von *Wesch* verengt also das Verständnis des Arbeitskampfes.[353]

Insgesamt ist der weite Arbeitskampfbegriff nicht mehr „weit“ genug. Auch hinsichtlich dieser aktuellen Entwicklung und Veränderung der Arbeitskampfformen wird die Lücke zwischen dem weiten Arbeitskampfbegriff in der Theorie und den

346 Zum Begriff des Käuferboykotts, siehe unten § 6 C. Boykott.

347 Zöllner/Loritz/Hergenröder, Arbeitsrecht, S. 414; vgl. auch Treber, Aktiv produktionsbehindernde Maßnahmen, S. 101.

348 Zur Öffentlichkeitsarbeit als Arbeitskampfform siehe unten § 6 B. Öffentlichkeitsarbeit.

349 Zur Kampfform der Internetblockade oder Telefonblockade siehe unten § 6 A. II. 2. Virtuelle Betriebsblockade.

350 Vgl. Kissel, Arbeitskampfrecht, § 13 Rn. 7.

351 Vgl. Nikisch, Arbeitsrecht Bd. 2, S. 271; Zöllner/Loritz/Hergenröder, Arbeitsrecht, S. 414.

352 Zöllner/Loritz/Hergenröder, Arbeitsrecht, S. 414.

353 Weitere Kritik an Wesch, vgl. Preis, Kollektivarbeitsrecht, S. 304; Treber, Aktiv produktionsbehindernde Maßnahmen, S. 103 ff.

Arbeitskampfformen in der Praxis weiter vergrößert. Daher ist das Merkmal „Störung der Arbeitsbeziehung“ als Begriffselement des Arbeitskampfes nicht mehr haltbar.[354]

c) Bedeutung der Druckausübung

Für die Begriffsbildung des Arbeitskampfes ist vielmehr die Interpretation der Druckausübung entscheidend. Dies soll wie bei *Treber* vom Zweck des Arbeitskampfes ausgehen: In der Marktwirtschaft ist der Arbeitskampf ein Druckmittel, um eine ökonomische Auswirkung auf den Arbeitgeber zu bewirken und ein bestimmtes Ziel zu erreichen. Entsprechend werden auf der Arbeitnehmerseite mittels des Arbeitskampfes dem Arbeitgeber die Schäden als Kampfzweck zugefügt. Auf der Arbeitgeberseite können die Nachteile entweder abgewehrt oder die weiteren Nachteile den Arbeitnehmern zur Last gelegt werden.[355]

In der Tat ist der Arbeitskampf bezüglich des Schadenseffektes grundsätzlich eine verbotene Verhaltensweise und rechtfertigungsbedürftig.[356] Die Auswirkungen eines Arbeitskampfes müssen sich zwar nicht auf die direkte Schadenszufügung beschränken, aber es ist nötig, dass ein *Kampf*mittel so beschaffen sein muss, dass es den Gegenspieler in unmittelbare Bedrängnis bringt.[357] Eine Bedrängung, Bedrohung oder Schädigung des sozialen Gegenspielers ist in diesem Zusammenhang erforderlich.[358] So sind viele Vorbereitungsaktionen für eine Tarifverhandlung in einer gewerkschaftlichen Mobilisierungskampagne[359] noch nicht als Arbeitskampf zu qualifizieren. Ebenso stellt eine gewerkschaftliche Aktion mit psychologischem Druck ohne weitere wirtschaftliche Auswirkung keinen Arbeitskampf dar.[360] Der wirtschaftliche Druck eines Arbeitskampfes ist nach der Beschreibung von *Otto* nichts anderes als eine „zielgerichtete Ausübung von kollektivem Druck mittels Zufügung von Nachteilen oder deren Abwehr“[361]. Nur eine solche Verhaltensweise unterliegt dem Arbeitskampfbegriff und bildet zugleich den Gegenstand des Arbeitskampfrechts.

---

354 Kissel, Arbeitskampfrecht, § 13 Rn. 7; Otto, Arbeitskampfrecht, § 1 Rn. 3; Treber, Aktiv produktionsbehindernde Maßnahmen, S. 100 f.; vgl. auch Deinert, in: Rehder/Deinert/Callsen, S. 89.

355 Treber, Aktiv produktionsbehindernde Maßnahmen, S. 101 f.

356 Deinert, in: Rehder/Deinert/Callsen, S. 89.

357 Hueck/Nipperdey/Säcker, Bd. II/2, S. 875 f.

358 Hueck/Nipperdey/Säcker, Bd. II/2, S. 874.

359 Zur Mobilisierungskampagne vgl. Wohland, Kampagnen, S. 68; auch sogleich B. II. Von Koalitionsbetätigungen zur gewerkschaftlichen Kampagne.

360 Kissel, Arbeitskampfrecht, § 13 Rn. 1; vgl. auch Zöllner/Loritz/Hergenröder, Arbeitsrecht, S. 414.

361 Otto, Arbeitskampfrecht, § 1 Rn. 2.

4. *Abgrenzung zur kollektiven Ausübung von Individualrechten*

Auf der Arbeitnehmerseite kann eine kollektive Maßnahme ferner durch die kollektive Ausübung von Individualrechten durchgesetzt werden. Hierfür kommen vor allem die Massenkündigung, die Massenänderungskündigung, der Kollektivwiderspruch gegen den Betriebsübergang gemäß § 613a Abs. 6 BGB und die kollektive Zurückhaltung der Arbeitsleistung in Betracht. Nach *Brox* werden sie auch als „individualrechtliche Arbeitskampfmaßnahme" bezeichnet.[362] Es ist aber fraglich, ob die kollektive Ausübung von Individualrechten zum Arbeitskampf gerechnet werden darf.

In einer Rechtsprechung hat das BAG aufgrund einer „natürlichen Auffassung" die organisierte Massenänderungskündigung der Arbeitnehmerseite als kollektiven Arbeitskampf angesehen. Folglich sei die Rechtmäßigkeit des Arbeitskampfes auch darauf anwendbar.[363] Zwar ist diese Rechtsprechung des BAG auf viel Kritik gestoßen,[364] findet in der Literatur aber eine gewisse Unterstützung, weil angesichts des kollektiven Charakters nicht nur die Massenänderungskündigung, sondern auch die kollektive Ausübung von Individualrechten im Allgemeinen dem Arbeitskampf zuzuordnen sei.[365]

Hingegen ist das BAG im Fall der kollektiven Ausübung des Zurückbehaltungsrechts[366] sowie des Widerspruchsrechts[367] anderer Auffassung und geht von der Zielrichtung aus, dass, während die Ausübung eines Zurückbehaltungsrechts oder eines Widerspruchsrechts der Einhaltung und Verteidigung der bestehenden individualrechtliche Beziehungen diene, demgegenüber die Arbeitskampfmaßnahme der Arbeitnehmerschaft den Zweck verfolge, die vom Arbeitgeber vorgenommene Vertragsgestaltung zu ändern. Auch trotz der ggf. entstehenden Drucksituation liege hier kein Arbeitskampf vor, denn die kollektive Ausübung des Zurückbehaltungsrechts sowie des Widerspruchsrechts seien nicht auf die Veränderung von Arbeitsbedingungen oder die Abwehr einer arbeitgeberseitigen Maßnahme ausgerichtet.[368] Diesen Rechtsprechungen des BAG ist zwar im Ergebnis zuzustimmen, aber deren Begründung darf nicht als Argument herangezogen werden. Denn die Ansicht des BAG greift auf den engen Arbeitskampfbegriff zurück und ordnet nur die kollektive

---

362 Brox, in: Brox/Rüthers, Rn. 548.

363 BAG 28.04.1966 – 2 AZR 176/65 – AP Nr. 37 zu Art. 9 GG Arbeitskampf; vgl. auch Kissel, Arbeitskampfrecht, § 61 Rn. 46 ff.

364 Otto, Arbeitskampfrecht, § 11 Rn. 36.

365 Vgl. Hilbrandt, Massenänderungskündigung, S. 34 (Fn. 151); siehe auch Treber, Aktiv produktionsbehindernde Maßnahmen, S. 99.

366 BAG 14.02.1978 – 1 AZR 76/76 – AP Nr. 58 Art. 9 GG Arbeitskampf = NJW 1979, 236; 20.12.1963 – 1 AZR 428/62 – AP Nr. 32 Art. 9 GG Arbeitskampf = NJW 1964, 883.

367 BAG 30.09.2004 – 8 AZR 462/03 – AP Nr. 275 § 613a BGB.

368 BAG 30.09.2004 – 8 AZR 462/03 – AP Nr. 275 § 613a BGB; 14.02.1978 – 1 AZR 76/76 – AP Nr. 58 Art. 9 GG Arbeitskampf = NJW 1979, 236; 20.12.1963 – 1 AZR 428/62 – AP Nr. 32 Art. 9 GG Arbeitskampf = NJW 1964, 883 (883).

Maßnahme, die auf die Veränderung von Arbeitsbedingungen bzw. Regelungsstreit abzielt, als Arbeitskampf ein. Dieses Verständnis wirft erneut die oben dargelegten Probleme des engen Arbeitskampfbegriffs auf.[369] Zwar kann man im technischen Sinne nur in Hinblick auf die Frage der Abgrenzung der kollektiven Ausübung von Individualrechten vom Arbeitskampf den engen Arbeitskampfbegriff sprechen.[370] Dies hat dann aber eine Abspaltung des Arbeitskampfbegriffs zur Folge.

Sinnvoller ist es, zunächst vom Wesen der kollektiven Ausübung von Individualrechten auszugehen. Die kollektive Ausübung von Individualrechten ist ein Individualakt auf dem Boden des Einzelvertrages.[371] Selbst wenn sie koordiniert von Arbeitnehmern durchgeführt wird und mithin eine andere Qualität hat, handelt es sich immer noch um verschiedene, voneinander unabhängig bestehende und zu bewertende Ausübungen des den Arbeitnehmern zustehenden Rechts.[372] Dadurch wird eine Drucksituation geschaffen und ist nun ein typischer vertraglicher Druck, welcher der Privatautonomie entspricht.[373] Dadurch wird lediglich der Status quo gesichert.[374] Anders als beim Arbeitskampf fehlt die kollektive Ausübung von Individualrechten trotz deren „kollektiver Dimension", also der kampfweisen Austragung.

Weiterhin ist zu bedenken, dass die Qualifizierung der kollektiven Ausübung von Individualrechten als Arbeitskampf zugleich die Anwendung der allgemeinen Kampfgrenzen betrifft.[375] Insoweit tritt das Rechtsinstitut des allgemeinen Zivilrechts in Konflikt mit dem Arbeitskampfrecht.[376] Allein die Dimension der kollektiven Ausübung von Individualrechten kann nicht rechtfertigen, das allgemeine Zivilrecht in den Hintergrund zu drängen. Auch ist nicht zuzustimmen, dass das allgemeine Zivilrecht mittels der Ausdehnung des Arbeitskampfbegriffs ausgehöhlt wird.[377] Deshalb ist die kollektive Ausübung von Individualrechten begrifflich vom Arbeitskampf abzugrenzen.

Die weiteren Fragen, ob die Arbeitskampfregeln, insbesondere die Friedenspflicht, für die jeweilige kollektive Ausübung von Individualrechten analog gelten müssen oder ob die rechtsmissbräuchliche kollektive Ausübung von Individualrechten noch unter die arbeitskampfrechtlichen Regelungen fallen soll, betreffen bereits über deren begriffliche Einordnung hinaus die Rechtmäßigkeitskriterien.

---

369 Siehe oben § 5 A. III 3. a) Methodenkritik.

370 Vgl. Krause, RdA 2006, 228 (234); siehe auch Engel, Arbeitskampfrecht, S. 77.

371 BAG 20.12.1963 – 1 AZR 428/62 – AP Nr. 32 Art. 9 GG Arbeitskampf = NJW 1964, 883 (883).

372 BAG 20.12.1963– 1 AZR 428/62 – AP Nr. 32 Art. 9 GG Arbeitskampf = NJW 1964, 883 (883); Hilbrandt, Massenänderungskündigung, S. 41; Krause, RdA 2006, 228 (230).

373 Hilbrandt, Massenänderungskündigung, S. 39.

374 Koppenfeld-Spies, RdA 2010, 72 (74).

375 Vgl. nur Seiter, Betriebsinhaberwechsel, S. 75.

376 Engels, Arbeitskampfrecht, S. 89; Moll, RdA 1976, 100 (103).

377 Moll, RdA 1976, 100 (103).

5. *Zwischenergebnis*

Zusammenfassend ist festzuhalten, dass weder der weite noch der enge Arbeitskampfbegriff ausreichen. Der enge Arbeitskampfbegriff vermischt die Fragen des Tatbestands und der Schranken des Arbeitskampfes und ist daher abzulehnen. Der weite Arbeitskampfbegriff ist einerseits zu eng, wenn die Voraussetzung der Störung der Arbeitsbeziehung gefordert wird; andererseits ist der weite Arbeitskampfbegriff doch zu weit, wenn die kollektive Ausübung von Individualrechten auch einbezogen wird. Deshalb soll der Begriff Arbeitskampf in dieser Arbeit folgendermaßen definiert werden: Arbeitskampf ist die kollektiv zielgerichtete Druckausübung von der Arbeitgeber- oder Arbeitnehmerseite mittels Zufügung von Nachteilen oder deren Abwehr. Davon ausgeschlossen ist die kollektive Ausübung von Individualrechten.

II. Definition des atypischen Arbeitskampfes

Obwohl der Begriff „atypischer Arbeitskampf" in der Literatur verbreitet ist,[378] fehlt eine genaue Definition. Von seinem Entstehungshintergrund ausgehend kann man jedoch erkennen, dass der atypische Arbeitskampf die Bedeutung hat, neue Ansätze für die Weiterentwicklung der alternativen Handlungsmöglichkeiten der Arbeitnehmer und Gewerkschaften zu ermöglichen.[379] Daher bezieht sich die Vorstellung des atypischen Arbeitskampfes in diesem Zusammenhang ausschließlich auf die Kampfmittel aufseiten der Arbeitnehmer.[380] Jedoch zählt nicht jedes Arbeitskampfmittel der Arbeitnehmer zum atypischen Arbeitskampf und seine Begriffsbestimmung kann auch nicht durch die allgemeine Bezeichnung des Arbeitskampfes exklusive der Kampfmittel des Arbeitgebers befriedigt werden.

Als Anhaltspunkt für die Begriffsbildung des atypischen Arbeitskampfes können mindestens die in der Literatur dargestellten kollektiven Aktionsformen herangezogen werden. Dazu gehören vor allem Betriebsblockaden, Betriebsbesetzungen, Boykott, Bummelstreik, Dienst nach Vorschrift und Unterstützungsstreik.[381] Nicht regelmäßig in der Literatur in Erwägung gezogen, aber auffällig sind die modernen Kampfformen der aktiven Betriebsstörungen unter Einbeziehung Dritter (z. B. Flashmob, Internet- und Telefonblockade) sowie die Öffentlichkeitsarbeit.[382]

---

378 ErfK/Linsenmaier, Art. 9 GG, Rn. 271; Greiner, NJW 2010, 2977 (2977); Rosenau, Koalitionsbetätigungsfreiheit, S. 234; Rehder/Deinert/Callsen, atypische Arbeitskampfformen, S. 9 ff.; Rehder/Deinert/Callsen, AuR 2012, 103 (103 ff.); Schaub/Treber, § 193 Rn. 52.

379 Siehe oben § 4 A. II. Übertragung der US-amerikanischen Erfahrungen auf Deutschland.

380 Demgemäß berücksichtigt die folgende Behandlung des Begriffes des atypischen Arbeitskampfes mithin ebenso nicht die Handlungen des Arbeitgebers, siehe auch oben § 1 B. Gegenstand und Grenze der Untersuchung.

381 Callsen, in: Rehder/Deinert/Callsen, S. 39 ff.; ErfK/Linsenmaier, Art. 9 GG, Rn. 272 ff.

382 Callsen, in: Rehder/Deinert/Callsen, S. 26 ff.

In dieser Darstellung ist offenkundig, dass der atypische Arbeitskampf sich nicht grundsätzlich auf einen historisch gewachsenen numerus clausus von Kampfmaßnahmen bezieht, aber er ist auch nicht unbedingt etwas Neues. Neue Kampfformen wie der Flashmob oder die Internetblockade umfassen vielmehr nur einen Teil der gesamten Bandbreite des atypischen Arbeitskampfes und sind nicht gleichbedeutend mit dem atypischen Arbeitskampf.

Die Übersicht zeigt ferner, dass es einen einheitlichen Typus des atypischen Arbeitskampfes nicht gibt. Eine Gemeinsamkeit besteht vielmehr darin, dass alle Kampfformen, die den Kampfdruck nicht durch die Arbeitseinstellung erzeugen, unter den atypischen Arbeitskampf subsumiert werden können. Dies ist kein Zufall, sondern eng verbunden mit dem Entstehungshintergrund des atypischen Arbeitskampfes, weil er genau darauf abzielt, dem Mangel des traditionellen Kampfes anhand abweichender Kampftaktiken abzuhelfen.[383] Allerdings ist ein atypischer Kampf immer noch ein Arbeitskampf und er muss der jeweils anderen Seite ebenfalls Nachteile zufügen. Nun schafft ein Arbeitskampf anders als beim Streik eine spezielle Drucksituation: Als klassischer Arbeitskampf entfaltet der Streik den Druck nämlich durch den Entzug der Arbeitskraft. Hingegen können andere Arbeitskampfformen unabhängig von der Arbeitseinstellung wirken: Erstens erzeugen der Dienst nach Vorschrift und der Bummelstreik den Druck durch die kollektive Minderung der Arbeitsintensität. Dies geschieht zwar wie beim Streik mittels der Arbeitskräfte, aber statt der Arbeitseinstellung wird die Arbeitsleistung nur reduziert, nicht eingestellt.[384] Die Art und Weise der Erfüllung der Arbeitsleistung wird je nach der Kampftaktik von den Arbeitnehmern gesteuert und der Druck wird durch eine weniger oder mehr intensive Erfüllung der Arbeitsaufgaben erzeugt und der Betriebsablauf damit gestört. Bei relativ jungen Kampfformen, wie dem Flashmob, ist das Ziel auch die Störung des betrieblichen Ablaufes. Andere aktive Betriebsstörungen, etwa wie die Betriebsblockade, der Bummelstreik oder die Sabotage haben ähnliche Funktionen.[385] Zweitens bezweckt die Kampfform des Käuferboykotts, den Kunden aufzufordern, keine Kaufverträge mit einem bestimmten Arbeitgeber abzuschließen. Damit könnte der geschäftliche Verkehr des sozialen Gegenspielers beeinträchtigt und wirtschaftlicher Schaden bewirkt werden.[386] Drittens funktioniert die Kampfform der Öffentlichkeitsarbeit auch anders als ein Streik und bezweckt keine Störung der Arbeitsbeziehungen. Stattdessen werden Dritte durch diese Variante der Kampfform in einer gewerkschaftlichen Druckkampagne mobilisiert, das

---

383 Siehe oben § 4 B. I. Zwei Aspekte des atypischen Arbeitskampfes.

384 Däubler/Däubler, Arbeitskampfrecht, § 29 Rn. 1. Siehe auch unten § 6 A. IV. Kollektive Minderung der Arbeitsintensität.

385 Zu den Einzelheiten der aktiven Betriebsstörungsformen, siehe unten § 6 A. Aktive Betriebsstörungsformen.

386 Statt aller Brox, in: Brox/Rüthers, Rn. 66; zu den Einzelheiten des Boykotts, siehe unten § 6 C. Boykott.

Image eines bestimmten Arbeitgebers dadurch gefährdet und ihm wirtschaftliche Nachteile zugefügt.[387]

In den meisten der oben genannten Konstellationen wird die Arbeitskraft nicht zwingend als Kampfressource verwendet. Auch wenn ein Arbeitskampf mittels der Handhabung der Arbeitskraft agiert, ist dessen Funktionsweise anders als bei bloßer Arbeitsniederlegung. Mithin wird dadurch ein aliud zum Streik gebildet.[388] Insoweit kann festgestellt werden, dass der Begriff des atypischen Arbeitskampfes negativ zu definieren ist und dass es sich um Kampfformen handelt, die von der Arbeitseinstellung nicht erfasst sind. Für die rechtliche Untersuchung von Relevanz ist, dass diese Art und Weise der Druckausübung nicht lediglich taktische Bedeutung hat. Solche Kampfmaßnahmen haben vielmehr eine andere Qualität als der Streik.[389] Gemeint ist, dass einerseits deren schädigenden Effekte teilweise schärfer als bei einem Streik sind und teilweise schwer zu erfassen sind, z. B. die Kampfform der kollektiven Minderung der Arbeitsintensität.[390] Andererseits ist der Effekt bei Kampfformen wie dem Flashmob hinsichtlich „eines gewisses Chaos-Elements" unvorhersehbar und die Verteidigungsmöglichkeiten des Kampfgegners werden damit beeinflusst.[391] Diese rechtliche Transformation verlangt zusätzliche Maßstäbe, um ihre Grenzen zu bestimmen,[392] oder zumindest eine Korrektur der Zulässigkeitsanforderungen des Streiks.[393] Es ist zugleich der Sinn und Zweck, den atypischen Arbeitskampf vom Streik zu differenzieren.

Zusammenfassend ist festzuhalten, dass der atypische Arbeitskampf eine kollektive, zielgerichtete Druckausübung von der Arbeitnehmerseite darstellt, dessen Wirkung unabhängig von der Einführung der Arbeitseinstellung entfaltet wird. Davon ausgeschlossen ist ebenso wie beim allgemeinen Arbeitskampfbegriff die kollektive Ausübung von Individualrechten.

B. Abgrenzung zu anderen Koalitionsbetätigungen

Der Arbeitskampfbegriff soll zwar dieses soziale Phänomen möglichst vollständig erfassen. Allerdings können nicht alle Erscheinungsformen des kollektiven Arbeitskonflikts als Arbeitskampf bezeichnet werden, soweit die Elemente des Arbeitskampfbegriffs nicht erfüllt werden. In der Tat stehen den Arbeitnehmern sowie

387 Vgl. Deinert, in: Rehder/Deinert/Callsen, S. 90; zu den Einzelheiten der Öffentlichkeitsarbeit, siehe unten § 6 B. Öffentlichkeitsarbeit.

388 Richter, Grenzen aktiver Produktionsbehinderung, S. 72.

389 Richter, Grenzen aktiver Produktionsbehinderung, S. 72.

390 ErfK/Dieterich, Art. 9 GG, Rn. 271.

391 Deinert, in: Rehder/Deinert/Callsen, S. 91.

392 Vgl. Deinert, in: Rehder/Deinert/Callsen, S. 90; ErfK/Dieterich, Art. 9 GG, Rn. 271. Dazu siehe unten § 11 Verfassungsrechtliche Schranken des atypischen Arbeitskampfes.

393 ErfK/Dieterich, Art. 9 GG, Rn. 271.

den Gewerkschaften neben dem Arbeitskampf weitere Handlungsmöglichkeiten inner- und außerhalb der Betriebe zur Verfügung. In der Praxis werden der Arbeitskampf und andere Koalitionsbetätigungen nicht streng voneinander getrennt. Jedoch werden nicht sämtliche konfliktorientierten, kollektiven Aktionen als Arbeitskampf klassifiziert. Allerdings ist diese Abgrenzung unerlässlich, um den Arbeitskampfbegriff schärfer zu konturieren.

I. Andere Koalitionsbetätigungen

Ein wichtiger Teil der Gewerkschaftsarbeit liegt in der innergewerkschaftlichen Willensbildung im Betrieb. Traditionell wird diese Arbeit mittels der Werbung und der Informationstätigkeit im Betrieb, wie durch das persönliche Gespräch, die Verteilung von Flugblättern/Broschüren/Gewerkschaftszeitungen/Briefen, das Schwarze Brett, Plakate oder Informationsstände, vollzogen.[394] Möglicherweise werden diese Kommunikationsaufgaben von den Betriebsangehörigen Arbeitnehmern inklusive der Vertrauensleute wahrgenommen. Selbstverständlich können diese Kommunikationen ebenfalls als kollektive Aktionsform ausgeübt werden. Beispiele dafür sind die Handlungsformen einer Versammlung im Betrieb, eine Abstimmung oder Unterschriftensammlung, die die Informationen vermitteln und die Aufmerksamkeit der Beschäftigten erregen.[395] Soweit diese Koalitionsbetätigungen keinen ökonomischen Druck auf den Arbeitgeber ausüben, reichen sie nicht aus, um als Arbeitskampf qualifiziert zu werden.

II. Von Koalitionsbetätigungen zur gewerkschaftlichen Kampagne

Aktuell ist die gewerkschaftliche Kampagne eine auffällige Aktionsform der Koalitionsbetätigungen. Das Ziel der Kampagne ist es, die Erfahrungen der neuen sozialen Bewegungen in die gewerkschaftliche Praxis zu integrieren und eine beteiligungsorientierte Erneuerung in Gewerkschaften zu bewerkstelligen. Insbesondere in Betrieben, in denen die Gewerkschaften niedrige oder kaum Handlungsmöglichkeiten haben, ist die Organisierungsarbeit mithilfe der Kampagnen noch wichtiger. In der Praxis wird eine Kampagne in einem begrenzten Zeitraum mit einem bestimmten Ziel durchgeführt und sie ist grundsätzlich keine alleinige Aktion, sondern besteht aus einer Reihe von aufeinander bezogenen Aktionen.[396] Die Aktionen in der Mobilisierungskampagne, wie z. B. Flugblätterverteilungsaktion, Plakataktion, Mitgliederbriefeaktion mit direkter Aussprache im Betrieb, Buttonaktionen oder

---

394 Däubler, Gewerkschaftsrechte, Rn. 354 ff.

395 Däubler, Gewerkschaftsrechte, Rn. 479 ff.

396 Zum Hintergrund sowie Ablauf einer gewerkschaftlichen Kampagne in Bezug auf das Organizing-Konzept siehe oben § 4 A. II. 2. Organizing in der deutschen Praxis: eine kursorische Darstellung.

solidarische Aufrufe, werden für die anschließende Druckkampagne vorbereitet, um öffentlichen Druck auf den Arbeitgeber aufzubauen.[397]

In der Literatur und der Praxis werden diese Kampagnen eher als Arbeitskampf bezeichnet. Tatsächlich verbindet sich ein Arbeitskampf häufig mit anderen gewerkschaftlichen Betätigungen und bildet zusammen eine komplexe Kampagne.[398] Jede Aktion ist aber eine selbstständige Handlung und benötigt eine eigenständige Prüfung der Rechtmäßigkeit. Aufgrund der differenzierten Rechtmäßigkeitsanforderungen ist die nicht kämpferische Aktion in der Kampagne vom Arbeitskampf abzugrenzen. Beispielsweise wurde in der Lidl-Kampagne von ver.di das „Schwarz-Buch Lidl" im Jahr 2004 veröffentlicht[399] und eine Lidl-Kampagne-Webseite von Attac eingerichtet.[400] Sowohl die Veröffentlichung des Buches als auch die Einrichtung der Website gehören zur Kampagnenarbeit, sind aber keine Arbeitskämpfe. Ebenso zu nennen ist die Aktion der Lightshow der IG Metall vor dem Bundeskanzleramt. Mittels dieser Aktion wird nur eine gewerkschaftliche Botschaft geäußert, aber kein ökonomischer Druck ausgeübt.[401] Allerdings hat solche Kampagnenarbeit die Aufmerksamkeit erregt und die Mitarbeiter sowie die Öffentlichkeit in gewissem Maße mobilisiert. Ein ökonomischer Effekt auf den Arbeitgeber wird dadurch noch nicht bewirkt. Mit anderen Worten: Die Kampagne ist nicht immer gleichbedeutend mit dem Arbeitskampf. Eine Kampagne ist zwar grundsätzlich eskalierend aufgebaut und ein gewisser Druck wird dadurch erzeugt,[402] aber nicht jede Aktion im Rahmen eines Kampagnenplans besitzt einen kämpferischen Charakter. Aus juristischer Sicht ist es notwendig, jedes einzelne Element einer Kampagne zu prüfen und zu entscheiden, welches dem Arbeitskampfbegriff entspricht und zum Gegenstand des Arbeitskampfrechts gemacht werden soll. Entscheidendes Kriterium für die Einordnung der jeweiligen Aktion in einer Kampagne ist wieder die Zufügung von Nachteilen. Das wird im Folgenden anhand der einzelnen atypischen Arbeitskampfformen weiter erörtert.

Ferner ist zu beachten, dass, wenn eine kollektive Aktion der Arbeitnehmer oder Gewerkschaft nicht unter den Arbeitskampfbegriff fällt, sie dann nicht den arbeitskampfrechtlichen Bedingungen unterliegt. Andererseits ist aber auch zur Kenntnis zu nehmen, dass eine nicht vom Arbeitskampfbegriff erfasste Aktion nicht zwangsläufig aus dem Schutz der Verfassung ausgeschlossen wird. Denn die

397 Zur Bedeutung der Organisierungskampagne, der Mobilisierungskampagne und der Druckkampagne siehe oben § 4 A. II. 3. Kampagnentypen und der Ablauf.

398 Ver. di, Kampagnen, S. 23.

399 https://www.verdi.de/presse/aktuelle-themen/archiv/++co++b4e26d7e-350b-11e5-b350-52540059119e (zuletzt geprüft am 01.05.2016).

400 http://www.attac.de/archive/lidl/www.attac.de/lidl-kampagne/indexd5b4.html?id=107 (zuletzt geprüft am 01.05.2016).

401 Deinert, in Rehder/Deinert/Callsen S. 89.

402 Schreieder, Organizern, S. 30.

Koalitionsbetätigungen im Sinn des Art. 9 Abs. 3 GG beziehen sich nicht nur auf den Arbeitskampf, sondern auf alle koalitionsspezifischen Verhaltensweisen.[403]

§ 6 Erscheinungsformen des atypischen Arbeitskampfes

Die atypischen Arbeitskampfformen auf der Arbeitnehmerseite sind zahlreich und vielfältig. Zunächst sind die Arbeitskampfformen, die mit der Entwicklung des Organizing-Konzepts der Gewerkschaften in der Praxis einhergehen, zu berücksichtigen: die aktiven Betriebsstörungsformen (Flashmob, Blockade), die Öffentlichkeitsarbeit und der Boykott (Käuferboykott). Ferner sind die Kampfformen in die Untersuchung einzubeziehen, die zwar nicht neu sind und auch nicht eng mit dem Organizing-Konzept zusammenhängen, aber ihre Bedeutung bisher nicht verloren haben, wie etwa die kollektive Arbeitsleistungsminderung (Bummelstreik, Dienst nach Vorschrift) und die Sabotage. Aus der sozialwissenschaftlichen Perspektive gibt es ohne Frage noch andere Arbeitskampfformen, z. B. die „Gründung von Konkurrenzunternehmen“ oder die „Fortführung der Produktion“.[404] Diese Kampfformen werden jedoch nicht im Rahmen des Arbeitskampfrechts bewertet und daher im Folgenden auch nicht weiter erörtert.

Zu beachten ist, dass die jeweilige Arbeitskampfform den Druck in eigener Art und Weise ausübt. Allerdings kann sich eine Reihe von Kampfmitteln unter einer Arbeitskampfform entfalten. So sind z. B. der Flashmob, Internetblockaden wie Flooding oder Mailbombing und die Telefonblockade zusammen als aktive Betriebsstörungsformen zu klassifizieren, da sie alle mittels der unmittelbar aktiven Störungsmaßnahmen den Betriebsablauf zu beeinträchtigen bezwecken. Demonstrationen, Appelle an Kunden des Arbeitgebers und die Blockade und Besetzung öffentlicher Plätze zählen zur Kampfform der Öffentlichkeitsarbeit. Im Folgenden wird die jeweilige Arbeitskampfform mit den dazugehörigen verschiedenen Arbeitskampfmitteln vorgestellt.

A. Aktive Betriebsstörungsformen

Bei einer aktiven Betriebsstörungsmaßnahme in Sinne des Arbeitskampfes wird der Betriebsablauf gezielt gelähmt. Bekannt sind die Maßnahmen der Betriebsblockade und der Betriebsbesetzung. Aber sie sind nicht die einzigen Handlungsmöglichkeiten der Arbeitnehmer mit Störungswirkung. Zunächst werden mittels der Nutzung moderner Technologie neue Kampfstrategien durchgesetzt, z. B. der Flashmob oder die virtuellen Betriebsstörungsformen, wie Flooding, Mailbombing oder Telefonblockade. Außerdem ist es denkbar, dass die atypischen Kampfformen im

403 Siehe auch unten § 10 A. Sachlicher Schutzbereich der Koalitionsfreiheit und Koalitionsbetätigung.

404 Vgl. Däubler/Däubler, Arbeitskampfrecht, § 30 Rn. 33 ff.; Zöllner, Arbeitskampfformen, S. 439 ff.

Lauf des sektoralen Wandels von der Industrie- zur Dienstleistungsgesellschaft auf den Verkaufsprozess einwirken, wo der Arbeitnehmer unmittelbar mit den Kunden Kontakt hat.[405] Diese werden im Folgenden in den einzelnen Arbeitskampfformen näher auseinandergesetzt werden.

I. Flashmob

1. Begriff des Flashmobs

Laut dem ersten Flashmob-Organisator, dem amerikanischen Journalisten *Bill Wasik*, wurde der Begriff Flashmob unter dem „Mob Project" auf dem Blog „Cheesebikini" vom Blogger *Sean Savage* in Assoziation zu der Sience-Fiction-Kurzgeschichte „Flash Crowd" von *Larry Niven* verwendet. Flash Crowd bezeichnet eine Situation, in der viele Menschen zur gleichen Zeit auf eine Internetseite zugreifen.[406] Vor diesem Hintergrund wird der Flashmob auch als Schwarmbildung benannt. In der Schwarmbildung bewegt sich eine Gruppe von Individuen mittels direkter Kommunikation selbstorganisiert und ohne zentrale Lenkung miteinander, um damit ihre Effektivität steigern zu können. Normalerweise ist eine solche Gruppe fähig, sich sehr schnell im Aktionslauf zu formieren und ohne vorherige Planung flexibel und koordiniert zu handeln.[407] Diese Aktion beschränkt sich aber nicht wie die Urform, die Flash Crowd, auf das Internet allein, sondern verbreitet sich ebenso in der realen Welt.

Vor diesem Hintergrund kann der Flashmob als eine mobile Aktionsform verstanden werden. Der Wortsinn verrät denselben Inhalt: Der Begriff Flashmob ist aus den Wörtern „Flash" und „Mob" zusammengesetzt: Der Wortbestandteil *Flash* bedeutet „Blitz" und darunter wird eine blitzartige Aktion verstanden;[408] der andere Wortbestandteil *Mob* greift die „Mobilität" auf.[409] Zu beachten ist, dass das Wort „Mob" in diesem Zusammenhang nicht Meute oder Pöbel bedeutet.[410] Der Flashmob ist ein Synonym von „Blitzaktion", nicht von „Blitzpöbel".[411]

Üblicherweise wird diese blitzartige Aktion so beschrieben: „Der Flashmob bezeichnet einen kurzen, scheinbar spontanen Menschenauflauf auf öffentlichen oder halböffentlichen Plätzen, bei denen sich die Teilnehmer persönlich nicht kennen

405 Vgl. Hinz/Wohland, Mobilisierungskampagne, S. 122.
406 Junghans, Flashmob, S. 7.
407 Siehe den Beitrag von Neef, Leben im Schwarm, online Veröffentlichung: http://www.changex.de/Article/article_924 (zuletzt geprüft am 01.05.2016). Vgl. auch Kersten, Kampfmittelfreiheit, S. 73.
408 Krieger/Günther, NZA 2010, 20 (20); Säcker/Mohr, JZ 9/2010, 440 (440).
409 Bauer/Klebe/Schunder, NZA 2009, 1190 (1192); Däubler/Däubler, Arbeitskampfrecht, § 31 Rn. 5; Säcker/Mohr, JZ 9/2010, 440, 440 (Fn. 3).
410 Der Terminus „Blitzpöbel" wurde von Bauer und Rieble verwendet, vgl. Bauer/Klebe/Schunder, NZA 2009, 1190 (1192); Rieble, NZA 2008, 796 (796).
411 Däubler/Däubler, Arbeitskampfrecht, § 31 Rn. 5; vgl. auch Callsen, in: Rehder/Deinert/Callsen, S. 34.

und ungewöhnliche Dinge tun. Flashmobs gelten als spezielle Ausprägungsformen der virtuellen Gesellschaft, die Neue Medien wie Mobiltelefone und Internet benutzt, um kollektive direkte Aktionen zu organisieren."[412] Diese Beschreibung konturiert den Flashmob zwar im weiten Sinne, verengt aber zugleich seinen Spielraum. Denn die Nutzung der neuen Technologie ist hilfreich, aber nicht zwingend für alle Flashmobs. Auch die Beziehung zwischen Teilnehmern – ob sie einander kennen oder nicht – ist situationsabhängig. Der Flashmob ist daher folgendermaßen zu definieren: Der Flashmob ist eine kurzzeitige Ansammlung von Menschen zu einer bestimmten Zeit an einem bestimmten Ort, die eine kollektive Handlung ausführen und sich dann wieder auflösen.

2. *Kleiner Rückblick auf die Entwicklung des Flashmobs*

Ursprünglich sind atypische Arbeitskampfformen wie Flashmob aus sozialen Bewegungen entstanden.[413] Jedoch ist die Idee des Flashmobs anfänglich unpolitisch. In der ersten Flashmob-Aktion in New York im Jahr 2003 wurde die Aktion unter dem Namen „The Mob Project" von Bill Wasik organisiert. Die Einladung wurde so formuliert: „You are invited to take part in MOB, the project that creates an inexplicable mob of people in New York for ten minutes or less. Please forward this to other people you know who like to join."[414]

Kurz vor der Aktion wurde die Instruktion per Handzettel bekannt gegeben und dann versammelten sich ca. 100 Personen in der Möbelabteilung eines Kaufhauses: Sie erzählten den erstaunten Verkäufern, dass sie gemeinsam nach einem Teppich für ihre Liebes-Community suchten. Denn sie würden alle zusammenleben und stets Hand in Hand zum Einkauf gehen.[415] Seit diesem Flashmob entwickelt sich diese Aktionsform schnell in vielen Städten. Heutzutage ist der Flashmob ein globales Phänomen. Zum Beispiel versammelten sich in Bremen am 9. August 2010 über 50 Leute um Punkt 18 Uhr und holten bei Sonnenschein Regenschirme raus und lasen aus Büchern vor.[416] Der Zweck war nass zu werden und Spaß zu haben. Neben den „Spaß-Happenings" könnte der Flash auch eine Kunstperformance darstellen.[417] Ebenso wird ein Flashmob fürs Marketing eingesetzt. Der angeblich erste

---

412 Quelle: http://de.wikipedia.org/wiki/Flashmob (zuletzt geprüft am 01.05.2016). In der wissenschaftlichen Forschung wird dieser Begriff des Flashmobs auch zitiert und angenommen, vgl. nur Krieger/Günther, NZA 2010, 20 (20).

413 Rehder, in: Rehder/Deinert/Callsen, S. 11.

414 Junghans, Flashmob, S. 7.

415 Siehe den Beitrag „Flashmobs: Straßentheater und Protestform", abrufbar unter: http://www.focus.de/digital/internet/tid–14999/spontanparty-flashmobs-strassen theater-und-protestform_aid_420983.html (zuletzt geprüft am 01.05.2016).

416 Siehe den Beitrag „Flashmob Fünf Minuten Anarchie", abrufbar unter: http://www.stern.de/digital/ online/Flashmob-fuenf-minuten-anarchie-511415.html (zuletzt geprüft am 01.05.2016).

417 Berg/Kocher/Platow/Schoof/Schumann, Teil 3, Rn. 215.

kommerzielle Flashmob wurde von lastminute.com am Flughafen London Standsted inszeniert, um Theatertickets zu promoten.[418]

Darüber hinaus ist auch der politisch motivierte Flashmob in der Praxis von großer Bedeutung. Ein von politischer oder weltanschaulicher Intention geprägter Flashmob wurde vom amerikanischen Autor *Howard Rheingold* mit Smartmob („schlauer" Mob) bezeichnet.[419] Als Unterform des Flashmobs organisiert sich der Smartmob identisch wie ein allgemeiner Flashmob. Er verwendet ebenfalls SMS, E-Mails oder Internet, um sich zu organisieren und neue Anweisungen zu erhalten.[420] Eine der bekannten Smartmob-Aktionen in Deutschland richtete sich gegen Bahnprivatisierung und fand am 8. September 2007 bundesweit statt. Das Bündnis „Bahn-für-alle" hatte über das Internet und per SMS Menschen an mehr als 50 Bahnhöfen aufgerufen. Insgesamt nahmen mehr als 2000 Menschen teil. An diesem Tag pünktlich von 11:55 Uhr bis 11:57 Uhr machten die Teilnehmer gemeinsam mit Trillerpfeifen, Kochtöpfen und Topfdeckeln Lärm und verteilten zugleich Zettel mit den Titeln „183 = 13" und „Bahnprivatisierung in die Tonne kloppen!"[421] Grundsätzlich ist eine gleichzeitig an vielen Orten stattfindende Aktion mit hoher Beteiligung auch für die Medien interessant. In diesem Sinne ist der Flashmob auch eine Form von Öffentlichkeitsarbeit.

Außerdem kann ein Flashmob noch höheren Druck erzeugen, zum Beispiel die Variation „Barriermob". Damit wird eine Barriere gebildet und die betroffenen Menschen zum Stillstand gezwungen.[422] Der berühmte Fall ist der „Flashmob Lübeck-Kreisverkehr". Dabei wurde ein Kreisverkehr mit einer Kette von Radfahrern umschlossen.[423] Hinsichtlich der Effektivität können solche Aktionsformen in ein aktives Betriebsstörungsmittel im Arbeitskampf umgewandelt werden.

3. Elemente eines Flashmobs als aktives Betriebsstörungsmittel

Als ein Arbeitskampfmittel hat der Flashmob das Ziel, den sozialen Gegenspieler unter Druck zu setzen. In diesem Zusammenhang ist es plausibel, den arbeitskampforientierten Flashmob als Smartmob zu verstehen. Doch besteht der Unterschied zwischen arbeitskampforientiertem und allgemeinem Flashmob nicht nur aus dem

418 Mit Video dokumentiert unter: http://www.youtube.com/watch?v=RgZuHlDuulk (Datum der Recherche: 10.11.2013).

419 Berg/Kocher/Platow/Schoof/Schumann, Teil 3, Rn. 215; Krieger/Günther, NZA 2010, 20 (20) (Fn. 4). Vgl. auch Rheingold, Smart Mobs: The Next Social Revolution, 2002.

420 Siehe den Beitrag von Dafert/Höglinger/Asboth/Loidl, Der Flashmob, aufrufbar unter www.unet.univie.ac.at/~a9802147/Flashmob1.doc (Datum der Recherche: 10.11.2013).

421 Quelle: http://www.attac.de/archive/bahn/www.attac.de/bahn/pages/flash–mob6b62.html?mail=1 (zuletzt geprüft am 01.05.2016). Zu weiteren Fällen des Smartmobs vgl. Kersten, Kampfmittelfreiheit, S. 74.

422 Hofer, kunsttexte.de Nr. 4/2012, 1 (18).

423 Mit Video dokumentiert unter: http://www.youtube.com/watch?v=BJHbx5OZDh0 (zuletzt geprüft am 10.11.2013).

verfolgten Ziel. Als eine Arbeitskampfform ist eine Druckausübung notwendig. Dies wurde im ersten Flashmob[424] im deutschen Arbeitskampfgeschehen bereits gezeigt.

a) Kollektive Handlung und Druckausübung

Als ein aktives Betriebsstörungsmittel ist die „kollektive Handlung" des Flashmobs als Störungsmaßnahme zu verstehen. Aufgrund der Kreativität des Flashmobs kann die Art und Weise des Drucks als Betriebsstörungsmittel vielfältig sein.[425] Neben dem ver.di-Flashmob im Einzelhandel im Jahr 2007[426] ist ein anderes Beispiel dafür der „Blitz" im Altenpflegeheim: Im Dezember 2011 organisierte ver.di in einer diakonischen Einrichtung einen 60- bis 90-minütigen Flashmob. Eine Ansammlung von externen Unterstützern erschien dort, um kurze Gespräche mit den Beschäftigten zu führen. Zugleich wurde die gewerkschaftliche Botschaft transportiert. Durch den unmittelbaren Einfluss auf die Verkaufsprozesse wird der Druck auf den Arbeitgeber ausgeübt.[427] Allerdings ist diese Strategie nur praktikabel in Betrieben, die für die Allgemeinheit, Kunden oder Geschäftspartner, wie z. B. Lieferanten, offen sind.[428]

Im Vergleich zur Betriebsblockade bewirkt der Flashmob keine unmittelbare Absperrung.[429] Laut BAG ist der Flashmob vielmehr auf eine relativ kurzfristige, vorübergehende Störung betrieblicher Abläufe gerichtet.[430] Doch abgesehen von dem zeitlichen Faktor ist der Flashmob nicht gleichbedeutend mit der Betriebsblockade. Einerseits steht den Gewerkschaften die Ausgestaltung eines Flashmobs offen. Eine einheitliche oder festgelegte zeitliche Grenze besteht nicht.[431] Andererseits ist die Verhaltensweise der Teilnehmer beim Flashmob gerade nicht darauf ausgerichtet, das Betreten oder Verlassen des Betriebs zu unterbinden, was die Betriebsblockade ja bezweckt.[432] Außerdem ist der Flashmob auch nicht mit dem Boykott vergleichbar. Während beim Boykott die Kunden aufgefordert werden, keine Waren oder Dienstleistung vom betreffenden Unternehmen zu kaufen,[433] nehmen die Teilnehmer des Flashmobs unmittelbar Störungsmaßnehmen vor, um einen wirtschaftlichen Schaden zuzufügen.

---

424 Siehe oben § 4 B. II. 1. Premiere des Flashmobs als Arbeitskampfform.

425 Siehe den Beitrag „Flashmobs: Straßentheater und Protestform", online Veröffentlichung: http://www.focus.de/digital/internet/tid-14999/spontanparty-flashmobs-strassentheater-und-protestform_aid_420983.html (zuletzt geprüft am 01.05.2016).

426 Siehe oben § 4 B. II. 1. Premiere des Flashmobs als Arbeitskampfform.

427 Callsen, in: Rehder/Deinert/Callsen, S. 35.

428 Vgl. Berg/Kocher/Platow/Schoof/Schumann, Teil 3, Rn. 215.

429 Berg/Kocher/Platow/Schoof/Schumann, Teil 3, Rn. 227.

430 BAG 22.09.2009 – 1 AZR 972/08 – AP Nr. 174 Art. 9 Arbeitskampf GG.

431 Berg/Kocher/Platow/Schoof/Schumann, Teil 3, Rn. 220; Däubler/Däubler, Arbeitskampfrecht, § 31 Rn. 13.

432 BAG 22.09.2009 – 1 AZR 972/08 – AP Nr. 174 Art. 9 Arbeitskampf GG Rn. 64; Berg/Kocher/Platow/Schoof/Schumann, Teil 3, Rn. 227; Däubler/Däubler, Arbeitskampfrecht, § 31 Rn. 12.

433 Siehe unten § 6 C. Boykott.

b) Flexibilität und Überraschungsmoment

Wie bereits erwähnt,[434] besteht die Besonderheit des Flashmobs in seiner Flexibilität und dem daraus resultierenden Überraschungsmoment. Die Unvorhersehbarkeit des Flashmobs ist seine Wirkungsbedingung.[435] Allerdings ist das Überraschungsmoment in der gewerkschaftlichen Arbeitskampfführung nichts Neues. Bereits in den 1990er-Jahren wurde diese Strategie in Erwägung gezogen, um Streikbrecher zu blockieren sowie um Gegenmaßnahmen des Arbeitgebers zu erschweren,[436] wie im Warnstreik oder Wechselstreik.[437] Heutzutage werden für Flashmobs meistens Neue Medien wie Mobiltelefone und Internet zur Organisation kollektiver Aktionen genutzt. Ein Flashmob ohne die Nutzung dieser Technologie ist zwar theoretisch möglich, aber sie ist die maßgebliche Ressource, um ein Überraschungsmoment zu erzielen und die Flexibilität zu steigern.

c) Aktive Beteiligung von Dritten

Im Flashmob besteht eine außerordentliche Bindung zu Dritten, da für sie ein großer Beteiligungsraum in der Aktion angeboten wird. Tatsächlich benötigt ein gewerkschaftlicher Flashmob zwar eine Menschenmenge, aber im Gegensatz zu einer Ansammlung fremder und anonymer Unterstützer kämpfen hier organisierte Sympathisanten mit. Zum Beispiel steht im Arbeitspapier der ver.di-Gründungsgewerkschaft HBV: „Hier benötigt man eine bestimmte Anzahl von nicht im Betrieb Beschäftigten, also Kunden. Gut geeignet sind Streikhelfer, die Hauptamtliche oder Mitglieder anderer Gewerkschaften sind."[438] Anders als beim nicht gewerkschaftlichen Flashmob ist die Anonymität im Arbeitskampf kein notwendiges Element.

Zu beachten ist auch, dass die Beteiligung Dritter keineswegs ein Privileg des Flashmobs im Vergleich zu anderen Kampfformen ist. So werden zum Beispiel oft Betriebsfremde als Streikposten eingesetzt.[439] Allerdings wird die Kampfwirkung durch die Beteiligung Dritter beim Flashmob wesentlich gesteigert, weil sie ebenfalls die aktive Betriebsstörung hervorrufen.[440]

---

434 Siehe oben § 4 B. II. 2. Merkmale des ver.di-Flashmobs als Arbeitskampfform.
435 Deinert, in: Rehder/Deinert/Callsen, S. 91.
436 Detje/Unterhinninghofen/Ehlscheidt, Perspektiven des Streiks, S. 120.
437 Däubler/Bieback/Wroblewski, Arbeitskampfrecht, § 17, Rn. 77 f.; siehe auch oben § 4 A. Neue Arbeitskampfformen als gewerkschaftliche Gegenstrategie.
438 Gewerkschaft HBV, Arbeitskampf, S. 22.
439 Vgl. nur Otto, Arbeitskampfrecht, § 12 Rn. 4.
440 Deinert, in: Rehder/Deinert/Callsen, S. 98.

II. Blockade

1. Betriebsblockade

Im Arbeitskampfgeschehen hat die Kampfform der Betriebsblockade eine lange Geschichte. Seit Langem dient sie als eine unterstützende Arbeitskampfhandlung zum Streik und hat in der historischen Entwicklung eine enge Beziehung zu den Streikposten.[441] In der Streikpraxis wird der Streikposten in der Regel vor bestreikten Betrieben eingesetzt und es wird eine Zugangskontrolle ausgeübt.[442] Denn neben der reinen Arbeitsniederlegung können weitere Aufgaben – die Überzeugung von Arbeitswilligen zur Solidarität mit den Streikenden, die Überwachung des Arbeitskampfgeschehens und die Abhaltung der Zuzugssperren zum Betrieb – durch Streikposten übernommen werden.[443]

Liegt eine vollständige Zugangssperre vor, geht die Aktion vom Streikposten in eine Blockade über. Als eine Begleithandlung zum Streik ist die Grenze zwischen Streikposten und Betriebsblockade fließend.[444] Im Vergleich zum Streikposten steigert die Betriebsblockade deren Wirkung: Während das Streikpostenstehen die Betriebszugänge nur vorübergehend behindert, werden die Zugänge zum Betrieb völlig verhindert.[445] Entscheidend ist die Intensität der Kampfmaßnahme.

Die Absperrung des Betriebes von außen ist die Art und Weise der Druckausübung einer Betriebsblockade.[446] Dadurch kann sich die Effektivität einer Kampfmaßnahme über die Abhaltung Arbeitswilliger und die Verhinderung von Streikbrechern hinaus auf die Verhinderung der Zulieferung von Material und Waren sowie der Auslieferung von Produkten erstrecken. Eventuell kann die Weiterführung der Produktion unterbunden werden.[447] Diese aktive Störung ist auch ein Merkmal im Gegensatz zu einer reinen Arbeitsniederlegung.[448]

In der Praxis spielte die Betriebsblockade bisher immer eine gewisse Rolle. Ein Beispiel ist die Aktion „Filialen dichtmachen“ von ver.di am 6. Juni 2008.[449] Am Aktionstag kamen anfangs 40 Personen von 6 bis 13 Uhr nach einem Hinweis im Internet von ver.di. In Lauf des Arbeitskampfes erschienen bis ca. 120 Personen, um den Streik zu unterstützen. In unmittelbarer Nähe des Haupteingangs der Filiale auf

---

441 Die historische Entwicklung der Beziehung von Betriebsblockade und Streikposten, vgl. Kim, Streikpostenstehen, S. 3 ff.

442 Däubler/Wolter Arbeitskampfrecht, § 16 Rn. 35.

443 Vgl. nur Bloesinger, Streikposten, S. 16.

444 Treber, Aktiv produktionsbehindernde Maßnahmen, S. 61. Vgl. auch Callsen, in: Rehder/Deinert/Callsen, S. 37.

445 Otto, Arbeitskampfrecht, § 12 Rn. 5; Renneberg, Arbeitskämpfe, S. 192.

446 BAG 08.11.1988 – 1 AZR 417/86 – AP Nr. 111 Art. 9 GG Arbeitskampf = NZA 1989, 475 (476); vgl. auch Richter, Grenzen aktiver Produktionsbehinderung, S. 39.

447 Vgl. nur Treber, Aktiv produktionsbehindernde Maßnahmen, S. 112 f.

448 Richter, Grenzen aktiver Produktionsbehinderung, S. 70; Berg/Kocher/Platow/Schoof/Schumann, Teil 3 Rn. 225.

449 Sachverhalt nach ArbG Berlin 23.06.2008 – 2 Ga 9993/08.

dem Gehweg wurden Tische aufgestellt. Außerdem wurde ein Streikbrechereingang vor dem Kundeneingang eingerichtet. Während der gesamten Aktion wurde der Zugang zur Filiale sowohl für Kunden als auch für Zulieferer blockiert.

In der Praxis gibt es darüber hinaus die Blockade öffentlicher Plätze. Diese Kampfform fungiert eher als eine Art der Öffentlichkeitsarbeit und wird im Folgenden dargestellt.

2. Virtuelle Betriebsblockade

Die neuen Informations- und Kommunikationstechnologien wirken in der Arbeitswelt zwiespältig: Sie verstärken einerseits die Intensität der Flexibilisierung der Arbeitskraft und andererseits tragen sie zur Erfindung und Verbreitung neuer Arbeitskampfformen bei. Gemeint ist, dass die neuen Technologien den Gewerkschaften die Möglichkeit bieten, die Betriebsstörung mithilfe von Angriffen in der virtuellen Welt zu praktizieren.[450] Im Folgenden werden die Formen des Flooding, des Mailbombing und der Telefonblockade als Beispiele vorgestellt.

a) Flooding

Eine denkbare Kampfmaßnahme ist zunächst das Flooding.[451] Gemeint ist das Überschwemmen eines Netzwerkes mit massenhaften Anfragen. Es wird auch als Internetblockade, virtueller Streik,[452] Internetstreik[453] oder Online-Demonstration[454] bezeichnet. Denn durch diese Kampfmittel kann der Außenkontakt des Unternehmens über das Internet vollständig oder teilweise verhindert oder mindestens eine vorübergehende Störung bewirkt werden.

Das Flooding kann erreicht werden, wenn in einem bestimmten Zeitraum eine Vielzahl von Internetnutzern eine Homepage eines Unternehmens aufruft, um den Server zu überlasten. Der Datenverkehr in einem Netzwerk wird dadurch gestört und die Homepage ist dann unerreichbar für Dritte.[455] Das Ziel, den Internetzugang zu blockieren und den Kontakt zwischen Unternehmen und Kunden zu unterbinden, wird so durchgesetzt. Die von dem Kölner Netzwerk „kein mensch ist illegal“[456] organisierte Aktion rief zur Blockade der Homepage der Lufthansa am 20. Juni 2001 auf. Es erfolgten ca. 1.262.000 Zugriffe von 13.614 IP-Adressen. Auf

450 Richter, Grenzen aktiver Produktionsbehinderung, S. 39 f.

451 Renneberg, Arbeitskämpfe, S. 232 f.

452 Berg/Kocher/Platow/Schoof/Schumann, Teil 3, Rn. 222.

453 Däubler/Däubler, Arbeitskampfrecht, § 31 Rn. 16; Richter, Grenzen aktiver Produktionsbehinderung, S. 38.

454 Callsen, in: Rehder/Deinert/Callsen, S. 38; Richter, Grenzen aktiver Produktionsbehinderung, S. 40.

455 Richter, Grenzen aktiver Produktionsbehinderung, S. 41.

456 Die Information der Aktion online verfügbar unter http://www.kmii-koeln.de/wanderausstellung–deportationclass (zuletzt geprüft am 15.07.2013).

diese Homepage wurde im Gültigkeitszeitraum der Software von 10:00 bis 12:00 Uhr deutlich verstärkt zugegriffen und es kam zu einem erheblich verzögerten Aufbau der Seite (3 bis 10 Minuten).[457]

b) Mailbombing

Eine andere Störungsmaßnahme mithilfe von Informationstechnologien ist das Mailbombing.[458] Diese Aktion bezweckt die Blockierung oder Störung der Mailkonten mittels einer großen Zahl von E-Mails oder großen Datei-Anhängen an die E-Mail-Adresse, um den Server zu überlasten.[459] Im Jahr 2001 forderten die IG Metall Stuttgart und der Betriebsrat eine virtuelle Protestdemonstration gegen eine Standortschließung. Mehr als 100 Aktionsteilnehmer sandten ca. 100.000 E-Mails an 10 bis 20 Konzernverantwortliche. Der E-Mail-Server fiel über 8 Stunden aus.[460]

c) Telefonblockade

Ein ähnlicher Effekt wie das Flooding hat die Telefonblockade. Mit den massenhaften Anrufen in einem bestimmten Betrieb erfüllt diese Kampfform eine ähnliche Funktion wie die Internetblockade.[461] Als eine unterstützende Aktion zum Streik am 5. Juni 2008 im Einzelhandel wurde eine Nachricht „Remote Streikunterstützung“ ins Internet gestellt: „Falls ihr den Streik unterstützen wollt, aber selbst nicht vor Ort sein könnt, tragt zum Erfolg bei, indem ihr die Filialleitung auf Trab haltet. Unter der Telefonnummer: [...] könnt ihr sie direkt erreichen.“[462] Dadurch konnten die Telefonanlage des Arbeitgebers durch Anrufe von einem unbestimmten Personenkreis blockiert und die Mitarbeiter im bestreikten Betrieb von der Arbeit abgehalten werden.[463]

---

457 Sachverhalt nach OLG Frankfurt/M. 22.05.2006 – 1 Ss 319/05 = MMR 2006, 547 (547) und AG Frankfurt 01.07.2005 – 991 Ds 6100 Js 226314/01 = MMR 2005, 863 (863 f.).

458 Däubler/Däubler, Arbeitskampfrecht, § 31 Rn. 17.

459 Online-Lexikon: IT Wissen.info unter http://www.itwissen.info/definition/lexikon/Mailbombing-mail-bombing.html (zuletzt geprüft am 01.05.2016).

460 Callsen, in: Rehder/Deinert/Callsen, S. 38. Die Pressmitteilung ist online verfügbar unter http://labournet.de/branchen/sonstige/ezuliefer/invensys.html (zuletzt geprüft am 10.05.2016).

461 Callsen, in: Rehder/Deinert/Callsen, S. 38; Berg/Kocher/Platow/Schoof/Schumann, Teil 3, Rn. 223.

462 ArbG Berlin 23.06.2008 – 2 Ga 9993 / 08.

463 Sachverhalt nach ArbG Berlin 23.06.2008 – 2 Ga 9993/08. Vgl. auch Callsen, in: Rehder/Deinert/Callsen, S. 39.

III. Sabotage

1. Begriff der Sabotage

Sabotage ist durch die Assoziation mit einem gewaltsamen Charakter, wie der Beschädigung oder Zerstörung von Maschinen oder Produktionsmitteln usw., seit jeher eine berüchtigte Arbeitskampfmaßnahme.[464] In der Kriegszeit wurde auch von Arbeitnehmern in der Rüstungsproduktion aus politischer Motivation die Sabotage gegen menschenfeindliche Produkte umgesetzt.[465] Greift man aber auf den Ursprung der Sabotage zurück, kommt ihr eine vom üblichen Sprachgebrauch abweichende Bedeutung zu.[466]

Das Wort Sabotage leitet sich von dem französischen Wort *sabot* „Holzschuh" bzw. dem Verb. saboter „mit den Holzschuhen treten" ab.[467] Der mögliche begriffsgeschichtliche Ansatz ist, dass französische Arbeiter während der industriellen Revolution ihre Holzschuhe in die Mäh- und Dreschmaschinen warfen, um gegen die fortschreitende Mechanisierung der Arbeit zu kämpfen.[468] Gemäß der Definition von Giovannitt am Anfang des 20. Jahrhunderts ist die Sabotage tatsächlich eine Handlung, um den Produktionsausstoß zu reduzieren.[469] Zwar gehört der Maschinensturm unstreitig auch zur Sabotage, ist aber nur ein Beispiel der destruktiven Sabotageaktion unter vielen.[470] Außerdem zählt zum Beispiel das planmäßige Vergeuden von zu verarbeitendem Material ebenso zur Sabotage, etwa die Bewirtung von Gästen durch die Mitarbeiter mit doppelten Portionen im Restaurant oder beim Zuschneiden von Material die möglichst großzügige Verschneidung.[471] An solchen Sabotageaktionen zeigt sich deren gewaltfreie Seite.[472]

Zu beachten ist, dass als Arbeitskampfform die Sabotage wie alle Kampfmaßnahmen eine kollektive Aktion sein muss.[473] Der nicht von einer Kampfabsicht getragene Gewaltakt der Arbeitnehmer gegen Maschinen oder Produktionsmittel

---

464 Vgl. nur Knapp, passive Resistenz, S. 9.

465 Vgl. GAL, Maschinenstürmerei und Sabotage, S. 19 ff.

466 Zur Kritik an der Sprachpolitik der Sabotage vgl. Halfbrodt, Sabotage, S. 9; Hoffmann, Arbeitskampf im Arbeitsalltag, S. 48.

467 Das Herkunftswörterbuch/Duden unter „Sabotage". Vgl. auch Däubler/Däubler, Arbeitskampfrecht, § 31 Rn. 20 (Fn. 49); MünchK-StGB Bd. 3/Steinmetz, § 87 StGB, Rn. 12.

468 Halfbrodt, Sabotage, S. 9.

469 Giovannitt, Introduction in: Sabotage, Pouget/Giovannitti, S. 14.

470 Hoffmann, Arbeitskampf im Arbeitsalltag, S. 49; M. Becker, Boykott, Sabotage, Ca' Canny, S. 222.

471 M. Becker, Boykott, Sabotage, Ca' Canny, S. 227.

472 M. Becker, Boykott, Sabotage, Ca' Canny, S. 222 f.

473 Wompel, Sabotage, S. 144 ff. Die Sabotage kann unabhängig von der Organisation (Gewerkschaft) oder anderen Mitarbeitern durchgesetzt werden. Üblicherweise wird dieser Akt nicht von Gewerkschaften geplant, sondern erscheint als individuelle Sabotage, vgl. M. Becker, Boykott, Sabotage, Ca' Canny, S. 227. Nach Knapp ist die Sabotage immer letztlich die Tat Einzelner, vgl. Knapp, passive Resistenz, S. 9.

ist keine Sabotage im Sinne des Arbeitskampfes, sondern lediglich eine „industrielle Aggression" im Arbeitsumfeld.[474]

2. Suspendierende technische Sabotage

Heutzutage werden keine Holzschuhe mehr in Maschinen oder gegen Computer geworfen, um Maschinen und Betriebsabläufe zu stören. Wie bei den Betriebsstörungsmaßnahmen bezweckt die Sabotage, den Betriebsablauf zu beeinträchtigen. Dennoch fungiert die Sabotage unmittelbar über Gegenstände wie Arbeitsmittel. In diesem Sinne gehört zur Sabotage außer destruktiven Akten jeder fachkundig ausgeübte Eingriff in Produktionsmittel ohne die Absicht, diese zu zerstören oder sie auf Dauer zu beschädigen, sondern sie nur temporär zu behindern und funktionsunfähig zu machen, damit die Arbeit von Streikbrechern unmöglich wird und so der vollständige und wirkliche Arbeitsstopp während eines Streiks sichergestellt wird.[475]

In der Praxis kommt eher die suspendierende Sabotage zur Anwendung.[476] Dabei sind aktive und passive Formen zu unterscheiden: Eine aktive suspendierende Sabotageaktion ist zum Beispiel die Unterbrechung der Stromzufuhr, um einen kurzzeitigen Störungseffekt zu bewirken. Auch die Aktion „dreckiger Schuh" ist ein Beispiel dafür, dort kamen „Besucher" mit besonders schmutzigen Schuhen in ein Kaufhaus, sodass ein erneuter Reinigungseinsatz erforderlich wurde.[477] Im Fall passiver Sabotage wird keine zusätzliche Störung geschaffen, sondern die Akteure verstärken bewusst die vorhandenen Probleme der Produktionsmittel.[478] Eine solche Aktion kann auch weitergehende Schäden hervorrufen.

IV. Kollektive Minderung der Arbeitsintensität

Unter der kollektiven Minderung der Arbeitsintensität versteht man die Konstellation, dass die Arbeitskraft bewusst und gewollt, aber nur teilweise zurückgehalten wird. Es geht grundsätzlich um die Langsamarbeit („go slow"), welche eine ursprüngliche Aktionsform der Sabotage bildet.[479] Zwar wird in diesem Fall die Arbeitsleistung ebenfalls partiell reduziert, jedoch ist es vom Wesen her etwas anderes als ein Bleistiftstreik oder die Ausnutzung vertraglicher Leistungsspielräume.[480]Bei der Langsamarbeit wird die Effektivität der Arbeitsleistung ohne Arbeitsniederlegung

474 Vgl. Hoffmann, Arbeitskampf im Arbeitsalltag, S. 59 ff.

475 Giovannitt, Introduction in: Sabotage, Pouget/Giovannitti, S. 14. Vgl. auch Halfbrodt, Sabotage, S. 10; M. Becker, Boykott, Sabotage, Ca' Canny, S. 222.

476 Hoffmann, Arbeitskampf im Arbeitsalltag, S. 49, 54.

477 Callsen, in: Rehder/Deinert/Callsen, S. 35.

478 Hoffmann, Arbeitskampf im Arbeitsalltag, S. 49, 53.

479 Vgl. GAL, Maschinenstürmerei und Sabotage, S. 5; Knapp, passive Resistenz, S. 9 (Fn. 3); M. Becker, Boykott, Sabotage, Ca' Canny, S. 226.

480 Zum Bleistiftstreik siehe oben § 4 A. Neue Arbeitskampfformen als gewerkschaftliche Gegenstrategie. Für die Ausnutzung vertraglicher Leistungsspielräume vgl. Däubler/Däubler, Arbeitskampfrecht, § 29 Rn. 10 ff.

verringert.[481] Ebenso bringt die übertriebene Genauigkeit keine nennenswerte Arbeitsleistung und der Druck wird dadurch auf den Arbeitsgeber aufgebaut.[482] Dies wird auch als passive Resistenz[483] oder hinsichtlich der Verschleierungstaktik bzw. ohne offene Arbeitsverweigerung auch als verdeckte Leistungsbeschränkung oder Leistungsverringerung bezeichnet.[484]

Tatsächlich fallen zwei Verhaltenstypen darunter: die übermäßig langsame oder mangelhafte Arbeit zum einen und die übermäßig sorgfältige Arbeit zum anderen.[485] Vielfach werden diese zwei Verhaltenstypen miteinander gleichgesetzt,[486] was die wesentlichen Unterschiede verwischt.[487] Nur bei bewusster Missdeutung von Vorschriften liegt z. B. ein Bummelstreik vor.[488] Eine dadurch bewirkte mangelhafte Arbeit ist zum Beispiel, dass der Bäcker Salz und Zucker verwechselt oder mit der doppelten Menge Salz dem Teig einen anderen Geschmack verleiht.[489] Hier könnte ein Übergang zur Produktsabotage vorliegen, wenn der Wert des Produkts vermindert oder vernichtet wird. Eventuell werden dadurch zusätzliche Kosten verursacht oder der Arbeitgeber verliert Kunden.[490]

Hingegen werden beim Dienst nach Vorschrift der Wortlaut und der Sinn der Vorschriften bei dieser Kampfform völlig korrekt befolgt.[491] Andere Konsequenzen sind auch die Verzögerung des Arbeitslaufes und die Verringerung der Arbeitsleistung.[492] Bereits in der Zeit vom 16. bis 18. August 1962 wurde diese Aktionsform in der „Aktion Adler“ bei der Bundesbahn durchgeführt, welche die „Aktion Igel“ bei der Bundespost als Vorbild nahm.[493] Die Methode der Aktionen ist das vorschriftsmäßige Verhalten und die genaue Einhaltung der Dienstvorschriften. Beispielweise wurden

---

481 Seiter, Streikrecht, S. 263; Schlüter, in: Brox/Rüthers, Rn. 527.

482 Vgl. Nikisch, Arbeitsrecht Bd. 2, S. 87.

483 Vgl. nur MünchArbR Bd. 1/Berkowsky, § 114, Rn. 79.

484 ErfK/Dieterich, Art. 9 GG, Rn. 273; Callsen, in: Rehder/Deinert/Callsen, S. 40.

485 Staudinger/Richardi/Fischinger, Vorbem. zu §§ 611 ff. Rn. 795.

486 In der Zeit vom 31.05. bis 23.11.1973 meldeten sich auffallend viele Flugleiter zu bestimmten Stichtagen krank („go sick"). Andere setzten über einen längeren Zeitraum ihre Arbeitsleistung herab („go slow"). Durch diese Maßnahmen wurde der zivile Luftverkehr erheblich gestört, zu dem Sachverhalt: BGH 16.06.1977 – III ZR 179/75 – AP Nr. 53 Art. 9 GG Arbeitskampf = NJW 1977, 1875.

487 Zum Unterschied zwischen Bummelstreik und Dienst nach Vorschriften, a. A. Kissel, Arbeitskampfrecht, § 61 Rn. 10; Otto, Arbeitskampfrecht § 10 Rn. 48, die zwei Arbeitskämpfe werden nicht unterschieden.

488 Callsen, in: Rehder/Deinert/Callsen, S. 40; Däubler/Däubler, Arbeitskampfrecht, § 29 Rn. 20.

489 M. Becker, Boykott, Sabotage, Ca' Canny, S. 226.

490 Hoffmann, Arbeitskampf im Arbeitsalltag, S. 56 ff.

491 Berg/Kocher/Platow/Schoof/Schumann, Teil 3, Rn. 232; Däubler/Däubler, Arbeitskampfrecht, § 29 Rn. 21; Seiter, Streikrecht, S. 264.

492 ErfK/Dieterich, Art. 9 GG, Rn. 274.

493 Knapp, passive Resistenz, S. 50 ff.; zu weiteren Beispielen zur kollektiven Minderung der Arbeitsintensität vgl. Däubler/Däubler, Arbeitskampfrecht, § 29 Rn. 19

die Beschäftigten der Bundespost am Schalter aufgefordert, Stempel, Bargeld, Wertzeichen und Formblätter immer in die Schublade einzuschließen, wenn sie ihren Platz für zwei Minuten verließen. Der Postschaffner lief auch nicht mehr „unerlaubterweise", wie er es sonst tat, mit dem Postsack direkt über die Geleise, um noch den Anschlusspostzug zu erreichen.[494] In Betrieben, wo Zeit ein ausschlagender Faktor ist, wie z. B. in Transportunternehmen, ist dieser Strategie daher sehr wirksam.[495]

V. Weitere aktive Betriebsstörungskampfformen

1. Alternative Einkaufsformen

Im Einzelhandel werden neue Kampfformen unter Einbezug der Kunden entwickelt wie der oben beschriebene Flashmob im Einzelhandel. Ein anderes Beispiel ist die Strategie „Kostenloses Parken für alle" von der ver.di-Gründungsgewerkschaft HBV.[496] Der Sinn der Aktion bestand darin, die Kundenparkplätze durch „Scheinkunden" in Beschlag zu nehmen, um den Verkauf zu behindern. Ein weiteres Beispiel: Scheinkunden feilschen im bestreikten Betrieb an der Kasse mit dem Streikbrecherpersonal über den Verkaufspreis einzelner Waren, weil z. B. im Prospekt der Artikel billiger angeboten werde.[497] Die Beschäftigten werden damit von den „echten" Kunden von ihrer Arbeit abgehalten. Selbstverständlich kann man diese Aktion auch als Flashmob organisieren. Wichtig sind das Überraschungsmoment und die mögliche Beteiligung Dritter.

2. Marsch durch den Betrieb

Bei einem Streik können die Streikenden durch die geöffneten bestreikten Betriebe marschieren. Die Aktionsform kann lediglich ein Schweigemarsch sein oder unter großem Tamtam stattfinden.[498] Der Zweck ist zum einen, die Arbeitswilligen auf die Seite der Solidarität zu ziehen. Zum anderen werden selbstbewusste Kunden sowie verantwortungsvolles Einkaufsverhalten gefördert.[499] Allerdings setzt diese Aktion keinen Streik voraus und kann während des gesamten Arbeitskampfes organisiert werden.

(Fn. 33); Gamillscheg, Kollektives Arbeitsrecht Bd. 1, S. 1063; Richter, Grenzen aktiver Produktionsbehinderung, S. 49.

494 Für die Aktion Igel siehe den Beitrag von Loe unter: http://www.zeit.de/1962/27/die-post-zeigte-ihre-stacheln (zuletzt geprüft am 01.05.2016). Für die Aktion Adler vgl. Däubler/Däubler, Arbeitskampfrecht, § 29 Rn. 21; Knapp, passive Resistenz, S. 56 ff.

495 M. Becker, Boykott, Sabotage, Ca' Canny, S. 226.

496 Gewerkschaft HBV, Arbeitskampf, S. 27. Vgl. auch Hinz/Wohland, Mobilisierungskampagne, S. 122.

497 Gewerkschaft HBV, Arbeitskampf, S. 22; vgl. auch Berg/Kocher/Platow/Schoof/Schumann, Teil 3, Rn. 213.

498 Gewerkschaft HBV, Arbeitskampf, S. 27.

499 Vgl. Schreieder, Organizern, S. 28.

3. Bossnapping

Eine andere drastische Protestform, die besonders in Frankreich bekannt wurde, ist das sogenannte Bossnapping. Die Bossnapping-Aktion ist ein vorübergehendes Festhalten von Managern oder Führungskräften,[500] um gewerkschaftliche Forderungen, insbesondere die Verhinderung von Massenentlassungen sowie Betriebsschließung und neue Verhandlungen über die Entlassungspläne oder -bedingungen, z. B. höhere Abfindung, durchzusetzen.[501] Im Jahr 2009 fand ein Bossnapping Mitte März in einem Werk japanischen des Sony-Konzerns in Frankreich statt.[502] Danach wurden in demselben Jahr Manager beim US-Mischkonzern 3M, beim US-Baumaschinenhersteller Caterpillar, beim britischen Klebebandhersteller Scapa und beim französischen Autozulieferer Faurecia auch als Geiseln genommen.[503] Diese Proteste hatten zum einen große Aufmerksamkeit in der Öffentlichkeit erzeugt und zum anderen Erfolge erreicht. Zum Beispiel hatte Caterpillar nach der Bossnapping-Aktion weniger Arbeitsplätze als geplant gestrichen.[504]

B. Öffentlichkeitsarbeit

I. Öffentlichkeitsarbeit in gewerkschaftlichen Druckkampagnen

Die Öffentlichkeitsarbeit in Gewerkschaften ist ein multifunktionales Mittel. Insbesondere in einer langfristigen Kampagne wird eine Serie von aufeinander bezogenen Aktionen organisiert. Gewerkschaftliche Druckkampagnen benötigen einen dauerhaften Öffentlichkeitsbezug. Denn in der Mediengesellschaft ist die öffentliche Meinung eine einflussreiche Waffe. Der durch Solidarisierung und Sympathiebekundungen erzeugte öffentliche Druck auf den Arbeitgeber kann das Image der

---

500 Schmid, Bossnapping beim französischen Zigarettenhersteller Seita, online Veröffentlichung: http://www.labournet.de/internationales/frankreich/arbeitskaempfe-frankreich/bossnapping-beim-franzosischen-zigarettenhersteller-seita/ (zuletzt geprüft am 01.05.2016).

501 Zu allgemeinen Ursachen sowie der Geschichte des Bossnapping vgl. „Bossnapping“ und andere Vorkommnisse in Frankreich, online Veröffentlichung: http://archiv.labournet.de/internationales/fr/wildcat84_bossnapping.html (zuletzt geprüft am 01.05.2016).

502 Vgl. den Bericht „Französische Sony – Arbeiter hielten Topmanager gefangen“ aufrufbar unter http://www.golem.de/0903/65909.html (zuletzt geprüft am 01.05.2016).

503 Siehe den Bereich in La Gazette de Berlin, online Veröffentlichung: http://www.lagazettedeberlin.com/3151/bossnapping-frankreich-in-aufruhr/ (zuletzt geprüft am 01.05.2016). Weitere Berichte über Bossnapping unter http://labournet.de/internationales/fr/protestform.html (zuletzt geprüft am 01.06.2015).

504 Vgl. Schmid, Caterpillar nach dem „Bossnapping“, online Veröffentlichung: http://archiv.labournet.de/internationales/fr/festsetzen6.html (zuletzt geprüft am 01.05.2016).

und blieben dann reglos liegen. Anschließend kamen fünf Helfer und brachten statt des Notfallkoffers Kreide. Sie malten die Umrisse der Körper auf das Pflaster und fielen dann ebenfalls um. Augenblicke später, wie auf Kommando, sprangen alle wieder auf und schrieben Sätze wie „Kranke Pflege" oder „2 Pflegekräfte, 40 Patienten" in die umrandeten Felder. Ziel war es, auf die schlechte Personalsituation in Kliniken aufmerksam zu machen.

Im Dienstleistungsbereich, wo Betriebe zugänglich für die Allgemeinheit sind, ist auch die betriebliche Öffentlichkeit eine Art von Öffentlichkeit. In diesem Fall könnte ein Flashmob im Betrieb einen Übergang zur Betriebsstörungsmaßnahme darstellen. Ein Beispiel ist der Flashmob „Tanz in der Hotel-Lobby". Seit einigen Jahren ist diese Aktionsform in Arbeitskämpfen populär. Die NGG-Jugend organisierte bereits im Jahr 2010 einen Flashmob in einem Hotel in Frankfurt am Main gegen die schlechten Arbeitsbedingungen von Auszubildenden im Hotel- und Gaststättengewerbe.[521] Mit den Unterstützungen der taiwanesischen Gewerkschaften protestierten Arbeitnehmer aus Südkorea gegen eine Betriebsschließung eines taiwanesischen Konzerns mit einem „Tanz in der Bank-Lobby" am 20. März 2015 in einer Bank in Taipei.[522] Diese Ideen wurden inspiriert vom berühmten Flashmob „Don't get caught in a bad hotel" in San Francisco.[523] Die Flashmob-Teilnehmer skandierten „This is a bad bad hotel" und tanzten zu einer modifizierten Version des Liedes „Bad Romance" von Lady Gaga. So hatten sie erfolgreich die Aufmerksamkeit gewonnen.

Dokumentiert man einen ausgezeichneten und wirkungsvollen Flashmob und stellt dann das Video ins Internet, wie im Fall „Don't get caught in a bad hotel", findet dies mittels zahlreicher Aufrufe im Internet erneut öffentliche Beachtung und verwirklicht so eine doppelte Öffentlichkeitsarbeit. Eventuell wird der Flashmob woanders kopiert. Am 14. März 2011 wurde ein Tanz-Flashmob in einem Hotel in Bremen erneut durchgeführt, um die damaligen Tarifverhandlungen zu unterstützen.[524] Noch aktueller ist der Tanz-Flashmob der DGB-Jugend Kassel im Hotel La Strada in Kassel.[525]

---

521 Mit Video dokumentiert unter: http://www.youtube.com/watch?v=Gdf5YhstZLo (zuletzt geprüft am 01.05.2016).

522 Siehe den Bericht „South Korean workers rally inside bank", aufrufbar unter http://www.taipeitimes.com/News/taiwan/archives/2015/03/28/2003614588; mit Video dokumentiert unter: https://www.youtube.com/watch?v=wIyztMg01bU (zuletzt geprüft am 10.05.2016).

523 Mit Video dokumentiert unter: http://de.labournet.tv/video/4462/dont-get-caught-bad-hotel (zuletzt geprüft am 01.05.2016).

524 Mit Video dokumentiert unter: http://www.youtube.com/watch?v=yxRESGi1DAo (zuletzt geprüft am 01.05.2016).

525 Mit Video dokumentiert unter: http://www.youtube.com/watch?v=GMXvknn972g (zuletzt geprüft am 01.05.2016).

2. *Demonstration im Netz*

a) E-Mob

Eine virtuelle Protestaktion ist der E-Mob. Es geht zunächst darum, dass in Internet-Foren oder Guestbooks bzw. Facebook eine möglichst große Anzahl von Menschen den gleichen Eintrag hinterlässt, um eine gemeinsame Forderung auszudrücken.[526] Der von ver.di organisierte Facebook-Flashmob bei der Telekom am 26. November 2012 in Deutschland und in den USA ist dafür ein Beispiel.[527] Die Akteure planten, auf den verschiedenen Webseiten der Deutschen Telekom ihren Protest gegen die unfaire Behandlung der Beschäftigten von T-Mobile in den USA mithilfe eines im Netz veröffentlichen Protestgedichts zum Ausdruck zu bringen. Mit dem offiziellen Beginn um 16 Uhr in Deutschland und um 10 Uhr in den USA wurden die Webseiten regelrecht mit Kommentaren und Beiträgen geflutet. Zwei Stunden später wurden bereits fast 1.000 Posts gezählt. Zahlreiche Nutzer änderten das eigene Profilbild in eines der Logos der Aktion, sodass auch visuell der Protest überdeutlich wurde. Möglichweise kann der E-Mob wegen der hohen Intensität die Ziel-Webseite außer Betrieb setzen und fungiert dann wie ein Flooding. Auf jeden Fall kann ein E-Mob zumindest den Charakter einer Demonstration annehmen.

b) Symbolische Online-Proteste

Ein erfolgreiches Beispiel für einen symbolischen Online-Protest aus Italien wurde in einem globalen Online-Spiel praktiziert. Im Jahr 2007 organisierten die Mitarbeiter von IBM Italien gemeinsam mit der Gewerkschaft RSU eine virtuelle Protestaktion in der virtuellen Welt Second Life, um einen neuen Tarifvertrag abzuschließen. Die Teilnehmer mutierten im Spiel zu sogenannten Avataren bzw. einer künstlichen Version einer echten Person. Unterstützer aus mehr als 30 Ländern beteiligten sich an Streikpostenketten, Demonstrationen und der Sprengung einer Vorstandssitzung in Second Life, wo der IBM-Konzern eigene reale Kundencenter betrieb und über diese von der internationalen virtuellen Protestaktion erfuhr. Danach wurde ein neuer Tarifvertrag abgeschlossen.[528]

3. *Dramatische Demonstration*

Einige noch dramatischere Demonstrationsformen, z. B. Hungerstreik, Selbstmorddrohung, symbolische Gewalt und Femen-Aktionen, wurden zwar in Deutschland in der Praxis nur vereinzelt angewandt, aber sie werden in der wissenschaftlichen

---

526 Berg/Kocher/Platow/Schoof/Schumann, Teil 3, Rn. 222 ff.

527 Quelle: http://www.weexpectbetter.org/facebook-flashmob-telekom-seiten?lang=en (zuletzt geprüft am 01.05.2016).

528 Quelle: http://archiv.labournet.de/branchen/medien-it/ibm/virtuell.html (zuletzt geprüft am 01.05.2016). Vgl. auch Däubler/Däubler, Arbeitskampfrecht, § 30 Rn. 21. Weitere Berichte unter http://labournet.de/branchen/medien-it/ibm/index.html (zuletzt geprüft am 01.05.2016).

Diskussion von atypischen Arbeitskampfformen bereits berücksichtigt.[529] Solche extremen Kampfformen sind zugleich ein Symbol für Angst oder Verzweiflung,[530] weil sie meistens unter bitteren Umständen, wie Betriebsschließung, Betriebsstilllegung oder dem Thema „Ausbeutungsbetrieb", auftauchen.

a) Hungerstreik

Der Hungerstreik findet üblicherweise bei politischen Protesten statt. Aber diese Kampfform wurde in Deutschland auch mehrmals als Arbeitskampfmittel gegen Betriebsschließungen und Betriebsstilllegungen genutzt.[531] Im Jahr 1981 traten der Betriebsratsvorsitzende Helmut Haase und drei seiner Kollegen im Kasseler Enka-Werk in den Hungerstreik. Es ging um die Erhaltung der 800 Arbeitsplätze.[532] Weitere Hungerstreiks waren im Jahr 1993 der Kampf von Kalikumpeln in Bischofferode für den Erhalt ihres Betriebes[533] und die Eskalation im Jahr 2006 in Esslingen in Baden-Württemberg im Panasonic-Bildröhrenwerk, wo es um den Erhalt der insgesamt 600 Arbeitsplätze ging[534]. Auch in anderen Ländern, wie zum Beispiel in Taiwan, ist der Hungerstreik im Arbeitskampf nicht neu. Aktuelles Beispiel ist der Hungerstreik im Jahr 2013 von taiwanesischen Arbeitnehmern in der Bekleidungsindustrie. Die Ursache war auch hier eine Betriebsschließung.[535]

b) Selbstmorddrohung

In vielen Ländern werden Fälle von Selbstmorddrohungen von Arbeitnehmern gemeldet, z. B. aus China, Südkorea und Kolumbien.[536] Bei einer Tragödie im Jahr 2010 in der taiwanesischen Firma Foxconn in der Sonderwirtschaftszone Shenzhen in China stürzten sich 17 Beschäftige wegen unerträglicher Arbeitsbedingungen und der Verletzung der Menschenwürde am Arbeitsplatz aus dem Fenster oder von den Dächern. In 11 von 17 Fällen waren die Beschäftigen tot und die übrigen 6 waren schwer verletzt.[537]

---

529 Callsen, in: Rehder/Deinert/Callsen, S. 33 f.; Däubler/Däubler, Arbeitskampfrecht, § 30 Rn. 16 ff.

529 Vgl. Centre for Employment Initiatives, Arbeitsmarkt, S. 40.

530 Vgl. Centre for Employment Initiatives, Arbeitsmarkt, S. 40.

531 Däubler/Däubler, Arbeitskampfrecht, § 30 Rn. 17.

532 Centre for Employment Initiatives, Arbeitsmarkt, S. 40.

533 Quelle: http://archiv2007.sozialisten.de/presse/presseerklaerungen/view_html/zid15002/bs1/n46 (zuletzt geprüft am 01.05.2016).

534 Quelle: http://www.spiegel.de/wirtschaft/kampf-um-arbeitsplaetze-esslinger-panasonic-mitarbeiter-im-hungerstreik-a-420324.html (zuletzt geprüft am 01.05.2016).

535 Siehe den Beitrag „Laid – off workers launch hunger strike at CLA", aufrufbar unter http://www.taipeitimes.com/News/front/archives/2013/04/29/2003560977 (zuletzt geprüft am 01.05.2016).

536 Däubler/Däubler, Arbeitskampfrecht, § 30 Rn. 22.

537 Quelle: http://www.wiwo.de/unternehmen/apple-lieferant-foxconn-mitarbeiter-duerfen-keinen-selbstmord-mehr-begehen/4637842.html(zuletzt geprüft am 01.05.2016). Vgl. auch Däubler/Däubler, Arbeitskampfrecht, § 30 Rn. 22.

c) Symbolische Gewalt

Die Kampfform der symbolischen Gewalt tritt bisher eher außerhalb Deutschlands in Erscheinung. In einer Aktion gegen eine Betriebsschließung aus Frankreich wurden Puppen, die die Manager verkörperten, von den Streikenden aufgehängt und mit Eiern und Schuhen beworfen.[538] In Deutschland wurde in einem Fall ein Wagen voll mit Mist in den Schalterraum einer Bank gekippt.[539]

d) Femen-Aktion

Bei einer Femen-Aktion protestieren die Aktivistinnen mit ihren mit Parolen bemalten nackten Oberkörpern.[540] Üblicherweise werden die Aktionen bei politischen Themen, Umweltpolitik oder Frauenrechten eingesetzt. Aus Taiwan wird von einem Fall berichtet, in dem eine Femen-Aktion gegen einen Sweatshop bzw. Ausbeutungsbetrieb am 1. Mai 2010 organisiert wurde.[541] Diese Aktion ist ein Teil der gewerkschaftlichen Druckkampagnen gegen die Arbeitsbedingungen der Zulieferer des taiwanesischen Handy-Herstellers HTC, insbesondere gegen die langen Arbeitszeiten und den Missbrauch von Auszubildenden.

III. Appelle an Kunden des Arbeitgebers

Die Kunden des Arbeitgebers können auch die Adressaten der Öffentlichkeitsarbeit sein.[542] Es ist sowohl aus einer räumlichen als auch aus einer persönlichen Perspektive möglich, den Tätigkeitsbereich der Öffentlichkeitsarbeit zu erweitern: Einerseits sind Betriebe im Dienstleistungsbereich nicht selten auch zugänglich für Dritte (Kunden), andererseits können die Öffentlichkeit sowie Dritte im Verkaufsprozess in Anspruch genommen werden. Die Informationsweitergabe unmittelbar an den Kunden des Arbeitgebers könnte noch effektiver sein als nur an die Allgemeinheit.[543] Bei dieser direkten Kommunikation geht es darum, für die Ziele und die Situation des Arbeitskampfes zu werben und den Arbeitgeber unbeliebt zu machen.[544] Fordert die Gewerkschaft nicht dazu auf, Waren von bestimmten Arbeitgebern zu kaufen, ist diese Kampfform kein Käuferboykott.

538 Däubler/Däubler, Arbeitskampfrecht, § 30 Rn. 21.

539 Däubler/Däubler, Arbeitskampfrecht, § 30 Rn. 21; Krieger/Günther, NZA 2010, 20 (22).

540 Vgl. Wikipedia unter Femen: http://de.wikipedia.org/wiki/Femen (Datum der Recherche: 07.04.2015).

541 Quelle: http://www.appledaily.com.tw/appledaily/article/headline/20100502/32482230/ (zuletzt geprüft am 01.05.2016).

542 Vgl. Berg/Kocher/Platow/Schoof/Schumann, Teil 3, Rn. 212a; vgl. Däubler, Gewerkschaftsrechte, Rn. 489 c (Fn. 33); Deinert, in: Rehder/Deinert/Callsen, S. 94 f.

543 Däubler/Däubler, Arbeitskampfrecht, § 30 Rn. 24.

544 Däubler/Däubler, Arbeitskampfrecht, § 30 Rn. 25; Gewerkschaft HBV, Arbeitskampf, S. 26.

Die Informationstätigkeit am Arbeitsplatz kann auch während der Arbeitszeit im Betrieb erfolgen, zum Beispiel durch eine Unterschriftensammlung in Dienstgebäuden, um Unterstützung für die Forderungen vom Publikum zu gewinnen.[545] Bei einer anderen von der NGG organisierten Aktion im Bordbistro eines Zuges wurden Flugblätter direkt an die Gäste verteilt, um die unerträgliche Arbeitsbelastung des Speisewagenpersonals anzuprangern.[546] Möglicherweise werden dafür auch Ressourcen des Arbeitgebers genutzt.[547] In einer Aktion von Zeitungszustellern am 07. Dezember 1992 in Nordrhein-Westfalen wurde ein gewerkschaftliches Informationsblatt über den Ablauf der Tarifverhandlungen verteilt. Der Arbeitgeber behaupte, dass die Gewerkschaft das Betriebsmittel bzw. die Vertriebsorganisation benutzte. Hingegen urteilte das LAG, dass das Informationsblatt der Gewerkschaft den Zeitungen zum einen nicht „beigelegt“ worden ist, wie dies bei Prospekten oder sonstigen Beilagen regelmäßig der Fall ist, sondern allenfalls gleichzeitig mit der Zeitung abgegeben wurde.[548]

IV. Blockade und Besetzung öffentlicher Plätze

Neben der Zugangsverhinderung zum Betrieb kann es auch zur Blockade oder Besetzung öffentlicher Plätze, wie Straßen, Verkehrswegen, Parkplätzen, Autobahnraststätten sowie von Grenzübergängen, kommen. Diese Strategie wird häufig bei politischen Protesten, z. B. in der Anti-Atomkraft-Bewegung oder bei Demonstration gegen Rechtsextremismus, angewandt. Auch im internationalen Arbeitskampfgeschehen ist diese Strategie nicht ungewöhnlich. Ein aktueller Fall in Europa ist die mehrtätige Besetzung des Rathauses der Kleinstadt Martín de la Jara am 9. Februar 2009 vor den Hintergrund der globalen Finanzkrise. Ziel waren die Einrichtung einer lokalen Kommission zur Verteilung der Unterstützungsgelder aus den Antikrisen-Plänen und die Teilnahme der gewerkschaftlichen Vertreter in der Arbeitslosenversammlung.[549] Ein anderer Fall aus Asien ist die Eisenbahnblockade vom 05. Februar 2012 in Taiwan. Hintergrund waren hier die von „Runway-Industries“ verursachten Massenentlassungen, unbezahlte Abfindungen und die Verweigerung der betrieblichen Rente.

---

545 Vgl. BAG 25.01.2005 – 1 AZR 657/03 – NZA 2005, 592.

546 Sachverhalt nach ArbG Hamburg 30.06.1992, AiB 1992, 530; vgl. auch Däubler/Däubler, Arbeitskampfrecht, § 30 Rn. 25.

547 Berg/Kocher/Platow/Schoof/Schumann, Teil 3, Rn. 212a (Fn. 398); Däubler, Gewerkschaftsrechte, Rn. 489 c (Fn. 33).

548 LAG Köln 03.02.1995 – 12 Sa 1073/94 – AP Nr. 145 Art. 9 GG Arbeitskampf. Vgl. auch Berg/Kocher/Platow/Schoof/Schumann, Teil 3, Rn. 212a; Däubler/Däubler, Arbeitskampfrecht, § 30 Rn. 26; Däubler, Gewerkschaftsrechte, Rn. 489 c.

549 Siehe den Bericht von FAU-INFO, aufrufbar unter http://de.indymedia.org/2009/02/242289.shtml (zuletzt geprüft am 01.05.2016). Vgl. auch Däubler/Däubler, Arbeitskampfrecht, § 30 Rn. 14.

In Deutschland ist die Blockade oder Besetzung öffentlicher Plätze im Arbeitskampf eher eine Ausnahme.[550] Ein bekannter Fall war am 10. Dezember 1987 die Besetzung der Rheinbrücke in Duisburg. Krupp-Arbeiter besetzten die dreispurige Rheinbrücke und ca. 100.000 Stahlarbeiter und Bergleute streikten zugleich im gesamten Ruhrgebiet gegen die Schließung des Hüttenwerks. Der gesamte Verkehr im westlichen Ruhrgebiet wurde lahmgelegt. Die besetzte Rheinbrücke wurde von den Streikenden in „Brücke der Solidarität" umbenannt.[551] Diese Aktion weist zugleich Demonstrationsfunktionen und Öffentlichkeitscharakter auf.[552]

Selbstverständlich kann die Blockade öffentlicher Plätze auch der Verhinderung des Einsatzes von Streikbrechern dienen: So erfolgte die Blockade eines Müllheizkraftwerks im Streik des öffentlichen Dienstes im Jahr 2006 gegen den Einsatz von Streikbrecherunternehmen in Stuttgart.[553]

C. Boykott

I. Begriff des Boykotts

Der Begriff „Boykott" stammt vom Namen des irischen Gutsverwalters *Charles Cunningham Boycott* ab. Infolge der 1880 von Parnell und der Irischen Landliga organisierten Aktion wurde Boycott isoliert und fand keine Pächter mehr. Er wurde „boykottiert" und musste am Ende auswandern.[554] Heute ist der Boykott ein allgemeines wirtschaftliches Kampfmittel und kann in allen möglichen Wirtschaftsbereichen verwendet werden.[555] In politischen und gesellschaftlichen Auseinandersetzungen ist dieses Mittel ebenfalls von Bedeutung[556] und im Arbeitskampfgeschehen seit Langem bekannt.[557] Eine Boykottkommission wurde im Jahr 1897 bereits zum Studium neuer Aktionsformen von der französische Gewerkschaft CGT gegründet.[558]

550 Däubler/Däubler, Arbeitskampfrecht, § 30 Rn. 20; Treber, Aktiv produktionsbehindernde Maßnahmen, S. 66.

551 Treber, Aktiv produktionsbehindernde Maßnahmen, S. 89.

552 Vgl. Dribbusch, WSI-Mitteilungen 7/2006, 382 (387); Treber, Aktiv produktionsbehindernde Maßnahmen, S. 81, 89.

553 Däubler/Däubler, Arbeitskampfrecht, § 30 Rn. 20; Dribbusch, WSI-Mitteilungen 7/2006, 382 (387).

554 Das Herkunftswörterbuch/Duden unter „Boykott". Vgl. auch Brunner, Boykott, S. 4.

555 MünchArbR Bd. 1/Ricken, § 193 Rn 9; Staudinger/Richardi/Fischinger, Vorbemerkungen zu §§ 611 ff., Rn. 810.

556 Binkert, Boykottmaßnahmen, S. 21 ff.; Gewerkschaft HBV, Arbeitskampf, S. 1 ff.; Renneberg, Arbeitskämpfe, S. 225.

557 Vgl. BAG 19.10.1976 – 1 AZR 611/75 – AP Nr. 6 TVG § 1 Form.

558 Halfbrodt, Sabotage, S. 21 ff.

Die Druckausübung des Boykotts wird durch den Aufruf an Dritte für den Nichtabschluss eines Vertrags, den Abbruch oder die Nichtfortsetzung eines bestehenden Vertrags praktiziert.[559] Zwar geht es im Boykottgeschehen um ein Dreiecksverhältnis – der Verrufer, der Adressat und der Boykottierte –,[560] allein der Verruf ist jedoch eine Arbeitskampfmaßnahme.[561] Diese Verrufserklärung ist eben die Veranlassung zur Sperrhandlung.[562] Führt der Verrufer selbst weiterhin die Sperrhandlung durch, wie die Zugangsverhinderung, geht es nicht mehr um einen Boykott, sondern um eine Betriebsblockade.[563]

Als ein altes Arbeitskampfmittel dient der Boykott in erster Linie der Sicherung des Streiks mittels der Verhinderung der Streikarbeit und der Abhaltung der Streikbrecher.[564] Die Arbeitswilligen werden aufgefordert, keine neuen Arbeitsverträge mit dem bestreikten Arbeitgeber abzuschließen. Dies wird auch als Zuzugssperre,[565] Primärboykott[566] oder arbeitsrechtlicher Boykott bezeichnet.[567] Insoweit entfaltet der Boykott eine Unterstützungsfunktion zum Streik und deckt sich teilweise mit der Tätigkeit von Streikposten.[568]

Die Aufforderung zum Nichtabschluss des Arbeitsvertrages setzt nicht zwingend einen Streik voraus. Denkbar ist, dass im Lauf der Einstellung von Arbeitskräften die angebotenen schlechten Arbeitsbedingungen an die Öffentlichkeit gebracht werden und der Unternehmer zugleich boykottiert wird.[569] Als ein Arbeitskampfmittel kann der Boykottaufruf ferner darauf abzielen, den Geschäftsverkehr eines bestimmten Arbeitgebers zu unterbinden, zum Beispiel durch einen Lieferboykott.[570]

---

559 Vgl. nur Otto, Arbeitskampfrecht, § 11 Rn. 25.

560 Brunner, Boykott, S. 11.

561 Gamillscheg, Kollektives Arbeitsrecht Bd. 1, S. 916; a. A. Däubler/Däubler, Arbeitskampfrecht, § 28 Rn. 74.

562 Brunner, Boykott, S. 8.

563 Vgl. Treber, Aktiv produktionsbehindernde Maßnahmen, S. 117.

564 Vgl. nur Gamillscheg, Kollektives Arbeitsrecht Bd. 1, S. 916.

565 Däubler/Däubler, Arbeitskampfrecht, § 28 Rn. 73; Otto, Arbeitskampfrecht, § 11 Rn. 26.

566 ErfK/Dieterich, Art. 9 GG, Rn. 278.

567 Däubler/Däubler, Arbeitskampfrecht, § 28 Rn 73; Otto, Arbeitskampfrecht, § 11 Rn. 26.

568 Vgl. Treber, Aktiv produktionsbehindernde Maßnahmen, S. 117.

569 Vgl. Däubler/Däubler, Arbeitskampfrecht, § 28 Rn. 73.

570 Binkert, Boykottmaßnahmen, S. 26; Brox, in: Brox/Rüthers, Arbeitskampfrecht, Rn. 66; Gewerkschaft HBV, Arbeitskampf, S. 3; Renneberg, Arbeitskämpfe, S. 226; Matthöfer, Streiks und streikähnliche Formen, S. 188; Otto, Arbeitskampfrecht, § 11 Rn. 26.

II. Käuferboykott

Beim Käuferboykott werden die Kunden aufgefordert, keine Waren bestimmter Arbeitgeber zu kaufen.[571] Diese Aktion wird auch Verbraucherboykott[572] oder Käuferstreik[573] genannt. Mögliche Boykottaufrufe an Kunden sind neben dem Nichtabschluss eines Vertrags[574] noch der Abbruch[575] oder die Nichteinhaltung[576] eines bestehenden Vertrags.[577] Ein Beispiel dafür ist, dass wegen des Arbeitsplatzabbaus und schlechter Arbeitsbedingungen im Jahr 1999 ein Boykottaufruf gegen die Citi-Bank vom Kirchlichen Dienst in der Arbeitswelt (KDA) beschlossen wurde. Die Kunden wurden aufgefordert, kein neues Girokonto bei der Citi-Bank zu eröffnen. Unten auf der Postkarte fand sich die Aufforderung „deshalb kein neues Konto bei der Citi-Bank“[578].

Zwar erfährt der Käuferboykott seit langer Zeit wenig Aufmerksamkeit in der deutschen Arbeitskampfpraxis.[579] In neueren sozialen Bewegungen wird er aber als eine potenzielle Arbeitskampfform angesehen und hat darum wieder an Bedeutung gewonnen.[580] Insbesondere in gewerkschaftlichen Kampagnen wird der Boykott eingesetzt, um die Öffentlichkeit zu mobilisieren. Dafür ist es beim Käuferboykott ebenso wichtig wie bei der Öffentlichkeitsarbeit, die gewerkschaftlichen und die gesellschaftlichen Ziele des Boykotts aufeinander abzustimmen.[581] Im oben vorgestellten Flashmob „Don't get caught in a bad hotel“ in San Francisco wurde neben der Öffentlichkeitsarbeit auch auf eine Sperrhandlung der Kunden bzw. auf einen Boykott des Hotels abgezielt.[582]

Trotzdem wird die Strategie des Boykotts von Gewerkschaften sehr vorsichtig angewendet. Beim Onlinehändler Amazon in Deutschland wurde ab Februar 2013 eine gewerkschaftliche Kampagne und anschließende Streiks gegen den starken Leistungsdruck, die niedrigen Löhne und die permanente Kontrolle durch

---

571 Vgl. nur Brox, in: Brox/Rüthers, Rn. 66.

572 Berg/Kocher/Platow/Schoof/Schumann, Teil 3, Rn. 208; Renneberg, Arbeitskämpfe, S. 226.

573 Callsen, in: Rehder/Deinert/Callsen, S. 28; Däubler/Däubler, Arbeitskampfrecht, § 30 Rn. 28; Renneberg, Arbeitskämpfe, S. 225.

574 Vgl. nur Däubler/Däubler, Arbeitskampfrecht, § 30 Rn. 29.

575 Däubler/Däubler, Arbeitskampfrecht, § 30 Rn. 30.

576 Däubler/Däubler, Arbeitskampfrecht, § 30 Rn. 32.

577 Zahlreiche Beispiele, vgl. Däubler/Däubler, Arbeitskampfrecht, § 30 Rn. 29 ff.; vgl. auch Callsen, in: Rehder/Deinert/Callsen, S. 28; Kobel, Streik und Boykott, express, 2/2005.

578 Sachverhalt nach LG Düsseldorf 14.06.2000 – 12 0 556/99 – AuR 2001, 194.

579 Däubler/Däubler, Arbeitskampfrecht, § 30 Rn. 26.

580 Gewerkschaft HBV, Arbeitskampf, S. 1 ff.

581 Gewerkschaft HBV, Arbeitskampf, S. 7.

582 Vgl. den umgeschriebenen Text „Bad Romance“ zu „Bad Hotel“ im Flashmob, aufrufbar unter: http://de.labournet.tv/video/4462/dont-get-caught-bad-hotel (zuletzt geprüft am 01.05.2016).

Sicherheitskräfte sogar bis zum Toilettengang durchgeführt.[583] Inzwischen wurde der Boykott des „Sklaventreibers“ gegen Amazon diskutiert und die Unterstützer gründeten überdies eine Online-Gruppe „Amazon Boykott Deutschland. Ich bin dabei“ bei Facebook.[584] Hinsichtlich der Sicherung der Arbeitsplätze ist der Käuferboykott, wie z. B. sein Amazon-Konto zu löschen, für die Gewerkschaft eher eine Ultima Ratio und wurde in der Amazon-Kampagne daher auch nicht forciert.[585] Amazon-Kunden wurden vielmehr aufgefordert, sich an Solidaritäts-Aktionen zu beteiligen, wie z. B. den Kampagnen-Brief mit gewerkschaftlichen Aufforderungen im Amazon-Paket an Amazon zu schicken.[586] Solange eine solche Aktion nicht die Absperrung des geschäftlichen Verkehrs des sozialen Gegenspielers bezweckt, liegt eine Informationstätigkeit bzw. Öffentlichkeitsarbeit, nicht aber ein Boykott vor.

Vom Käuferboykott zu unterscheiden ist auch die Verbraucheraktion. Der Arbeitskampf ist eine durch die Arbeitgeber- oder Arbeitnehmerseite durchgeführte kollektive Druckausübung. Werden die Arbeitnehmer oder die Gewerkschaft nicht als Akteure im betreffenden Konflikt einbezogen, stellt die Aktion keinen Arbeitskampf dar.[587] Eine Verbraucheraktion gegen Unternehmen[588] ist genauso wie ein Wirtschaftskampf zwischen Arbeitgebern[589] als Arbeitskampf auszuschließen, auch wenn die Interessen der Arbeitnehmer betroffen sein können.[590]

D. Fazit

Die vorgestellten atypischen Arbeitskampfformen können wegen der differenzierten Druckausübungsweise zu drei Typen zugeordnet werden: aktive Betriebsstörungsformen, Öffentlichkeitsarbeit und Boykott. Alle drei Typen von Arbeitskampfformen sind unabhängig vom Entzug der Arbeitsleistung einsetzbar und können sowohl als streikbegleitende als auch als isolierte Kampfbetätigung fungieren. Einen Überblick über alle atypischen Arbeitskampfformen gibt Abbildung 3.

---

583 Der Arbeitskampf wurde mittels Video auf der Website ver.di-TV unter dem Titel „Die richtige Strategie“ dokumentiert, aufrufbar unter https://www.verdi.de/verditv (Datum der Recherche: 07.04.2015).

584 Quelle: https://www.facebook.com/AmazonBoykottDeutschlandIchBinDabei (Datum der Recherche: 10.11.2013).

585 Vgl. das Interview „Boykott ist die Ultima Ratio“ mit ver.di-Sekretär Heiner Reimann über Amazon von taz, aufrufbar unter http://www.taz.de/!111255/ (zuletzt geprüft am 01.05.2016); siehe auch Renneberg, Arbeitskämpfe, S. 229.

586 Quelle: http://Amazon-verdi.de/ (Datum der Recherche: 07.04.2015).

587 Vgl. Kissel, Arbeitskampfrecht, § 13 Rn. 2; dazu auch Däubler/Däubler, Arbeitskampfrecht, § 8 Rn. 4, § 30 Rn. 28.

588 Däubler/Däubler, Arbeitskampfrecht, § 30 Rn. 28.

589 Gamillscheg, Kollektives Arbeitsrecht Bd. 1, S. 934.

590 Hueck/Nipperdey/Säcker, Bd. II/2, S. 872 f.; Kissel, Arbeitskampfrecht, § 13 Rn 2; Zöllner/Loritz/Hergenröder, Arbeitsrecht, S. 414.

Abbildung 3: Gliederung der atypischen Arbeitskampfformen

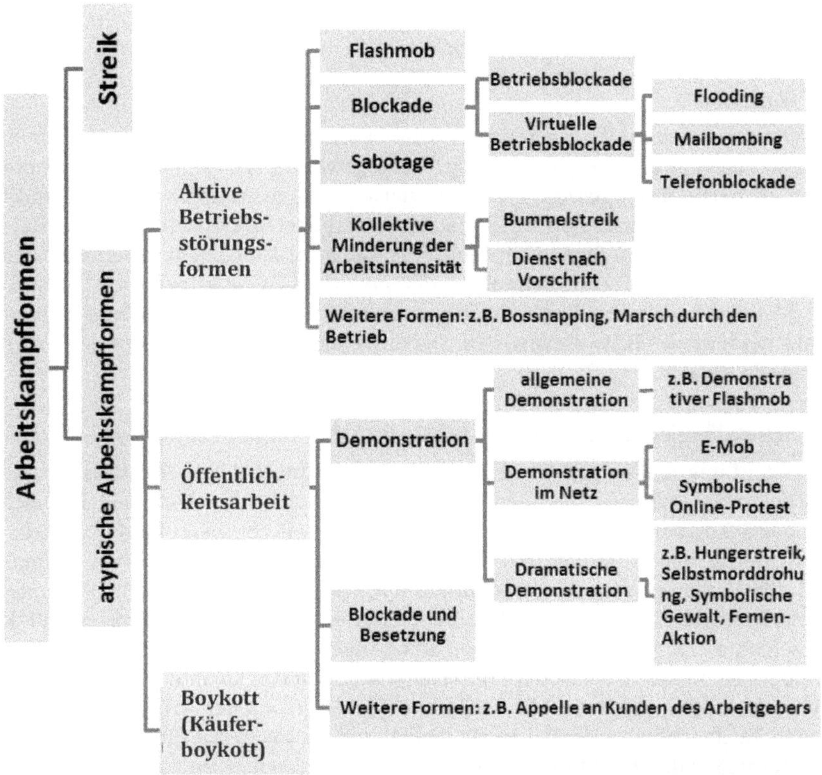

§ 7 Atypische Arbeitskämpfe in der Rechtsprechung

Bis zur Flashmob-Entscheidung des BAG vom 22. September 2009 wurde hauptsächlich nur die klassische Kampfform des Streiks in der arbeitskampfrechtlichen Rechtsprechung behandelt. Die durch die Rechtsprechung entwickelten Grundsätze des Arbeitskampfrechts waren und sind stark am Streik orientiert. Das Arbeitskampfrecht wurde sogar als Streikrecht verstanden. Die atypischen Arbeitskämpfe, insbesondere mit dem Effekt der Betriebsablaufstörungen, wurden als generell unzulässig beurteilt. Allerdings wird dies nach der Flashmob-Entscheidung des BAG in gewissem Maße verändert. Im Folgenden ist zuerst der Inhalt der Flashmob-Entscheidung des BAG darzustellen. Anschließend sind die wichtigsten Entscheidungen bezüglich anderer atypischer Arbeitskämpfe – sowohl vor als auch nach der Flashmob-Entscheidung des BAG – vorzustellen.

A. Richterrechtliche Bewertung atypischer Arbeitskampfformen

I. *Aktive Betriebsstörungsformen*

1. *Flashmob*

Die Premiere des streikbegleitenden Flashmobs im deutschen Arbeitskampfgeschehen wurde von der Vereinten Dienstleistungsgewerkschaft ver.di am 08. Dezember 2007 in Berlin durchgesetzt.[591] Die dreiviertelstündige Aktion von ver.di fand in einer Supermarktfiliale statt, wo Streikbrecher arbeiteten. Danach hatte das BAG in seinem Urteil vom 22. September 2009 diese Kampfform als „nicht generell unzulässig" erklärt.[592] Das BVerfG hatte die Auffassung des BAG in seinem Beschluss vom 26. März 2014 nicht revidiert.[593] In Folgenden sind die Kernaussagen der Flashmob-Entscheidung des BAG darzustellen. Dabei werden die Anmerkungen des BVerfG beiläufig ergänzt.

a) Schutzbereich des Art. 9 Abs. 3 GG und Kampfmittelfreiheit

In erster Linie stellte das BAG in seiner Flashmob-Entscheidung fest, dass die Aktionsform des Flashmobs unter den Schutzbereich des Art. 9 Abs. 3 GG fällt. Einerseits sei der Schutzbereich des Art. 9 Abs. 3 GG nicht von vornherein auf den Bereich des Unerlässlichen beschränkt. Der Grundrechtsschutz erstrecke sich vielmehr auf alle Verhaltensweisen, die koalitionsspezifisch sind. Andererseits stehe dem nicht entgegen, dass derartige „Flashmob-Aktionen" bislang kein typisches, in der Geschichte des Arbeitskampfs schon seit Längerem bekanntes und anerkanntes, sondern ein neues Arbeitskampfmittel darstellen. Hierfür bejahte das BAG, dass die Wahl der Mittel, mit denen die Koalitionen die Regelung der Arbeitsbedingungen durch Tarifverträge zu erreichen versuchen und die sie hierzu für geeignet halten, grundsätzlich den Koalitionen, also der Kampfmittelfreiheit zu überlassen sei:

> „Dem Schutz des Art. 9 Abs. 3 GG unterfällt nicht nur ein historisch gewachsener, abschließender numerus clausus von Arbeitskampfmitteln. Vielmehr gehört es zur verfassungsrechtlich geschützten Freiheit der Koalitionen, ihre Kampfmittel an die sich wandelnden Umstände anzupassen, um dem Gegner gewachsen zu bleiben und ausgewogene Tarifabschlüsse zu erzielen. Die Beurteilung, ob eine Betätigung koalitionsspezifisch ist, richtet sich grundsätzlich nicht nach der Art des von der Koalition gewählten Mittels, sondern nach dem von ihr damit verfolgten Ziel."[594]

---

591 Zum Sachverhalt des Falls siehe oben § 4 B. II. 1. Premiere des Flashmobs als Arbeitskampfform.

592 BAG 22.09.2009 – 1 AZR 972/08 – AP Nr. 174 Art. 9 Arbeitskampf GG.

593 BVerfG 26.03.2014 – 1 BvR 3185/09 = NJW 2014, 1874.

594 BAG 22.09.2009 – 1 AZR 972/08 – AP Nr. 174 Art. 9 Arbeitskampf GG Rn. 34.

Die von einer Koalition zur Verfolgung eines tariflichen Ziels eingesetzten Mittel können nicht wegen ihrer Art nicht koalitionsspezifisch sein und auch nicht deswegen aus dem Anwendungsbereich des Art. 9 Abs. 3 GG ausgeschlossen werden. Ansonsten werde der Bedeutung des Grundrechts nicht hinreichend Rechnung getragen. Das BVerfG hatte danach diese Auffassung geteilt.[595] Nun wurde ergänzt, dass das BAG, das allein darauf abstelle, dass streikbegleitende Flashmob-Aktionen nicht generell unzulässig seien, in verfassungsrechtlich nicht zu beanstandender Weise davon ausgehe, dass diese jedenfalls nicht typischerweise mit Straftaten wie Hausfriedensbruch, Nötigung oder Sachbeschädigung einhergehen.[596]

Die Frage, ob strafbare Handlungen von vornherein aus dem Schutzbereich der Koalitionsfreiheit ausgeschlossen sind, wird weder im Urteil des BAG noch im Beschluss des BVerfG beantwortet.

b) Zulässigkeit des Flashmobs und Verhältnismäßigkeitsgebot

Der Umstand, dass ein zum Zwecke des Arbeitskampfs durchgeführter Flashmob unter den Schutzbereich des Art. 9 Abs. 3 GG fällt, bedeute nicht, dass dieser deshalb stets zulässig wäre. Für die Bewertung von Arbeitskampfmaßnahmen sei der Grundsatz der Verhältnismäßigkeit zentraler Prüfungsmaßstab[597] und eine Feststellung der Rechtswidrigkeit komme grundsätzlich nur in Betracht, wenn eine Arbeitskampfmaßnahme offensichtlich ungeeignet oder nicht erforderlich oder wenn sie unverhältnismäßig sei.[598] Für die Geeignetheit und die Erforderlichkeit einer Kampfmaßnahmen räumte das BAG aufgrund der Kampfmittelfreiheit den einen Arbeitskampf führenden Koalitionen jeweils eine Einschätzungsprärogative zu:

> „Geeignet ist ein Kampfmittel, wenn durch seinen Einsatz die Durchsetzung des Kampfziels gefördert werden kann. Dabei kommt den einen Arbeitskampf führenden Koalitionen eine Einschätzungsprärogative zu. Sie haben einen Beurteilungsspielraum bei der Frage, ob eine Arbeitskampfmaßnahme geeignet ist, Druck auf den sozialen Gegenspieler auszuüben. Die Einschätzungsprärogative ist Teil der durch Art. 9 Abs. 3 GG geschützten Freiheit in der Wahl der Arbeitskampfmittel."[599]

> „Erforderlich ist ein Kampfmittel, wenn mildere Mittel zur Erreichung des angestrebten Ziels nach der Beurteilung der den Arbeitskampf führenden Koalition nicht zur Verfügung stehen. Auch insoweit umfasst deren Betätigungsfreiheit grundsätzlich die Einschätzung, ob sie zur Erreichung des verfolgten Ziels das gewählte Mittel für erforderlich oder andere Mittel für ausreichend erachtet. Die Grenze bildet auch hier

595 BVerfG 26.03.2014 – 1 BvR 3185/09 = NJW 2014, 1874 Rn. 23.
596 BVerfG 26.03.2014 – 1 BvR 3185/09 = NJW 2014, 1874 Rn. 28.
597 BAG 22.09.2009 – 1 AZR 972/08 – AP Nr. 174 Art. 9 Arbeitskampf GG Rn. 41.
598 BAG 22.09.2009 – 1 AZR 972/08 – AP Nr. 174 Art. 9 Arbeitskampf GG Rn. 38.
599 BAG 22.09.2009 – 1 AZR 972/08 – AP Nr. 174 Art. 9 Arbeitskampf GG Rn. 42.

der Rechtsmissbrauch. Ein solcher liegt vor, wenn es des ergriffenen Kampfmittels zur Erreichung des Ziels offensichtlich nicht bedarf."[600]

Im vorliegenden Fall sah das BAG den Flashmob nicht, jedenfalls nicht stets, als offensichtlich ungeeignet oder nicht erforderlich zur Durchsetzung der tariflichen Ziele an. Im Gegensatz dazu wurde im Rahmen der Prüfung von Verhältnismäßigkeit im engeren Sinn (proportional) keine Einschätzungsprärogative zugestanden. Vielmehr gehe es um eine rechtliche Abwägung.

„Verhältnismäßig im engeren Sinn (proportional) ist ein Arbeitskampfmittel, das sich unter hinreichender Würdigung der grundrechtlich gewährleisteten Betätigungsfreiheit zur Erreichung des angestrebten Kampfziels unter Berücksichtigung der Rechtspositionen der von der Kampfmaßnahme unmittelbar oder mittelbar Betroffenen als angemessen darstellt. Insoweit steht einer Arbeitskampfpartei keine Einschätzungsprärogative zu, geht es doch hierbei nicht um eine tatsächliche Einschätzung, sondern um eine rechtliche Abwägung."[601]

Nach dem BVerfG ist die Orientierung des BAG am Grundsatz der Verhältnismäßigkeit insofern nicht zu beanstanden.[602] Der Grundsatz der Verhältnismäßigkeit sei zwar inhaltlich unbestimmt, aber forme ihn dogmatisch detailliert durch. Hierfür erkannte das BVerfG an, dass das BAG so die Anforderungen an einen Flashmob präzisiere, nachdem die übrigen Voraussetzungen des Schutzes von Art. 9 Abs. 3 GG bejaht worden seien. Die Verhältnismäßigkeit strukturiere die gerichtliche Überprüfung der Grenzen, die einer grundrechtlich geschützten Freiheit gesetzt seien.[603]

c) Beurteilung der Angemessenheit des Flashmobs

Anschließend betonte das BAG, dass für die Beurteilung der Angemessenheit eines Arbeitskampfmittels zahlreiche Umstände eine Rolle spielen können. Jedoch seien sie je nach Art des Kampfmittels zu beurteilen. Im Fall eines Flashmobs sei es bedeutsam, ob das Kampfmittel mit eigenen Opfern des Angreifers verbunden sei und ob dem Gegner effektive Verteidigungsmöglichkeiten zur Verfügung stehen.[604] Um dem Gegner eigene Reaktionen zu ermöglichen, bedarf es in der Regel der Erkennbarkeit einer Kampfmaßnahme als solcher. Diese Bedingungen wurden in der Flashmob-Aktion von ver.di erfüllt. Zur Erkennbarkeit der Flashmob-Aktion legte das BAG fest:

„Sofern Aktionsteilnehmer – wie etwa bei der Aktion vom 08.12.2007 zumindest ein Teil von ihnen – bereits an äußeren Anzeichen, wie Bekleidung oder Anstecknadeln, erkennbar sind oder sofern sie sich durch ihre Äußerungen oder Handlungen als

600 BAG 22.09.2009 – 1 AZR 972/08 – AP Nr. 174 Art. 9 Arbeitskampf GG Rn. 43.
601 BAG 22.09.2009 – 1 AZR 972/08 – AP Nr. 174 Art. 9 Arbeitskampf GG Rn. 44.
602 BVerfG 26.03.2014 – 1 BvR 3185/09 = NJW 2014, 1874 Rn. 25.
603 BVerfG 26.03.2014 – 1 BvR 3185/09 = NJW 2014, 1874 Rn. 41.
604 BAG 22.09.2009 – 1 AZR 972/08 – AP Nr. 174 Art. 9 Arbeitskampf GG Rn. 45 f.

Teilnehmer der Aktion zu erkennen geben, steht der Ausübung des Hausrechts ihnen gegenüber ohnehin nichts im Wege. Aber auch wenn Aktionsteilnehmer nicht unmittelbar bereits äußerlich als solche erkennbar sind, bleibt ihre Teilnahme nicht längere Zeit verborgen, sondern wird spätestens dann offenbar, wenn sie gemeinsam mit vielen anderen mit lediglich einem ‚Cent-Artikel' im Einkaufswagen an der Kasse eine Warteschlange bilden oder einen gefüllten Einkaufswagen stehen lassen."[605]

Für die effektiven Verteidigungsmöglichkeiten des Kampfgegners hatte das BAG auf zwei Möglichkeiten hingewiesen: die Ausübung seines Hausrechts[606] und die vorübergehende Betriebsschließung.[607] Länger dauernden, nachhaltigen Störungen könne der Betriebsinhaber regelmäßig bereits durch die Ausübung seines Hausrechts begegnen. Das Recht zur Betriebsstilllegung eröffne dem betroffenen Arbeitgeber schnelle und betriebsspezifische Reaktionen, um der Arbeitskampfmaßnahme durch eine vorübergehende Betriebsschließung zu begegnen. Insgesamt sei die Arbeitgeberseite derartigen, erkennbar von der Gewerkschaft getragenen und organisierten „Flashmob-Aktionen" nicht wehrlos ausgeliefert.

2. Behinderung und Blockade der Betriebszugänge

a) Ständige Rechtsprechung des BAG

Nach der ständigen Rechtsprechung des BAG stellt eine von einer Gewerkschaft oder von Arbeitnehmern im Rahmen eines Streiks gegen einen Betrieb verhängte Blockade (= Absperrung von außen) einen Eingriff in das Recht am eingerichteten und ausgeübten Gewerbebetrieb dar und ist rechtswidrig.[608] Die Begründungen liegen vor allem darin, dass einerseits die Behinderung oder Blockade der Betriebszugänge nicht vom Streikrecht gedeckt wird, weil ein Streik sich nur auf die Verweigerung vertraglich geschuldeter Arbeitsleistung beziehen könne. Außerdem dürften die im Rahmen einer Streikaktion beteiligten Streikposten nicht über das bloße Zureden hinausgehen, sich am Streik zu beteiligen. Deshalb gebe es in einem Streik keinen Raum für aktive Behinderungsmaßnahmen.

„Das Recht zum Streik beinhaltet das Recht, die vertraglich geschuldete Arbeitsleistung zu verweigern. Vom Streikrecht mit umfasst ist auch der Versuch und gegebenenfalls das Gelingen des Versuchs, neue, dem bestreikten Betrieb bisher nicht zugehörige Arbeitskräfte mit Mitteln des gütlichen Zuredens und des Appells an die Solidarität von der Aufnahme der Arbeit im bestreikten Betrieb abzuhalten. Dementsprechend ist

605 BAG 22.09.2009 – 1 AZR 972/08 – AP Nr. 174 Art. 9 Arbeitskampf GG Rn. 58.
606 BAG 22.09.2009 – 1 AZR 972/08 – AP Nr. 174 Art. 9 Arbeitskampf GG Rn. 56 ff.
607 BAG 22.09.2009 – 1 AZR 972/08 – AP Nr. 174 Art. 9 Arbeitskampf GG Rn. 59 ff.
608 BAG 08.11.1988 – 1 AZR 417/86 – AP Nr. 111 Art. 9 GG Arbeitskampf = NZA 1989, 475 (476); 21.06.1988 – 1 AZR 653/86 – AP Nr. 109 Art. 9 GG Arbeitskampf = NZA 1988, 884 (884); 21.06.1988 – 1 AZR 653/86 – AP Nr. 108 Art. 9 GG Arbeitskampf = NZA 1988, 846 (850); dazu vgl. auch Treber, Aktiv produktionsbehindernde Maßnahmen, S. 149 ff.

vom Streikrecht auch umfasst der Versuch, Arbeitnehmer des bestreikten Betriebes, die sich dem Streik bislang noch nicht angeschlossen haben, zur Teilnahme am Streik zu bewegen, sofern dieser Versuch mit Mitteln des gütlichen Zuredens und des Appells an die Solidarität erfolgt. Handlungen, die darüber hinausgehen und gar strafrechtlich geschützte Interessen des Arbeitsgebers oder Dritter verletzen, werden durch das Streikrecht nicht gerechtfertigt sowie die Behinderung arbeitswilliger Arbeitnehmer am Betreten des Betriebes durch Maßnahmen, die über bloßes Zureden, sich am Streik zu beteiligen, hinausgehen"[609]

Hierbei wurde das Arbeitskampfrecht in der Rechtsprechung des BAG nur als Streikrecht verstanden. Dies hatte zur Folge, dass alle Kampfmaßnahmen unmittelbar dem Streiksinn dienen müssen. Die Veranlassung der streikwilligen Arbeitnehmer, die Arbeit einzustellen und der Versuch und ggf. das Gelingen des Versuches, neue, dem bestreikten Betrieb bisher nicht zugehörige Arbeitskräfte von der Aufnahme der Arbeit in ihm abzuhalten, gehören zu den Mitteln eines rechtmäßigen Streiks.[610] Jede darüber hinausgehende Tätigkeit findet im Art. 9 Abs. 3 GG keine rechtliche Stützung. Ein selbstständiges Kampfmittel zur Produktionsbehinderung, das unabhängig von Arbeitsniederlegungen ist, wurde vom BAG nicht in Betracht gezogen.

b) Neue Rechtsprechung nach der Flashmob-Entscheidung

Im Gegensatz dazu gab es Entscheidungen, welche die Betriebsblockade im Licht der Flashmob-Entscheidung des BAG verfassungsrechtlich neu bewerten. Das Urteil des LAG Hamburg v. 06. Februar 2013 war der Auffassung, dass einer uneingeschränkten Untersagung des Kampfmittels der Behinderung nicht zu folgen sei[611] und dass eine kurzzeitige Zugangsbehinderung durch Bildung von Menschenketten oder/und Abstellen von Fahrzeugen in einem angemessenen Zeitraum – hier: maximal 15 Minuten – zu billigen sei.[612] In erster Linie betonte das LAG Hamburg, dass ein Arbeitskampf sich eben nicht nur auf die – passive – Verweigerung der geschuldeten Arbeitsleistung beschränke.[613] Zum anderen verwies das Arbeitsgericht auf den Freiheitsrechtscharakter der Koalitionsfreiheit und stellte fest, dass jegliche Reglementierung zugleich eine Beschränkung der durch Art. 9 Abs. 3 GG gewährleisteten Betätigungsfreiheit darstelle, die der verfassungsrechtlichen Rechtfertigung bedürfe. Eine Bewertung von Arbeitskampfmaßnahmen durch die Fachgerichte als rechtswidrig komme grundsätzlich nur in Betracht, wenn eine

609 BAG 21.06.1988 – 1 AZR 653/86 – AP Nr. 108 Art. 9 GG Arbeitskampf = NZA 1988, 846 (850); weitere Entscheidungen zur Betriebsblockade, vgl. Treber, Aktiv produktionsbehindernde Maßnahmen, S. 119 ff.

610 BAG 20.12.1963 – 1 AZR 157/63 – AP Nr. 34 Art. 9 GG Arbeitskampf = NJW 1964, 1291 (1292).

611 LAG Hamburg 06.02.2013 – 5 SaGa 1/12 – AiB 2013, 726 Rn. 48; dazu vgl. auch BeckOK-ArbR /Waas, Art. 9 GG Rn. 168; ErfK/Linsenmaier, § 9 GG Rn. 273.

612 LAG Hamburg 06.02.2013 – 5 SaGa 1/12 – AiB 2013, 726 Rn. 49.

613 LAG Hamburg 06.02.2013 – 5 SaGa 1/12 – AiB 2013, 726 Rn. 47.

Arbeitskampfmaßnahme offensichtlich ungeeignet oder nicht erforderlich oder unverhältnismäßig sei.[614]

Entsprechender Prüfungsmaßstab sei der Grundsatz der Verhältnismäßigkeit gemäß der Flashmob-Entscheidung des BAG. Die Zugangsbehinderung sei eine geeignete Reaktion auf den Einsatz von Streikbrechern des Kampfgegners im Rahmen der Kampfparität. Diese seien ohne Einsatz von (verbotener) Gewalt aufseiten des Arbeitgebers nicht zu durchbrechen.[615] Ferner sei dieses Kampfmittel auch erforderlich, weil die Betroffenheit nur ein Teilaspekt des Arbeitskampfes sei, nämlich den Zugang von Arbeitswilligen und Lieferanten usw. zum Betrieb zu behindern, zu verlangsamen und den Kampfgegner dadurch zu schaden. In diesem Zusammenhang stünden mildere Mittel nicht zur Verfügung.[616] Schließlich seien die Rechtspositionen der von der Kampfmaßnahme unmittelbar oder mittelbar Betroffenen zu berücksichtigen. Dafür seien die Schranken der Kampfmaßnahmen zu bestimmen und erfolgten in einer zeitlichen Ausübung:

> „Die zeitlich unbeschränkte Behinderung erweist sich als Blockade, greift unverhältnismäßig in das Eigentum, das Recht am eingerichteten und ausgeübten Gewerbebetrieb ein, verletzt die Handlungsfreiheit der am Zugang behinderten Personen, verletzt die Kampfparität, weil sie den Arbeitgeber an eigener Kampfesreaktion hindert und ist damit insgesamt nicht angemessen. [...] Einerseits muss dieses Kampfmittel auch mit zeitlicher Beschränkung noch Druck ausüben können, andererseits muss den davon Betroffenen noch die Möglichkeit verbleiben, ihre verfassungsrechtlich geschützten Positionen zu verwirklichen, also z. B. in noch hinnehmbarer Zeit als Arbeitswilliger, Lieferant oder Handwerker Zugang zum Betrieb zu finden."[617]

Hierbei war das LAG Hamburg der Meinung, dass bei der Festsetzung der Zeitspanne eine Einschätzungsprärogative der Gewerkschaft einzuräumen sei und hielt deshalb eine fünfzehnminütige Behinderung für verhältnismäßig.[618]

3. *Aktive Betriebsstörung mittels Internetnutzung*

Die Kampfformen der aktiven Betriebsstörung mittels Internetnutzung[619] wurden zwar in der Rechtsprechung behandelt, aber nicht aus arbeitskampfrechtlicher Perspektive beurteilt. Immerhin kann man von den diesbezüglichen Entscheidungen die aktuelle Denkweise der Gerichte ableiten. Hierfür ist die Entscheidung in Bezug auf den Aktionsaufruf „zur Blockade einer Homepage der Lufthansa per E-Mail

---

614 LAG Hamburg 06.02.2013 – 5 SaGa 1/12 – AiB 2013, 726 Rn. 40.
615 LAG Hamburg 06.02.2013 – 5 SaGa 1/12 – AiB 2013, 726 Rn. 47.
616 LAG Hamburg 06.02.2013 – 5 SaGa 1/12 – AiB 2013, 726 Rn. 48.
617 LAG Hamburg 06.02.2013 – 5 SaGa 1/12 – AiB 2013, 726 Rn. 49.
618 LAG Hamburg 06.02.2013 – 5 SaGa 1/12 – AiB 2013, 726 Rn. 49.
619 Dazu Telefonblockade, Flooding oder Mailbombing im § 6 A. II. 2. Virtuelle Betriebsblockade.

am 20. Juni 2001“ darzustellen.[620] Die zweistündige Online-Blockade wurde in der Rechtsprechung des OLG Frankfurt/M. v. 22. Mai 2006[621] weder als eine Nötigung gemäß § 240 StGB noch als eine Computersabotage nach § 303b StGB betrachtet. Das Betätigen der Maus sei zwar eine Muskelinnervation. Es genüge jedoch nicht die notwendige Voraussetzung für den Krafteinsatz. Ferner ist aus Sicht des OLG Frankfurt/M auch nicht eine Drohung oder eine Unterdrückung gegeben. Diese Aktion stelle auch keine Drohung dar, denn:

> „Grundsätzlich gilt, dass eine Drohung nur als Inaussichtstellung, als Hinweis auf etwas Zukünftiges begriffen werden kann und in der Verwirklichung eines Geschehens nicht zugleich die Inaussichtstellung liegen kann. Es kann daher nur in Ausnahmefällen in der Verwirklichung des Übels die Ankündigung eines weitergehenden Übels enthalten sein. Ein derartiger Ausnahmefall ist hier nicht gegeben. Die Aktion war von vornherein zeitlich begrenzt. In dem Aufruf war als Zeitraum ausdrücklich der 20.6.2001 von 10:00 Uhr bis 12:00 Uhr benannt. Anhaltspunkte für die Absicht, die Aktion fortzusetzen oder zu wiederholen, sind nicht erkennbar.“[622]

Eine nur vorübergehende Blockade bilde kein Unterdrücken:

> „Entgegen der in der Literatur vertretenen Auffassung ist das Merkmal „Unterdrücken” dann nicht gegeben, wenn die Daten – wie hier allenfalls für zwei Stunden – nur vorübergehend und nicht auf Dauer entzogen werden. [...] Danach liegt ein Unterdrücken von Daten nur dann vor, wenn diese dem Zugriff des Berechtigten entzogen und deshalb nicht mehr verwendet werden können.“[623]

Ein anderer Fall, den Virus Cascade B („Herbstlaubvirus“) in die EDV-Anlage eines Arbeitgebers zu implantieren, wurde von LAG Saarland nur arbeitsvertraglich beurteilt und stellte einen wichtigen Grund zum Ausspruch einer außerordentlichen Kündigung dar.[624] Ob zugleich der Verdacht einer strafbaren Handlung gemäß §§ 303a, b StGB besteht, bleibt in diesem Zusammenhang ungewiss.

4. *Bummelstreik*

Der Bummelstreik wurde nach Reichsgericht als unlauteres Kampfmittel bewertet.[625] In den 1970er-Jahren wurde diese Kampfform vom BGH erneut beurteilt. Es ging um die vom Verband der Flugleiter e. V. als Initiator des Arbeitskampfes organisierten Arbeitskämpfe. In der Zeit vom 31. Mai bis 23. November 1973 meldeten

---

620 Zum Sachverhalt des Falls, siehe oben § 6 A. II. 2. a) Flooding.
621 OLG Frankfurt/M. 22.05.2006 – 1 Ss 319/05 – MMR 2006, 547; AG Frankfurt v. 01.07.2005 – 991 Ds 6100 Js 226314/01 – MMR 2005, 863.
622 OLG Frankfurt/M. 22.05.2006 – 1 Ss 319/05 – MMR 2006, 547 (551).
623 OLG Frankfurt/M. 22.05.2006 – 1 Ss 319/05 – MMR 2006, 547 (551).
624 LAG Saarland 01.12.1993 – 2 Sa 154/92 – BB 1994, Beilage Nr. 7, 14–15 = CR 1994, 296.
625 Vgl. Otto, Arbeitskampfrecht, § 10 Rn. 48; so auch ErfK/Linsenmaier, § 9 GG Rn. 273.

sich auffallend viele Flugleiter zu bestimmten Stichtagen krank („go sick"). Andere setzten über einen längeren Zeitraum ihre Arbeitsleistung herab („go slow"). Durch diese Maßnahmen wurde der zivile Luftverkehr erheblich gestört. Viele Flüge konnten nur mit erheblicher Verspätung durchgeführt werden, andere fielen ganz aus. Ende Juni 1973 wurden einzelne Flughäfen, darunter der Flugplatz Hannover, vorübergehend für den gesamten Flugverkehr gesperrt.[626] In den Entscheidungen aus den Jahren 1977/78 unterschied der BGH nicht zwischen der kollektiven Ausübung von Individualrechten („go sick")[627] und der Kampfaktion der kollektiven Minderung der Arbeitsintensität („go slow")[628].[629]

Andererseits bewertete der BGH „go slow" (Bummelstreik) als Synonym für den „Dienst nach Vorschrift".[630] Zwar werden die zwei Kampfformen nicht selten parallel eingesetzt, aber einer Differenzierung ist aus rechtlichen Gründen nötig.[631]

In Bezug auf die Zulässigkeit erkannte der BGH in der Entscheidung vom 31. Januar 1978 zunächst „go sick" sowie „go slow" als streikähnliche Kampfmaßnahmen[632] und ging davon aus, dass der Arbeitskampf zwar durch Art. 9 Abs. 3 GG geschützt werde, aber die Koalitionsfreiheit nicht schrankenlos gewährleistet sei. Unabhängig vom besonderen Beamtenverhältnis hatte der BGH anschließend entschieden, dass die Kampfgrenze des Fairnessgebots sowie des Prinzips der Waffengleichheit durch die Kampfmaßnahmen verletzt wurden, weil die Kampfmaßnahmen anonym durchgeführt wurden und weil dem Kampfgegner keine Verteidigungsmöglichkeit zur Verfügung stand.[633] Ihre Wirkung sei demgemäß massiver als bei einem Streik.

> „‚Go slow' und ‚sick out' ließen dem Dienstherrn der Fluglotsen kaum Möglichkeiten zu Gegenmaßnahmen, weil sie sich nicht wie ein Streik zu Kampfmaßnahmen eines

---

626 Sachverhalt nach BGH 16.06.1977 – III ZR 179/75 – AP Nr. 53 Art. 9 GG Arbeitskampf.

627 Dazu siehe oben § 5 A. I. 4. Abgrenzung zur kollektiven Ausübung von Individualrechten.

628 Zum Begriff kollektiver Minderung der Arbeitsintensität, siehe oben § 6 A. IV. Kollektive Minderung der Arbeitsintensität.

629 BGH 31.01.1978 – VI ZR 32/77 – AP Nr. 61 Art. 9 GG Arbeitskampf = NJW 1978, 816; 16.06.1977 – III ZR 179/75 – AP Nr. 53 Art. 9 GG Arbeitskampf = NJW 1977, 1875.

630 BGH 16.06.1977 – III ZR 179/75 – AP Nr. 53 Art. 9 GG Arbeitskampf = NJW 1977, 1875 (1878); ebenso Kissel, Arbeitskampfrecht, § 61 Rn. 10; kritisch dazu Däubler/Däubler, Arbeitskampfrecht, § 29 Rn. 27.

631 Abgrenzung des Bummelstreiks zum Dienst nach Vorschrift, siehe oben § 6 A. IV. Kollektive Minderung der Arbeitsintensität.

632 BGH 31.01.1978 – VI ZR 32/77 – AP Nr. 61 Art. 9 GG Arbeitskampf = NJW 1978, 816 (817).

633 BGH 31.01.1978 – VI ZR 32 / 77 – AP Nr. 61 Art. 9 GG Arbeitskampf = NJW 1978, 816 (817); vgl. auch Däubler/Reinfelder, Arbeitskampfrecht, § 15 Rn. 55. Zur Verteidigungsmöglichkeit des Arbeitgebers, siehe unten § 11 C. II. 2. d) Verteidigungsmöglichkeiten des Arbeitgebers.

Kollektivs ‚offen' bekannten. [...] Dass keine Streikleitung auftrat, auch der Bekl. diese Aufgabe nicht übernommen hatte, wovon nach den Feststellungen des Berufungsgerichtes zu seinen Gunsten auszugehen ist, war – anders als etwa bei einem ohne Beteiligung der Gewerkschaft zwar ‚wilden', aber als solchem ‚offenen' Streik einer Belegschaft – Teil der Kampfstrategie. Solche Taktik der ‚Umkehrung' der im Arbeitskampf wirkenden Ebenen (statt der Auseinandersetzung der Sozialpartner mit mittelbarem Einfluss auf die Individualbeziehungen der Angriff aus den einzelnen Dienstverhältnissen heraus), um sich dem Risiko eines Gegenangriffs des Dienstherrn zu entziehen, könnte auch sonst im Arbeitsleben und in der Wirtschaft das Recht auf koalitionsmäßige Betätigung nicht beanspruchen."[634]

„Es verstößt gegen das Prinzip der Waffengleichheit, statt klarer Fronten eine anonyme Mauer passiven Widerstands zu setzen und dem Sozialpartner das Gewicht der Aktion ganz zu überbürden. Für ihn wiegt sie im Vergleich zum Streik nicht leichter, sondern schwerer: Nicht nur fehlt ihm der direkte Verhandlungspartner, nicht nur kann er ihr nicht wirksam begegnen, sondern er hat keine ausreichende Grundlage für die Beurteilung der Kräfteverhältnisse, die ihm eine Anpassung an die Situation ermöglichen und ihm klar machen könnte, ob und in wieweit er den Forderungen nachgeben muss"[635]

Außerdem sah der BGH diese Aktionen nach Form und Ausmaß als sittenwidrig i. S. von § 826 BGB[636] ohne Rücksicht auf die Wertung des Art. 9 Abs. 3 GG an, da sich die „Aktion" unmittelbar gegen Dritte – die auf den geordneten Flugverkehr angewiesenen Flugkunden – richtete. Es sei gerade das Ziel der „streikenden" Flugleiter, mittels Schädigung Dritter den Gegenner zu treffen, um ihn unter dem Druck dieser Auswirkungen zum Nachgeben zu veranlassen.[637] Nunmehr hat § 826 BGB jedoch keine besondere Bedeutung mehr für die rechtliche Kontrolle des Arbeitskampfrechts. Denn die Sittenwidrigkeit wird in der Praxis durch den Maßstab des Verhältnismäßigkeitsgebots ersetzt.[638]

---

634 BGH 31.01.1978 – VI ZR 32/77 – AP Nr. 61 Art. 9 GG Arbeitskampf = NJW 1978, 816 (817).

635 BGH 31.01.1978 – VI ZR 32/77 – AP Nr. 61 Art. 9 GG Arbeitskampf = NJW 1978, 816 (817).

636 BGH 31.01.1978 – VI ZR 32/77 – AP Nr. 61 Art. 9 GG Arbeitskampf = NJW 1978, 816 (817); so auch ErfK/Linsenmaier, § 9 GG Rn. 273; Kissel, Arbeitskampfrecht, § 61 Rn. 7, 9; Otto, Arbeitskampfrecht, § 10 Rn. 48; dagegen Berg/Kocher/Platow/Schoof/Schumann, Teil 3, Rn. 231.

637 BGH 31.01.1978 – VI ZR 32/77 – AP Nr. 61 Art. 9 GG Arbeitskampf = NJW 1978, 816 (817); so auch Lambrich/Sander, NZA 2014, 337 (341).

638 Däubler/Reinfelder, Arbeitskampfrecht, § 15 Rn. 55. Zur Schädigung des unbeteiligten Dritten und Arbeitskampfrecht siehe unten § 11 B. III. Kampfgrenze zum Schutz der Rechte Dritter.

II. Öffentlichkeitsarbeit

1. Rechtsprechung zu Meinungsäußerungen während Arbeitskämpfen

Die gewerkschaftliche Öffentlichkeitsarbeit wird in großem Umfang durch Meinungsäußerungen praktiziert und ist in der Regel durch die Meinungsfreiheit des Art. 5 Abs. 1 Satz 1 GG sowie die Koalitionsfreiheit des Art. 9 Abs. 3 GG gewährleistet. Zum Verhältnis zwischen Meinungsfreiheit und Koalitionsfreiheit war das LAG Düsseldorf in seiner Entscheidung vom 17. August 2012 folgender Meinung:

> „Zwar gewährt Art. 9 Abs. 3 GG über die koalitionsspezifische Betätigungsfreiheit auch ein Recht der Gewerkschaften und ihrer Mitglieder, sich durch kritische Äußerungen am Kampf um die öffentliche Meinung zu beteiligen, solange es um die Verfolgung tariflicher Ziele geht. Der durch Art. 9 Abs. 3 GG vermittelte Grundrechtsschutz reicht aber nicht weiter als derjenige des Art. 5 Abs. 1 Satz 1 GG; auch er findet seine Grenze am Recht der persönlichen Ehre des Arbeitgebers und seiner Repräsentanten."[639]

Nicht geschützt sei zum Beispiel die Schmähkritik. Dies sei dann der Fall, wenn nicht mehr die Auseinandersetzung in der Sache, sondern – jenseits auch polemischer und überspitzter Kritik – die Diffamierung der Person im Vordergrund steht. Dann habe eine solche Äußerung als Schmähung regelmäßig hinter dem Persönlichkeitsrecht des Betroffenen zurückzustehen.[640] Ein unterschwellig ironischer Ton der Flugblätter der Gewerkschaft im Arbeitskampf sei zulässig.[641] Zwar unterliegen die Meinungsäußerungen während eines Arbeitskampfs auch den allgemeinen Grenzen der Meinungsfreiheit. Zugleich betonte das LAG Düsseldorf aber eine den Gesamtkontext berücksichtigende Betrachtung, um über die Zulässigkeit von Verbalattacken im Rahmen einer Arbeitskampfmaßnahme zu entscheiden.[642] Das ebenfalls grundrechtlich geschützte Interesse des Kampfgegners sei mit der Meinungs- und der Koalitionsfreiheit abzuwägen und die Abwägung habe sich an den konkreten Gegebenheiten des Einzelfalls zu orientieren.

> „Obwohl die Begriffe ‚Betrüger', ‚bescheißen' und ‚Dieb' erhebliche Unwerturteile beinhalten, stellen sie sich in Anbetracht der konkreten Umstände des Falles noch als polemische und zugespitzte Kritik, die von der Klägerin hinzunehmen ist, und nicht als bloße Schmähung dar. Das macht die Kammer an folgenden Erwägungen fest: (1) Die Äußerungen erfolgten im Zusammenhang mit einer rechtmäßigen Arbeitskampfmaßnahme und zielten ersichtlich darauf ab, die öffentliche Meinung im Sinne der Streikenden zu beeinflussen, damit den (medialen) Druck auf die Klägerin zu erhöhen

---

639 LAG Düsseldorf 17.08.2012 – 8 SaGa 14/12 – BeckRS 2012, 72513, unter den Gründen B. II. 1. c. aa.

640 BVerfG 05.12.2008 – 1 BvR 1318/07 = NJW 2009, 749 (750) m. w. N.

641 ArbG Hamburg 30.06.1992, AiB 1992, 530.

642 LAG Düsseldorf 17.08.2012 – 8 SaGa 14/12 – BeckRS 2012, 72513, unter den Gründen B. II. 1. c. aa.; dazu vgl. auch Melot de Beauregard, NZA-RR 2013, 617 (619).

und letztlich so in den laufenden Tarifverhandlungen einen aus Arbeitnehmersicht möglichst günstigen Abschluss zu erreichen."[643]

2. *Rechtsprechung zur Öffentlichkeitsarbeit mit Einbeziehung der Kunden*

Konkrete Fälle der Öffentlichkeitsarbeit mit Einbeziehung der Kunden sind die Verteilung von gewerkschaftlichem Informationsmaterial, die bereits als Voraussetzung für die erfolgreiche Tätigkeit der Gewerkschaften als allgemein zulässig anerkannt wird.[644] Ein weiterer Schritt, also Appelle an Kunden des Arbeitgebers[645] im Arbeitskampf, wurde ebenfalls in der Rechtsprechung zugelassen. Erstens wurde die Verteilung gewerkschaftlichen Informationsmaterials an Kunden des Arbeitgebers am Arbeitsplatz während der Arbeitszeit gebilligt. In diesem Fall wurden Flugblätter anlässlich eines neuen Personalkonzepts am 22. Juni 1992 in den Zugrestaurants von der Gewerkschaft NGG verbreitet.[646] Danach hatte das ArbG Hamburg in seinem Urteil v. 30. Juni 1992[647] entschieden, dass gewerkschaftliche Flugblätter, in denen auf verschlechterte Arbeitsbedingungen der Arbeitnehmer aufmerksam gemacht werden soll, in einem Zugrestaurant während der Fahrt an Kunden verteilt werden dürfen, weil durch die Flugblätterverteilung im Speisewagen keine Betriebsstörungen im nennenswerten Umfang entstanden oder die Umsätze gesunken seien. Eine massenhafte Flugblattverteilung ändere das im Ergebnis auch nicht. Selbst wenn die gewerbliche Betätigung des Arbeitgebers gestört werde, seien solche Maßnahmen nicht immer rechtswidrig. Die Begründung lautete:

> „Der Betrieb ist, wenn unterschiedliche Interessen aufeinanderstoßen, ein öffentlicher Raum. In dem bereits zitierten Urt. des BAG vom 14.2.1978 heißt es deshalb zu Recht: ‚Im Betrieb treffen Arbeit und Kapital aufeinander. Ein für die Arbeitnehmer existentieller Sachverhalt mit grundlegendem Ansatz und Bezugspunkt zur Arbeitsstätte kann nicht durch die Eigentumsgarantie für den Unternehmer verdrängt sein' [...] Nimmt man den Ansatz des BAG ernst, müssen im Betrieb, d. h. aber auch in einer konkreten Konfliktsituation, die Kontrahenten ihre entgegengesetzten Standpunkte formulieren können. In Anbetracht der realen Machtverhältnisse setzt dies das Recht der Gewerkschaft voraus, mit ihren spezifischen Mitteln auf der Seite der Arbeitnehmer einzugreifen. Geringe damit verbundene Betriebsstörungen müssen stets, gravierende

---

643 LAG Düsseldorf 17.08.2012 – 8 SaGa 14/12 – BeckRS 2012, 72513, unter den Gründen B. II. 1. c. cc.

644 Verteilungstätigkeit der gewerkschaftlichen Informationsmaterialien an die Beschäftigten in Betrieben, vgl. BAG 14.02.1967 – 1 AZR 494/65 – NJW 1967, 843 (844).

645 Siehe § 6 B. III. Appelle an Kunden des Arbeitgebers.

646 Zum Sachverhalt des Falls siehe oben § 6 B. III. Appelle an Kunden des Arbeitgebers.

647 ArbG Hamburg 30.06.1992 – 25 b Ga 5/92 – AuR 1993, 189.

Störungen jedenfalls solange hingenommen werden, wie dadurch nicht die Privatnützigkeit des Eigentums ausgehöhlt wird."[648]

Zweitens wurde die mit der Berufstätigkeit verbundene Informationsblätterverteilung der Gewerkschaft zugelassen. Im Fall der Verteilung der Informationsblätter der Gewerkschaft mit der Zeitung an Kunden am 07. Dezember 1992 in Nordrhein-Westfalen in einem Arbeitskampf[649] wurde diese Betätigung als ein vom Grundrecht nach Art. 9 Abs. 3 GG gedecktes Recht angesehen:[650]

„Dies geschah im Zusammenhang mit einem – offensichtlich zulässigen – Streik. Insoweit es ist den Gewerkschaften unbenommen, einerseits die betroffenen Arbeitnehmer zu mobilisieren, wie auch die Öffentlichkeit zu informieren. Gerade zu letzterem diente das hier in Rede stehende Informationsblatt, das insb. um Verständnis für die Forderungen der Zusteller und dafür werben sollte, dass es infolge des Streiks zu Problemen bei der Zustellung der Zeitung kommen könnte. [...] Solche Verhaltensweisen sind vom Grundrecht nach Art. 9 Abs. 3 GG gedeckt."[651]

Dabei betont das Arbeitsgericht allerdings, dass die Betriebsmittel des Arbeitgebers nicht dazu benutzt werden dürfen.[652] Außerdem sah das Arbeitsgericht diese Koalitionsbetätigung nicht als missbräuchlich an, obwohl die Gewerkschaft den Arbeitgeber als direkten Arbeitskampfgegner dazu gezwungen habe, die Meinung der Gegenseite zu verbreiten. Denn das Informationsblatt lasse von seiner Aufmachung her (Emblem der IG Medien auf der ersten Seite) und dem Text auf den ersten Blick eindeutig erkennen, dass es gegen den Zeitungsverlag (Kampfgegner) gerichtet war. Die vom Kampfgegner befürchtete Unklarheit könne damit auf keinen Fall auftreten.[653]

3. Rechtsprechung zur kampfweisen Demonstration

Nach dem BAG sei die Kampfform der Demonstration eine herkömmliche Praxis nach dem Scheitern von Tarifverhandlungen, um die baldige Wiederaufnahme der Tarifverhandlungen zu ermöglichen, weil damit Druck auf den Kampfgegner ausgeübt werden könne.[654] Diese Demonstrationsfunktion unterliege keinen

648 ArbG Hamburg 30.06.1992 – 25 b Ga 5/92 – AuR 1993, 189 (190).
649 Zum Fall siehe oben § 6 B. III. Appelle an Kunden des Arbeitgebers.
650 LAG Köln 03.02.1995 – 12 Sa 1073/94 – AP Nr. 145 Art. 9 GG Arbeitskampf = NZA-RR 1996, 100.
651 LAG Köln 03.02.1995 – 12 Sa 1073/94 – AP Nr. 145 Art. 9 GG Arbeitskampf = NZA-RR 1996, 100 (101).
652 LAG Köln 03.02.1995 – 12 Sa 1073/94 – AP Nr. 145 Art. 9 GG Arbeitskampf = NZA-RR 1996, 100 (101).
653 LAG Köln 03.02.1995 – 12 Sa 1073/94 – AP Nr. 145 Art. 9 GG Arbeitskampf = NZA-RR 1996, 100 (102).
654 BAG 21.06.1988 – 1 AZR 653/86 – AP Nr. 108 Art. 9 GG Arbeitskampf = NZA 1988, 846 (845).

besonderen Bedenken, wenn sich deren Kampfziel im Rahmen der Wahrung und Förderung der Arbeits- und Wirtschaftsbedingungen bewegt:

> „Diese Demonstrationsfunktion wird darin gesehen, dass der Warnstreik die Kampfbereitschaft der Gewerkschaft demonstrieren und der Arbeitgeberseite vor Augen führen solle, dass bei einem Scheitern der Tarifverhandlungen Druck durch Arbeitskampfmaßnahmen ausgeübt werde. Sicher kann schon die Demonstration von Kampfbereitschaft Druck auf die Arbeitgeberseite ausüben. Die Anwendung eines solchen Drucks und damit die Demonstration von Kampfbereitschaft ist als solche nicht unzulässig."[655]

Spezifische Fragen in Bezug auf dramatische Demonstrationen[656] oder den demonstrativen Flashmob[657] wurden bisher nicht in der arbeitskampfrechtlichen Rechtsprechung behandelt. Ebenso wenig wurden demonstrative Meinungsäußerungen bei Arbeitskämpfen im Internet[658] in der arbeitskampfrechtlichen Rechtsprechung berücksichtigt.[659]

II. Boykott

1. Ständige Rechtsprechung des BAG

Zunächst unterscheidet das BAG zwischen der Tätigkeit der Streikposten und dem Boykott. In einem Streik seien zwar Elemente der Absperrung (des Boykotts) enthalten, die jedoch ihrem Wesen nach als Streikmaßnahme anzusprechen sei, sodass die Frage der Rechtmäßigkeit eines Boykotts hier nicht zu entscheiden sei.[660] Zielt ein Arbeitskampfmittel, der Boykottaufruf, darauf ab, den Geschäftsverkehr eines bestimmten Arbeitgebers zu unterbinden (Lieferboykott), ist diese Maßnahme nach BAG eine der geschichtlich überkommenen Arbeitskampfmaßnahmen der Arbeitnehmerseite und wird als ein generell zulässiges Arbeitskampfmittel angesehen:[661]

> „Der vom ArbG vertretenen Ansicht, ein Boykottaufruf sei von vornherein und in jedem Falle eine rechtswidrige Kampfmaßnahme, weil der Boykottierte keine Möglichkeit der

655 BAG 21.06.1988 – 1 AZR 653/86 – AP Nr. 108 Art. 9 GG Arbeitskampf = NZA 1988, 846 (845).
656 Dazu Hungerstreik, Selbstmorddrohung, symbolische Gewalt und Femen-Aktion im § 6 B. II. 3. Dramatische Demonstration.
657 Siehe oben § 6 B. II. 1. Demonstrativer Flashmob.
658 Siehe oben § 6 B. II. 2. Demonstration im Netz.
659 Dazu unten § 11 B. 5. Kampfweise Öffentlichkeitsarbeit und Meinungsfreiheit.
660 BAG 20.12.1963 – 1 AZR 157/63 – AP Nr. 34 Art. 9 GG Arbeitskampf = NJW 1964, 1291 (1292).
661 BAG 19.10.1976 – 1 AZR 611/75 – AP Nr. 54 Art. 9 GG Arbeitskampf = NJW 1977, 318 (319); vgl. auch Rechtsprechung der Instanzgerichte, LAG Schleswig–Holstein 24.03.2005 – 2 Sa 139/05 – BeckRS 2005, 41144; ArbG Bremen 07.11.1999 – 9 Ga 79/99 – NZA-RR 2000, 35.

Gegenwehr und damit des Verhandelns habe, folgt der Senat nicht. Diese Auffassung ist in ihrer Allgemeinheit nicht haltbar. Der Boykott und damit auch der Boykottaufruf gehören neben Streik und Aussperrung zu den geschichtlich überkommenen Arbeitskampfmaßnahmen der Arbeitgeberseite und der Arbeitnehmerseite. Die von der Rechtsordnung gewährleistete Arbeitskampffreiheit, jedenfalls in der Bundesrepublik Deutschland, schließt Boykottmaßnahmen als Arbeitskampfmittel nicht aus. Allgemein wird der Boykott zu den rechtlich zulässigen Arbeitskampfmitteln gezählt"[662]

2. Rechtsprechung zum Käuferboykott

Für den Fall des Käuferboykotts gegen die Citi-Bank durch den Kirchlichen Dienst in der Arbeitswelt (KDA)[663] hatte das LG Düsseldorf in seiner Entscheidung vom 14. Juni 2000[664] entschieden, dass diese Aktion aufgrund der Meinungsfreiheit des Art. 5 Abs. 1 Satz 1 GG zulässig sei. Zwar sah das Gericht einen Käuferboykott als Eingriff in das Recht am eingerichteten und ausgeübten Gewerbebetrieb gemäß § 823 Abs. 1 BGB an. Im vorliegenden Fall komme dem durch Art. 5 Abs. 1 Satz 1 GG geschützten Recht des Antragsgegners auf freie Meinungsäußerung der Vorrang zu. Entscheidend sei das Motiv des Käuferboykotts, wobei es im vorliegenden Fall um die Umstrukturierung und die Tarifflucht und nicht um private Motive gehe:

„Die Regelung von Arbeitsbedingungen in Form von TV entspricht der in Deutschland gewachsenen Kultur der Sozialpartnerschaft, die in Art. 9 Abs. 3 GG eine ausdrückliche Anerkennung durch den Verfassungsgeber erfahren hat. Daher ist die Auffassung vertretbar, dass derjenige, der dieses System ablehnt, das Prinzip der Sozialpartnerschaft aufkündigen und die Gewichte einseitig zugunsten der Arbeitgeb. verschieben will. Dem in einer solchen Auseinandersetzung schwächeren Teil kann es daher nicht verwehrt werden, mittels eines Boykottaufrufs gewissermaßen die Öffentlichkeit ‚um Hilfe zu rufen'. Das durch Art. 14 GG geschützte Recht der Antragstellerin am eingerichteten und ausgeübten Gewerbebetrieb hat daher hinter dem Recht des Antragsgegners auf Meinungsfreiheit zurückzutreten."[665]

Allerdings wurde hier nur der Käuferboykott, der die Kunden zur Ausübung negativer Vertragsfreiheit auffordert, rechtlich behandelt. Würde die Gewerkschaft hingegen zu vertrags- oder sonst rechtswidrigem Verhalten gegenüber dem Kampfgegner auffordern, benötige dies eine arbeitskampfrechtliche Bewertung.[666]

---

662 BAG 19.10.1976 – 1 AZR 611/75 – AP Nr. 54 Art. 9 GG Arbeitskampf = NJW 1977, 318 (319).

663 Zum Sachverhalt des Falls siehe oben § 6 C. II. Käuferboykott.

664 Sachverhalt nach LG Düsseldorf 14.06.2000 – 12 0 556/99 – AuR 2001, 194.

665 LG Düsseldorf 14.06.2000 – 12 0 556/99 – AuR 2001, 194 (195).

666 Vgl. die Anmerkung, Binkert, AuR 2001, 195 (195).

B. Fazit

Die Rechtsprechung hatte die Frage der rechtlichen Beurteilung der atypischen Arbeitskampfformen bisher nur in einigen Fällen beantwortet. Insgesamt wurden nur der Flashmob, die kurzzeitige Blockade, der Boykott und die Öffentlichkeitsarbeit grundsätzlich zugelassen. Allerdings ergeben sich diesbezüglich viele Zweifelsfragen. Darauf sind die bis zur Flashmob-Entscheidung des BAG durch die Rechtsprechung entwickelten arbeitskampfrechtlichen Grundsätze nicht ohne jede Schwierigkeit übertragbar. Vielmehr müssen sie im Licht der Flashmob-Entscheidung erneut geprüft werden, was die Rechtsprechung der Instanzgerichte zum Teil praktiziert hat.

Dritter Teil: Rechtsgrundlagen und Grenzen des atypischen Arbeitskampfes

Um die Zulässigkeit der im § 6 dargestellten atypischen Arbeitskampfmittel zu untersuchen, ist in erster Linie die verfassungsrechtliche Rechtsgrundlage des Arbeitskampfrechts zu untersuchen, um das Verhältnis der Arbeitskampfgarantie zur Verfassung klar zu machen (dazu § 8). Hierbei ist zu beachten, dass die rechtliche Besonderheit des innerhalb von Tarifverhandlungen eingesetzten atypischen Arbeitskampfes lediglich auf die veränderte Kampftaktik verweist.[667] Dies ändert nichts daran, dass das Recht des atypischen Arbeitskampfes ein untergeordneter Begriff des allgemeinen Arbeitskampfrechts ist. Es liegt daher nahe, dass die Rechtsgrundlagen des atypischen und des klassischen Arbeitskampfes (Streiks) übereinstimmen. Die für den Streik einschlägigen Rechtsnormen bieten ohne Weiteres eine Rechtsgrundlage für den atypischen Arbeitskampf. Eine differenzierte Untersuchung der verschiedenen Arbeitskampfformen im Hinblick auf die Rechtsgrundlage ist nicht notwendig.

Auf der Grundlage des § 8 werden anschließend der persönliche Schutzbereich bzw. die Rechtsträger des Arbeitskampfrechts (dazu § 9) und dann der sachliche Schutzbereich bzw. die Reichweite der Arbeitskampfgarantie (dazu § 10) unter Berücksichtigung der Besonderheiten des atypischen Arbeitskampfes analysiert. Schließlich sind die verfassungsrechtlichen Schranken des atypischen Arbeitskampfes zu beleuchten (dazu §11). Hierfür ist zu noch beachten, dass der atypische Arbeitskampf von seinem Entstehungshintergrund ausgehend die Bedeutung hat, neue Ansätze für die Weiterentwicklung der alternativen Handlungsmöglichkeiten der Arbeitnehmer und Gewerkschaften zu schaffen.[668] Daher bezieht sich die Vorstellung des atypischen Arbeitskampfes ausschließlich auf die Kampfmittel aufseiten der Arbeitnehmer.[669] Im Folgenden werden deshalb nur die Arbeitskampmittel auf der Arbeitnehmerseite in der jeweiligen rechtlichen Auseinandersetzung berücksichtigt.

§ 8 Rechtliche Entwicklung und Rechtsgrundlage des Arbeitskampfrechts

In der gesamten Rechtsordnung wird das Arbeitskampfrecht auf verschiedenen rechtlichen Ebenen gewährleistet. In der nationalen Rechtsordnung ist die Koalitionsfreiheit des Art. 9 Abs. 3 GG die zentrale Norm. Daneben sind die Bundesgesetze und die Landesverfassungen zu berücksichtigen. Obwohl das Arbeitsvölkerrecht

667 Siehe oben § 5 A. II. Definition des atypischen Arbeitskampfes.
668 Zu den Ansätzen des neuen Modells des Arbeitskampfes siehe oben § 4 B. I. Zwei Aspekte des atypischen Arbeitskampfes.
669 Dazu siehe oben Einleitung § 1 B. Problemstellung und Grenze der Untersuchung und § 5 A. II. Definition des atypischen Arbeitskampfes.

am Ende des 20. Jahrhunderts noch als terra incognita bezeichnet wurde,[670] wäre es heutzutage nicht mehr realistisch, die völkerrechtlichen Normen bei der Auseinandersetzung des nationalen Rechts beiseitezulassen. Das Arbeitskampfrecht ist bereits in mehreren Arbeitsvölkerverträgen erfasst und die völkerrechtliche Rechtsnorm durch die Ratifizierung zum Bestandteil innerstaatlichen Rechts geworden. In diesem Zusammenhang wird die Rechtsgrundlage des Arbeitskampfrechts im Folgenden zuerst auf nationaler bzw. deutscher rechtlicher Ebene behandelt und anschließend in internationalen und europäischen Bereichen erörtert.

A. Arbeitskampfrecht und Verfassung

Ursprünglich betrachtet man den Streik und die Koalition prinzipiell als dasselbe.[671] Allerdings erklärte *Ramm*: „Der Arbeitskampf jener Zeit war vom Klassenkampf nicht zu trennen – hierin liegt der wesentliche Unterschied zum Recht der Bundesrepublik“[672]. Trotzdem ist die Koalitionsfreiheit des Art. 9 Abs. 3 GG im modernen Arbeitskampfrecht die wichtigste Rechtsgrundlage des Arbeitskampfes (dazu unten II.). Allerdings wurde ein Arbeitskampf**recht** bis zu den 1980er-Jahren allgemein verneint. Anerkannt war, wie in der Weimarer Zeit, lediglich eine Arbeitskampffreiheit. Diese Phase wird in der folgenden Untersuchung als Frühzeit des Grundgesetzes bezeichnet (dazu unten I.). Neben dem Art. 9 Abs. 3 GG bieten die allgemeine Handlungsfreiheit (Art. 2 Abs. 1 GG), die Meinungsfreiheit (Art. 5 Abs. 1 GG), die Versammlungsfreiheit (Art. 8 GG) und das Widerstandsrecht (Art. 20 Abs. 4 GG) auch grundrechtlichen Schutz für den Arbeitskampf. Sie sind der letzte Forschungsgegenstand der verfassungsrechtlichen Rechtsgrundlage des Arbeitskampfrechts (dazu unten III.).

I. Arbeitskampffreiheit in der Frühzeit des Grundgesetzes

In der rechtlichen Entwicklung der Garantie des Arbeitskampfes bestand das Ziel auf der ersten Stufe darin, dass Arbeitskämpfe nicht strafrechtlich sanktioniert, aber auch nicht zivilrechtlich privilegiert waren.[673] Dieses Ziel wurde mit der Aufhebung des Verbots und der Strafbestimmungen gegen die Arbeitskämpfe[674] in der Weimarer Zeit erreicht. Nach 1945 wurde die Arbeitskampffreiheit wieder[675] anerkannt, aber

670 Däubler, NJW 1999, 3537 (3537).
671 Wahsner, Vom Koalitionsverbot zum Aussperrungsverbot, S. 146.
672 Ramm, NZA 1992, 502 (502).
673 Däubler/Öğüt, Arbeitskampfrecht, § 19 Rn. 2.
674 Im Industrialisierungsprozess in Deutschland wurden die Strafbestimmungen gegen Koalitionen und Arbeitskämpfe erst mit § 152 Abs. 1 der Gewerbeordnung für den Norddeutschen Bund vom 21.06.1869 aufgehoben. Vgl. Sinzheimer, Grundzüge des Arbeitsrechts, S. 81.
675 Im Dritten Reich (1933 bis 1945) wurde keine Arbeitskampffreiheit anerkannt, vgl. Däubler/Däubler, Arbeitskampfrecht, § 5 Rn. 9 ff. Zu Arbeitsniederlegungen sowie Widerstand im Dritten Reich vgl. Kittner, Arbeitskampf, § 34 S. 539 ff.

die Rechtslage dafür war grundsätzlich nicht anders als in der Weimarer Zeit bis zur ersten Grundsatzentscheidung des BAG vom 28. Januar 1955.[676] Diese Entscheidung des BAG ist ein Wendepunkt in der Geschichte des Arbeitskampfrechts.[677] Einerseits fand in der rechtlichen Bewertung des Streiks ein Paradigmenwechsel dergestalt statt, dass ein Streik seitdem ohne vorherige Kündigung der Arbeitsverhältnisse anerkannt wird. Mit diesem zivilrechtlichen Privileg hat die Arbeitskampfgarantie auch die zweite Stufe erreicht.[678] Andererseits wurde die rechtliche Kontrolle des Arbeitskampfes vom Gedanken der Sozialadäquanz verstärkt. Im Folgenden ist die Rechtslage der Arbeitskampfgarantie vor und nach diesem Beschluss des BAG darzustellen.

1. Wiederanerkennung der Arbeitskampffreiheit

Die Garantie der Arbeitskampffreiheit nach 1945 schloss zunächst an den Rechtszustand der Weimarer Zeit an. Erst in der Weimarer Zeit wurde die Koalitionsfreiheit voll und ausdrücklich in der Verfassung (Art. 159 WRV) gewährleistet.[679]

Art. 159 WRV
Die Vereinigungsfreiheit zur Wahrung und Förderung der Arbeits- und Wirtschaftsbedingungen ist für jedermann und für alle Berufe gewährleistet. Alle Abreden und Maßnahmen, welche diese Freiheit einzuschränken oder zu behindern suchen, sind rechtswidrig.

Diese verfassungsrechtliche Fundierung der Koalitionsfreiheit schuf zwar einen Fortschritt im Vergleich zum Kaiserreich.[680] Ein mit der Koalitionsfreiheit verbundenes Arbeitskampfrecht in der Weimarer Verfassung wurde aber abgelehnt.[681] Die Weimarer Juristen argumentierten, dass die Garantie der Koalitionsfreiheit anhand der Entstehungsgeschichte des Art. 159 WRV sowie dessen Wortlaut nicht zugleich die Streikfreiheit beinhaltete.[682] Die Weimarer Verfassung stellte den Arbeitskampf nicht unter koalitionsrechtlichen Schutz. Dies bedeutete zwar nicht eine Ablehnung der Freiheit zur kampfweisen Betätigung, aber eine Arbeitskampffreiheit in

676 BAG 28.01.1955 – GS 1/54 – AP Nr. 1 Art. 9 GG Arbeitskampf = NJW 1955, 882.
677 Vgl. Zöllner, DB 1985, 2450 (2450).
678 Däubler/Öğüt, Arbeitskampfrecht, § 19 Rn. 2.
679 Däubler/Däubler, Arbeitskampfrecht, § 2 Rn. 7.
680 Im Vergleich zum Kaiserreich erweitert vor allem die im § 152 Abs. 1 Gewerbeordnung vom 21.06.1869 formal geregelte Koalitionsfreiheit im Art. 159 und 165 WRV und erlangte die Koalitionsfreiheit damit eine vollständige Anerkennung auf der verfassungsrechtlichen Ebene. Außerdem weitet sich der Koalitionszweck zur Wahrung und Förderung der Arbeits- und Wirtschaftsbedingungen aus und der Rechtsträger erstreckte sich auf jedermann und alle Berufe. Vgl. Seiter, Streikrecht, S. 58 f.; Wohlgemuth, Staatseingriff und Arbeitskampf, S. 31 f.
681 Sinzheimer, Grundzüge des Arbeitsrechts, S. 86 f.
682 Sinzheimer, Grundzüge des Arbeitsrechts, S. 86; vgl. auch Seiter, Streikrecht, S. 60.

der Weimarer Verfassung konnte nur aus der natürlichen Handlungsfreiheit der Koalition hergeleitet werden.[683]

In der Frühzeit des Grundgesetzes änderte sich dieser Zustand nicht. Zunächst wurde das individualistisch-liberale Verständnis[684] der Koalitionsfreiheit aus der Weimarer Zeit im Licht des Grundgesetzes wieder gewährt. Die Regelung zur Koalitionsfreiheit ohne Arbeitskampfgarantie wurde im Grundgesetz übernommen. In der Verhandlung des Parlamentarischen Rats kam zwar das Ideal der verfassungsrechtlichen Gewährleistung des Streikrechts im vierten Absatz des Art. 9 GG zur Sprache,[685] wie die Regelungen in Länderverfassungen.[686] Der Antrag des Art. 9 Abs. 4 GG wurde jedoch abgelehnt.[687] Art. 9 Abs. 3 GG blieb zuerst[688] inhaltsgleich mit dem Art. 159 WRV:

Art. 9 Abs. 3 GG
Das Recht, zur Wahrung und Förderung der Arbeits- und Wirtschaftsbedingungen Vereinigungen zu bilden, ist für jedermann und für alle Berufe gewährleistet. Abreden, die dieses Recht einschränken oder zu behindern suchen, sind nichtig, hierauf gerichtete Maßnahmen sind rechtswidrig.[689]

Mangels einer Regelung zum Arbeitskampf im Grundgesetz ist die Garantie des Arbeitskampfes nur durch Auslegung zu ermitteln. In jener Zeit hatte die Orientierung des Art. 9 Abs. 3 GG des Grundgesetzes am Art. 159 WRV nicht nur wörtliche Bedeutung. Die Interpretation des Art. 9 Abs. 3 GG wurde von der Auseinandersetzung des Art. 159 WRV ebenfalls beeinflusst.[690] Entsprechend wurde die Arbeitskampffreiheit in der Diskussion in den 1950er-Jahren nicht als Element

683 Sinzheimer, Grundzüge des Arbeitsrechts, S. 87.

684 Kazakos, Suspendierung von Hauptpflichten, S. 51.

685 Ein vierter Absatz des Art. 9 GG mit einer unmittelbaren Bestimmung des Arbeitskampf- oder Streikrechts wurde vom Grundsatzausschuss v. 24.11.1948 formuliert: „Das Recht der gemeinschaftlichen Arbeitseinstellung zur Wahrung und Förderung der Arbeits- und Wirtschaftsbedingungen wird anerkannt. Seine Ausübung wird durch Gesetz geregelt“, siehe Parlamentarischer Rat, Verhandlungen des Hauptausschusses, S. 210; vgl. auch Däubler, Der Streik, S. 13 ff.

686 Ein Streikrecht war und ist in den Landesverfassungen von Bremen, Hessen, Rheinland–Pfalz und Saarland unmittelbar nominiert, sieh unten § 8 C. Arbeitskampfrecht in Landesverfassungen. Vgl. auch Otto, Arbeitskampfrecht, § 2 Rn. 15 (Fn. 38).

687 Zur damaligen Diskussion über den Art. 9 Abs. 4 GG vgl. Däubler, Der Streik, S. 17 ff.; Lerche, Arbeitskampfes, S. 24; Otto, Arbeitskampfrecht, § 2 Rn. 15; Rüthers, Streik und Verfassung, S. 23 ff.; Rüthers in: Brox/Rüthers, Rn. 80; Seiter, Streikrecht, § 4 S. 63 f.

688 Am 24.06.1968 wurde der dritte Satz des Art. 9 Abs. 3 GG als Notstandsverfassung eingefügt, dazu unten § 8 A. II. 2. Art. 9 Abs. 3 Satz 3 GG als Rechtsgrundlage?

689 Bundesgesetzblatt Teil I 1949 Nr. 1 v. 23.05.1949 S. 1–20.

690 Vgl. Rüthers, Streik und Verfassung, S. 22.

der Koalitionsfreiheit,[691] sondern als Bestandteil der allgemeinen Handlungsfreiheit angesehen.[692] Die Grenze der allgemeinen Handlungsfreiheit dem Wortlaut nach sind „die Rechte anderer". Problematisch war, dass sich im Arbeitskampf in aller Regel eine Konstellation ergibt, dass die Rechte der Kampfparteien miteinander in Konflikt geraten. Rechtsdogmatisch wurde die Arbeitskampffreiheit durch Gesetze eingeschränkt. Dies hatte, wie in der Weimarer Zeit,[693] Folgen, „die sich darin erschöpfen, dass etwas nicht verboten, nicht strafbar ist"[694]. Eine Arbeitsniederlegung stellte zugleich einen Arbeitsvertragsbruch dar.[695] Um diese Rechtsfolge zu vermeiden, wurde der Streik prinzipiell nur nach vorheriger Kündigung der Arbeitsverhältnisse geführt.[696] Der Rechtslage des Arbeitskampfes blieb daher wie die seit 1869 von der Gewerbeordnung bis die Weimarer Zeit statuierte Rechtslage.[697]

2. *Arbeitskampffreiheit und Sozialadäquanztheorie des BAG*

Ein Streik unter Einhaltung der Kündigungsfristen wurde in den 1950er-Jahren weitgehend für praktisch unmöglich angesehen.[698] Eine Arbeitskampfgarantie ohne Grundrechtscharakter nur als Freiheit zu gewährleisten, bot keinen ausreichenden Schutz für die streikenden Arbeitnehmer. In der Entscheidung des Großen Senats des BAG vom 28. Januar 1955 wurde eine Lösung dafür angestrebt. Gleichwohl lehnte das BAG ausdrücklich ein besonderes verfassungsrechtliches Streikrecht aufgrund des Wortlauts des Art. 9 Abs. 3 GG sowie der Entstehungsgeschichte des Streiks ab.[699] Stattdessen versuchte das BAG, den Arbeitskampf in der freiheitlichen und sozialen Grundordnung zu positionieren und entsprechende rechtliche Grenzen

691 Streikrecht nicht Inhalt der Koalitionsfreiheit im frühen Schrifttum, vgl. Weber/Scheuner/Dietz, Koalitionsfreiheit: drei Rechtsgutachten, S. 99 ff.; Bertele, Rechtsnatur und Rechtsfolgen der Aussperrung, S. 19 ff.

692 Seiter, Streikrecht, S. 65 (Fn. 54) m. w. N.; vgl. auch Gooren, Tarifbezug des Arbeitskampfes, S. 65.

693 Sinzheimer, Grundzüge des Arbeitsrechts, S. 88. Vgl. auch Otto, Arbeitskampfrecht, § 2 Rn. 10.

694 Bühler, ArbR 1923, 561 (565).

695 Däubler/Däubler, Arbeitskampfrecht, § 4 Rn. 11.

696 Diese Auseinandersetzung wird auch als Trennungstheorie bezeichnet, vgl. Kazakos, Suspendierung von Hauptpflichten, S. 51 ff.

697 Seiter, Streikrecht, S. 68 f.

698 BAG 28.01.1955 – GS 1/54 – AP Nr. 1 Art. 9 GG Arbeitskampf = NJW 1955, 882 (884).

699 Die Begründungen des BAG waren „Da Art. 9 Abs. 3 GG ebenso wie Art. 159 Weimarer Verfassung weder nach dem Wortlaut noch nach der klaren Entstehungsgeschichte ein Streikrecht verfassungsrechtlich garantieren, vielmehr nur die Koalitionsabrede, nicht aber die Koalitionsmittel grundgesetzlich schützen, wird ein solches Recht von der durchaus h. M. abgelehnt. Auch aus § 152 GewO ergibt sich nach dieser Auffassung kein Streikrecht.", BAG 28.01.1955 – GS 1/54 – AP Nr. 1 Art. 9 GG Arbeitskampf = NJW 1955, 882 (883). Dazu vgl. auch Treber, Aktiv produktionsbehindernde Maßnahmen, S. 249.

zu setzen.[700] Anerkannt war wiederum ausschließlich eine Arbeitskampffreiheit.[701] Auffallend war die Betonung sozialadäquater Streiks in der Argumentation des BAG:

> „[...] nur der gegen die Arbeitgeber gerichtete Streik [...], der weder tarifwidrig (Bruch der tariflichen Friedenspflicht) noch nach seinen Mitteln oder seinen Zielen oder der Unverhältnismäßigkeit von Mittel und Ziel sozialinadäquat (Eingriff in die Gewerbebetriebe der Arbeitgeber nach § 823 Abs. 1 BGB), noch sittenwidrig (§ 826 BGB) ist. Man hat diesen Streik um die Arbeitsbedingungen gegen die Arbeitgeber mit Recht als sozialadäquaten Streik bezeichnet."[702]

Diese Bewertung des Arbeitskampfes orientierte sich an dem Konzept von *Nipperdey* in seinem Gutachten[703] für den Zeitungsstreik vom 27. bis 29. Mai 1952.[704] Nach *Nipperdey* ist jeder Streik ein Eingriff in das nach § 823 Abs. 1 BGB geschützte Recht am eingerichteten und ausgeübten Gewerbebetrieb. Nur der sozialadäquate Streik könne aus dem Anwendungsbereich des § 823 Abs. 1 BGB herausfallen.[705] Das Konzept von *Nipperdey* war ein Kurswechsel im Vergleich zu seiner Stellungnahme im Kaiserreich und in der Weimarer Zeit.[706] Zu jener Zeit war die Sittenwidrigkeit i. S. des § 826 BGB, nicht jedoch § 823 Abs. 1 BGB die Grenze des Arbeitskampfes.[707]

Die Ansicht von *Nipperdey* wurde vom BAG im Beschluss vom 28. Januar 1955 übernommen. Das BAG sah den Arbeitskampf als unerlaubte Handlung i. S. des § 823 Abs. 1 BGB an und ging davon aus, dass die Arbeitskämpfe im Allgemeinen unerwünscht seien, da sie volkswirtschaftliche Schäden mit sich bringen und den im Interesse der Gesamtheit liegenden sozialen Frieden beeinträchtigen.[708] Unter dem Aspekt der Sozialadäquanz wurden nur verhältnismäßige, tarifbezogene Arbeitskämpfe erlaubt. Dabei löste das BAG das Problem beim legalen Streik mit vorheriger Kündigung der Arbeitsverhältnisse unter einer kollektiven Arbeitskampftheorie. Der Arbeitskampf als einheitliches Geschehen dürfe nicht kollektivrechtlich anders behandelt werden als individualrechtlich.[709] Danach sei ein sozialadäquater Streik nicht als rechtswidriger Bruch des Arbeitsvertrages anzusehen: „Rechtmäßig

---

700 BAG 28.01.1955 – GS 1/54 – AP Nr. 1 Art. 9 GG Arbeitskampf = NJW 1955, 882 (883).

701 Vgl. Däubler/Öğüt, Arbeitskampfrecht, § 19 Rn. 2; Treber, Aktiv produktionsbehindernde Maßnahmen, S. 249.

702 BAG 28.01.1955 – GS 1/54 – AP Nr. 1 Art. 9 GG Arbeitskampf = NJW 1955, 882 (883).

703 Nipperdey, Die Ersatzansprüche für die Schäden: Rechtsgutachten, 1953.

704 Zum Zeitungsstreik vgl. Kittner, Arbeitskampf, § 27 S. 603 ff.

705 Nipperdey, Die Ersatzansprüche für die Schäden: Rechtsgutachten, S. 31 ff.

706 Vgl. Däubler/Däubler, Arbeitskampfrecht, § 7 Rn. 3; Kittner, Arbeitskampf, § 38 S. 605 f.

707 Vgl. Kittner, Arbeitskampf, § 25 S. 309 ff., § 32 S. 433 ff.

708 BAG 28.01.1955 – GS 1/54 – AP Nr. 1 Art. 9 GG Arbeitskampf = NJW 1955, 882 (883).

709 Insoweit hatte das BAG an die Theorie Bullas angeknüpft, vgl. Bulla, Wesen des Arbeitskampfes, S. 180 ff. Dazu siehe unten § 9 C. I. Kollektiver Arbeitskampftheorie und Rechtsträgerfrage.

Streikenden kann der Arbeitgeber nicht mehr kündigen“[710]. Insoweit entwickelte sich die Arbeitskampfgarantie weiter als in der Weimarer Zeit.[711]

Obwohl der Gedanke des Sozialadäquanz auf scharfe Kritik stieß, erübrigt sich eine Beschäftigung mit dieser Theorie. Denn in der zweiten Grundsatzentscheidung des Großen Senats des BAG vom 21. April 1971[712] wurde die Sozialadäquanztheorie überhaupt nicht mehr erwähnt.[713] Heutzutage spielt diese Theorie keine Rolle mehr. Stattdessen wurden die Arbeitskampfmaßnahmen dem Gebot der Verhältnismäßigkeit unterstellt.[714] Zu beachten ist aber, dass der Arbeitskampf nach BAG in dieser Phase nach wie vor nicht grundrechtlich geschützt wurde. Anerkannt war ausschließlich eine Arbeitskampffreiheit, nicht ein Arbeitskampfrecht. Auch wenn der Arbeitskampf in der freiheitlichen und sozialen Grundordnung nach BAG zugelassen wurde, ist diese Garantie aufgrund der Unklarheit der Reichweite der Verbürgung der freiheitlichen und sozialen Grundordnung zweifelhaft.[715] Ihre Konkretisierung stellt die Arbeitskampfgarantie jedenfalls unvermeidlich „zur völligen Disposition des einfachen Gesetzgebers“[716]. Die rechtliche Garantie des Arbeitskampfes befand sich daher in einer unsicheren und unzureichenden Grauzone.

II. Koalitionsfreiheit und Garantie des Arbeitskampfrechts

Die Sozialadäquanztheorie des Arbeitskampfes hatte ihre Bedeutung nicht lange behalten. In den 1960er-Jahren vollzog sich ferner ein Wandel in der Diskussion der verfassungsrechtlichen Arbeitskampfgarantie. Die Stimmung führte zu einer Standortverlagerung auf den Art. 9 Abs. 3 GG. Eine verfassungsrechtliche Arbeitskampfgarantie wurde im Licht der Koalitionsfreiheit im Allgemeinen anerkannt, obwohl es darüber durchaus Meinungsverschiedenheiten gegeben hatte. Zuerst herrschte die Lehre der Einrichtungsgarantie des Arbeitskampfes seit den 1960er-Jahren (dazu unten 1.). Außerdem wurde der Arbeitskampf im Grundgesetz im Jahr 1968 ausdrücklich im dritten Satz des Art. 9 Abs. 3 GG hinzugefügt. Damit findet sich die Rechtsgrundlage des Arbeitskampfrechts nun im Grundgesetz, möglicherweise auch im dritten Satz des Art. 9 Abs. 3 GG (dazu unten 2.). Im Gegensatz

---

710 Däubler/Däubler, Arbeitskampfrecht, § 7 Rn. 4. In der folgenden Zeit wurde die im Beschluss des BAG hergeleitete Suspendierungswirkung des Streiks trotz der starken Kritik als Gewohnheitsrecht allgemein anerkannt, vgl. Däubler/Öğüt, Arbeitskampfrecht, § 19 Rn. 6.

711 Däubler/Öğüt, Arbeitskampfrecht, § 19 Rn. 2.

712 BAG 28.01.1955 – GS 1/54 – AP Nr. 1 Art. 9 GG Arbeitskampf = NJW 1955, 882; dazu unten § 8 A. II. 3. a) Rechtsprechung des BAG.

713 Vgl. ZfA 1973, 201 (207); Staudinger/Richardi/Fischinger, Vorbem. zu §§ 611 ff. Rn. 846.

714 Vgl. Säcker, NJW 2010, 1115 (1115). Zur Verhältnismäßigkeit und Arbeitskampf siehe unten § 11 Verfassungsrechtliche Schranken des atypischen Arbeitskampfes.

715 Vgl. Däubler, Der Streik, S. 69; Engels, Arbeitskampfrecht, S. 158.

716 Däubler, Der Streik, S. 69.

dazu vertritt bisher aber die herrschende Meinung sowohl in der Rechtsprechung als auch im Schrifttum, dass die Gewährleistung des Arbeitskampfrechts in Verbindung mit einer grundrechtlich garantierten Tarifautonomie auseinanderzusetzen und der Arbeitskampf als Annex der Tarifautonomie zu interpretieren sei. Entsprechend steht der erste Satz des Art. 9 Abs. 3 GG im Mittelpunkt (dazu unten 3.). Hierzu ist eine kritische Analyse notwendig (dazu unten 4.).

1. Arbeitskampfgarantie als Einrichtungsgarantie?

Im frühen Schrifttum wurde die Arbeitskampfgarantie als eine Instituts-[717] oder Einrichtungsgarantie[718] oder sogar als eine institutionelle Garantie[719] charakterisiert.[720] Nach dieser Auffassung wurde die Arbeitskampfgarantie zwar in der Koalitionsfreiheit verankert, aber zugleich ein subjektives-öffentliches Recht für unnötig gehalten.[721] Ob die Koalitionsfreiheit eine Einrichtungsgarantie enthält, kann hier dahingestellt bleiben.[722] Hier soll stattdessen die Plausibilität einer Einrichtungsgarantie des Arbeitskampfes untersucht werden.

Vor allem ist die Verwendung dieses Terminus in der Diskussion über die Arbeitskampfgarantie uneinheitlich und entspricht oft nicht der eigentlichen Bedeutung der Einrichtungsgarantie. Grundlegend wird die Einrichtungsgarantie als Obergriff der Institutsgarantie und der institutionellen Garantie verstanden.[723] Herkömmlich wurde in der Literatur die Einrichtungsgarantie – sowohl die Institutsgarantie als auch die institutionelle Garantie – mit der Kernbereichslehre auseinandersetzt. Es wurde begründet, dass der Arbeitskampf in Form eines Konnexinstituts zur im Kernbereich gewährleisteten Tarifautonomie in Art. 9 Abs. 3 GG mitgesichert

717 Zu Arbeitskampfgarantie als Institutsgarantie Richardi, RdA 1970, 65 (66); Hueck/Nipperdey/Säcker, Bd. II/2, S. 918; Säcker, Grundprobleme, S. 82.

718 Zur Gewährleistung des Arbeitskampfs als Einrichtung Rüthers, in: Brox/Rüthers, Arbeitskampfrecht, Rn. 85.

719 Koalitionsfreiheit enthält einen institutionellen Schutz, Richardi, Kollektivgewalt und Individualwille, S. 75; so auch Rüthers, in: Brox/Rüthers, Arbeitskampfrecht, Rn. 85.

720 Vgl. auch Scholz, Die Koalitionsfreiheit als Verfassungsproblem, S. 54 (Fn. 28) und Seiter, Streikrecht, S. 85 (Fn. 10) jeweils m. w. N.

721 Rüthers, ZfA 1987, 1 (5); Rüthers, in: Brox/Rüthers, Arbeitskampfrecht, Rn. 84; vgl. auch Reuß, AuR 1965, 97 (98): „Die Meinung, dass es ein verfassungsrechtlich garantiertes Arbeitskampf*recht* (Streik*recht*) als subjektives öffentliches Recht gäbe, ist wohl eine nicht mehr ernsthaft aufrechtzuerhaltende Meinung. (Hervorhebung im Original)."

722 Eingehend zur Problematik der Lehre der Institutsgarantie und der Koalitionsfreiheit siehe Kemper, Schutzbereich der Koalitionsfreiheit, S. 13 ff.; Mager, Einrichtungsgarantien, S. 233; Stern, Staatsrecht Bd. III 1, S. 848 ff.

723 Der Begriff und der Inhalt der Einrichtungsgarantie, der Institutsgarantie und der institutionellen Garantie sind umstritten, vgl. Kemper, Schutzbereich der Koalitionsfreiheit, S. 13; Stern, Staatsrecht Bd. III 1, S. 782.

sei.[724] Abgesehen von der Kritik an der Kernbereichslehre überzeugt diese Aussage institutioneller Garantie für den Arbeitskampf nicht. Die institutionelle Garantie bezeichnet die objektiv-rechtliche Deutung der Einrichtung. Insoweit verpflichtet sich nur der Staat dazu. Diese Garantie hat mit grundrechtlicher Freiheitsgewährleistung wenig zu tun.[725] Für die Teilnahmerechte der Koalitionsmitglieder und die Beteiligung der Außenseiter im Arbeitskampf ist eine solche institutionelle Garantie rechtsdogmatisch nicht unergiebig.[726]

Ferner, sollte hier eine Institutsgarantie auf einer den Grundrechten zugeordneten Einrichtungsgarantie gemeint werden, setzt der Arbeitskampf konsequent freiheits-konstitutive Normenkomplexe voraus, um Wirkung entfalten zu können. Das Institut nimmt die Funktion der Vervollständigung des Freiheitsschutzes wahr.[727] In diesem Sinne entspricht die grundrechtliche Einrichtungsgarantie der Natur des Arbeitskampfes jedoch nicht.[728] Denn die Wesensart des Arbeitskampfes ist ein freiheitliches Verhalten und der Arbeitskampf kann faktisch von den Kampfparteien praktiziert werden, ohne dass einfachrechtliche Arbeitskampfregelungen gegeben sein müssen.[729] Der Arbeitskampf in der Marktwirtschaft existiert von Natur aus und wird nicht erst von der Rechtsordnung begründet. Mit anderen Worten: Das Arbeitskampfrecht ist kein normgeprägtes Grundrecht.[730] Andererseits kann der Arbeitskampf aufgrund seiner Offenheit[731] auch nicht institutionell verfestigt werden.[732] Ebenfalls bestätigt die Geschichte des Arbeitskampfes, dass diese kampfweisen Betätigungen als historisches soziales Faktum lange vor dem Bestand einschlägiger Regelungen ausgeübt wurden.[733] Eine institutionelle Ausgestaltung

724 Vgl. Hueck/Nipperdey/Säcker, Bd. II/2, S. 918.

725 Vgl. Alexy, Theorie der Grundrechte, S. 449; Kemper, Schutzbereich der Koalitionsfreiheit, S. 23 f.; zum Verhältnis der Einrichtungsgarantie zu den Grundrechten als subjektiven Freiheitsrechten vgl. Stern, Staatsrecht Bd. III 1, S. 792 ff. Zur Kritik der Verwendung der Instituts- bzw. Einrichtungsgarantie in der Arbeitskampfgarantie wegen der begrifflichen Unklarheit vgl. Wohlgemuth, Staatseingriff und Arbeitskampf, S. 92.

726 Däubler, Der Streik, S. 78 f.; Däubler/Däubler, Arbeitskampfrecht 1987, Rn. 129.

727 Kemper, Schutzbereich der Koalitionsfreiheit, S. 21.

728 Kemper, Schutzbereich der Koalitionsfreiheit, S. 64; Scholz, Koalitionsfreiheit als Verfassungsproblem, S. 253 f.

729 Kemper, Schutzbereich der Koalitionsfreiheit, S. 65. Beim Arbeitskampf handelt sich um eine natürliche Freiheit und er kann ohne rechtliche Regelungen ausgeübt werden, dazu vgl. auch Gooren, Tarifbezug des Arbeitskampfes, S. 74; Däubler/Däubler, Arbeitskampfrecht, § 9 Rn. 51; Engels, Arbeitskampfrecht, S. 262.

730 Zum normgeprägten Grundrecht vgl. Epping, Grundrechte, Rn. 421.

731 Siehe unten § 10 B. I. 3. c) Kampfmittelfreiheit als Gegenerklärungsansatz.

732 Stern, Staatsrecht Bd. III 1, § 68 S. 852; vgl. auch Scholz/Konzen, Die Aussperrung, S. 132; Seiter, Streikrecht, S. 86.

733 Engels, Arbeitskampfrecht, S. 262; Kemper, Schutzbereich der Koalitionsfreiheit, S. 64.

des Arbeitskampfes ist vielmehr per se widersprüchlich. Den Arbeitskampf als Einrichtungsgarantie zu erklären, ist daher nicht zutreffend.[734]

2. *Art. 9 Abs. 3 Satz 3 GG als Rechtsgrundlage?*

Durch die Notstandsklausel vom 24. Juni 1968 fand der Begriff des Arbeitskampfes zum ersten Mal Eingang in den Verfassungstext. Geregelt ist, dass Notstandsmaßnahmen sich nicht gegen Arbeitskämpfe richten dürfen, „die zur Wahrung und Förderung der Arbeits- und Wirtschaftsbedingungen von Vereinigungen im Sinne des Satzes 1 geführt werden". Anhand der Heranziehung der Notstandsklausel im Art. 9 Abs. 3 GG entwickelte sich eine Debatte um die verfassungsrechtliche Arbeitskampfgarantie. Umstritten war, ob eine selbstständige Arbeitskampfgarantie daraus hergeleitet werden kann. Dafür sah die überwiegende Meinung der Literatur[735] in Übereinstimmung mit dem Willen des Gesetzgebers[736] keine Begründungsansätze.

Vor allem wurde in der parlamentarischen Verhandlung offenbar der Standpunkt vertreten, dass „der neu eingefügte Art. 9 Abs. 3 Satz 3 GG die Bewertung, die das Grundgesetz gegenüber Streik und Aussperrung zu erkennen gegeben hat, nicht verändern sollte"[737]. Gemeint war, dass nur im Rahmen des Art. 9 Abs. 3 Satz 1 GG legitime Arbeitskämpfe dem Schutz des Notstands unterstellt werden.[738] Angesichts der Entstehungsgeschichte lässt sich unmissverständlich erkennen, dass ein eigenes Arbeitskampfrecht nicht durch den Satz 3 geschaffen wurde. Andererseits ist es konsequent, dass die Notstandsklausel nur eine bestätigende Funktion wahrnimmt,

---

734 Für die Frage der Ausgestaltung des Arbeitskampfrechts auf der Ebene der Grundrechtsschranken siehe unten § 11 C. I. 2. Staatliche Schutzpflicht und Beschränkung des Arbeitskampfrechts.

735 Für Literatur nach der Verabschiedung der Notstandsklausel siehe Däubler, Der Streik, S. 72; Hueck, RdA 1968, 430 (431); Richardi, RdA 1971, 334 (334); Scheuner RdA 1971, 327 (330); Scholz, Koalitionsfreiheit als Verfassungsproblem, S. 38 f.; Seiter, Streikrecht, S. 71 ff.; Gamillscheg, Kollektives Arbeitsrecht I, S. 942 (Fn. 167) m. w. N. Im neuen Schrifttum wird diese Ansicht wiederum bestätigt, vgl. Burkiczak, Grundgesetz und Deregulierung des Tarifvertragsrechts, S. 303 f.; Däubler/Däubler, Arbeitskampfrecht, § 9 Rn. 13; Engels, Arbeitskampfrecht, S. 163 ff.; a. A. Ulber, Tarifdispositives Gesetzesrecht, S. 196 ff.

736 Zur damaligen Diskussion im Parlament vgl. Burkiczak, Grundgesetz und Deregulierung des Tarifvertragsrechts, S. 46; Engels, Arbeitskampfrecht, S. 164 f.; Seiter, Streikrecht, S. 71 ff.

737 So der Abgeordnete Schmidt (SPD), siehe Rüthers, in: Brox/Rüthers, Arbeitskampfrecht, Rn. 81. Ebenso im schriftlichen Bericht des Rechtsausschusses wurde ausgedruckt, die allgemeine verfassungsrechtliche Beurteilung der Zulässigkeit von Arbeitskämpfen nicht dadurch geändert werden zu wollen, vgl. Engels, Arbeitskampfrecht, S. 165.

738 Hueck, RdA 1968, 430 (430); Kampen, AuR 1979,74 (77); Arbeitskampfgarantie und Art. 9 Abs. 3 Satz 1 GG.

wenn ein verfassungsrechtlicher Schutz vor Notstandsmaßnahmen logischerweise nur bei rechtlich anerkanntem Arbeitskampf einsetzen kann.[739]

Ebenso wenig kann man dem Wortlaut sowie dem Gehalt des Art. 9 Abs. 3 Satz 3 GG dafür Anhaltspunkte entnehmen. Denn Art. 9 Abs. 3 Satz 3 GG impliziert ausschließlich eine Beschränkung der Notstandsverfassung für Arbeitskämpfe.[740] Das bedeutet aber keineswegs, dass diese Notstandsklausel keine rechtliche Bedeutung für das Arbeitskampfrecht hat. Ihr eigentlicher Sinn liegt vielmehr in der Verfestigung des verfassungsrechtlichen Schutzes des Arbeitskampfrechts im Notstand.[741] So hat Scholz zu Recht beschrieben, dass die Schutzfunktion des Art. 9 Abs. 3 Satz 3 GG sich grundrechtssystematisch in der Einführung einer „Schranken-Schranke" erschöpft.[742] Das BAG hat sich dieser Auffassung ebenfalls angeschlossen:

> „Mit dieser Bestimmung sollte nur ausgeschlossen werden, dass Notstandsmaßnahmen zum Eingriff des Staates in Arbeitskämpfe missbraucht werden. Satz 3 setzt zwar die Zulässigkeit von Arbeitskämpfen voraus. Diese müssen aber nicht Verfassungsrang haben, um einen Schutz vor Notstandsmaßnahmen sinnvoll erscheinen zu lassen. Satz 3 selbst, der die Zulässigkeit von Arbeitskämpfen voraussetzt, hat dem Arbeitskampfrecht auch nicht mit konstitutiver Wirkung Verfassungsrang geben wollen. Dem widerspricht das eingeschränkte Ziel, den insbesondere aus den Reihen der SPD-Fraktion im Bundestag geäußerten Bedenken Rechnung zu tragen, dass die Notstandsverfassung im Tarifkonflikt missbraucht werden könnte."[743]

Im Ergebnis ist festzustellen, dass der Satz 3 des Art. 9 Abs. 3 GG keine verfassungsrechtliche Grundlage des Arbeitskampfrechts bildet. Die Notstandsklausel ist insoweit lediglich eine deklaratorische Norm. Allerdings ist diese Diskussion nicht mehr relevant, da sich die Rechtslage heutzutage grundlegend verändert hat.[744] Ein verfassungsrechtlich gewährleistetes Arbeitskampfrecht aus Art. 9 Abs. 3 Satz 1 GG[745] ist durchaus anerkannt und mittlerweile erübrigt sich ein Bezug auf den dritten Satz.

739 Otto, SAE 1991, 45 (51).

740 Engels, Arbeitskampfrecht, S. 169.

741 Hueck, RdA 1968, 430 (430). Zur Auslegung der „Maßnahmen" des Art. 9 Abs. 3 Satz 3 GG nach den Art. 12a, Art. 35 Abs. 2, Art. 87a Abs. 4 und Art. 91 GG vgl. Hueck, RdA 1968, 430 (431).

742 Scholz, Koalitionsfreiheit als Verfassungsproblem, S. 38; vgl. auch Engels, Arbeitskampfrecht, S. 167; Richardi, RdA 1971, 334 (334); Staudinger/Richardi/Fischinger, Vorbem. zu §§ 611 ff. Rn. 824.

743 BAG 26.04.1988 – 1 AZR 399/86 – AP Nr. 101 Art. 9 GG Arbeitskampf = NZA 1988, 775 (777).

744 So auch Däubler/Däubler, Arbeitskampfrecht, § 9 Rn. 13.

745 Siehe gleich unten § 8 A. II. 3. Art. 9 Abs. 3 Satz 1 GG als Rechtsgrundlage.

3. *Art. 9 Abs. 3 Satz 1 GG als Rechtsgrundlage*

Nunmehr stellt Art. 9 Abs. 3 Satz 1 GG die zentrale Norm der Rechtsgrundlage der Arbeitskampfgarantie dar. Dafür wird die Rechtslehre der Arbeitskampfgarantie in der Fortentwicklung sowohl in Rechtsprechung als auch in Literatur durch die Einstellung des Tarifbezugs des Arbeitskampfes stark geprägt. Bereits in der ersten Entscheidung des BAG[746] zum Arbeitskampf kann man die Spur der Aufforderung des tarifbezogenen Arbeitskampfes finden. Nachfolgend sind diesbezügliche Auffassungen zuerst in der Rechtsprechung des BAG und des BVerfG und danach in der Literatur zu betrachten.

a) Rechtsprechung des BAG

(1) Beschluss des Großen Senats vom 21. April 1971

Jahrelang hatte das BAG nach seiner ersten Entscheidung[747] zum Arbeitskampf keine weitere Stellungnahme abgegeben. Erst in der Aussperrungsentscheidung des Großen Senats des BAG aus dem Jahr 1971[748] wurde die verfassungsrechtliche Bewertung des Arbeitskampfes erneut berücksichtigt. Zugleich hatte das BAG die in seiner Entscheidung vom 28. Januar 1955 behandelte Problematik des Arbeitskampfes geprüft. Vor allem bejahte das BAG wiederum die grundsätzliche Zulässigkeit des Arbeitskampfes, ohne den Gedanken der Sozialadäquanz zu berücksichtigen. Stattdessen unterstellte das BAG die Arbeitskämpfe „dem obersten Gebot der Verhältnismäßigkeit“, um ihre Zulässigkeit zu bewerten.[749]

Die rechtsdogmatische Auseinandersetzung über die verfassungsrechtliche Garantie des Arbeitskampfes kam hingegen in diesem Beschluss keinen bedeutsamen Schritt vorwärts,[750] obwohl sich der Große Senat des BAG als Ersatzgesetzgeber betätigten wollte.[751] Den Funktionszusammenhang des Arbeitskampfes mit der

---

746 BAG 28.01.1955 – GS 1/54 – AP Nr. 1 Art. 9 GG Arbeitskampf = NJW 1955, 882.

747 BAG 28.01.1955 – GS 1/54 – AP Nr. 1 Art. 9 GG Arbeitskampf = NJW 1955, 882.

748 BAG 21.04.1971 – GS 1/68 – AP Nr. 43 Art. 9 GG Arbeitskampf = NJW 1971, 1668.

749 Däubler, ZfA 1973, 201 (207); Engels, Arbeitskampfrecht, S. 102; Treber, Aktiv produktionsbehindernde Maßnahmen, S. 250 f., war der Ansicht, „Vom Topos der Sozialadäquanz verlegte das BAG ohne nähere Darlegungen den Akzent hin zum Grundsatz der Verhältnismäßigkeit“. Zur Verhältnismäßigkeit des Arbeitskampfes siehe unten § 11 Verfassungsrechtliche Schranken des atypischen Arbeitskampfes.

750 Engels, Arbeitskampfrecht, S. 104; Seiter, Streikrecht, S. 67 (Fn. 59); Treber, Aktiv produktionsbehindernde Maßnahmen, S. 251, argumentierte, dass das BAG hierfür „eher rechtspolitisch als (verfassungs-)dogmatisch“ interpretiert hatte. In diesem Beschluss des Großen Senats des BAG wurde der Arbeitskampf zum Teil als ein „Rechtsinstitut“ im Schrifttum interpretiert, vgl. Müller, RdA 1971, 321 (323); Scheuner, RdA 1971, 327 (330); zum Rechtsinstitut und Arbeitskampf, siehe oben § 8 A. II. 1. Arbeitskampfgarantie als Einrichtungsgarantie?

751 Im Beschluss des BAG vom 21.04.1971 wurden die Grundsätze der Verhältnismäßigkeit, das Ultima-Ratio-Prinzip sowie das Paritätsprinzip für den Arbeitskampf

Tarifautonomie hatte das BAG zwar wiederholt, aber ohne eine bestimmte Verfassungsvorschrift oder ein Grundrecht heranzuziehen:

> „Arbeitskämpfe müssen zwar nach unserem freiheitlichen Tarifvertragssystem möglich sein, um Interessenkonflikte über Arbeits- und Wirtschaftsbedingungen im äußersten Fall austragen und ausgleichen zu können."[752]

Die Frage der verfassungsrechtlichen Arbeitskampfgarantie blieb in dieser Entscheidung weiter ungeklärt.

(2) Urteil vom 10. Juni 1980 und weitere Entscheidungen

Eine richtungsweisende Entscheidung war die Aussperrungsentscheidung des BAG vom 10. Juni 1980.[753] Zum ersten Mal wurde das Streikrecht aus verfassungsrechtlicher Sicht aus Art. 9 Abs. 3 GG deutlich in der Rechtsprechung des BAG ausgesprochen.[754] Das BAG verwies zunächst auf die in einem Kernbereich der Koalitionsfreiheit garantierte Tarifautonomie und argumentierte, dass die Tarifverhandlungen bei dem Interessengegensatz ohne das Recht zum Streik im Allgemeinen nicht mehr als „kollektives Betteln" wäre und die Tarifautonomie nicht wirksam werden könne.[755] Um das Zustandekommen sowie die inhaltliche Sachgerechtigkeit tariflicher Regelungen zu gewährleisten, werde der Arbeitskampf als Institution für die Tarifautonomie vorausgesetzt.[756] Insofern stelle das Streikrecht einen notwendigen Bestandteil der freiheitlichen Kampf- und Ausgleichsordnung dar, „die durch Art. 9 Abs. 3 GG im Kern gewährleistet ist"[757]. Im Warnstreikurteil vom 12. September 1984[758] knüpfte das BAG an diese Aussperrungsentscheidung an und bestätigte ausdrücklich die Garantie des Streikrechts auf verfassungsrechtlicher Ebene:[759]

---

behandelt, vgl. Engels, Arbeitskampfrecht, S. 103; Müller, RdA 1971, 321 (321 ff.); Scheuner, RdA 1971, 327 (329).

752 BAG 21.04.1971 – GS 1/68 – AP Nr. 43 Art. 9 GG Arbeitskampf = NJW 1971, 1668 (1669).

753 BAG 10.06.1980 – 1 AZR 822/79 – AP Nr. 64 Art. 9 GG Arbeitskampf = NJW 1980, 1642.

754 Blank, NZA 1990, 209 (209); Däubler/Däubler, Arbeitskampfrecht, § 9 Rn. 1; Treber, Aktiv produktionsbehindernde Maßnahmen, S. 252.

755 BAG 10.06.1980 – 1 AZR 822/79 – AP Nr. 64 Art. 9 GG Arbeitskampf = NJW 1980, 1642 (1643).

756 BAG 10.06.1980 – 1 AZR 822/79 – AP Nr. 64 Art. 9 GG Arbeitskampf = NJW 1980, 1642 (1643). Zur Frage des Arbeitskampfes als Institution für die Tarifautonomie siehe oben § 8 A. II. 1. Arbeitskampfgarantie als Einrichtungsgarantie?

757 BAG 10.06.1980 – 1 AZR 822/79 – AP Nr. 64 Art. 9 GG Arbeitskampf = NJW 1980, 1642 (1643).

758 BAG 12.09.1984 – 1 AZR 342/83 – AP Nr. 81 Art. 9 GG Arbeitskampf = NZA 1984, 393.

759 Däubler/Däubler, Arbeitskampfrecht, § 9 Rn. 1; Otto, Arbeitskampfrecht, § 4 Rn. 8.

„Das Recht der Gewerkschaft, zur Durchsetzung von Arbeitsbedingungen einen Streik ausrufen zu dürfen, ergibt sich aus Art. 9 Abs. 3 GG. (...) Art. 9 Abs. 3 GG gewährleistet für jedermann und für alle Berufe das Recht, zur Wahrung und Förderung der Arbeits- und Wirtschaftsbedingungen Vereinigungen – Koalitionen – zu bilden. Diese Gewährleistung umfasst auch den Schutz der Koalition als solcher ihr Recht, durch spezifisch koalitionsmäßige Betätigung die in Art. 9 Abs. 3 GG genannten Zwecke zu verfolgen. Zu der geschützten koalitionsmäßigen Betätigung gehört auch der Abschluss von Tarifverträgen [...] Bei diesem Interessengegensatz wären Tarifverhandlungen ohne das Recht zum Streik nicht mehr als ‚kollektives Betteln'. Deshalb muss der Streik in unserem freiheitlichen Tarifvertragssystem zum Ausgleich sonst nicht lösbarer Interessenkonflikte möglich sein. Auch in der Literatur ist das Streikrecht der Gewerkschaften deshalb weitgehend anerkannt."[760]

Festzustellen ist, dass seit dem Warnstreikurteil vom 12. September 1984 das Arbeitskampfrecht vom BAG verfassungsrechtlich anerkannt wird. Allerdings wird das Arbeitskampfrecht als ein mit der Tarifautonomie untrennbar verbundenes Recht betrachtet. Diese Ansicht wurde nach der Aufgabe der Kernbereichslehre durch das BVerfG[761] in der Rechtsprechung des BAG nicht geändert. Zwar werden alle koalitionsspezifischen Verhaltensweisen nach der Entscheidung des BVerfG vom 14. November 1995 vom Art. 9 Abs. 3 GG umfasst.[762] Anerkannt werden aber weiterhin nur der Tarifkampf und nicht andere koalitionsspezifische Arbeitskämpfe außerhalb von Tarifverhandlungen.[763] Zweifelsfrei ist, dass tarifbezogene atypische Arbeitskämpfe ebenfalls in diesem Schutzbereich ihre verfassungsrechtliche Grundlage nach Art. 9 Abs. 3 GG finden.[764] Unabhängig von den Kampfformen ist vielmehr maßgeblich, ob eine Tätigkeit koalitionsspezifisch ist.

---

760 BAG 12.09.1984 – 1 AZR 342/83 – AP Nr. 81 Art. 9 GG Arbeitskampf = NZA 1984, 393 (398). Die Ansicht des BAG wurde danach wiederholt bestätigt, vgl. nur BAG 12.03.1985 – 1 AZR 636 / 82 – AP Nr. 84 Art. 9 GG Arbeitskampf = NZA 1985, 537 (538).

761 BVerfG 14.11.1995 – 1 BvR 601/92 – AP Nr. 80 Art. 9 GG = NZA 1996, 381 (382), zur Kernbereichslehre der Koalitionsfreiheit siehe gleich unten § 8 A. II. 3. b) (2) Beschluss vom 14. November 1995 und Kernbereichslehre.

762 Zuletzt zum BAG siehe BAG 15.10.2013 – 1 ABR 31/12 = NZA 2014, 319 (322). Vgl. auch BAG 13.05.1998 – 7 ABR 5/97 – AP Nr. 1 § 12 MitbestG = NZA 1999, 158 (160); 07.07.2010 – 4 AZR 549/08 – AP Nr. 140 Art. 9 GG; 22.09.2009 – 1 AZR 972/08 – AP Nr. 174 Art. 9 Arbeitskampf GG; 20.01.2009 – 1 AZR 515/08 – AP Nr. 137 Art. 9 GG; 19.06.2007 – 1 AZR 396/06 – AP Nr. 173 Art. 9 Arbeitskampf GG; 28.02.2006 – 1 AZR 460/04 – AP Nr. 127 Art. 9 GG.

763 Vgl. nur BAG 22.09.2009 – 1 AZR 972/08 – AP Nr. 174 Art. 9 Arbeitskampf GG Rn. 33.

764 BAG 22.09.2009 – 1 AZR 972/08 – AP Nr. 174 Art. 9 Arbeitskampf GG Rn. 34.

b) Rechtsprechung des BVerfG

(1) Beschluss vom 26. Juni 1991 und Arbeitskampfrecht

Im Vergleich zum BAG hatte das BVerfG bis zum Anfang der 1990er-Jahre eine große Zurückhaltung bei der verfassungsrechtlichen Frage des Arbeitskampfrechts gezeigt.[765] In der Rechtsprechung des BVerfG wurde diese Problematik offen gelassen[766] und ließ nur einen Zusammenhang zwischen dem Arbeitskampf und der Tarifautonomie erkennen:[767]

> „Der Zweck aller Koalitionen, die Arbeits- und Wirtschaftsbedingungen zu wahren und zu fördern, wird von den Gewerkschaften vorwiegend dadurch erfüllt, dass sie in der Auseinandersetzung über Löhne und Arbeitsbedingungen mit dem sozialen Gegenspieler, den Arbeitgeber, für die Arbeitnehmer möglichst günstige Tarifverträge abschließen und, wenn nötig, in Arbeitskämpfen durchsetzen."[768]

Erst mit dem Beschluss vom 26. Juni 1991[769] hatte das BVerfG Stellung zur verfassungsrechtlichen Auffassung der Arbeitskampfgarantie bezogen. Vor allem hatte das BVerfG die bereits im Urteil vom 18. November 1954[770] bestätigte Betätigungsfreiheit als Ausgangspunkt übernommen und die Notwendigkeit der Implikation der aktiven Wahrnehmung der Arbeitgeber- und Arbeitnehmerinteressen im Schutzbereich der Koalitionsfreiheit verdeutlicht.[771] Hierfür wurde der Abschluss von Tarifverträgen wiederum als ein wesentlicher Zweck der von Art. 9 Abs. 3 GG geschützten Koalitionen angesehen.[772] Als ein bedeutsamer Fortschritt bezüglich der Arbeitskampfgarantie erwähnte das BVerfG ausdrücklich das Streikrecht:

---

765 Däubler, ZfA 1973, 201 (201 f.); Seiter, AöR 109 (1984), 88 (126 f.); Zöllner, AöR 1973, 71 (97 ff.).

766 Im Beschluss des BVerfG 19.02.1975 – 1 BvR 418/71 – AP Nr. 50 Art. 9 GG Arbeitskampf = NJW 1975, 968 (968), äußerte das BVerfG nur, „[s]oweit Art. 9 Abs. 3 GG ein Recht zur Aussperrung garantieren sollte", ohne die Frage der verfassungsrechtlichen Arbeitskampfgarantie zu behandeln.

767 So die Bewertung von Treber, Aktiv produktionsbehindernde Maßnahmen, S. 256.

768 BVerfG 18.12.1974 – 1 BvR 430/65 und 259/69 – AP Nr. 23 Art. 9 GG.

769 BVerfG 26.06.1991 – 1 BvR 779/85 – AP Nr. 117 Art. 9 GG Arbeitskampf = NZA 1991, 809.

770 BVerfG 18.11.1954 – 1 BvR 629/52 – AP Nr. 1 Art. 9 GG = NJW 1954, 1881 (1882).

771 BVerfG 26.06.1991 – 1 BvR 779/85 – AP Nr. 117 Art. 9 GG Arbeitskampf = NZA 1991, 809 (810). Danach wird der Ausdruck „koalitionsspezifische Betätigung" in der ständigen Rechtsprechung des BVerfG verwendet, vgl. BVerfG 26.03.2014 – 1 BvR 3185/09 = NJW 2014, 1874 (1875); 06.02.2007 – 1 BvR 978/05 = NZA 2007, 394 (395); 06.05.1964 – 1 BvR 79/62 = NJW 1964, 1267 (1267). Vgl. auch Burkiczak, Grundgesetz und Deregulierung des Tarifvertragsrechts, S. 122 f.

772 BVerfG 26.06.1991 – 1 BvR 779/85 – AP Nr. 117 Art. 9 GG Arbeitskampf = NZA 1991, 809 (810).

> „Soweit die Verfolgung des Vereinigungszwecks von dem Einsatz bestimmter Mittel abhängt, werden daher auch diese vom Schutz des Grundrechts umfasst. Zu den geschützten Mitteln zählen auch Arbeitskampfmaßnahmen, die auf den Abschluss von Tarifverträgen gerichtet sind. Sie werden jedenfalls insoweit von der Koalitionsfreiheit erfasst, als sie allgemein erforderlich sind, um eine funktionierende Tarifautonomie sicherzustellen."[773]

Über die Koalitionsmittelgarantie hinaus erhält der Arbeitskampf seitdem einen grundrechtlichen Schutz.[774] Allerdings beschränkt sich dieser Schutz nur auf die tarifbezogenen Arbeitskampfmaßnahmen.[775] Später wurde dieser Standpunkt des BVerfG für das verfassungsrechtliche Arbeitskampfrecht in seiner Rechtsprechung wiederholt bestätigt.[776]

(2) Beschluss vom 14. November 1995 und Kernbereichslehre

Im ersten Urteil des BVerfG zur Koalitionsfreiheit aus dem Jahr 1954 wurde die Kernbereichslehre bereits zur Auslegung des Schutzbereichs des Art. 9 Abs. 3 GG verwendet.[777] Daher sei die gewerkschaftliche Betätigung insoweit verfassungskräftig verbürgt, als diese für die Erhaltung und Sicherung der Koalition als unerlässlich betrachtet werden müsse.[778]

> „Wenn also die in Art. 9 Abs. 3 GG garantierte Koalitionsfreiheit nicht ihres historisch gewordenen Sinnes beraubt werden soll, so muss im Grundrecht des Art. 9 Abs. 3 GG ein verfassungsrechtlich geschützter Kernbereich auch in der Richtung liegen, dass ein Tarifvertragssystem i. S. des modernen Arbeitsrechts staatlicherseits überhaupt bereitzustellen ist und dass Partner dieser Tarifverträge notwendig frei gebildete Koalitionen sind."[779]

---

773 BVerfG 26.06.1991 – 1 BvR 779/85 – AP Nr. 117 Art. 9 GG Arbeitskampf = NZA 1991, 809 (810). Dazu vgl. Däubler/Däubler, Arbeitskampfrecht, § 9 Rn. 4; ErfK/Dieterich, Art. 9 GG Rn. 102; Otto, Arbeitskampfrecht, § 4 Rn. 3 f.

774 Kalb, RdA 1994, 385 (387).

775 Vgl. nur BVerfG 10.09.2004 – 1 BvR 1191/03 – AP Nr. 167 Art. 9 GG Arbeitskampf = NZA 2004, 1338 (1339).

776 BVerfG 10.09.2004 – 1 BvR 1191/03 – AP Nr. 167 Art. 9 GG Arbeitskampf = NZA 2004, 1338 (1339); 04.07.1995 – 1 BvF 2/86 u. a. = NZA 1995, 754 (755); v. 02.03.1993 – 1 BvR 1213/85 – AP Nr. 126 Art. 9 GG Arbeitskampf = NJW 1993, 1379 (1380).

777 BVerfG 18.11.1954 – 1 BvR 629/52 – AP Nr. 1 Art. 9 GG = NJW 1954, 1881 (1882). Zur damaligen Diskussion über dem Kernbereich der Koalitionsfreiheit vgl. auch Gamillscheg, Die Grundrechte im Arbeitsrecht, S. 88 ff.

778 Vgl. nur BVerfG 30.11.1965 – 2 BvR 54/62 – AP Nr. 7 Art. 9 GG = NJW 1966, 491 (493).

779 BVerfG 18.11.1954 – 1 BvR 629/52 – AP Nr. 1 Art. 9 GG = NJW 1954, 1881 (1882).

Gemäß der Kernbereichslehre war es unbestritten, dass das Tarifvertragssystem zum Kernbereich der Koalitionsfreiheit gehört.[780] Dennoch vermied das BVerfG seit den 1990er-Jahren die Bezeichnung „Kernbereich“. Neben der Aussperrungsentscheidung vom 26. Juni 1991 hat sich das BVerfG „mehrfach in beredtes Schweigen“ über die Kernbereichslehre gehüllt.[781] Erst im Beschluss vom 14. November 1995 ging das BVerfG wegen der – nicht fernliegenden – Missverständnisse einen deutlichen weiteren Schritt weiter und erklärte, dass das BVerfG den Schutzbereich des Art. 9 Abs. 3 GG nicht von vornherein auf den Bereich des Unerlässlichen beschränkt, sondern auf alle koalitionsspezifischen Verhaltensweisen erstreckt.[782] Danach kommt das Merkmal der „Unerlässlichkeit" koalitionsmäßiger Betätigung nicht mehr zur Anwendung und die Koalitionsbetätigungen werden nicht nur in einem verfassungsrechtlich garantierten Minimum abgesichert. Unverändert steht die Tarifautonomie im Zentrum der den Koalitionen eingeräumten Möglichkeiten zur Verfolgung ihrer Zwecke. Zwar erkennt das BVerfG neben dem Streik weitere Arbeitskämpfe im Art. 9 Abs. 3 GG an. Für den Arbeitskampf werden jedoch, wie in der Rechtsprechung des BAG,[783] ausschließlich die Arbeitskämpfe mit Tarifbezug gewährleistet. Der Tarifbezug ist nach wie vor ausnahmslos die Voraussetzung des koalitionsrechtlichen Arbeitskampfes.[784]

c) Meinungsstand im Schrifttum

(1) Betätigungsfreiheit als Ausgangspunkt

Während der Schutz des Arbeitskampfes als Teil der Koalitionsfreiheit in den 1950er-Jahren noch eine Mindermeinung im Schrifttum war, änderte sich dies seit den 1960er-Jahren allmählich im Sinne einer Ableitung der Arbeitskampfgarantie aus Art. 9 Abs. 3 GG.[785] Überwiegend bleibt die Auslegung des verfassungsrechtlichen Arbeitskampfrechts beim ersten Satz des Art. 9 Abs. 3 GG im Fokus.

780 Vgl. nur BVerfG 24.05.1977 – 2 BvL 11/74 – AP Nr. 15 TVG § 5; siehe auch Krause, in: Jacobs/Krause/Oetker/Schubert, Tarifvertragsrecht, § 1 Rn. 20 m. w. N.

781 Otto, Arbeitskampfrecht, § 4 Rn. 6.

782 BVerfG 14.11.1995 – 1 BvR 601/92 – AP Nr. 80 Art. 9 GG = NZA 1996, 381 (382).

783 Siehe oben II. 3. a) 2. Urteil vom 10. Juni 1980 und weitere Entscheidungen.

784 Zum Beispiel wurde dies in der Flashmob-Entscheidung des BVerfG wieder bestätigt: „Der Schutz ist nach mittlerweile ständiger Rechtsprechung nicht etwa von vornherein auf den Bereich des Unerlässlichen beschränkt, sondern erstreckt sich auf alle koalitionsspezifischen Verhaltensweisen. [...] Gewerkschaftlich getragene, auf Tarifverhandlungen bezogene so genannte Flashmob-Aktionen der vorliegend zu beurteilenden Art fallen in den Schutzbereich der Koalitionsfreiheit aus Art. 9 Abs. 3 GG.“, BVerfG 26.03.2014 – 1 BvR 3185/09 – NZA 2014, 493 (493 f.)

785 Zur arbeitsrechtlichen Literatur dafür in den 1960er– und 1970er–Jahren vgl. Däubler, Koalitionsfreiheit, S. 110 (Fn. 28) und Seiter, Streikrecht, S. 67 (Fn. 62).

Wie das BVerfG knüpft ein großer Teil der Literatur auch die Arbeitskampfgarantie an die in der Rechtsprechung des BVerfG[786] anerkannte Betätigungsfreiheit der Koalition.[787] Es wird argumentiert, dass auch Art. 9 Abs. 3 GG vor einem Eingriff im Bereich der Vereinstätigkeit schützt.[788] Damit wurde die Möglichkeit eröffnet, durch frei gebildete Koalitionen auf die Gestaltung der Löhne und Arbeitsbedingungen Einfluss nehmen zu können. Hierfür ist das Recht zu gewährleisten, diesen Zweck durch spezifisch koalitionsgemäße Betätigung zu verwirklichen.[789] Ohne die Betätigungsfreiheit wäre die Koalitionsfreiheit durch die allgemeine Vereinigungsfreiheit ausreichend garantiert.[790] Andererseits ist die Sicherung der Koalitionsbetätigung zugleich die Voraussetzung der Effektivität des Grundrechtsschutzes. Denn ohne die Betätigungsfreiheit würde die Koalitionsfreiheit unterlaufen.[791] In diesem Zusammenhang wird die Tarifautonomie einheitlich als wichtigste Koalitionsbetätigung betrachtet.[792]

(2) Arbeitskampfrecht als Annexinstrument der Tarifautonomie

Von daher sollte die Möglichkeit theoretisch eröffnet werden, den Arbeitskampf ebenfalls verfassungsrechtlich zu garantieren, solange der Arbeitskampf ein Mittel zur Erreichung des Koalitionszweckes ist.[793] Im Gegensatz dazu sieht die Rechtslehre die Einbeziehung des Arbeitskampfes in den Art. 9 Abs. 3 GG nicht als selbstverständlich an. Die Ausübung des Arbeitskampfes wird nicht gleich unter die Betätigungsgarantie des Art. 9 Abs. 3 GG subsumiert.[794] Mit Zurückhaltung erlaubt die h. M. eine verfassungsrechtliche Gewähr des Arbeitskampfes im Art. 9 Abs. 3 GG nur aufgrund seines Funktionszusammenhangs mit der Tarifautonomie.[795]

---

786 BVerfG 18.11.1954 – 1 BvR 629/52 – AP Nr. 1 Art. 9 GG = NJW 1954, 1881 (1882); siehe auch oben § 8 A. II. 3. b) Rechtsprechung des BVerfG.

787 Vgl. Däubler, Koalitionsfreiheit, S. 102; Lerche, Arbeitskampfes, S. 40 ff.; Seiter, Streikrecht, S. 68, 83 f.; Schaub/Treber, § 190 Rn. 22 f.; Wohlgemuth, Staatseingriff und Arbeitskampf, S. 93 f.

788 Kemper, Schutzbereich der Koalitionsfreiheit, S. 139.

789 BVerfG 06.05.1964 – 1 BvR 79/62 – AP Nr. 9 zu Art. 9 GG = NJW 1964, 1267 (1268).

790 Kemper, Schutzbereich der Koalitionsfreiheit, S. 137.

791 Kemper, Schutzbereich der Koalitionsfreiheit, S. 138 ff.

792 Vgl. nur Krause, in: Jacobs/Krause/Oetker/Schubert, Tarifvertragsrecht, § 1 Rn. 20.

793 Vgl. Seiter, Streikrecht, S. 68, 83.

794 Vgl. Trabant, Rechtmäßigkeit des Unterstützungsstreiks, S. 250.

795 Rüthers in: Brox/Rüthers, Rn. 128; Dietz, ZAS 1970, 41 (45); Gamillscheg, Die Grundrechte im Arbeitsrecht, S. 95 f.; ders., Kollektives Arbeitsrecht Bd. 1, S. 939; Kissel, Arbeitskampfrecht, § 36 Rn. 6 ff.; Otto, RdA 2010, 135 (137); ders., Arbeitskampfrecht, § 4 Rn. 21; Zöllner/Loritz/Hergenröder, Arbeitsrecht, § 9 S. 102; MünchArbR/Ricken Bd. 2, § 196 Rn. 2; siehe auch Engels, Arbeitskampfrecht, S. 147 f. (Fn. 5) m. w. N. Zur entsprechenden Literatur bis zum Anfang der 1970er–Jahre vgl. Däubler, Der Streik, S. 67 (Fn. 11) m. w. N.

Die Argumentation geht davon aus, dass eine funktionierende Tarifautonomie ohne den Arbeitskampf nicht möglich wäre, da die Ausgangslage zwischen den Tarifvertragspartnern – dem Arbeitsgeber oder dem Arbeitgeberverband und der Gewerkschaft – ungleich sei: Während „die Arbeitgeber-Seite über das Eigentum an den Produktionsmitteln verfügt und damit über die Erträge der gemeinsamen Arbeit“[796], ist die Arbeiterschaft nur frei, ihre Arbeitskraft zu verkaufen und daher abhängig vom Arbeitgeber. Aufgrund der strukturellen Unterlegenheit der Arbeitnehmer garantiert erst der Arbeitskampf die Waffengleichheit am Verhandlungstisch. Ein gleichgewichtiges Aushandeln der Arbeitsbedingungen sowie die Ernsthaftigkeit der Tarifverhandlung werden nur damit überhaupt möglich.[797] Zwar wäre eine staatliche Zwangsschlichtung[798] als Instrument zur Beilegung von Tarifkonflikten denkbar, allerdings hat sich die Rechtslage nach Inkrafttreten des Grundgesetzes im Vergleich zur Weimarer Zeit grundsätzlich geändert. Der Art. 9 Abs. 3 GG erlaubt keine Zwangsschlichtung, um den Arbeitskampf zu vermeiden.[799] Als Konsequenz sei das Druckmittel „Arbeitskampf“ im freiheitlichen Tarifvertragssystem ebenfalls in Art. 9 Abs. 3 GG zu garantieren.

Dennoch wird die Frage, ob das Arbeitskampfrecht als ein Grundrecht gewährleistet wird, in der Literatur unterschiedlich beantwortet. Abgesehen von der Streitfrage der Einrichtungsgarantie[800] wird teilweise in der Literatur die Meinung vertreten, dass die verfassungsrechtliche Anerkennung der Arbeitskampfgarantie nicht gleichbedeutend mit ihrer grundrechtlichen Gewährleistung sei.[801] Denn der Arbeitskampf sei lediglich Annex der Tarifautonomie und stehe nicht für ein

---

796 Gamillscheg, Die Grundrechte im Arbeitsrecht, S. 96; zur Ungleichheit zwischen Arbeitnehmern und Arbeitgebern eingehend AG-GG/Kittner/Schiek, Art. 9 Abs. 3 GG, Rn. 80 ff.

797 Vgl. nur Gamillscheg, Die Grundrechte im Arbeitsrecht, S. 96; ders., Kollektives Arbeitsrecht Bd. 1, S. 939.

798 Zur Entwicklung der staatlichen Zwangsschlichtung, vgl. Lembke, RdA 2000, 223 (223), und den Hinweis von Ramm, NZA 1992, 502 (502).

799 BAG 20.11.2012 – 1 AZR 611/11 – AP Nr. 180 Art. 9 GG Arbeitskampf = NZA 2013, 437 (437); BVerfG 06.05.1964 – 1 BvR 79/62 – AP Nr. 15 TVG § 2 = NJW 1964, 1267 (1268); Gamillscheg, Kollektives Arbeitsrecht Bd. 1, S. 1303 f.; ErfK/Dieterich, Art. 9 GG Rn. 70; Otto, Arbeitskampfrecht, § 22 Rn. 14; Däubler/Reinfelder, Arbeitskampfrecht, § 15 Rn. 28; Säcker, Grundprobleme, S. 80.

800 Gemäß der Einrichtungsgarantie wird der Arbeitskampf nicht grundrechtlich, sondern nur mittelbar durch Art. 9 Abs. 3 GG geschützt, dazu siehe oben § 8 A. II. 1. Arbeitskampfgarantie als Einrichtungsgarantie?

801 Kentner, Arbeitskampfmittel der Arbeitgeber, S. 57; Preis, Kollektivarbeitsrecht, § 109 S. 332; Staudinger/Richardi/Fischinger, Vorbem. zu §§ 611 ff. Rn. 830; a. A. Berg/Kocher/Platow/Schoof/Schumann, Teil 1 Rn. 72; Däubler, Das Arbeitsrecht, Rn. 479; Däubler, Der Streik, S. 70 ff.; Kittner/Schiek/AG–GG, Art. 9 Abs. 3 GG, Rn. 140 f.; Otto, Arbeitskampfrecht, § 4 Rn. 33; Treber, Aktiv produktionsbehindernde Maßnahmen, S. 233 (Fn. 2).

„selbstständiges Schutzgut", sondern nur für die Gewährung der Tarifautonomie.[802] In diesem Zusammenhang wird die Arbeitskampfgarantie als eine Freiheit,[803] nicht ein Grundrecht, verstanden. Damit komme der Arbeitskampf nur ein mittelbar verfassungsrechtlicher Schutz zu.[804] Dafür wird eine weitere Analyse benötigt.

4. Analyse

Mit Recht sagt *Otto*, dass „eine Koalition ohne die für ihre Entwicklung und ihre Funktionsfähigkeit notwendigen Mittel keinen Sinn" macht.[805] Derzeit besteht weitgehende Einigkeit darüber, dass die verfassungsrechtliche Arbeitskampfgarantie in der Koalitionsfreiheit des Art. 9 Abs. 3 Satz 1 GG zu verankern ist. Jedenfalls ist die folgende Aussage von *Otto* doch nicht einwandfrei, nämlich dass „ganz überwiegend [...] der Arbeitskampf aber lediglich als Annex der Tarifautonomie behandelt [wird]. Schon dies spricht dagegen, die Gewährleistung des Arbeitskampfes [...] auf die gleiche Stufe wie [...] Tarifautonomie zu stellen"[806]. Zwar wird überwiegend die Meinung vertreten, dass der Arbeitskampf nur mit einem Tarifbezug im Gebiet der Koalitionsfreiheit zugelassen werden kann. Doch hat die Feststellung des Annexcharakters des Arbeitskampfes eine Abwertung der verfassungsrechtlichen Garantie zur Folge.[807] Ob diese Auffassung zutreffend ist, muss im Folgenden geprüft werden. Insbesondere ist diese Frage im Licht der neuen Rechtsprechung des BVerfG vom 14. November 1995[808] zur Kernbereichslehre zu beantworten. Die Behandlung dieser Problematik setzt jedoch die Klarstellung der Bedeutung des Tarifbezugs für die Arbeitskampfgarantie voraus.

a) Bedeutung des Tarifbezugs für die Arbeitskampfgarantie

(1) Tarifbezug als Rechtfertigungsgrund des Arbeitskampfes?

Umstritten ist der Arbeitskampf eine der Koalitionsbetätigungen. Im Vergleich zu anderen koalitionsmäßigen Betätigungen erfordert jedoch nur der Arbeitskampf eine Rechtfertigung. Denn, wie bereits erwähnt, wird der Arbeitskampf seit der ersten

---

802 Vgl. Kemper, Schutzbereich der Koalitionsfreiheit, S. 155; Kentner, Arbeitskampfmittel der Arbeitgeber, S. 55; Konzen, Anmerkung zu BAG AP Nr. 137, 138 u. 139 zu Art. 9 GG Arbeitskampf; Otto, RdA 2010, 135 (137).

803 Die hier herangezogene Arbeitskampffreiheit ist jedoch anders als das Verständnis in der Weimarer Zeit; zum Arbeitskampfrecht in der Weimarer Zeit siehe oben § 8 A. I. 1. Wiederanerkennung der Arbeitskampffreiheit.

804 Henssler, ZfA 1998, 1 (4); vgl. auch die Analyse von Däubler/Däubler, Arbeitskampfrecht, § 9 Rn. 1.

805 Otto, auf dem Weg zum schrankenlosen Arbeitskampf, S. 25.

806 Otto, auf dem Weg zum schrankenlosen Arbeitskampf, S. 25.

807 Vgl. Kentner, Arbeitskampfmittel der Arbeitgeber, S. 57; Preis, Kollektivarbeitsrecht, § 109 S. 332; Staudinger/Richardi/Fischinger, Vorbem. zu §§ 611 ff. Rn. 830.

808 BVerfG 14.11.1995 – 1 BvR 601/92 – AP Nr. 80 Art. 9 GG = NZA 1996, 381 (382).

Entscheidung des BAG zum Arbeitskampf vom 28. Januar 1955 grundsätzlich als unerlaubte Handlung angesehen.[809]Der Rechtfertigungsgrund des Arbeitskampfes dürfe ausschließlich die Tarifbezogenheit sein.[810]

Die Ansicht, dass der Arbeitskampf eine Eingriffshandlung und damit die einzige rechtfertigungsbedürftige Koalitionsbetätigung sei, kann eine Abwertung des Arbeitskampfes dennoch nicht legimitieren. Der Arbeitskampf ist zwar eine kollektiv zielgerichtete Druckausübung.[811] Der kämpferische Charakter verbiete jedoch nicht, den Arbeitskampf als eine Form der Freiheitsausübung zu beurteilen.[812] Denn genau diese Besonderheit bildet die Entfaltungsmöglichkeit der Funktion des Arbeitskampfes und erlaubt erst die Realisierung der Koalitionsfreiheit in der marktwirtschaftlichen Ordnung.[813] Ansonsten wäre die Koalitionsbetätigung nach Ansicht des BAG nichts anderes als „kollektives Betteln". Außerdem ist der Arbeitskampf in der abhängigen Arbeit das wichtigste Mittel, um die strukturelle Unterlegenheit der Arbeitnehmerschaft zu überwinden und um Selbstbestimmung am Arbeitsplatz sowie Demokratie im Arbeitsprozess zu realisieren.[814] Der Arbeitskampf als solcher ist hierdurch auch eine Ausprägung verfassungsrechtlicher Werte. Angesichts seines Sinngehalts in der verfassungsrechtlichen Ordnung ist der Arbeitskampf nicht rechtfertigungsbedürftig.[815] Insoweit kann der Aussage des BVerfG – dass die Funktionsfähigkeit der Tarifautonomie für die Ausgestaltung des Arbeitskampfrechts sowohl Rechtfertigung als auch Grenze darstellt[816] – nur teilweise zugestimmt werden. Ob Art. 9 Abs. 3 GG eine tatbestandsimmanente Grenze des Tarifbezugs enthält, ist anschließend zu prüfen.

---

809 BAG 28.01.1955 – GS 1/54 – AP Nr. 1 Art. 9 GG Arbeitskampf = NJW 1955, 882 (883). Dazu vgl. auch Kämereit, Pressefreiheit und Arbeitskampfrecht, S. 53.

810 Vgl. nur BAG 22.09.2009 – 1 AZR 972/08 – AP Nr. 174 Art. 9 Arbeitskampf GG, Rn. 39. So ist auch die Meinung im Schrifttum: „Die Befugnis zum Arbeitskampf ist vielmehr der Sache nach ein Recht auf Eingriff in einen fremden Rechtsbereich. Seine materielle Rechtfertigung ergibt sich aus seiner Hilfsfunktion für das Tarifvertragssystem", Richardi, RdA 1986, 146 (157).

811 Siehe oben § 5 A. Begriff des Arbeitskampfes und Definition des atypischen Arbeitskampfes.

812 Im Gegenteil ist Richardi der Auffassung: „Bereits die Besonderheit des Tatbestandes verbiete es, den Arbeitskampf lediglich als eine Form der Freiheitsausübung zu beurteilen", RdA 1986, 146 (157).

813 Zum Wert und Sinn des Arbeitskampfes in der marktwirtschaftlichen Gesellschaft siehe oben Einleitung § 1.

814 Däubler, Das Arbeitsrecht 1, Rn. 107 ff.; Däubler, ZfA 1973, 201 (213 ff.); vgl. auch AG-GG/Kittner/Schiek, Art. 9 Abs. 3, Rn. 80 ff.

815 So auch Gooren, Tarifbezug des Arbeitskampfes, S. 98.

816 BAG 22.09.2009 – 1 AZR 972/08 – AP Nr. 174 Art. 9 Arbeitskampf GG Rn. 39.

tatbestandsimmanente Anforderung des Tarifbezugs am Arbeitskampf scheidet daher aus. Diese an der Tarifautonomie orientierte und damit funktionale Auslegung[826] der Koalitionsbetätigung hat mithin eine teleologische Reduktion[827] zur Folge und ist verfassungsrechtlich unbegründet. Für die Frage nach der Rechtsgrundlage der Arbeitskampfgarantie wäre es richtig, den Arbeitskampf unabhängig von seinem Tarifbezug zu begründen. Ob der Tarifbezug außerdem die Schranke des Arbeitskampfes bilden kann, wird an dieser Stelle nicht behandelt.[828]

b) Garantie des Arbeitskampfrechts nach Aufgabe der Kernbereichslehre

Früher wurde der Arbeitskampf als Koalitionsmittel zwar im Licht der Kernbereichslehre nicht unmittelbar von Art. 9 Abs. 3 GG erfasst. In einer Tarifverhandlung wurde nur der Abschluss des Tarifvertrags („die streikbeendende Vereinbarung") als Koalitionsbetätigung nach Art. 9 Abs. 3 GG geschützt.[829] Nach der neuen Rechtsprechung des BVerfG vom 14. November 1995 werden alle koalitionsspezifischen Tätigkeiten nach Art. 9 Abs. 3 GG gewährleistet.[830] In dieser Entscheidung unterscheidet das BVerfG auch nicht zwischen verschieden Arten von Koalitionsbetätigungen. Die Rechtslehre, wonach der Schutzbereich der Koalitionsfreiheit nach Typen von Koalitionszweck, Koalitionsbetätigung und Koalitionsmittel aufzuspalten sei,[831] kann einen differenzierten Gewährleistungsrang im System des Koalitionsrechts nicht rechtfertigen.[832] Insoweit soll die Koalitionsfreiheit für den Arbeitskampf nicht anders als für jede andere Koalitionsbetätigung gelten.

Außerdem spricht es für eine unmittelbare Garantie des Arbeitskampfrechts, dass „soweit die Verfolgung des Vereinigungszwecks von dem Einsatz bestimmter Mittel abhängt, [...] auch diese vom Schutz des Grundrechts umfasst [werden]"[833]. Die These, die Koalitionsbetätigung (Tarifverhandlung) und das Koalitionsmittel (Arbeitskampf) zu differenzieren und ihnen damit keine gleichrangigen Verfassungsgarantien zu verleihen, ist verfassungsrechtlich nicht überzeugend.

---

826 Kämereit, Pressefreiheit und Arbeitskampfrecht, S. 53.

827 Epping, Grundrechte, Rn. 67.

828 Zu dieser Frage umfassend Gooren, Tarifbezug des Arbeitskampfes, S. 95 ff.

829 Vgl. Lerche, Arbeitskampfes, S. 43.

830 BVerfG 14.11.1995 – 1 BvR 601/92 – AP Nr. 80 Art. 9 GG = NZA 1996, 381.

831 Zur Kurzdarstellung der Unterteilung der Koalitionsfreiheit von Säcker und Scholz siehe Kemper, Schutzbereich der Koalitionsfreiheit, S. 133 (Fn. 1).

832 Zu Recht hat Kemper argumentiert, "[a]ls nicht grund- oder verfassungsrechtsimmanente Begriffsbildung rechtfertigen die von F.-J. Säcker und R. Scholz gebildeten Gruppen aus sich heraus auch keine Aussagen zum Umfang des Verfassungsschutzes in dem jeweils angesprochenen Bereich. Auf eine derartige Kategorisierung soll daher im Folgenden verzichtet werden.", vgl. Kemper, Schutzbereich der Koalitionsfreiheit, S. 133 (Fn. 1). Vgl. auch Engels, Arbeitskampfrecht, S. 199 (Fn. 396).

833 BVerfG 26.06.1991 – 1 BvR 779/85 – AP Nr. 117 Art. 9 GG Arbeitskampf = NZA 1991, 809 (810).

Nach der Entscheidung des BVerfG vom 14. November 1995 ist auch ein feiner Unterschied im Vergleich zu vorausgegangenen Entscheidungen festzustellen. Nunmehr wird der Arbeitskampf aufgrund seiner Eigenschaft als koalitionsspezifische Betätigung, und nicht nur als Druckmittel der Tarifverhandlungen, direkt in den Schutzbereich des Art. 9 Abs. 3 GG einbezogen. Zum Beispiel hat das BAG in seiner Flashmob-Entscheidung diesen Standpunkt bestätigt:

> „Der Schutzbereich des Art. 9 Abs. 3 GG ist nicht etwa von vornherein auf den Bereich des Unerlässlichen beschränkt. Der Grundrechtsschutz erstreckt sich vielmehr auf alle Verhaltensweisen, die koalitionsspezifisch sind. [...] Hiernach unterfallen streikbegleitende ‚Flashmob-Aktionen' der Gewerkschaften, die der Verfolgung tariflicher Ziele dienen, dem Schutzbereich des Art. 9 Abs. 3 GG. Es handelt sich dabei um eine koalitionsspezifische Betätigung der Gewerkschaft."[834]

Diese Argumentation belegt eine unmittelbare Garantie des Arbeitskampfrechts. Zudem sind die Gefahren aufgrund des Verzichts auf einen Gesetzesvorbehalt für den Arbeitskampf[835] nicht zu berücksichtigen. Denn die unmittelbare Garantie des Arbeitskampfrechts in Art. 9 Abs. 3 GG verhindert nicht Beschränkungen der Rechtsausübung. Zwar enthält Art. 9 Abs. 3 GG keinen Gesetzesvorbehalt, aber die Koalitionsfreiheit inklusive des Arbeitskampfrechts ist trotzdem nicht schrankenlos und wird zumindest durch „kollidierendes Verfassungsrecht" begrenzt. Inwieweit dies das Arbeitskampfrecht verfassungsrechtlich beschränkt, ist nachfolgend zu untersuchen.[836]

5. Zwischenergebnis

Die verfassungsrechtliche Rechtsgrundlage des Arbeitskampfrechts ist die Koalitionsfreiheit gemäß Art. 9 Abs. 3 Satz 1 GG. Der Art. 9 Abs. 3 Satz 3 GG bekräftigt nur einen verfassungsrechtlichen Schutz gegen den Eingriff im Notstand. Das Arbeitskampfrecht ist aufgrund seines Sinngehalts eine Ausprägung des verfassungsrechtlichen Werts und damit qualifiziert als ein Grundrecht zu schützen. Nach Aufgabe der Kernbereichslehre wird der Arbeitskampf wie jede andere koalitionsspezifische Betätigung unmittelbar aus Art. 9 Abs. 3 Satz 1 GG hergeleitet und grundrechtlich geschützt. Seine Gewährleistung ist auf die gleiche Stufe wie die Tarifautonomie oder andere koalitionsspezifische Tätigkeiten zu stellen und nicht nur über die Tarifautonomie mittelbar zu sichern.

---

834 BAG 22.09.2009 – 1 AZR 972/08 – AP Nr. 174 Art. 9 Arbeitskampf GG Rn. 34; siehe auch BAG 19.06.2007 – 1 AZR 396/06 – AP Nr. 173 Art. 9 Arbeitskampf GG Rn. 12.

835 Vgl. Henssler, ZfA 1998, 1 (4 ff.).

836 Siehe unten § 11 Verfassungsrechtliche Schranken des atypischen Arbeitskampfes.

III. Sonstige Verfassungsbestimmungen und Arbeitskampfrecht

Art. 9 Abs. 3 GG ist nicht die einzige Schutznorm des Arbeitskampfrechts im Grundgesetz. Der grundrechtliche Schutz des Arbeitskampfes kann darüber hinaus unter Umständen aus der Meinungsfreiheit, der Versammlungsfreiheit, dem Widerstandsrecht und der Menschenwürde sowie der Selbstbestimmung hergeleitet werden. Im Folgenden ist die Bedeutung der einzelnen Verfassungsbestimmungen für die Arbeitskampfgarantie zu beleuchten.

1. Allgemeine Handlungsfreiheit

Die allgemeine Handlungsfreiheit ist wie die Koalitionsfreiheit auch ein Menschenrecht.[837] Dem Wortlaut des Art. 2 Abs. 1 GG nach wird die allgemeine Handlungsfreiheit zwar nicht erwähnt. Nach ständiger Rechtsprechung des BVerfG wird aber die Freiheit, zu tun und zu lassen, was man will, gewährleistet.[838] Danach ist jedes menschliche Verhalten geschützt.[839] Die Tätigkeit des Arbeitskampfes fällt auch in den Schutzbereich der allgemeinen Handlungsfreiheit. So war die Rechtslage der Arbeitskampgarantie bis zur Mitte der 1950er-Jahre.[840] Das kann jedoch nur aufrechterhalten werden, wenn kein spezielles Grundrecht zur Anwendung kommt.[841] Nunmehr kann der durch das Grundrecht der Koalitionsfreiheit geschützte Betätigungsbereich der Koalitionen, darunter der Arbeitskampf, nur nach der speziellen Vorschrift des Art. 9 Abs. 3 GG bestimmt werden. Hierfür muss Art. 2 Abs. 1 GG außer Betracht bleiben.[842]

Demgemäß darf die allgemeine Handlungsfreiheit nur herangezogen werden, wenn die Koalitionsfreiheit nicht anwendbar ist. Einschlägig der Fall ist das bei Drittbeteiligung im Arbeitskampf.[843] Allerdings ist die Teilnahme am Arbeitskampf für Dritte nur in den Schranken des zweiten Halbsatzes von Art. 2 Abs. 1 GG bzw. der Rechte Dritter gewährleistet.

---

837 Zum Rechtsträger der allgemeinen Handlungsfreiheit vgl. nur ErfK/Schmidt, Art. 2 GG Rn. 50 f.

838 Alexy, Theorie der Grundrechte, S. 311; Epping, Grundrechte, Rn. 550.

839 BVerfG 06.06.1989 – 1 BvR 921/85 – NJW 1989, 2525 (2525).

840 Siehe oben A. I. Arbeitskampffreiheit in der Frühzeit des Grundgesetzes.

841 Däubler, Der Streik, S. 68.

842 BVerfG 30.11.1965 – 2 BvR 54/62 – AP Nr. 7 Art. 9 GG = NJW 1966, 491 (493). Zu den Einwendungsgründen, dass die allgemeine Handlungsfreiheit nicht Rechtsgrundlage des Arbeitskampfrechts sein kann, vgl. Däubler, Der Streik, S. 68 f.; Gooren, Tarifbezug des Arbeitskampfes, S. 65 f.

843 Dazu siehe § 9 E. Exkurs: Aktive Drittbeteiligung im atypischen Arbeitskampf.

2. *Meinungsfreiheit*

Die Meinungsfreiheit wird im Art. 5 Abs. 1 Satz 1 GG verfassungsrechtlich gewährleistet. Verfassungsrechtlich geschützt ist nicht nur der Inhalt der Meinung,[844] sondern auch jede Form und Art der Meinungsäußerung und -verbreitung: „Die Meinungsfreiheit ist also genauer gesagt eine Meinungsäußerungsfreiheit“[845]. Die im Verfassungstext angegebenen Verhaltensweisen sind lediglich beispielhaft.[846] Die Form der Meinungsäußerung ist kein Merkmal des Schutzbereichs des Art. 5 Abs. 1 Satz 1 GG.[847] Neben den Äußerungsformen von Wort, Schrift sowie Bild sind Meinungsäußerungen mittels Uniformen, Symbolen, Musik oder Gesten sowie Neuen Medien vorstellbar.[848] Diese Modalitäten spielen gerade für den atypischen Arbeitskampf eine wichtige Rolle.[849] Insbesondere werden sie in den Kampfformen des Käuferboykotts[850] und der Öffentlichkeitsarbeit umfassend verwendet, etwa bei der Demonstration im Netz (symbolischer Online-Protest, E-Mob), bei dramatischen Demonstrationen oder Appellen an Kunden des Arbeitsgebers.[851]

In diesen Kampfaktionen geht es um die Bekanntgabe und die Verbreitung der Arbeitskampfforderung. Mittels der Überzeugungskraft von Darlegungen, Erklärungen und Erwägungen kann sich die geistige Wirkung auf die Umwelt entfalten,[852] um die Öffentlichkeit zu mobilisieren und die Arbeitnehmer zur Teilnahme am Arbeitskampf aufzufordern. Eine Meinungskundgabe kann auch ohne Gewalt druckvoll sein und damit als Arbeitskampfmittel eingesetzt werden.[853] Solange sie nicht von Androhungen schwerwiegender Nachteile begleitet wird,[854] ist die Meinungsäußerung durch das Grundrecht der Meinungsfreiheit geschützt. Zwar kann Art. 5 Abs. 1 GG für die oben genannten atypischen Arbeitskämpfe herangezogen werden. Wenn der Käuferboykott oder die Öffentlichkeitsarbeit zur Vorbereitung

---

844 Der Begriff der Meinung in Sinne des Art. 5 Abs. 1 GG ist grundsätzlich weit zu verstehen: Sofern eine Äußerung durch die Elemente der Stellungnahme, des Dafürhaltens oder Meinens geprägt ist, fällt sie in den Schutzbereich des Grundrechts, vgl. BVerfG 22.06.1982 – 1 BvR 1376/79 – NJW 1983, 1415 (1416).

845 Epping, Grundrechte, Rn. 214.

846 BVerfG 13.05.1980 – 1 BvR 103/77 – NJW 1980, 2069; Epping, Grundrechte, Rn. 214; a. A, Engels. Arbeitskampfrecht, S. 155.

847 Vgl. ErfK/Schmidt, Art. 5 GG Rn. 9.

848 Sachs/Bethge, Art. 5 GG, Rn. 44.

849 Zu Arbeitskampf und Meinungsfreiheit in der arbeitskampfrechtlichen Literatur vgl. Däubler/Däubler, Arbeitskampfrecht, § 9 Rn. 20; Engels, Arbeitskampfrecht, S. 155; Gamillscheg, Kollektives Arbeitsrecht Bd. 1, S. 944 f.; Kissel, NZA 1988, 145 (153).

850 Zum Käuferboykott als Arbeitskampfform siehe oben § 6 C. II.

851 Zur Öffentlichkeitsarbeit als Arbeitskampfform siehe oben § 6 B.

852 BeckOK GG/Schemmer, Art. 5 GG, Rn. 4; Epping, Grundrechte, Rn. 215.

853 Däubler/Däubler, Arbeitskampfrecht, § 9 Rn. 20.

854 Die Meinungsäußerung mit wirtschaftlichem Druck und Art. 8 Abs. 1 GG, vgl. BVerfG 26.02.1969 – 1 BvR 619/63 – NJW 1969, 1161; 15.01.1958 – 1 BvR 400/51 – NJW 1958, 257; Epping, Grundrechte, Rn. 215 ff.

oder Ergänzung des Streiks oder als selbstständige Kampfaktion eingesetzt wird, geht die Koalitionsfreiheit als Spezialvorschrift vor.[855] Der durch das Grundrecht der Koalitionsfreiheit geschützte Koalitionsbetätigungsbereich kann nur nach der speziellen Vorschrift des Art. 9 Abs. 3 GG bestimmt werden.[856]

Maßgeblich für die Anwendung des Art. 9 Abs. 3 GG ist, wie oben dargestellt, das Ziel der Wahrung und Förderung der Arbeits- und Wirtschaftsbedingungen. Einschlägig sind also alle Meinungskämpfe für den Koalitionszweck in und auch außerhalb von Arbeitskämpfen.[857] Demgemäß erlangt die Meinungsfreiheit praktisch nur Bedeutung für die Betätigungen, die nicht vom persönlichen[858] oder sachlichen[859] Schutzbereich des Art. 9 Abs. 3 GG umfasst werden oder die die Grenzen der Betätigungsfreiheit aus Art. 9 Abs. 3 GG überschreiten.[860] Allerding unterliegt dieses Verhalten – anders als der vorbehaltlose Schutz im Art. 9 Abs. 3 GG – gemäß Art. 5 Abs. 2 GG allgemeinen gesetzlichen Schranken.

3. *Versammlungsfreiheit*

Für den Arbeitskampf ist ferner Art. 8 Abs. 1 GG als verfassungsrechtliche Grundlage einzubeziehen.[861] In der deutschen Geschichte wird die Versammlungsfreiheit als ein Demonstrationsgrundrecht verstanden.[862] Traditionell hat dieses Grundrecht eine politische Funktion, um die Meinungen der Bürger in einer demokratischen Gesellschaft öffentlich bilden und äußern zu können.[863] Vor diesem Hintergrund fällt die gemeinsame Teilhabe an der öffentlichen Meinungsbildung und –kundgebung unstreitig

---

855 BAG 23.02.1979 – 1 AZR 172/78 – AP Nr. 30 zu Art. 9 GG; 14.02.1967 – 1 AZR 494/65 – NJW 1967, 843 (844); Däubler, Gewerkschaftsrechte, S. 262; Stern, Staatsrecht Bd. III 2, S. 1388.

856 BVerfG 30.11.1965 – 2 BvR 54/62 – NJW 1966, 491(491).

857 Zu Meinungskämpfen als gewerkschaftliche Betätigung im Betrieb vgl. Däubler, Gewerkschaftsrechte, S. 126 ff.

858 Zu Drittbeteiligung im Arbeitskampf und ihren Grundrechten siehe unten § 9 E. Exkurs: Aktive Drittbeteiligung im atypischen Arbeitskampf.

859 Zum Beispiel des politischen Demonstrationsstreiks vgl. Däubler/Däubler, Arbeitskampfrecht, § 13 Rn. 66 ff.

860 BAG 23.02.1979 – 1 AZR 172/78 – AP Nr. 30 Art. 9 GG; Däubler, Gewerkschaftsrechte, S. 559.

861 Zu Arbeitskampf und Versammlungsfreiheit in der arbeitskampfrechtlichen Literatur vgl. Däubler/Bieback/Wroblewski, Arbeitskampfrecht, § 17 Rn. 182 ff.; Donat/Kühling, AuR 2009, 1 (1 ff.); Engels, Arbeitskampfrecht, S. 155 f.; Gamillscheg, Kollektives Arbeitsrecht Bd. 1, S. 945 f.; Kempen, AuR 1990, 237 (242 f.).

862 Däubler/Bieback/Wroblewski, Arbeitskampfrecht, § 17 Rn. 182; Epping, Grundrechte, Rn. 24.

863 Zur Versammlungsfreiheit in der deutschen Verfassungsgeschichte vgl. Maunz/Dürig/Depenheuer, Art. 8 GG Rn. 16 ff.

in den Schutzbereich von Art. 8 Abs. 1 GG.[864] Insofern erfordert die Versammlung eine innere Verbindung in Bezug auf den gemeinsamen Zweck zwischen den Versammlungsteilnehmern, nicht bloß eine Gleichartigkeit der Zweckverfolgung.[865] Eine reine zufällige Ansammlung unterliegt der Versammlungsfreiheit daher nicht.[866]

Zum öffentlichen Meinungsbildungsprozess gehört die Ansammlung von Arbeitnehmern sowie Unterstützern im Arbeitskampf. Neben der Streikversammlung dienen mehrere atypische Arbeitskampfformen, wie Flashmob, Demonstration oder Protestmärsche mit Betriebsstörungseffekt oder Blockade und Besetzung öffentlicher Plätze, ebenfalls – und sogar stärker – dem Zweck, mehr Verständnis für Kampfaktionen zu gewinnen und Kampfforderungen zu propagieren.[867] Solche Ansammlungen auf öffentlichen Straßen und Plätzen sind Versammlungen in Sinne des Art. 8 Abs. 1 GG. Andererseits gilt die Koalitionsfreiheit auch für die freie Darstellung der in Koalitionen organisierten Gruppeninteressen. Zusätzlich gefordert ist die Bedingung der Wahrung und Förderung der Arbeits- und Wirtschaftsbedingungen.[868] Wird der Arbeitskampf in einer versammlungsspezifischen Verhaltensweise, z. B. Demonstrationen oder Protestmärsche, umgesetzt, sind sowohl die Versammlungsfreiheit als auch die Koalitionsfreiheit tatbestandlich einschlägig.[869] Dennoch kommt für die Arbeitskampfmaßnahmen wegen deren Sachnähe zu Art. 9 Abs. 3 GG die Koalitionsfreiheit als lex specialis[870] vorrangig zur Anwendung.[871] Hingegen wird nach einer Ansicht im Schrifttum anstelle des Spezialitätsverhältnisses zwischen Art. 9 Abs. 3 GG und Art. 8 Abs. 1 GG ein Verstärkungsverbund von Koalitionsfreiheit und Versammlungsfreiheit angenommen.[872] An dieser Stelle besitzt die Problematik der Grundrechtsanwendung keine theoretische Bedeutung. Denn im Fall einer Idealkonkurrenz unterliegt der Arbeitskampf unter freiem Himmel den nach Art. 8 GG nominierten versammlungsrechtlichen Vorschriften, insbesondere der Anmeldepflicht nach § 14 Versammlungsgesetz.[873] Dies ist jedoch nicht überzeugend. Denn die

---

864 BVerfG 24.10.2001 – 1 BvR 1190/90 u. a. = NJW 2002, 1031 (1032); BeckOK GG/Schneider, Art. 8 GG Rn. 8. Zur Auseinandersetzung mit dem Versammlungszweck vgl. Maunz/Dürig/Depenheuer, Art. 8 GG Rn. 48 ff.

865 Maunz/Dürig/Depenheuer, Art. 8 GG Rn. 46.

866 Maunz/Dürig/Depenheuer, Art. 8 GG Rn. 47.

867 Donat/Kühling, AuR 2009, 1 (1); Däubler/Wolter Arbeitskampfrecht, § 16 Rn. 100.

868 BVerfG 26.05.1970 – 2 BvR 664/65 – BVerfGE 28, 295 (305); vgl. auch Däubler/Bieback/Wroblewski, Arbeitskampfrecht, § 17 Rn. 182.

869 Zu Demonstrationen, Protestmärschen und Art. 8 GG vgl. Schmidt-Bleibtreu/Klein/Kannengießer, Art. 8 GG Rn. 3.

870 Zur Lösung der Grundrechtskonkurrenz im Wege der Spezialität vgl. Epping, Grundrechte, Rn. 259 ff.

871 Däubler/Bieback/Wroblewski, Arbeitskampfrecht, § 17 Rn. 183; Kempen, AuR 1990, 237 (242).

872 Däubler/Däubler, Arbeitskampfrecht, § 30 Rn. 15; Donat/Kühling, AuR 2009, 1 (2); Maunz/Dürig/ Scholz, Art. 9 GG Rn. 111, 335.

873 Unter dem Aspekt einer Idealkonkurrenz wird in der Literatur eine verfassungskonforme Auslegung herangezogen, vgl. Däubler/Däubler, Arbeitskampfrecht, § 30

Koalitionsfreiheit als solche beinhaltet bereits das Element der kollektiven Betätigung und ihr Schutzgehalt schließt folgerichtig die Verhaltensform „Versammlung" ein. Die Funktion der Versammlungsfreiheit zur Verfolgung des Koalitionszwecks wird daher von der Koalitionsfreiheit erfüllt.[874] Eine Grundrechtskombination ist unter diesen Umständen zwecklos. Mithin gilt Art. 9 Abs. 3 GG insoweit als die speziellere Norm gegenüber Art. 8 Abs. 1 GG und kommt vorrangig zur Anwendung.

Der Anwendungsvorrang der Koalitionsfreiheit gilt nicht nur für kampfweise Versammlungsbetätigungen. Alle koalitionsspezifischen Verhaltensweisen sind von Art. 9 Abs. 3 GG umfasst. Hierin wird die Versammlungsfreiheit nicht nur von Tarifverhandlungsbetätigungen sowie Arbeitskämpfen, sondern von allen koalitionsspezifischen Betätigungen verdrängt. Der hier erwähnte Verdrängungseffekt bedeutet aber nicht, dass die organisierten Arbeitnehmer die Versammlungsfreiheit nicht nutzen können. Vielmehr hat ein Rückgriff auf die Versammlungsfreiheit praktisch nur für das nicht koalitionsspezifische Verhalten der Arbeitskämpfenden Bedeutung[875] oder für die am Kampf teilnehmenden Dritten.[876]

4. *Widerstandsrecht*

Schließlich könnte das Arbeitskampfrecht in Art. 20 Abs. 4 GG seine Rechtsgrundlage finden.[877] Nach Art. 20 Abs. 4 GG haben alle Deutschen das Recht zum Widerstand gegen jeden, der es unternimmt, die verfassungsmäßige Ordnung zu beseitigen, wenn andere Abhilfe nicht möglich ist. Als Instrument zur Sicherung der Verfassungsordnung wurde dieses Widerstandrecht erst im Jahr 1968 in das Grundgesetz aufgenommen.[878] Allerdings hat das Widerstandstandrecht bisher in der Praxis – auch in der Arbeitskampfpraxis[879] – nur geringe Bedeutung. Einerseits setzt es das Vorhandensein einer Widerstandssituation voraus.[880] Andererseits kommt dieses Recht als ein subsidiäres Ausnahmerecht von vornherein nur „als Ultima Ratio" in Betracht.

Rn. 15; Donat/Kühling, AuR 2009, 1 (2). Zur Meinung, dass das Versammlungsrecht ohne Weiteres Anwendung auf Kundgebungen im Streik findet, vgl. AG München 26.01.2009 – 845 Cs 113 Js 11159/08 – NZA-RR 2009, 211; Rieble, NZA 2009, 298 (298 f.).

874 Nach Scholz bestehen für die Koalitionsfreiheit ähnliche Gesetzes- bzw. Idealkonkurrenzen zu den Grundrechten aus Art. 8 GG wie im Verhältnis der allgemeinen Vereinigungsfreiheit gemäß Art. 9 Abs. 1 zur Versammlungsfreiheit, vgl. Maunz/Dürig/Scholz, Art. 9 GG Rn. 335. Jedoch kann m. E. das Verhältnis der Versammlungsfreiheit zu Art. 9 Abs. 1 GG nicht auf deren Beziehung zu Art. 9 Abs. 3 GG übertragen, denn die Koalitionsfreiheit ist anders als die Vereinigungsfreiheit ein zweckbestimmendes Grundrecht. Die Verdrängung des Art. 8 Abs. 1 GG hat keine Folge zur „Blankettkoalition".

875 Däubler/Bieback/Wroblewski, Arbeitskampfrecht, § 17 Rn. 184 ff.

876 Zu Drittbeteiligung im Arbeitskampf und ihre Grundrechte siehe unten § 9 E. Exkurs: Aktive Drittbeteiligung im atypischen Arbeitskampf.

877 Vgl. Däubler/Däubler, Arbeitskampfrecht, § 9 Rn. 19.

878 Zur Entstehung des Widerstandsrechts vgl. Sachs/Sachs, Art. 20 GG Rn. 166 ff.

879 Däubler/Däubler, Arbeitskampfrecht, § 9 Rn. 19.

880 Zur Auslegung der Widerstandssituation vgl. Sachs/Sachs, Art. 20 GG Rn. 171.

Das bedeutet, dass, nur wenn alle von der Rechtsordnung zu Verfügungen gestellten Rechtsbehelfe keine Aussicht auf wirksame Abhilfe bieten, die Ausübung des Widerstandes als das letzte Mittel zur Erhaltung oder Wiederherstellung des Rechts übrig bleibt.[881]

Wie das Arbeitskampfrecht[882] muss das Widerstandrecht kollektiv ausgeübt werden.[883] Adressat der Widerstandshandlung sind nicht nur Amtsträger, sondern auch juristische und natürliche Personen – der privatrechtliche Arbeitgeber inbegriffen –, solange sie die verfassungsmäßige Ordnung beseitigen wollen.[884] Die Handlungsformen des Widerstandes sind im Grundgesetz nicht ungeregelt. Theoretisch werden Formen von passivem Widerstand[885] bis hin zum aktiven Tun (Sabotage, Besetzung oder Sperrung von Straßen und Brücken, Lahmlegung öffentlicher Versorgungsleitungen)[886] als Widerstand verstanden.[887] Allerdings macht es Sinn, nur die Handlungen, die nach der normalerweise geltenden Rechtsordnung unerlaubt wären, als Widerstand zu fassen.[888] Demonstrationen, öffentliche Kritik oder sonstige Arbeitskämpfe können nach geltender Rechtsordnung rechtmäßig sein. Der Aufruf des Art. 20 Abs. 4 GG ist unter diesem Umstand müßig.

Zudem wurde in der Entscheidung des BVerfG der Unterschied zwischen zivilem Ungehorsam und Widerstandrecht betont. Während das Widerstandsrecht einem Unrechtssystem zugewiesen wurde, wird unter zivilem Ungehorsam „ein Widerstehen des Bürgers gegenüber einzelnen gewichtigen staatlichen Entscheidungen verstanden, um einer für verhängnisvoll und ethisch illegitim gehaltenen Entscheidung durch demonstrativen, zeichenhaften Protest bis zu aufsehenerregenden Regelverletzungen zu begegnen“[889]. Hierbei betrifft der zivile Ungehorsam das Verhältnis zwischen Staat und Bürger und wird als Akt gegen die staatliche Gewalt verstanden. Auf die koalitionsrechtlichen Arbeitskämpfe gegen privatrechtliche Arbeitgeber kann es infolgedessen nicht zur Anwendung kommen.[890] Die Auseinandersetzung über die Rechtfertigungsgründe des zivilen Ungehorsams[891] im Bereich der Arbeitskampfrechtsforschung ist deshalb

---

881 Epping, Grundrechte, Rn. 1016; Sachs/Sachs, Art. 20 GG Rn. 172.

882 Zur Kollektivität des Arbeitskampfrechts siehe unten § 9 C. II. 2. Kollektivität des Arbeitskampfrechts.

883 BeckOK GG/Huster/Rux, Art. 20 GG, Rn. 225.

884 BeckOK GG/Huster/Rux, Art. 20 GG, Rn. 229.

885 Zu Formen des passiven Widerstands Maunz/Dürig/Grzeszick/Herzog, Art. 20 GG IX. Rn. 57.

886 Zu weiteren Beispielen zum aktiven Widerstand siehe Maunz/Dürig/Grzeszick/Herzog, Art. 20 GG IX. Rn. 59.

887 BeckOK GG/Huster/Rux, Art. 20 GG, Rn. 228.

888 Maunz/Dürig/Grzeszick/Herzog, Art. 20 GG IX. Rn. 56.

889 BVerfG 11.11.1986 – 1 BvR 713/83 u. a. – NJW 1987, 43 (47). Zur Auseinandersetzung des Begriffes des zivilen Ungehorsams vgl. Laker, Ziviler Ungehorsam, S. 123 ff.

890 Vgl. ErfK/Linsenmaier, Art. 9 GG Rn. 119.

891 Zum Rechtfertigungsgrund des zivilen Ungehorsams vgl. Laker, Ziviler Ungehorsam, S. 189 ff.

aber keineswegs sinnlos gewesen. Für den politischen Arbeitskampf könnte der zivile Ungehorsam neue Perspektive eröffnen.[892]

B. Arbeitskampfrecht in Bundesgesetzen

In Deutschland fehlt bisher eine gesetzliche Ausgestaltung des Arbeitskampfrechts. Ein konkreter Vorschlag zur Begrenzung des Arbeitskampfrechts wurde zwar in den 1980er-Jahren eingebracht, aber er wurde nicht umgesetzt.[893] Zwar werden in mehreren Bundesgesetzesnormen die Begriffe „Arbeitskampf" oder „Streik" erwähnt.[894] Sie sind aber als Tatbestandsmerkmal der jeweiligen Vorschrift zu verstehen[895] und es kann nur auf die Konsequenz einer Einzelfrage hingewiesen werden.[896] Der Begriff, die Voraussetzung oder die Zulässigkeit des Arbeitskampfes bleiben dort ungeregelt. Der Große Senat des BAG sah im Beschluss vom 21. April 1971 diese Vorschriften als „neutrale Rechtsnormen" an.[897] Diese Bezeichnung ist jedenfalls zweifelhaft. Obwohl die allgemeine Rechtmäßigkeit des Arbeitskampfes nicht unmittelbar aus diesen Vorschriften abgeleitet werden kann, sind diese Rechtsnormen wegen deren Wertentscheidung nicht neutral.[898] Es wäre sinnwidrig, wenn ein Arbeitskampfverbot für den Bereich von Betriebsratsarbeit und Personalvertretung jeweils gemäß § 74 Abs. 2 Satz BetrVG bzw. § 66 Abs. 2 Satz 2 BPersVG geregelt wird, ohne die allgemeine Zulässigkeit des Arbeitskampfes vorauszusetzen.[899] Ebenso ist es bei der Zuständigkeit der Arbeitsgerichtbarkeit gemäß § 2 Abs. 1 Nr. 2 ArbGG für Streitigkeiten in Bezug auf die Arbeitskampfmaßnahmen.[900] Festzustellen ist zumindest eine konkludente Arbeitskampfgarantie in den Rechtsnormen.[901]

Im Gegensatz zu den nationalen Gesetzen garantieren einige ratifizierte völkerrechtlicher Verträge ausdrücklich das Arbeitskampf- oder Streikrecht, z. B. die Europäische Sozialcharta und der Internationale Pakt über wirtschaftliche, soziale und kulturelle Rechte. Diese völkerrechtlichen Normen stehen grundsätzlich im

892 Zu zivilem Ungehorsam und Gewerkschaften in der neuen Literatur vgl. Böhnke/Duschek, Machtfrage, nicht Rechtsfrage. Ziviler Ungehorsam als Teil der gewerkschaftlichen Geschichte und Gegenwart, S. 101–116.
893 Birk/Konzen/Löwisch/Raiser/Seiter, Gesetz zur Regelung kollektiver Arbeitskonflikte: Entwurf und Begründung, 1988.
894 Die wichtigsten Regelungen sind: § 2 ArbGG, § 64 ArbGG, § 76 ArbGG, § 11 AÜG, § 74 BetrVG, § 66 BPersVG, § 25 KSchG, §36 SGB III, § 146 SGB III, § 174 SGB III, § 312 SGB III, § 320 SGB III, § 380 SGB III, § 192 SGB V und § 91 SGB IX.
895 Otto, Arbeitskampfrecht, § 4 Rn. 45; MünchArbR/Ricken Bd. 2, § 198 Rn. 1.
896 Gamillscheg, Kollektives Arbeitsrecht I, S. 949.
897 BAG 21.04.1971 – GS 1/68 – AP Nr. 43 Art. 9 GG Arbeitskampf = NJW 1971, 1668 (1669).
898 Otto, Arbeitskampfrecht, § 4 Rn. 46; MünchArbR/Ricken Bd. 2, § 198 Rn. 1.
899 Engels, Arbeitskampfrecht, S. 236; Scholz/Konzen, Die Aussperrung, S. 57.
900 Scholz/Konzen, Die Aussperrung, S. 57.
901 Otto, Arbeitskampfrecht, § 4 Rn. 46. Vgl. auch Engels, Arbeitskampfrecht, S. 236; Gamillscheg, Kollektives Arbeitsrecht I, S. 949 f.; Kissel, Arbeitskampfecht, § 18 Rn. 2.

Rang von Bundesgesetzen. Dafür ist eine präzisiere Untersuchung nötig und wird später näher dargestellt.[902]

Überdies ist zu erwähnen, dass nicht nur das Bundesgesetz, sondern das Richterrecht offenbar für das Arbeitskampfrecht relevant ist. Im großen Umfang wurde das Arbeitskampfrecht richterrechtlich ausgestaltet. Der Große Senat des BAG hat auch von „gesetzesvertretendem Richterrecht“ gesprochen.[903] Jedoch stellt das Richterrecht kein Bundesrecht dar, soweit es nicht als Gewohnheitsrecht im gesamten Bundesgebiet anerkannt ist.[904] Dafür hat der Erste Senat des BAG angedeutet: „Eine ständige Rechtsprechung kann nur dann Gewohnheitsrecht erzeugen, wenn sie in das allgemeine Rechtsbewusstsein übergeht und von den Rechtsgenossen überwiegend als geltende Norm anerkannt wird. Nur der allgemeine ‚Rechtsgeltungswille‘ führt zu einer normativen Wirkung“[905]. Freilich sind die vom BAG entwickelten Grundsätze des Arbeitskampfrechts nach wie vor umstritten[906] und das BAG selbst hat dies auch bestätigt: „Diese Voraussetzung wird von der Arbeitskampfrechtsprechung des BAG nicht erfüllt.“[907] Insoweit bildet die Rechtsprechung im Arbeitskampfrecht keine Rechtsquelle.[908]

C. Arbeitskampfrecht in Landesverfassungen

Zur Gewährleistung des Arbeitskampfrechts sind die Länder nach Art. 70 Abs. 1 GG befugt, solange der Bundesgesetzgeber von seiner Gesetzgebungskompetenz gemäß Art. 74 Nr. 12 GG keinen Gebrauch gemacht hat. Angesichts des Fehlens einer bundesgesetzlichen Ausgestaltung des Arbeitskampfes steht dieser Gesetzgebungsgegenstand den Ländern offen.[909] Allerdings wurde das Streikrecht vor der Entstehung des Grundgesetzes in den Landesverfassungen von Bremen, Hessen, Rheinland-Pfalz und vom Saarland bereits unmittelbar gewährleistet.[910] Später regelten die Länder von Berlin, Brandburg sowie Thüringen das Arbeitskampf- oder Streikrecht in eigenen Verfassungen.[911] Die in der Tabelle 1 aufgelisteten Arbeitskampfgarantien sind alle als

---

902 Siehe gleich unten § 8 D. Internationale und europäische Rechtsgrundlage.

903 BAG 28.01.1955 – GS 1/54 – AP Nr. 1 Art. 9 GG Arbeitskampf = NJW 1955, 882.

904 BeckOK GG/Hellermann, Art. 31 GG Rn. 12.

905 BAG 10.06.1980 – 1 AZR 822/79 – AP Nr. 64 Art. 9 GG Arbeitskampf = NJW 1980, 1642.

906 Däubler/Däubler, Arbeitskampfrecht, § 9 Rn. 47.

907 BAG 10.06.1980 – 1 AZR 822/79 – AP Nr. 64 Art. 9 GG Arbeitskampf = NJW 1980, 1642.

908 Kissel, Arbeitskampfrecht, § 21 Rn. 19; MünchArbR/Ricken Bd. 2, § 198 Rn. 4 f.

909 Otto, Arbeitskampfrecht, § 4 Rn. 71; Treber, Aktiv produktionsbehindernde Maßnahmen, S. 238.

910 Vgl. Otto, Arbeitskampfrecht, § 2 Rn. 14 (Fn. 36).

911 In den übrigen Ländern erwähnt die Landesverfassung die Arbeitskampfgarantie entweder nicht (das Land Schleswig-Holstein und die Freie und Hansestadt Hamburg) oder nur inkorporiert oder wiederholt die Koalitionsfreiheit des Art. 9 Abs. 3 GG. Eine Inkorporation der Koalitionsfreiheit enthalten die Landesverfassungen von Nordrhein-Westfalen (Art. 3 Abs. 2 Satz 1 NRW Verf.), Niedersachsen (Art. 3 Abs. 2 Satz 1 NDSVerf.), Baden-Württemberg (Art. 2 Abs. 1 LV) und

Grundrecht in den Landesverfassungen verankert – mit einer Ausnahme: der Bremischen Verfassung[912]. Trotzdem ist zu erklären, dass die Formulierung als Grundrecht in den Landesverfassungen keine Grundrechtsqualität garantiert. Im Einzelfall wird der Grundrechtscharakter der jeweiligen Norm der Landesverfassung von den Gerichten geprüft.[913] Bemerkenswert ist darüber hinaus, dass das Arbeitskampf- oder Streikrecht zwar direkt in jeweiliger landesverfassungsrechtlicher Vorschrift geregelt wird, dass diese aber unterschiedlich ausgestaltet sind (s. Tabelle 10).[914]

Tabelle 10: Regelung der Arbeitskampfgarantie in Landesverfassungen

Bundesland	**Regelung der Arbeitskampfgarantie in Landesverfassungen** Stand: 01.11.2014
Berlin	Das Streikrecht wird gewährleistet (Art. 27 Abs. 2 BerlVerf.).
Brandenburg	Das Streikrecht wird gewährleistet (Art. 51 Abs. 2 Satz 3 BrandbgVerf.).
Bremen	Das Streikrecht der wirtschaftlichen Vereinigungen wird anerkannt (Art. 51 Abs. 3 BremVerf.).
Hessen	Das Streikrecht wird anerkannt, wenn die Gewerkschaften den Streik erklären (Art. 29 Abs. 4 HessVerf.). Die Aussperrung ist rechtswidrig (Art. 29 Abs. 5 HessVerf.).
Rheinland-Pfalz	Das Streikrecht der Gewerkschaften im Rahmen der Gesetze wird anerkannt (Art. 66 Abs. 2 RhPfVerf.).
Saarland	Das Streikrecht der Gewerkschaften ist im Rahmen der Gesetze anerkannt. Streiks dürfen erst dann durchgeführt werden, wenn alle Schlichtungs- und Verhandlungsmöglichkeiten erschöpft sind (Art. 56 Abs. 2 SLVerf.). Die Stellung des Beamten zum Staat schließt das Streikrecht aus (Art. 115 Abs. 5 SLVerf.).
Thüringen	Das Recht, Arbeitskämpfe, insbesondere das Streikrecht, zu führen, ist gewährleistet (Art. 37 Abs. 2 ThürVerf.).

Mecklenburg-Vorpommern (Art. 5 Abs. 3 MVVerf.); eine Wiederholung des Art. 9 Abs. 3 GG beinhalten die Landesverfassungen von Bayern (Art. 170 BayVerf.), Sachsen (Art. 25 SaVerf.) und Sachsen-Anhalt (Art. 13 Abs. 3 LSAVerf.).

912 Das Streikrecht ist in der Bremischen Verfassung im zweiten Hauptteil Ordnung des sozialen Lebens eingegliedert.

913 Zum Beispiel wurde das Aussperrungsverbot des Art. 29 Abs. 5 HessVerf. vom BAG nicht als Landesgrundrecht bewertet, BAG 26.04.1988 – 1 AZR 399/86 – AP Nr. 101 Art. 9 GG Arbeitskampf.

914 Zur Problematik der Ungleichheit des Arbeitskampf- oder Streikrechts in den Landesverfassungen vgl. Däubler/Däubler, Arbeitskampfrecht, § 9 Rn. 48; Kissel, Arbeitskampfrecht, § 19 Rn. 7 f.

Für die Rechtsanwendung hat das Bundesgesetz nach Art. 31 GG grundsätzlichen Vorrang vor dem Landesrecht einschließlich der Landesverfassungen.[915] Jedoch wird das Bundesgesetz im Bereich des Grundrechts durch Art. 142 GG als lex specialis zu Art. 31 GG verdrängt, insofern steht das Landesgrundrecht in Übereinstimmung mit den Grundrechten des Grundgesetzes.[916] Zu beachten ist, dass die Rechtsprechung im Arbeitskampfrecht mit den Landesgrundrechten keinen Kollisionsfall bilden darf, da das arbeitskampfrechtliche Richterrecht nicht zum Bundesgesetz zählt.[917]

Die Gestaltungskompetenz des Landesgesetzgebers bezüglich der Grundrechte erschöpft sich nicht in der Schaffung einer wörtlich identischen Norm. Maßgeblich für die Übereinstimmung der Landesgrundrechte mit den Bundesgrundrechten im Sinne des Art. 142 GG ist eben nicht der Wortlaut der Grundrechtsregelungen, sondern deren rechtlicher Gehalt.[918] Denkbar und zugleich problematisch sind die Grundrechte mit Mehr- oder Mindergewährleistungen.[919] Die Vereinbarkeit der ersten Variante mit den bundesverfassungsrechtlichen Grundrechten wird bejaht, wenn das Landesgrundrecht einen gegenüber dem Bundesgrundrecht weitergehenden Schutz gewährt, soweit er den Mindeststandards der Normelemente der Grundrechte genügt.[920] An dieser Stelle könnte für die Arbeitskampfgarantie bedeutsam sein, wenn das landesverfassungsrechtliche Arbeitskampf- oder Streikrecht über den von der herrschenden Meinung in der Rechtsprechung bestimmten Aussagehalt des Art. 9 Abs. 3 GG hinausgehen würde, z. B. die Gewährleistung des nichtgewerkschaftlichen Streiks oder des koalitionsrechtlichen Demonstrationsstreiks.[921] An dieser Stelle kann sich das Richterrecht stärker an den Landesgrundrechten orientieren, um die Zulässigkeit des Arbeitskampfes zu prüfen.

Wenn andererseits Landesgrundrechte gegenüber dem Grundgesetz einen geringeren Schutz verbürgen, widersprechen sie den entsprechenden Bundesgrundrechten als solchen nicht, soweit sie nicht zugleich eine Höchstschranke regeln. Insoweit ist das engere Grundrecht als Mindestgarantie zu verstehen.[922] So ist für das Thema des atypischen Arbeitskampfes zur Kenntnis zu nehmen, dass einerseits die Landesverfassungen ausschließlich Aussagen zum Streik machen, andererseits

---

915 Huber/Sachs, Art. 31 GG Rn. 6.

916 Huber/Sachs, Art. 31 GG Rn. 2; Maunz/Dürig/Korioth, Art. 142 GG Rn. 11.

917 Otto, Arbeitskampfrecht, § 4 Rn. 71.

918 Brenne, Soziale Grundrechte in den Landesverfassungen, S. 41; Maunz/Dürig/Korioth, Art. 142 GG Rn. 13; vgl. auch Otto, Arbeitskampfrecht, § 4 Rn. 70.

919 Zu drei Typen von Landesgrundrechten, parallele Grundrechte und Grundrechte mit Mehr- oder Mindergewährleistungen, vgl. Dreier, Grundrechtsschutz durch Landesverfassungsgerichte, S. 18 ff.

920 Brenne, Soziale Grundrechte in den Landesverfassungen, S. 42 f.; Maunz/Dürig/Korioth, Art. 142 GG Rn. 14.

921 Otto, Arbeitskampfrecht, § 4 Rn. 75 f.

922 BVerfG 15.10.1997 – 2 BvN 1 – 95– NJW 1998, 1296 (1298) m. w. N.; BeckOK GG/Germann, Art. 142 GG Rn. 12; Sachs/Huber, Art. 142 GG Rn. 10; Otto, Arbeitskampfrecht, § 4 Rn. 70.

die Arbeitskampfgarantie ohne Ausschluss anderer Arbeitskampfformen in den Landesverfassungen eine partielle Übereinstimmung der Koalitionsfreiheit bildet. Der atypische Arbeitskampf, wie der Flashmob oder die Blockade, wird deshalb nicht zwangsläufig auf landesverfassungsrechtlicher Ebene ausgeschlossen.

D. Internationale und europäische Rechtsgrundlage

I. Internationale Rechtsgrundlage

Das Streik- oder Arbeitskampfrecht findet weiterhin Rechtsgrundlagen auf der internationalen Ebene. An dieser Stelle sind die folgenden Normen in den Völkerverträgen[923] hinzuziehen: Art. 11 Europäische Menschenrechtskonvention (EMRK), Art. 6 Nr. 4 Europäische Sozialcharta (ESC), das Übereinkommen der International Labour Organization (ILO) Nr. 87 und Art. 8 Abs. 1d, Internationaler Pakt über wirtschaftliche, soziale und kulturelle Rechte (IPWSKR, künftig: UN-Sozialpakt) und Art. 22 Abs. 1 Internationaler Pakt über bürgerliche und politische Rechte (IPBPR, künftig: UN-Zivilpakt). Die EMRK und die ESC sind Normen des Europarats,[924] das Übereinkommen Nr. 87 regelt die Kernarbeitsnormen der ILO,[925] und der UN-Sozialpakt und der UN-Zivilpakt sind Grundrechtskonzept der Vereinten Nationen.[926] Das Arbeitskampf- oder Streikrecht ist ausdrücklich oder durch Auslegung in diesen völkerrechtlichen Normen gewährleistet.

Diese völkerrechtlichen Normen sind uneinheitlich ausgestaltet. Vor allem ist aber festzustellen, dass die EMRK, die ESC, das ILO-Übereinkommen Nr. 87, der UN-Sozialpakt sowie der UN-Zivilpakt gemäß Art. 59 Abs. 1 Satz 2 GG mit dem jeweiligen, die Ratifizierung legitimierenden Zustimmungsgesetz in die innerdeutsche Rechtsordnung übernommen worden sind.[927] Mithin sind diese Normen auch „Recht und Gesetz“ im Sinne des Art. 20 Abs. 3 GG und gelten zumindest[928] im Rang von Bundesgesetzen im innerstaatlichen Bereich.[929] Zu beachten ist, dass das Verhältnis der völkerrechtlichen Normen zu innerstaatlichem Recht in der Regel nach dem

923 Sauer, Staatsrecht III, § 6 Rn. 2.

924 Vgl. von der Groeben/Schwarze/Langer, Art. 136 EG Rn. 6; Europarat und EMRK, vgl. Hobe, Europarecht, § 4 Rn. 81.

925 Vgl. Deinert, in: Rehder/Deinert/Callsen, S. 81.

926 Vgl. Zuleeg, RdA 1974, 322 (322 ff.).

927 Vgl. Däubler/Lörcher, Arbeitskampfrecht, § 10 Rn. 11 f., und Sauer, Staatsrecht III, § 6 Rn. 13. Die Art und Weise der Übernahme der völkerrechtlichen Normen in innerstaatliches Recht betreffen unterschiedliche Theorien, nämlich die Adoptionstheorie, die Transformationslehre und die Vollzugsthese, vgl. Ipsen, Völkerrecht, § 73 Rn. 2 ff. In Deutschland folgt die h. M. der Vollzugsthese, Sauer, Staatsrecht III, § 6 Rn. 11 (Fn. 152) m. w. N.

928 Deinert, in: Rehder/Deinert/Callsen, S. 71 f.

929 Sauer, Staatsrecht III, § 6 Rn. 14; vgl. auch Deinert, in: Rehder/Deinert/Callsen, S. 73.

Günstigkeitsprinzip bestimmt wird.[930] Für den Fall des Arbeitskampfrechts werden Art. 53 EMRK, Art. 32 ESC, Art. 19 Nr. 8 ILO-Verfassung, Art. 5 Abs. 2 UN-Sozialpakt sowie Art. 5 Abs. 2 UN-Zivilpakt herangezogen. Somit lassen sich die bereits nach innerstaatlichem Recht gewährten günstigeren Bedingungen des Arbeitskampfrechts nicht durch die völkerrechtlichen Normen berühren.

Die innerstaatliche Geltung der völkerrechtlichen Norm ist von der Anwendbarkeit zu unterscheiden.[931] Die Frage nach der innerstaatlichen Anwendbarkeit bezieht sich darauf, ob konkrete Rechtfolgen eines bestimmten Rechtverhältnisses dem Inhalt der Norm entnommen werden können. Eine unmittelbare anwendbare völkerrechtliche Norm besteht, soweit das ratifizierte Übereinkommen „nach Wortlaut, Zweck und Inhalt wie eine innerstaatliche Gesetzesvorschrift rechtliche Wirkungen auszulösen geeignet ist“[932]. Ob eine völkerrechtliche Norm anwendungsfähig (selfßexecuting) ist, muss durch Auslegung der jeweiligen Norm ermittelt werden. Unabhängig von der innerstaatlichen Anwendbarkeit ist die völkerrechtsfreundliche Auslegung in jedem Fall zu berücksichtigen.[933]

In den Aussagen der Kontrollgremien des jeweiligen Völkerrechtsvertrages kann man auch Spuren von atypischem Arbeitskampf finden, wie Boykott, Dienst nach Vorschrift, Bummelstreik und Betriebsblockade. Bisher wird ihnen jedoch in der Jurisprudenz nur wenig Aufmerksamkeit geschenkt.[934] Im Folgenden werden zuerst die Art. 11 EMRK und dann die Art. 6 Nr. 4 ESC, ILO-Übereinkommen Nr. 87, Art. 8 Abs. 1d UN-Sozialpakt sowie Art. 22 Abs. 1 UN-Zivilpakt vorgestellt. Danach wird ihre Bedeutung für den atypischen Arbeitskampf erklärt.

1. Art. 11 EMRK

Ein bedeutsames Völkervertragsrecht für die Rechtsgrundlage des Arbeitskampfrechts ist zunächst die EMRK.[935] Wie alle oben genannten Völkerverträge ist die EMRK durch die Ratifizierung ein Teil des innerstaatlichen Rechts geworden[936] und steht im Rang eines Bundesgesetzes.[937] Anders als bei der ESC, dem ILO-Übereinkommen und der UN-Pakte ist die unmittelbare Anwendbarkeit der EMRK

---

930 Deinert, in: Rehder/Deinert/Callsen, S. 71, 74; Däubler/Lörcher, Arbeitskampfrecht, § 10 Rn. 8 ff.

931 Däubler, Gewerkschaftsrechte, Rn. 28.

932 BVerfG 09.12.1970 – 1 BvL 7/66 – WM 1971, 270; Däubler, Gewerkschaftsrechte, Rn. 28; Löwisch/Rieble, Tarifvertragsgesetz, Grundlage Rn. 311 m. w. N.

933 Däubler/Lörcher, Arbeitskampfrecht, § 10 Rn. 17 ff.

934 Vgl. Deinert, in: Rehder/Deinert/Callsen, S. 71 f.

935 Die EMRK wurde am 04.11.1950 in Rom unterzeichnet und trat am 03.09.1953 in Kraft (BGBl II 1954, 14). Zur Entstehungsgeschichte der EMRK s. Meyer-Ladewig, EMRK, Einleitung Rn. 1.

936 BVerfG 14.10.2004 – 2 BvR 1481/04 – NJW 2004, 3407 (3408).

937 Däubler/Lörcher, Arbeitskampfrecht, § 10 Rn. 38; Meyer-Ladewig, EMRK, Einleitung Rn. 33. Zur Streitfrage der Begründung eines Verfassungsgangs der EMRK vgl. Sauer, Staatsrecht III, § 7 Rn. 13.

im innerstaatlichen Bereich in Rechtsprechung[938] und Schrifttum[939] unbestritten anerkannt.[940] Im Menschenrechtskatalog der EMRK wird die Koalitionsfreiheit in Art. 11 Abs. 1 EMRK gewährleistet.

Art. 11 Abs. 1 EMRK
Jede Person hat das Recht, sich frei und friedlich mit anderen zu versammeln und sich frei mit anderen zusammenzuschließen; dazu gehört auch das Recht, zum Schutz seiner Interessen Gewerkschaften zu gründen und Gewerkschaften beizutreten.

Ebenso wie Art. 22 Abs. 1 UN-Zivilpakt und ILO-Übereinkommen Nr. 87 statuiert Art. 11 Abs. 1 EMRK nur eine Garantie der Koalitionsfreiheit. Momentan werden das Recht auf Kollektivverhandlung[941] und auf Streik[942] durch die Entscheidungen des Europäischen Gerichtshofs für Menschenrechte (EGMR) in Art. 11 Abs. 1 EMRK zugelassen.[943] Ein innerstaatliches Streikverbot ist deshalb mit der EMRK unvereinbar.[944] Die Beschränkung des Streikrechts nach innerstaatlichem Recht ist danach auch nur unter den Bedingungen des Art. 11 Abs. 2 EMRK erlaubt. Dem Wortlaut nach ist der Schutzumfang des Art. 11 Abs. 1 EMRK zwar nicht größer oder konkreter als der des Art. 9 Abs. 3 GG.[945] Wichtig ist aber, dass die Bindungswirkung sich sowohl auf die EMRK als auch auf die Rechtsprechung des EGMR erstreckt.[946] Die Gerichte verpflichten sich, im innerstaatlichen Bereich das endgültige Urteil des EGMR zu befolgen. Insoweit dient die Rechtsprechung des EGMR auf der Ebene des Verfassungsrechts nicht nur als Auslegungshilfe für die Bestimmung von

---

938 BVerfG 14.10.2004 – 2 BvR 1481/04 – NJW 2004, 3407 (3408); 10.05.1957 – 1 BvR 550/52 – JZ 1957, 484.

939 Sauer, Staatsrecht III, § 7 Rn. 14; vgl. auch Däubler, Gewerkschaftsrechte, Rn. 10 (Fn. 23) m. w. N.

940 Zur Wirkung der EMRK im deutschen Recht vgl. Meyer-Ladewig, EMRK, Art. 1 Rn. 4; Sauer, Staatsrecht III, § 7 Rn. 12 ff.

941 EGMR 12.11.2008, 34503/97 (Demir u. Baykara/Türkei) – AuR 2009, 269 ff.

942 EGMR 21.04.2009, 68959/01 (Enerji Yapi-Yol Sen/Türkei) – AuR 2009, 274 ff.

943 Zum Demir u. Baykara-Urteil und Enerji Yapi-Yol Sen-Urteil vgl. Däubler/Lörcher, Arbeitskampfrecht, § 10 Rn. 41; zum Streikrecht und Art. 11 Abs. 1 EMRK vgl. Berg/Kocher/Platow/Schoof/ Schumann, Teil 1 Rn. 97, Teil 3 Rn. 462; Däubler, Gewerkschaftsrechte, Rn. 11; Deinert, in: Rehder/Deinert/Callsen, S. 80; Däubler/Heuschmid, Arbeitskampfrecht, § 11 Rn. 26 f.; Meyer-Ladewig, EMRK, Art. 11 Rn. 22.

944 Dazu ist das Problem des Streikverbots für Beamte auffällig, vgl. Däubler/Hensche, Arbeitskampfrecht, § 18a Rn. 77, 81 ff.

945 Vgl. BAG 10.06.1980 – 1 AZR 822/79 – AP Nr. 64 Art. 9 GG Arbeitskampf = NJW 1980, 1642.

946 BeckOK(StPO)/Valerius, Art. 1 EMRK, Rn. 4; Däubler/Lörcher, Arbeitskampfrecht, § 10 Rn. 39; Löwisch/Rieble, Tarifvertragsgesetz, Grundlage Rn. 276; Meyer-Ladewig, EMRK, Art. 46 Rn. 1 ff.

Inhalt und Reichweite von Grundrechten und rechtsstaatlichen Grundsätzen des Grundgesetzes,[947] sondern hat eine Bindungswirkung.

Die Rechtswirkung des EGMR ist ferner bedeutsam für andere Arbeitsvölkerverträge, die gleich im Folgenden erklärt werden. Denn die Aussagen der internationalen Gremien,[948] anders als Urteile des EGMR, sind im innerstaatlichen Bereich unverbindlich und entfalten ihre Wirkung in der Regel durch den Auslegungsprozess der nationalen Rechtsnormen. Wenn aber der EGMR darauf zurückgreift, werden die Auffassungen der internationalen Gremien dadurch aufgewertet und gewinnen „erhöhte Durchschlagskraft“.[949] Dies ist beim Urteil Demir und Baykara und beim Urteil Enerji Yapi-Yol Sen der Fall. Der EGMR hat Bezug auf die Aussagen des Europäischen Ausschusses für soziale Rechte und der ILO genommen.[950] Auf der anderen Seite bedeutet dies eine „Ausstrahlungswirkung“ der ESC, des ILO-Übereinkommens und der UN-Pakte durch den EGMR auf die EMRK.[951] Obwohl bisher noch nicht viele Urteile des EGMR in Bezug auf das Arbeitskampfrecht vorliegen, dürfen in Zukunft die Arbeitsvölkerverträge zur Fortentwicklung dieser Fragen nicht mehr außer Acht gelassen werden.

2. *Art. 6 Nr. 4 ESC*

Als internationale Rechtsgrundlage des Arbeitskampfes kommt die ESC vom 18. Oktober 1961 zunächst in Betracht. Die ESC wurde in Deutschland am 19. September 1964 ratifiziert und trat 1965 in Kraft (BGBl. 1965 II 1122). Wie oben erwähnt, ist die ESC mit der Ratifizierung zu bindendem Gesetz geworden.[952] In Art. 6 Nr. 4 ESC wird das Arbeitskampfrecht erstmalig im Arbeitsvölkerrecht ausdrücklich garantiert.[953] Dessen Einschränkungsbedingungen liegen in Art. 31 Nr. 4 ESC.

Art. 6 Nr. 4 ESC
Um die wirksame Ausübung des Rechtes auf Kollektivverhandlungen zu gewährleisten, verpflichten sich die Vertragsparteien, ... und anerkennen 4. das Recht der Arbeitnehmer und der Arbeitgeber auf kollektive Maßnahmen einschließlich des Streikrechts im Fall von Interessenkonflikten, vorbehaltlich etwaiger Verpflichtungen aus geltenden Gesamtarbeitsverträgen.

947 So aber BVerfG 14.10.2004 – 2 BvR 1481/04 – NJW 2004, 3407 (3409).

948 Für das Arbeitskampfrecht sind die folgenden internationalen Gremien von Relevanz: Europäischer Ausschuss für soziale Rechte, ILO-Sachverständigenausschüsse, ILO-Ausschüsse für die Vereinigungsfreiheit, UN-Sozialpaktausschuss und UN-Menschenrechtsausschuss.

949 Däubler/Lörcher, Arbeitskampfrecht, § 10 Rn. 105.

950 Deinert, in: Rehder/Deinert/Callsen, S. 77, 82; Däubler/Lörcher, Arbeitskampfrecht, § 10 Rn. 34, 42, 47.

951 Däubler/Lörcher, Arbeitskampfrecht, § 10 Rn. 34.

952 Staudinger/Richardi/Fischinger, Vorbem. zu §§ 611 ff. Rn. 834.

953 Däubler/Lörcher, Arbeitskampfrecht, § 10 Rn. 20.

auf tariflich regelbare Ziele oder den Ausschluss des Beamtenstreiks.[974] Allerdings ist nur die Problematik der Kampfmittelfreiheit sowie des Grundsatzes der Verhältnismäßigkeit des Arbeitskampfrechts für die folgende Untersuchung relevant.

3. *ILO-Übereinkommen Nr. 87*

Das ILO-Übereinkommen Nr. 87 vom 09. September 1948 ist für das Arbeitskampfrecht einschlägig. Das Übereinkommen Nr. 87 wurde durch das Gesetz vom 20. Dezember 1956 (BGBl. II 2072) ratifiziert und trat am 20. März 1958 in Deutschland in Kraft (BGBl. 1958 II 113). Zur Überwachung des Übereinkommens kommen der Sachverständigenausschuss und der Ausschuss für die Vereinigungsfreiheit in Betracht.[975] In der Spruchpraxis der zwei Ausschüsse wird das Streikrecht als notwendiges Element des Koalitionsrechts angesehen. Damit wird das Streikrecht auch in Art. 3 des Übereinkommens Nr. 87 mitgarantiert, obwohl die Rechtsnorm ausdrücklich nur die Vereinigungsfreiheit und den Schutz des Vereinigungsrechtes regelt:[976]

Art. 3 ILO-Übereinkommen Nr. 87
(1) Die Organisationen der Arbeitnehmer und der Arbeitgeber haben das Recht, sich Satzungen und Geschäftsordnungen zu geben, ihre Vertreter frei zu wählen, ihre Geschäftsführung und Tätigkeit zu regeln und ihr Programm aufzustellen.
(2) Die Behörden haben sich jedes Eingriffes zu enthalten, der geeignet wäre, dieses Recht zu beschränken oder dessen rechtmäßige Ausübung zu behindern.

Durch die Ratifizierung ist das Übereinkommen Nr. 87 ebenfalls ein Teil des innerstaatlichen Rechts geworden. Dadurch verpflichten sich die Gerichte zu einer völkerrechtsfreundlichen Auslegung.[977] Diese Pflicht ist unabhängig davon zu bekräftigen,[978] dass das erst im Jahr 1957 in Kraft getretene ILO-Übereinkommen Nr. 29 auch Auslegungshilfe für das Grundgesetz sei, denn dieser schon bei der Beratung des Grundgesetzes vorzufindende internationale Standard liege dem Willen des

974 Zum Beamtenstreik und die ESC vgl. Däubler/Lörcher, Arbeitskampfrecht, § 10 Rn. 77 ff.

975 Böhmert, Das Recht der ILO, S. 85 ff.

976 Die entsprechenden Aussagen von dem Sachverständigenausschuss sowie dem Ausschuss für die Vereinigungsfreiheit, vgl. Däubler/Lörcher, Arbeitskampfrecht, § 10 Rn. 48 f. m. w. N. Dazu ausführlich Däubler/Lörcher, Arbeitskampfrecht, § 10 Rn. 46, 48 f.; vgl. auch Deinert, in Rehder/Deinert/ Callsen, S. 82 (Fn. 176) m. w. N.

977 Vgl. nur Böhmert, Das Recht der ILO, S. 166. Zurückhaltend Kissel, Arbeitskampfrecht, § 20 Rn. 42 und Rechtsprechung des BAG, dazu vgl. Däubler/Lörcher, Arbeitskampfrecht, § 10 Rn. 45.

978 Böhmert, Das Recht der ILO, S. 168.

Verfassungsgebers zugrunde.[979] Das Ergebnis, wie oben dargestellt, folgt vielmehr unmittelbar aus dem Grundsatz der Völkerrechtsfreundlichkeit.

Das Gebot der völkerrechtsfreundlichen Auslegung bezieht sich nicht nur auf die Bestimmungen des Übereinkommens, sondern auch auf die Spruchpraxis des Sachverständigenausschusses und des Ausschusses für die Vereinigungsfreiheit der ILO. Deren Aussagen sind zwar keine verbindlichen Interpretationen.[980] Aufgrund des Gebots der Völkerrechtsfreundlichkeit stehen sie aber „nicht zur Disposition der Mitglieder".[981] Nach *Lörcher* ist das durch das Übereinkommen Nr. 87 gewährte Streikrecht bereits ein Weltmindeststandard geworden und der Spruchpraxis der Überwachungsgremien ist zu folgen.[982] Eine abweichende Auslegung durch die Gerichte benötigt triftige Gründe.[983] Für den atypischen Arbeitskampf ist exakt das durch die Spruchpraxis ausgestaltete ILO-Konzept, welches einen umfassenden Raum für die Entwicklung der Arbeitskampfform einräumt, von Relevanz. Neben der bloßen Arbeitsniederlegung werden Boykott, Dienst nach Vorschrift, Bummelstreik und Betriebsblockade usw. unter bestimmten Bedingungen für zulässig gehalten.[984] Die Auseinandersetzung über die Zulässigkeit der innerstaatlichen Arbeitskampfformen ist danach möglichst im Einklang mit den Auffassungen der ILO-Ausschüsse auszulegen.

4. UN-Sozialpakt und UN-Zivilpakt

Die im Jahr 1966 verabschiedeten UNO-Menschenrechtspakte, der UN-Sozialpakt und der UN-Zivilpakt, enthalten die Garantie des Streikrechts sowie der Koalitionsfreiheit auf internationaler Ebene. Während Art. 8 Abs. 1d UN-Sozialpakt unmittelbar das Streikrecht garantiert, regelt Art. 22 Abs. 1 UN-Zivilpakt die Koalitionsfreiheit.

Art. 8 Abs. 1 UN-Sozialpakt
Die Vertragsstaaten verpflichten sich, folgende Rechte zu gewährleisten:
...
d) das Streikrecht, soweit es in Übereinstimmung mit der innerstaatlichen Rechtsordnung ausgeübt wird.

---

979 BVerfG 01.07.1998 – 2 BvR 441/90 u. a. – NJW 1998, 3337 (3339); vgl. auch Deinert, in: Rehder/Deinert/Callsen, S. 81.

980 BAG 13.10.1988 – 6 AZR 144/85 – NJW 1989, 2562 (2654); Böhmert, Das Recht der ILO, S. 84 ff., 87; Deinert, in: Rehder/Deinert/Callsen, S. 82; Gamillscheg, Kollektives Arbeitsrecht I, S. 54 f.; Löwisch/Rieble, Tarifvertragsgesetz, Grundlage Rn. 312; MünchArbR/Ricken Bd. 2, § 192 Rn. 32.

981 Deinert, in: Rehder/Deinert/Callsen, S. 82.

982 Däubler/Lörcher, Arbeitskampfrecht, § 10 Rn. 53.

983 Däubler, NJW 1999, 3537 (3538); Deinert, in: Rehder/Deinert/Callsen, S. 82; Däubler/Lörcher, Arbeitskampfrecht, § 10 Rn. 53.

984 Vgl. Böhmert, Das Recht der ILO, S. 111 f.; Däubler/Lörcher, Arbeitskampfrecht, § 10 Rn. 65 ff.; Lörcher, WSI-Mitteilungen 04/1987, 230 (232 ff.).

Art. 22 Abs. 1 UN-Zivilpakt
Jedermann hat das Recht, sich frei mit anderen zusammenzuschließen sowie zum Schutz seiner Interessen Gewerkschaften zu bilden und ihnen beizutreten.

Mit dem jeweiligen Zustimmungsgesetz sind sowohl der UN-Sozialpakt als auch der UN-Zivilpakt, wie auch die ESC und das ILO-Übereinkommen Nr. 87, zu Teilen des innerstaatlichen Rechts geworden.[985] Die beiden Völkerverträge stehen zumindest im Rang von Bundesgesetzen. In Teilen der Literatur werden sie noch als allgemeine Regeln des Völkerrechtes gemäß Art. 25 Abs. 2 GG angesehen.[986] Jedenfalls ist festzustellen, dass der UN-Sozialpakt sowie der UN-Zivilpakt Bestandteil des Bundesrechts und damit innerstaatlich verbindlich sind.[987] Ebenso besteht an dieser Stelle eine Verpflichtung zur völkerrechtsfreundlichen Auslegung des nationalen Rechts.[988] Nachfolgend sind die Besonderheiten des jeweiligen Pakts vorzustellen.

a) UN-Sozialpakt

Dem Wortlaut nach wird das Streikrecht im UN-Sozialpakt gewährleistet. Allerdings unterliegt das Streikrecht des UN-Sozialpakts einem Vorbehalt („soweit es in Übereinstimmung mit der innerstaatlichen Rechtsordnung ausgeübt wird") und hat daher eine eingeschränkte Funktion.[989] Trotzdem ist die Garantie des Streikrechts im UN-Sozialpakt nicht zu unterschätzen. Die Überwachungsorgane der ILO (Sozialpaktausschuss)[990] haben viele gründliche Auslegungen für die Arbeitskampfgarantien hervorgebracht.[991] Diese Interpretationen sind zwar unverbindlich.[992] Bei der Normauslegung der nationalen Gerichte sind sie aber zu berücksichtigen und werden daher innerstaatlich verbindlich gemacht. Zum Beispiel wurde das beamtenrechtliche Streikverbot in Deutschland aus Sicht des Sozialpaktausschusses als unvereinbar mit Art. 8 Abs. 1d UN-Sozialpakt erklärt.[993] Die Einzelheiten der Spruchpraxis[994] des Sozialpaktausschusses können an dieser Stelle nicht vorgestellt

---

985 Der UN-Sozialpakt trat in Kraft am 03.01.1976, BGBl. II 1973, S. 1569; der UN-Zivilpakt trat in Kraft am 23.03.1976, BGBl. II 1973, S. 1534.

986 Däubler/Lörcher, Arbeitskampfrecht, § 10 Rn. 56, 61.

987 Däubler/Lörcher, Arbeitskampfrecht, § 10 Rn. 56, 61. Hingegen bejaht Kissel nur eine völkerrechtsfreundliche Auslegung des innerstaatlichen Rechts, Arbeitskampfrecht, § 21 Rn. 51.

988 Vgl. BVerfG 26.01.2005 – 2 BvF 1/03 – NJW 2005, 493 (494); Däubler, Gewerkschaftsrechte, Rn. 41; Löwisch/Rieble, Tarifvertragsgesetz, Grundlage Rn. 329 m. w. N.

989 Engels, Arbeitskampfrecht, S. 372 f.

990 Der UN-Sozialpaktausschuss ist zuständig für die Auslegung des UN-Sozialpakts, vgl. Däubler/Lörcher, Arbeitskampfrecht, § 10 Rn. 54.

991 Däubler/Lörcher, Arbeitskampfrecht, § 10 Rn. 65 ff.

992 Löwisch/Rieble, Tarifvertragsgesetz, Grundlage Rn. 321.

993 Vgl. Däubler/Hensche, Arbeitskampfrecht, § 18a Rn. 80.

994 Däubler/Lörcher, Arbeitskampfrecht, § 10 Rn. 65 ff.

werden. Nun ist festzuhalten, dass die Aussagen des Sozialpaktausschusses bei der Konkretisierung des nationalen Streikrechts berücksichtigt werden müssen.[995] Eine abweichende Auslegung benötigt wiederum triftige Gründe.[996]

b) UN-Zivilpakt

Das Streikrecht wird zwar vom Wortlaut des Art. 22 Abs. 1 UN-Zivilpakt nicht umfasst. Allerdings wird das Streikrecht durch die Spruchpraxis auch im UN-Zivilpakt mit garantiert.[997] Anders als beim UN-Sozialpakt darf das Streikrecht des UN-Zivilpakts gemäß Art. 22 Abs. 2 UN-Zivilpakt nur durch Bedingungen begrenzt werden, „die in einer demokratischen Gesellschaft im Interesse der nationalen oder der öffentlichen Sicherheit, der öffentlichen Ordnung (ordre public), zum Schutz der Volksgesundheit, der öffentlichen Sittlichkeit oder zum Schutz der Rechte und Freiheiten anderer notwendig sind". Der für den UN-Zivilpakt zuständige UN-Menschenrechtsausschuss hat sich ebenfalls mit den Einzelfragen des Arbeitskampfes umfangreich beschäftigt,[998] unter anderem mit dem Streikverbot für Beamte.[999] Die Aussagen des Menschenrechtausschusses haben zwar keinen rechtsverbindlichen Charakter.[1000] In der Auslegung des nationalen Rechts hinsichtlich der Arbeitskampfgarantie und -einschränkung dürfen Art. 22 UN-Zivilpakt und die einschlägigen Aussagen der Überwachungsorgane nicht außer Acht gelassen werden.[1001]

II. Europäische Rechtsgrundlagen

Als supranationale Organisation könnte die Europäische Union theoretisch auch Rechtsgrundlagen für das Arbeitskampfrecht schaffen, soweit die Mitgliedstaaten ihre Befugnisse übertragen. Nach dem Kompetenzabgrenzungsprinzip bzw. dem Grundsatz der begrenzten Einzelermächtigung verbleiben alle der Union nicht in den Verträgen übertragenen Zuständigkeiten bei den Mitgliedsstaaten (Art. 5 Abs. 2 EUV).[1002] Die Unionskompetenzen des Arbeitsrechts werden in der zentralen Norm des Art. 153 Abs. 1 AEUV geregelt.[1003] Die primäre Zuständigkeit verbleibt zwar bei den Mitgliedstaaten, aber die Union kann zwecks der Unterstützung der

995 Zur Bedeutung des UN-Sozialpakts für das deutsche Arbeitskampfrecht vgl. auch Däubler, NJW 1999, 3537 (3537 f.)
996 Däubler/Lörcher, Arbeitskampfrecht, § 10 Rn. 56.
997 Ausführlich dazu Däubler/Lörcher, Arbeitskampfrecht, § 10 Rn. 62 f.
998 Däubler/Lörcher, Arbeitskampfrecht, § 10 Rn. 65 ff.
999 Däubler/Lörcher, Arbeitskampfrecht, § 10 Rn. 63.
1000 Löwisch/Rieble, Tarifvertragsgesetz, Grundlage Rn. 321.
1001 Däubler/Lörcher, Arbeitskampfrecht, § 10 Rn. 63.
1002 Hobe, Europarecht, § 7 Rn. 79 ff.
1003 Zu Unionskompetenzen im Arbeitskampfrecht vgl. Thüsing, Europäisches Arbeitsrecht, § 1 Rn. 51 ff. Zum Katalog des Art. 153 Abs. 1, Calliess/Ruffert/Krebber, EUV/AEUV, Art. 153 AEUV Rn. 16 ff.; GHN/Benecke, Art. 153 AEUV, Rn. 14 ff.

Mitgliedsstaaten und in Ergänzung ihrer Tätigkeit aktiv werden.[1004] Dennoch wird die Rechtsetzungskompetenz zum Streikrecht der Europäischen Union nach Art. 153 Abs. 5 AEUV[1005] entzogen.[1006] In diesem wirtschaftspolitischen Spannungsgebiet wird der Schutz der Traditionen der Mitgliedstaaten als Begründung herangezogen.[1007] In diesem Sinne darf die Union das Streikrecht nicht durch Sekundärrechte regeln. Damit spielen die Regelungen der Mitgliedstaaten für das Streikrecht die dominierende Rolle.[1008]

Zwar ist das Recht zu kollektiven Maßnahmen zur Verteidigung ihrer Interessen bei Interessenkonflikten, einschließlich Streiks, im EU-Primärrecht des Art. 28 EuGRCh[1009] unmittelbar gewährleistet. Jedoch gilt die Bindungswirkung der Grundrechtecharta der EU für die Mitgliedstaaten nach Art. 51 Abs. 1 EuGRCh nur bei der „Durchführung"[1010] des Rechts der Union.[1011] Vor allem handelt es sich bei der Durchführung des Unionsrechts um Umsetzungen des Unionsrechts im Recht des Mitgliedstaates. Mangels Sekundärrechts des Arbeitskampfrechts fehlt danach zugleich der Anknüpfungspunkt an Art. 28 EuGRCh. Für die reine nationale Streitfrage kommt der Grundrechtecharta auch nicht zur Anwendung.[1012]

Andererseits kann das nationale Streikrecht aber durch das Europarecht auf anderer Kompetenzgrundlage begrenzt werden. Danach wird für die Frage der Beschränkungsmöglichkeit und -bedingung des Streikrechts das Unionsrecht auf die

---

1004 Calliess/Ruffert/Krebber, EUV/AEUV, Art. 153 AEUV Rn. 3.

1005 Art. 153 Abs. 5 AEUV: Dieser Artikel gilt nicht für das Arbeitsentgelt, das Koalitionsrecht, das Streikrecht sowie das Aussperrungsrecht.

1006 Ob ein unionsrechtlicher Rahmen für grenzüberschreitende Tarifverträge auch nach Art. 153 Abs. 5 AEUV ausgeschlossen ist, ist umstritten, vgl. Calliess/Ruffert/Krebber, EUV/AEUV, Art. 153 AEUV Rn. 12; GHN/Benecke, Art. 153 AEUV, Rn. 104; Thüsing, Europäisches Arbeitsrecht, § 10 Rn. 11.

1007 Däubler/Heuschmid, Arbeitskampfrecht, § 11 Rn. 7, 143; vgl. auch GHN/Benecke, Art. 153 AEUV, Rn. 101.

1008 Thüsing, Europäisches Arbeitsrecht, § 10 Rn. 1, 10.

1009 Art. 28 EuGRCh: Die Arbeitnehmerinnen und Arbeitnehmer sowie die Arbeitgeberinnen und Arbeitgeber oder ihre jeweiligen Organisationen haben nach dem Unionsrecht und den einzelstaatlichen Rechtsvorschriften und Gepflogenheiten das Recht, Tarifverträge auf den geeigneten Ebenen auszuhandeln und zu schließen sowie bei Interessenkonflikten kollektive Maßnahmen zur Verteidigung ihrer Interessen, einschließlich Streiks, zu ergreifen.

1010 Zur Auseinandersetzung um die „Durchführung" des Art. 51 Abs. 1 EuGRCh vgl. Gooren, Tarifbezug des Arbeitskampfes, S. 257.

1011 Zum Anwendungsbereich der Grundrechtecharta der EU vgl. Däubler/Heuschmid, Arbeitskampfrecht, § 11 Rn. 5 ff.; Gooren, Tarifbezug des Arbeitskampfes, S. 255 ff.

1012 Zu beachten ist, dass der grenzüberschreitende Bezug als Voraussetzung der Anwendung der Grundrechtecharta der EU umstritten ist, dazu vgl. Calliess/Ruffert/Kingreen, EUV/AEUV, Art. 51 GRC Rn. 16; Gooren, Tarifbezug des Arbeitskampfes, S. 258; Däubler/Heuschmid, Arbeitskampfrecht, § 11 Rn. 15 f.

europarechtliche Ebene gehoben,[1013] wie die Fälle Viking Line[1014] und Laval zeigen.[1015] Dafür ist das Unionrecht, nicht das nationale Recht maßgeblich.[1016]

III. Fazit

Während das Arbeitskampf- oder Streikrecht im Völkervertragsrecht des Art. 6 ESC bestimmt wird, wird die Koalitionsfreiheit einschließlich des Arbeitskampfrechts in Art. 11 EMRK, im ILO-Übereinkommen Nr. 87, im UN-Sozialpakt sowie im UN-Zivilpakt statuiert. In unterschiedlicher Weise ergänzen und bekräftigen sie das innerstaatliche Arbeitskampfrecht auf der bundesgesetzlichen Ebene. Der Garantiegehalt dieser Arbeitsvölkerverträge geht zwar nicht über den Schutzumfang des Art. 9 Abs. 3 GG hinaus. Jedoch sind sie konkreter – zumindest Art. 6 ESC und Art. 8 Abs. 1d UN-Sozialpakt – als Art. 9 Abs. 3 GG. Ausgehend davon sind außerdem die durch die internationalen Gremien (Europäischer Ausschuss für soziale Rechte, Sachverständigenausschüsse der ILO, ILO-Ausschüsse für die Vereinigungsfreiheit, Sozialpaktausschuss und Menschenrechtausschuss der UN) entwickelten Bestimmungen für das Arbeitskampfrecht im deutschen Recht heranzuziehen. Zumindest ist eine völkerrechtsfreundliche Auslegung von den nationalen Gerichten zu verlangen. Eine abweichende Auslegung erfordert zumindest triftige Gründe. Hierfür bringen die Arbeitsvölkerverträge im Hinblick auf die Entfaltung der atypischen

---

1013 Zur Einschränkung des Streikrechts mit Berücksichtigung der Werte von Art. 153 Abs. 5 AEUV Däubler/Heuschmid, Arbeitskampfrecht, § 11 Rn. 143.

1014 Ausgangspunkt des Rechtsstreits im Fall Viking Line war „der Beschluss des finnischen Passagierfährenbetreibers VIKING, das unter finnischer Flagge verkehrende Schiff ROSELLA auf Estland umzuflaggen, um fortan mit den estnischen Gewerkschaften Tarifverträge unter dem bislang anwendbaren finnischen Niveau abschließen zu können. Die ITF forderte daraufhin ihre Mitgliedsgewerkschaften dazu auf, von Verhandlungen mit der VIKING abzusehen. Die Finnish Seamen's Union (FSU) kündigte ihrerseits einen Streik an und stellte der VIKING gegenüber weitere Forderungen", Sachverhalt nach EuGH v. 11.12.2007 – C–438/05 – EuZW 2008, 246; vgl. auch Fütterer, EuZA 2011, 505 (508 ff.); Thüsing, Europäisches Arbeitsrecht, § 10 Rn. 7.

1015 Im Fall Laval stellt sich eine Frage vor dem Hintergrund „einer Blockade des lettischen Bauuntermehmens Laval un Partneri durch schwedische Gewerkschaften. Ihre Maßnahmen richteten sich dagegen, dass die mit der Ausführung eines öffentlichen Bauauftrags in Schweden beschäftigten lettischen Arbeitnehmer nach lettischem Tarifrecht bezahlt wurden, dessen Lohnniveau unterhalb des schwedischen Tarifvertrags liegt. Laval un Partneri klagt vor den schwedischen Gerichten auf Unterlassung und Schadensersatz, da die Blockademaßnahmen eine Ausführung des Auftrags verhinderten". Sachverhalt nach EuGH, Urteil vom 18.12.2007 – C–341/05 – EuZW 2008, 775; siehe auch Fütterer, EuZA 2011, 505 (508 ff.); Thüsing, Europäisches Arbeitsrecht, § 10 Rn. 7.

1016 Däubler/Heuschmid, Arbeitskampfrecht, § 11 Rn. 16.

Arbeitskampfformen (Kampfmittelfreiheit) ergänzende Argumentationen zu Anwendung.[1017] Hingegen stellt das Europarecht wegen seines begrenzten Anwendungsbereiches keine Grundlage für die Schaffung oder die Normierung des Arbeitskampfrechts auf der nationalrechtlichen Ebene dar.

§ 9 Rechtsträger des Arbeitskampfrechts im atypischen Arbeitskampf

Mit der Feststellung, dass das Arbeitskampfrecht als Grundrecht in Art. 9 Abs. 3 GG seine verfassungsrechtliche Grundlage findet, ist die Frage des Grundrechtsträgers noch nicht geklärt. Der Rechtsträger des Arbeitskampfrechts auf der Arbeitgeberseite wird an dieser Stelle nicht berücksichtigt, weil der Arbeitgeber an neuen Wegen zum druckvollen Kampf zur Veränderung des Kräfteverhältnisses zwischen Arbeit und Kapital kein Interesse hat.[1018]

Nach der herrschenden Meinung sind zwar der Einzelne und auch die Koalition im Sinne eines Doppelgrundrechts Rechtsträger der Koalitionsfreiheit. Strittig ist jedoch, ob ein subjektives Arbeitskampfrecht grundrechtlich verankert ist. Für den atypischen Arbeitskampf ist diese Klarstellung bedeutsam, weil die Arbeitnehmeraußenseiter und die Drittbeteiligung im gegenwärtigen Kampfgeschehen nicht selten sind. Allerdings ist es sehr umstritten, ob das Arbeitskampfrecht auch den arbeitskampfrechtlichen Arbeitnehmeraußenseitern sowie aktiven Dritten zusteht. Ziel der folgenden Erörterung ist es, den Personenkreis abzugrenzen, der sich auf das Arbeitskampfrecht des Art. 9 Abs. 3 GG berufen kann.

A. Vorbemerkung: Akteure im atypischen Arbeitskampf

Unabhängig von der Kampfform sind die Akteure des Arbeitskampfes in der Regel die Gewerkschaft und ihre Mitglieder. Ergänzend handeln die Arbeitnehmeraußenseiter als Akteure im Arbeitskampf. Die Außenseiterbeteiligung im Arbeitskampf ist nach wie vor eine gängige Praxis. Praktisch wird es kaum einen Arbeitskampf geben, an dem unorganisierte Arbeitnehmer überhaupt nicht teilgenommen haben.[1019] Inzwischen sind die nichtorganisierten Arbeitnehmer aufgrund des rasanten Gewerkschaftsmitgliederschwunds[1020] für die Kampfkraft noch wichtiger. Die Mobilisierung solcher Arbeitnehmer ist auch das Ziel der gegenwärtigen Arbeitskämpfe, um mehr Mitglieder zu rekrutieren.[1021] In Vergleich dazu sind aber die andersorganisierten Arbeitnehmer für die Außenseiterbeteiligung

---

1017 Vgl. Deinert, in: Rehder/Deinert/Callsen, S. 86.

1018 Siehe oben § 1 B. Gegenstand und Grenze der Untersuchung.

1019 Thüsing, Außenseiter im Arbeitskampf, S. 20 f.

1020 Zur Mitgliederentwicklung der Gewerkschaften in Deutschland, siehe oben § 3 C. I. Mitgliederentwicklung und Arbeitskampf: quantitativer Aspekt.

1021 Zum gewerkschaftlichen Konzept „Organizing am Konflikt“ siehe oben § 4 B. I. 2. Veränderung der Zieldefinition.

keineswegs unbedeutend. Im Rahmen des Gewerkschaftspluralismus nimmt die Zahl solcher Arbeitnehmer im Betrieb im Verhältnis zur kampfführenden Gewerkschaft entsprechend zu.[1022] Sowohl die nichtorganisierten als auch die andersorganisierten Arbeitnehmer sind potenzielle Kampfbeteiligte und lassen sich im Arbeitskampf nicht übersehen.

Im atypischen Arbeitskampf spielt der aktive Dritte eine auffällige Rolle. Zwar ist die Drittbeteiligung nichts Neues im Arbeitskampf.[1023] Die aktiven Dritten im Flashmob oder in anderen Betriebsstörungsformen haben aber nicht nur eine Nebenrolle. Die Besonderheit ihrer Beteiligung liegt darin, dass die Dritten nicht nur die unterstützenden Tätigkeiten wahrnehmen, sondern mit anderen Akteuren die Druckmaßnahmen gemeinsam durchsetzen.[1024] Dies war der Fall beim ver.di-Flashmob am 08. November 2007.[1025] Gemeinsam mit den Gewerkschaftsmitgliedern hatten die „potenziellen" Kunden die Druckmaßnahmen ausgeübt und den Störungseffekt bewirkt. In anderen atypischen Arbeitskampfformen, zum Beispiel bei der Betriebsstörung sowie beim Flooding, Mailbombing, der Telefonblockade[1026] oder der Öffentlichkeitsarbeit, etwa wie beim E-Mob, dem symbolischen Online-Protest oder der Blockade und Besetzung öffentlicher Plätze usw.,[1027] gibt es ebenfalls Handlungsmöglichkeiten für die aktiven Dritten. In der Mehrzahl der Fälle handelt es sich nicht um beliebige Dritte, sondern um Akteure von sozialen Bewegungen/Bürgerinitiativen. Im atypischen Arbeitskampf ist es üblich, solche Akteure in gewerkschaftliche Aktionen zu integrieren, um die Solidaritätsbasis auszuweiten und mehr Sympathie zu gewinnen.[1028] Die Rechtsstellung und die rechtlichen Voraussetzungen der Kampfakteure der Gewerkschaft und der Gewerkschaftsmitglieder sowie der nicht- und andersorganisierten Arbeitnehmer sowie der aktiven dritten Akteure im Koalitionsrecht sind im Folgenden darzulegen.

1022 Wietfeld, Arbeitnehmeraußenseitern, S. 27.

1023 In der klassischen Kampfform des Streiks gibt es bereits betriebsfremde Personen als Streikhelfer, die als Kontaktpunkt oder Streikposten eingesetzt werden, dazu vgl. Bloesinger, Streikposten, S. 204; Rosenau, Koalitionsbetätigungsfreiheit, S. 243.

1024 Deinert, in: Rehder/Deinert/Callsen, S. 98; vgl. auch Picker, ZfA 2010, 499 (526).

1025 Sachverhalt nach BAG 22.09.2009 – 1 AZR 972/08 – AP Nr. 174 Art. 9 Arbeitskampf GG.

1026 Dazu siehe oben § 6 A. Aktive Betriebsstörungsformen.

1027 Dazu siehe oben § 6 B. Öffentlichkeitsarbeit.

1028 Siehe oben § 4 A. II. 2. c) Orientierung an sozialen Bewegungen. Vgl. auch Thüsing/Waldhoff, ZfA 2011, 329 (353).

Anhaltspunkt für den Schutz der Koalition.[1046] Der Schutz der Koalition wurde aber in der Schlüsselentscheidung des BVerfG vom 18. November 1954 anerkannt.[1047]

Der Begründungsansatz des BVerfG in der Entscheidung stützte sich zunächst auf die historische Entwicklung. Denn in der Weimarer Zeit wurden die Verbände der Arbeitgeber und Arbeitnehmer ausdrücklich von der Verfassung anerkannt.[1048] In der Gegenwart ist diese Bestimmung aus Sicht des BVerfG aber entbehrlich, „weil das Grundgesetz unter Berücksichtigung des bestehenden verfassungs- und arbeitsrechtlichen Zustandes in den Ländern von der rechtlichen Anerkennung der Sozialpartner als selbstverständlich ausgehen konnte“[1049]. Diese Auffassung beruft sich auf den Grundsatz des sozialen Rechtsstaats aus dem Grundgesetz (Art. 20 Abs. 1, 28 Abs. 1 Satz 1 GG) und ist entscheidend für diese Auslegung.[1050] Es ist auch ohne zwingenden Grund auszuschließen, bei der Rechtsentwicklung hinter die Weimarer Zeit zurückzugehen und die Koalitionsfreiheit in ihrer Wirksamkeit auf

1046 Wiedemann/Wiedemann, Tarifvertragsgesetz, Einleitung Rn. 71; vgl. auch Richardi, Kollektivgewalt und Individualwille, S. 77; a. A. Hueck/Nipperdey, Bd. II/1 § 9 S. 134. Hueck/Nipperdey argumentieren, dass sich der Schutz der Koalition als solcher aus dem Wortlaut des Art. 9 Abs. 3 GG herleiten lasse, denn die Vereinigungsfreiheit des Art. 9 Abs. 3 GG sei auch für „alle Berufe“, d. h. auch für eine beruflich zusammengeschlossene Personenmehrheit gewährleistet.

1047 BVerfG 18.11.1954 – 1 BvR 629/52 – AP Nr. 1 Art. 9 GG = NJW 1954, 1881; dazu Gamillscheg, Kollektives Arbeitsrecht I, S. 182; Hueck/Nipperdey, Bd. II/1 § 9 S. 136.

1048 Siehe Art. 165 Abs. 1 WRV: „Die Arbeiter und Angestellten sind dazu berufen, gleichberechtigt in Gemeinschaft mit den Unternehmern an der Regelung der Lohn- und Arbeitsbedingungen sowie an der gesamten wirtschaftlichen Entwicklung der produktiven Kräfte mitzuwirken. Die beiderseitigen Organisationen und ihre Vereinbarungen werden anerkannt.“ Aber es wurde in der Weimarer Zeit überwiegend verneint, dass die Koalitionsfreiheit des Art. 159 WRV ein Doppelgrundrecht war. Dazu argumentiert Scholz, dass das Wirtschaftsleben in der Weimarer Verfassung zwar unmittelbar geregelt gewesen sei und ein beträchtliches gesellschaftspolitisches Engagement bestand, er kennt ein kollektivrechtlich verselbständigtes Koalitionsmandat nicht an, Koalitionsfreiheit als Verfassungsproblem, S. 33 f.; vgl. auch Gamillscheg, Kollektives Arbeitsrecht I, S. 182; a. A. RG v. 02.07.1925 – RGZ 111, 199; Hueck/Nipperdey, Bd. II/1 § 9, S. 135.

1049 BVerfG 18.11.1954 – 1 BvR 629/52 – AP Nr. 1 Art. 9 GG = NJW 1954, 1881 (1881); a. A. Burkiczak, Grundgesetz und Deregulierung des Tarifvertragsrechts, S. 148 f.

1050 BVerfG 18.11.1954 – 1 BvR 629/52 – AP Nr. 1 Art. 9 GG = NJW 1954, 1881 (1881). Dies wurde vom BVerfG in der späteren Entscheidung 26.06.1991 – 1 BvR 779/85 – AP Nr. 117 Art. 9 GG Arbeitskampf = NZA 1991, 809 (809) – wieder betont, „Die Bildung von Vereinigungen zum Zweck der Wahrung und Förderung der Arbeits- und Wirtschaftsbedingungen war in der Vergangenheit vom Staat zeitweilig besonders heftig bekämpft worden. Daraus erklärt sich der besondere, über Art. 9 Abs. 1 GG hinausgehende Grundrechtsschutz, den der Zusammenschluss zu solchen Vereinigungen in der sozialstaatlichen Ordnung des Grundgesetzes genießt“.

Einzelpersonen zu beschränken.[1051] Diese Auslegung widerspricht nicht dem Konzept des Grundrechts, denn in einer systematischen Betrachtung werden nicht nur „Rechte einzelner Personen" im ersten Abschnitt des Grundgesetzes behandelt.[1052]

Aus dem engen Zusammenhang zwischen individueller und kollektiver Koalitionsfreiheit ergibt sich dasselbe Ergebnis. Die kollektive Koalitionsfreiheit trägt dazu bei, die individuelle Koalitionsfreiheit effektiv[1053] zu verwirklichen und zu verstärken.[1054] Andererseits könnte ohne die Selbstbestimmung über die eigene Organisation, das Verfahren ihrer Willensbildung und die Führung ihrer Geschäfte von einem freien Vereinigungswesen keine Rede sein[1055] und hätte die Aushöhlung der Koalitionsfreiheit zur Folge.[1056] Demnach ist die Koalitionsfreiheit nur dann sinnvoll, wenn die Koalition ihre Existenz und ihr Handeln aus eigenem Recht vor Eingriffen schützen kann.[1057] Nach der Lehre vom Doppelgrundrecht ist es auch überwiegend anerkannt, dass die kollektive Koalitionsfreiheit die Koalition selbst in ihrem Bestand, ihrer organisatorischen Ausgestaltung und in ihrer Betätigung zum Koalitionszweck schützt.[1058]

2. Gegenmeinung: Die Bündelungstheorie

Die Gegenmeinung hält die Koalitionsfreiheit ausschließlich für ein Individualgrundrecht.[1059] Der Grundrechtsträger der Koalitionsfreiheit bleibe dementsprechend nur das Individuum und der Kollektivschutz des Art. 9 Abs. 3 GG müsse über die Brücke des Art. 19 Abs. 3 GG, nicht unmittelbar aus Art. 9 Abs. 3 GG, abgeleitet werden.

1051 BVerfG 18.11.1954 – 1 BvR 629/52 – AP Nr. 1 Art. 9 GG = NJW 1954, 1881 (1881); dazu Zöllner, AöR 1973, 71 (77).

1052 BVerfG 18.11.1954 – 1 BvR 629/52 – AP Nr. 1 Art. 9 GG = NJW 1954, 188 1(1881).

1053 Zum Gedanken der Grundrechtseffektivität vgl. Däubler/Däubler, TVG, Einleitung Rn. 71; Maunz/Dürig/Scholz, Art. 9 GG, Rn. 24; Rosenau, Koalitionsbetätigungsfreiheit, S. 60.

1054 ErfK/Linsenmaier, Art. 9 GG Rn. 39.

1055 BVerfG 01.03.1979 – 1 BvR 532, 533/77, 419/78, 1 BvL 21/78 – NJW 1979, 699 (706).

1056 Gamillscheg, Kollektives Arbeitsrecht I, S. 223.

1057 Zur kollektiven Betätigungsfreiheit siehe oben § 8 A. II. 3. c) (1) Betätigungsbestätigung als Ausgangspunkt.

1058 BVerfG 10.09.2004 – 1 BvR 1191/03 – AP Nr. 167 zu Art. 9 GG Arbeitskampf = NZA 2004, 1338 (1339); 02.03.1993 AP Nr. 126 zu Art. 9 GG Arbeitskampf = NJW 93, 1379 (1379); 26.06.1991 – 1 BvR 779/85 – AP Nr. 117 Art. 9 GG = NZA 1991, 809 (810); 18.11.1954 – 1 BvR 629/52 – AP Nr. 1 Art. 9 GG = NJW 1954, 1881; BAG 20.11.2012 – 1 AZR 611/11 – AP Nr. 180 zu Art. 9 GG Arbeitskampf = NZA 2013, 437 (443); 02.06.1987 – 1 AZR 651/85 – AP Nr. 49 zu Art. 9 GG = NZA 88, 64 (65);

1059 Allgemein gegen die Lehre des Doppelgrundrechts vgl. Burkiczak, Grundgesetz und Deregulierung des Tarifvertragsrechts, S. 143 m. w. N. in Fn. 21; Zu Befürwortern der Bündelungstheorie siehe Nachweis in Fn. 1033.

Grundlegend wird diese Auffassung von *Scholz* vertreten. Allerdings handelt es sich bei dieser Streitfrage keineswegs nur um die Rechtstechnik, ob Art. 9 Abs. 3 GG die kollektive Koalitionsfreiheit schützen würde oder es mit einem Rückgriff auf Art. 19 Abs. 3 GG notwendig wäre.[1060] In erster Linie geht es vielmehr um Anschauungen über die individuelle Selbstentfaltung des Menschen. Das Freiheitsbild von *Scholz* ist durch die menschliche Individualität geprägt.[1061] Immer wieder wird die Willensautonomie des Individuums in der Theorie von *Scholz* betont. Danach seien die Strukturen von menschlichen Verbänden nichts anderes als Aggregate von Individuen.[1062] Der Sinn und Zweck der Koalitionsfreiheit im status collectivus sei die Gewährleistung der gemeinschaftlichen Ausübung des Individualgrundrechts.[1063] Darüber hinaus wird argumentiert, dass aufgrund des Wertsystems der Grundrechte der Bündelungstheorie zuzustimmen sei. Denn das Grundgesetz gehe von der Würde und Freiheit des einzelnen Menschen als natürlicher Person aus.[1064] Dem Kollektivverhältnis fehle die personale Grundrechtsfähigkeit.[1065] Dem Wesen nach sei die Koalitionsfreiheit vielmehr auf die organisiert-kollektive Grundrechtsausübung anwendbar und Art. 19 Abs. 3 GG diene hierin der Befriedigung des Bedürfnisses der kollektiven Grundrechtsausübung.[1066] Die Heranziehung des Art. 19 Abs. 3 GG werde in diesem Zusammenhang verfahrensrechtlich betrachtet. Aus diesem Grund ist die Wahrnehmung von Koalitionsexistenz, -aufgabe und -verfahren abhängig von den gebündelten Individualinteressen. Deren verfassungsrechtliche Gewährleistung würde aus der individuellen Koalitionsfreiheit abgeleitet. Die juristische Person – hier die Koalition – sei bloß der verlängerte Arm des kollektiv handelnden Individuums. Der Hintergedanke sei die Ausklammerung der Vorstellung einer Antinomie von „Individuum“ und „Gemeinschaft“.[1067] Nach der Bündelungstheorie stehe die kollektive Koalitionsfreiheit im Rang unter der individualrechtlichen Grundrechtsgewährleistung.[1068] Eine Kollision zwischen individueller und kollektiver Koalitionsfreiheit könne dementsprechend ausgeschlossen werden.[1069]

1060 Vgl. Wiedemann/Wiedemann, Tarifvertragsgesetz, Einleitung Rn. 73.
1061 Scholz, Koalitionsfreiheit als Verfassungsproblem, S. 71 ff.
1062 Scholz, Koalitionsfreiheit als Verfassungsproblem, S. 122 f., 136 f., 139; so auch Picker, NZA 2002, 761 (764); Richardi BetrVG/Richardi, BetrVG § 2 Rn. 78; Zöllner, AöR 1973, 71 (80).
1063 Scholz, Koalitionsfreiheit als Verfassungsproblem, S. 130.
1064 Scholz, Koalitionsfreiheit als Verfassungsproblem, S. 71; vgl. auch Burkiczak, Grundgesetz und Deregulierung des Tarifvertragsrechts, S. 145; Scholz/Konzen, Die Aussperrung, S. 124.
1065 Scholz, Koalitionsfreiheit als Verfassungsproblem, S. 127 f., 129, 133.
1066 Scholz, Koalitionsfreiheit als Verfassungsproblem, S. 127 f., 138 ff.
1067 Scholz, Koalitionsfreiheit als Verfassungsproblem, S. 62 ff., 77 ff.
1068 Scholz, Koalitionsfreiheit als Verfassungsproblem, S. 134, 141, 283.
1069 Scholz, Koalitionsfreiheit als Verfassungsproblem, S. 134; so auch Zöllner, AöR 1973, 71 (80).

Außerdem deute der Grundsatz der Grundrechtseffektivität nun die optimale Wahrung und Entfaltung der Koalitionsfreiheit an.[1070] Die Quantität der kollektivverbundenen Individuen könne aber nicht in eine der Individualperson vergleichbare Kollektivperson umgewandelt werden. Der Tatbestand „Kollektivität" gewinne folglich keine Eigenwertigkeit für die Koalition und könne nur eine Organisationsform bleiben.

III. Stellungnahme

1. Kritik an der Bündelungstheorie

Nach *Scholz* ist der Kollektivschutz im Sinne des Art. 9 Abs. 3 GG nur eine Folge der Ausübungsgarantie des Individualgrundrechts der Koalitionsfreiheit. Dieser Bündelungstheorie ist aber aufgrund der nachfolgenden Argumentation nicht zu folgen:

Erstens stößt die Bündelungstheorie auf Schwierigkeiten, wenn man die wichtigsten kollektiven Betätigungen, nämlich die Tarifautonomie und den Arbeitskampf, betrachtet. In einer Tarifverhandlung vertritt die Koalition zwar die Mitgliederinteressen, aber sie ist gemäß §§ 2 Abs. 1, 3 Abs. 1 TVG selbst eine Tarifvertragspartei und besitzt eigene Normsetzungsbefugnis.[1071] Die Mitglieder sind hingegen bloß Dritte des Tarifvertrages.[1072] Insoweit hält *Seiter* es zu Recht für „befremdlich", die Tarifautonomie als summiert-individuelle Grundrechtsausübungen zu begreifen.[1073] Ebenso nicht einwandfrei ist das unter den Bedingungen des Arbeitskampfes. Denn in einem Arbeitskampf betätigen sich in der Regel nicht nur die Mitglieder, sondern auch die Koalition als solche. Der Verband und die Mitglieder haben im Arbeitskampf verteilte Rollen.[1074] Trotzdem hat die Bündelungstheorie nur das individuelle Tun im Auge. Außenseiterprobleme lassen sich mit der Bündelungstheorie ebenso wenig erklären, z. B. wie sich darin die tariflichen Betriebsnormen oder die Rechtsnormen über gemeinsame Einrichtungen der Tarifvertragsparteien auf die Außenseiter auswirken oder wie die Beteiligung der Außenseiter am Arbeitskampf verdeutlicht werden kann.[1075]

Sicherlich wäre es ideal, wenn die Koalition die Interessen aller Mitglieder gemeinsam organisieren und durchsetzen kann. In der Realität tritt hingegen eine differenzierte Interessenlage unter den Lohnabhängigen auf.[1076] Zwar hat die Arbeitnehmerschaft im Allgemeinen gemeinsamen Interesse gegenüber dem Arbeitgeber.

1070 Scholz, Koalitionsfreiheit als Verfassungsproblem, S. 136 f.

1071 Entsprechend der Verbandstheorie ist die Tarifautonomie kein Stellvertreterhandeln und die Koalition ist selbst Träger der kollektiven Betätigung, vgl. Gamillscheg, Kollektives Arbeitsrecht I, S. 514; Kempen, NZA-Beil. 2000, 7 (9 ff.).

1072 Gamillscheg, Kollektives Arbeitsrecht I, S. 514.

1073 Seiter, Streikrecht, S. 88.

1074 Die Gewerkschaft und ihre Mitglieder spielen im Kampf verteilte Rolle, vgl. Strasser, Der Arbeitskampf, S. 86.

1075 Gamillscheg, Kollektives Arbeitsrecht I, S. 184.

1076 Vgl. Esser, Gewerkschaften in der Krise, S. 229.

Kollektivschutz der Koalitionsfreiheit über die Brücke des Art. 19 Abs. 3 GG ist deshalb nicht nötig.

C. Analyse des Rechtsträgers des Arbeitskampfrechts

Der Ausgangspunkt der Analyse des Rechtsträgers des Arbeitskampfrechts ist die Lehre vom Doppelgrundrecht. Bezüglich der kollektiven Betätigungsfreiheit ist die Koalition unstreitig der Rechtsträger des Arbeitskampfrechts. Hingegen wird ein individuelles Arbeitskampfrecht nicht als Selbstverständlichkeit angesehen. Stattdessen wird der Arbeitskampf als eine besondere Betätigung im Koalitionsrecht behandelt. Dabei ist nicht selten von einem individuellen Teilnahmerecht[1091] des Arbeitnehmers die Rede. Allerdings bleibt die Rechtsnatur des Teilnahmerechts unklar[1092] und der Unterschied der dogmatischen Begründung zwischen subjektivem Arbeitskampfrecht und Teilnahmerecht ist auch klärungsbedürftig.

I. Kollektive Arbeitskampftheorie und Rechtsträgerfrage

In der Frage des Rechtsträgers des Arbeitskampfrechts kommt zunächst die kollektive Arbeitskampftheorie in Betracht. Hierfür ist mit der These von *Bulla* davon auszugehen, dass der Arbeitskampf aus seiner Sicht ein Kollektivakt sei.[1093] Das Phänomen des Arbeitskampfes sei in soziologischer Betrachtungsweise jedoch keineswegs ein Einzelakt.[1094] Der Arbeitskampf erfolge in bewusstem und gewolltem Zusammenwirken mit einer Vielzahl zweckausgerichteter Arbeitsniederlegungen.[1095] Die Einzelhandlungen der Arbeitsniederlegung seien in der gewollten Kollektivität das Gesamthandeln der Gruppe, in der der Einzelne insofern als Individuum aufgegangen sei.[1096] Die Arbeitskämpfenden in der Gemeinsamkeit des Handelns treten damit als eine bestimmte Gruppe zum Kampfzweck auf und der Arbeitskampf sei ein selbstständig fassbarer Gesamtakt.[1097] In dieser Arbeitskampftheorie wird die Einzelhandlung nicht individuell, sondern stets im kollektiven

---

1091 Junker, Grundkurs Arbeitsrecht, Rn. 470; Moll/Hamacherl, § 71 Rn. 18; Otto, Arbeitskampfrecht, § 4 Rn. 36; Staudinger/Richardi/Fischinger, Vorbem. zu §§ 611 ff. Rn. 626.

1092 Vgl. Seiter, Streikrecht, § 7 S. 87, der auf die Unklarheit der dogmatische Einordnung des Teilnahmerechts unter dem Blickwinkel der Lehre des Doppelgrundrechts hingewiesen hatte.

1093 Bulla, Wesen des Arbeitskampfes, S. 180; diese Ansicht wurde vom BAG im Beschluss 28.01.1955 anschlossen, siehe oben § 8 A. I. 2. Arbeitskampffreiheit und Sozialadäquanztheorie des BAG.

1094 Im Extremfall, die Arbeitskampfführung durch einen Arbeitnehmer, wird trotzdem nicht als ein Einzelakt zu bewerten, siehe Analyse von Däubler/Däubler, Arbeitskampfrecht, § 12 Rn. 2.

1095 Bulla, Wesen des Arbeitskampfes, S. 181.

1096 Bulla, Wesen des Arbeitskampfes, S. 182.

1097 Bulla, Wesen des Arbeitskampfes, S. 181.

Zusammenhang gesehen, in dem sie steht.[1098] In der These *Bullas* wird die Existenz der einzelnen Handlung im sogenannten einheitlichen Geschehen vernachlässigt.[1099]

Hinsichtlich des Rechtsträgerproblems beruht dieses Manöver *Bullas* vor allem auf der Kritik der „Mystifikation des Gruppenhandelns".[1100] In einer soziologischen Betrachtungsweise wird ein Arbeitskampf zwar kollektiv durchgesetzt. Unerklärt bleibt aber, auf welche Weise die Einzel- und die Kollektivakte verschmolzen werden und sich zum selbstständigen Kollektivakt wandeln. Auch für die Frage, wie sich das „kollektive Wesen" des Streiks unvermittelt in ein „kollektivrechtliches Wesen" umwandelt,[1101] kann man keinen Anhaltspunkt in der kollektiven Arbeitskampftheorie finden. Rechtsdogmatisch unbefriedigend ist ferner, dass ein Arbeitskampf tatsächlich aus einer Vielzahl von Maßnahmen zusammengesetzt ist. Danach wäre es fragwürdig, wenn eine Einzelhandlung nicht rechtlich selbstständig behandelt wird.[1102] Die rechtliche Relevanz der Einzelhandlung mit soziologischen Erwägungen zu beantworten, ist jedenfalls nicht triftig.[1103] Die Rechtsstellung der einzelnen Arbeitskämpfenden würde in der kollektiven Arbeitskampftheorie weiterhin unerklärt bleiben.

Insgesamt ruft die kollektive Arbeitskampftheorie mehr Schwierigkeiten als Lösungsansätze für die Frage des Rechtsträgers des Arbeitskampfrechts hervor.[1104] Ihre Argumente überzeugen eben nicht, das Arbeitskampfrecht als ein rein kollektives Recht zu betrachten.[1105] In der Folgezeit wird die Existenz der Einzelhandlung im Arbeitskampf zwar nicht mehr vernachlässigt.[1106] Dennoch wird das Recht zum Arbeitskampf weiterhin hauptsächlich als Bestandteil der kollektiven Koalitionsfreiheit zugeordnet. Für die rechtliche Einordnung der Einzelhandlung ist die Auffassung nicht einstimmig. Dies wird im Folgenden erörtert.

II. Analyse des individuellen Rechtsträgers des Arbeitskampfrechts

1. Begründung des individuellen Arbeitskampfrechts

Angesichts der oben gezeigten Mängel wird die Position des subjektiven Arbeitskampfrechts im Schrifttum vertreten. Allerdings wird sie unterschiedlich begründet.[1107] In der Lehre vom Doppelgrundrecht ist zwar der Einzelne der Rechtsträger

---

1098 Bulla, Wesen des Arbeitskampfes, S. 183.
1099 Vgl. Kraft, RdA 1968, 434 (435).
1100 Däubler/Öğüt, Arbeitskampfrecht, § 19 Rn. 6.
1101 Däubler/Öğüt, Arbeitskampfrecht, § 19 Rn. 6.
1102 So die Kritik von Kraft, RdA 1968, 434 (435); vgl. auch Kazakos, Suspendierung von Hauptpflichten, S. 78.
1103 Seiter, Streikrecht, S. 23.
1104 Zur übersichtlichen Kritik an der kollektiven Arbeitskampftheorie vgl. Seiter, Streikrecht, S. 19 ff.
1105 So auch Gebhardt, Außenseiter im Arbeitskampf, S. 46.
1106 Kraft, RdA 1968, 434 (435).
1107 Rüthers, in: Brox/Rüthers, Arbeitskampfrecht, Rn. 82 (Fn. 38). Die Befürworter der Bündelungstheorie sind für ein individuelles Arbeitskampfrecht, aber auf einer anderen Basis, vgl. Wietfeld, Arbeitnehmeraußenseitern, S. 106 ff.

der Betätigungsfreiheit des Art. 9 Abs. 3 GG. In Bezug auf die kampfweise Betätigung wird anstelle eines Arbeitskampfrechts ein Teilnahmerecht des Einzelnen vertreten. Für seine Rechtsnatur spricht eine Auffassung, dass die Befugnis des Einzelnen lediglich das Derivat der kollektiven Koalitionsfreiheit ist.[1108] Dies hat zur Folge, dass sich die Koalition und ihre Mitglieder im Fall eines Interessenkonflikts nicht gleichrangig gegenüberstehen. Die Koalition hätte vielmehr den Vorrang vor dem individuellen Interesse.

Zwar kann die Koalition als eine große Organisation unter Hinweis auf das Doppelgrundrecht entsprechend der Eigenlogik handeln und die koalitionsmäßigen Aufgaben erfüllen.[1109] Im Einzelfall kann die Gewerkschaft sogar gegen das divergierende Individualinteresse des Mitglieds agieren.[1110] Es darf trotzdem nicht vernachlässigt werden, dass das Fundament der Koalitionsfreiheit die Individualgarantie ist. Hätte der einzelne Arbeitnehmer kein eigenes Recht zum Arbeitskampf,[1111] würden die Gewerkschaftsmitglieder unter dem Deckmantel der gemeinschaftlichen Interessen zur Disposition der Koalition stehen. Danach würde die Balance zwischen der Kollektivmacht und dem Individualinteresse in der Luft hängen. Außerdem setzt die Realisierung des Individualinteresses nicht immer eine Gewerkschaftsmitgliedschaft voraus. Vorstellbar ist der Fall der Arbeitskampfbeteiligung von nichtorganisierten Arbeitnehmern. Ohne Gewerkschaftsmitglied zu werden, könnte ein Arbeitnehmer die eigenen Arbeitsbedingungen auch durch bloße Arbeitskampfbeteiligung wahren und fördern. Wäre nur ein Teilnahmerecht der Gewerkschaftsmitglieder vorhanden, würde diese Möglichkeit zur koalitionsmäßigen Tätigkeit wegfallen.

Dem Wortlauft des Art. 9 Abs. 3 GG nach wird der Einzelne offensichtlich als Rechtsträger gewährleistet. Der Einzelne ist auch der Akteur, der die Kampfmaßnahme durchsetzt. Das Recht des einzelnen Berufsangehörigen auf die Wahrung und Förderung der Arbeits- und Wirtschaftsbedingungen ist tatbestandsmäßig ein Ausdruck der individuellen Betätigungsfreiheit. Das gilt auch für kampfweise Einzelhandlung.[1112] Insbesondere werden alle koalitionsspezifischen Verhaltensweisen nach der Aufgabe der Kernbereichslehre[1113] von Art. 9 Abs. 3 GG umfasst. Rechtlich überzeugt es nicht, nur die Befugnis des Einzelnen zur Betätigung des

---

1108 Vgl. die Analyse von Otto, Arbeitskampfrecht, § 4 Rn. 36 f.

1109 Krause, in: Jacobs/Krause/Oetker/Schubert, Tarifvertragsrecht, § 1 Rn. 19.

1110 Krause, in: Jacobs/Krause/Oetker/Schubert, Tarifvertragsrecht, § 1 Rn. 19. Vgl. den Hinweis von MünchArbR/Ricken Bd. 2, § 200 Rn. 5, „Stattdessen müsse der Verband von seinem Mitglied auch dann Loyalität erwarten können, wenn dies den Interessen des Mitglieds nicht entspreche."

1111 Gebhardt, Außenseiter im Arbeitskampf, S. 47, hat noch darauf hingewiesen, dass „die Gewerkschaften schließlich in erster Linie existieren, um die einzelnen Arbeitnehmer als Gruppe gegenüber den in der Regel überlegenen Arbeitgebern zu stärken. Dies würde jedoch ins Gegenteil verkehrt, hätten die einzelnen Arbeitnehmer keine eigenen Rechte mehr aus Art. 9 Abs. 3 GG."

1112 So auch Gebhardt, Außenseiter im Arbeitskampf, S. 46 f.

1113 BVerfG 14.11.1995 – 1 BvR 601/92 – AP Nr. 80 Art. 9 GG = NZA 1996, 381.

Arbeitskampfes zu verneinen. Das Recht zum Arbeitskampf und zu anderen koalitionsspezifischen Tätigkeiten muss vielmehr gleichbehandelt werden.[1114] In diesem Zusammenhang ist das Arbeitskampfrecht des Einzelnen auch nicht ein „an die kollektive Koalitionsfreiheit angehängtes Recht“, sondern eine primäre Folge des Individualgrundrechts.[1115]

2. *Kollektivität des Arbeitskampfrechts*

Es widerspricht keineswegs der These des subjektiven Arbeitskampfrechts, den aus dem gesamten Kampfgeschehen entnommenen Charakter der Kollektivität des Arbeitskampfes im Koalitionsrecht zu erwähnen.[1116] Daraus folgt nicht zwingend die Ansicht von *Bulla*,[1117] dass der Arbeitskampf nur ein Kollektivakt ist und er nur das Kollektivrecht berührt.[1118] Denn aus dem „kollektiven Wesen des Arbeitskampfes“ ergibt sich vielmehr die Notwendigkeit der Mitwirkung der Koalition[1119] einerseits und die Zusammenwirkung der Einzelhandlungen andererseits im Arbeitskampf.[1120]

Wie oben ausgeführt, ist die kollektive Koalitionsfreiheit mehr als eine Bündelung von Einzelhandlungen. Hierfür sind die Handlungen der Koalition, etwa wie die Urabstimmung oder der Streikaufruf, nicht außer Acht zu lassen. Sie sind die Folge der Willensbildung der Kollektivität und werden von Organmitgliedern umgesetzt.[1121] Damit beweist sie ebenfalls das kollektive Wesen des Arbeitskampfes.[1122] Insofern werden sie von der kollektiven Gewährleistung der Koalitionsbetätigung umfasst. Auf der anderen Seite kommt die Kollektivität weiterhin im Zusammenwirken mit

---

1114 Däubler/Däubler, Arbeitskampfrecht, § 12 Rn. 33.

1115 Däubler/Däubler, Arbeitskampfrecht, § 12 Rn. 1; Däubler, Das Arbeitsrecht 1, Rn. 127; Otto, Arbeitskampfrecht, § 4 Rn. 41; Thüsing, Außenseiter im Arbeitskampf, S. 28.

1116 Zu beachten ist außerdem, auch wenn ein Arbeitskampf durch eine Vielzahl von Einzelhandlungen erst möglich ist, führt diese Ansicht nicht in die „individualrechtliche“ Arbeitskampftheorie wie in der früheren Zeit, vgl. Seiter, Streikrecht, S. 48. Zur individualrechtlichen Arbeitskampftheorie bis zum Beschluss des BAG 28.01.1955 siehe oben § 8 A. I. Arbeitskampffreiheit in der Frühzeit des Grundgesetzes.

1117 Bulla, Wesen des Arbeitskampfes, S. 180 ff.

1118 Zu Recht hat Seiter kritisiert, „[a]us dem ‚kollektiven Wesen‘ des Arbeitskampfes folgt jedenfalls nicht, dass nur um Regelungen des kollektiven Rechts gekämpft werden dürfe und dass nur Rechtssubjekte des kollektiven Rechts rechtmäßiger ‚Träger‘ des Arbeitskampfes sein könnten.“, Streikrecht, S. 21; nach Däubler ist ein Streik unbestritten keine Individualaktion. Zugleich bejaht er ein subjektives Arbeitskampfrecht, Däubler/Däubler, Arbeitskampfrecht, § 12 Rn. 1.

1119 Kazakos, Suspendierung von Hauptpflichten, S. 77.

1120 Das kollektive Wesen des Arbeitskampfes hat nicht nur Bedeutung im quantitativen Sinne, dazu vgl. Däubler/Däubler, Arbeitskampfrecht, § 12 Rn. 2 ff.

1121 Zur Analyse der Handlung des Verbands im Arbeitskampf vgl. Seiter, Streikrecht, S. 24 f; siehe auch Engels, Arbeitskampfrecht, S. 253, hierfür wird die Führung von Arbeitskämpfen und die Kollektivität des Arbeitskampfes thematisiert.

1122 Däubler/Däubler, Arbeitskampfrecht, § 12 Rn. 2 ff.

den kampfweisen Einzelhandlungen zum Ausdruck. Auch wenn der Arbeitskampf als individuelles Recht gewährleistet würde, wie in der Verfassung Frankreichs, wird eine Kampfaktion von mehreren Arbeitnehmern gemeinsam ausgeübt.[1123] Denn wegen der strukturellen Unterlegenheit der Beschäftigten ist das gemeinsame Handeln im Arbeitskampf unerlässlich.[1124]

Die Anforderung der kollektiven Rechtsausübung stellt zugleich eine Beschränkung des Grundrechtstatbestands dar.[1125] Diese Auffassung kann durch eine systematische Auslegung gestützt werden. Die Koalitionsfreiheit des Art. 9 Abs. 3 GG ist keine individualistisch-liberale Freiheit und unterscheidet sich von anderen Grundrechten in der zusätzlichen Garantie der kollektiven Freiheit.[1126] Gemeint ist neben der Koalitionsfreiheit der Koalition auch die Freiheit des Einzelnen, kollektiv zu handeln. Entsprechend kann das an die Koalitionsfreiheit gekoppelte Arbeitskampfrecht nur gemeinsam mit Andern sinnvoll ausgeübt werden.[1127] Daher wird die Ausübung des Arbeitskampfrechts des Einzelnen unter kollektivem Vorbehalt gefordert.[1128]

3. Fazit

Im Ergebnis ist der These zuzustimmen, dass die Koalition der Rechtsträger des Arbeitskampfrechts ist. Aber die individuelle Garantie darf damit nicht gleichzeitig abgeschafft werden. Dem Einzelnen kommt ein originäres subjektives Arbeitskampfrecht aus Art. 9 Abs. 3 GG zu. Hierfür steht die Rechtsausübung außerdem unter kollektivem Vorbehalt. Diese Bedingung eröffnet die Mitwirkungsmöglichkeit der Gewerkschaft im Arbeitskampf und berücksichtigt die strukturelle Unterlegenheit der Arbeitnehmerschaft. Die praktische Bedeutung der Garantie des Arbeitskampfrechts des Einzelnen liegt vor allem darin, dass der einzelne Arbeitskampfteilnehmer befugt ist, sich gegen Eingriffe zu wehren.[1129]

III. Sonderfrage: Arbeitskampfrecht der atypischen Beschäftigten

Zu den atypischen Beschäftigten gehören befristet oder in Teilzeit beschäftigte Arbeitnehmer, Leiharbeitskräfte sowie selbstständige Erwerbstätige.[1130] Die befristeten Arbeitnehmer oder Teilzeitbeschäftigten sind auch Arbeitnehmer und das

---

1123 Kißler/Zumfelde/Jansen/Hunout, Arbeitskampfkulturen: Recht und Strategien von Streik und Aussperrung im deutsch-französischen Vergleich, S. 24.
1124 Däubler/Däubler, Arbeitskampfrecht, § 12 Rn. 2, 34.
1125 Wietfeld, Arbeitnehmeraußenseitern, S. 107.
1126 AG-GG/Kittner/Schiek, Art. 9 Abs. 3 GG, Rn. 84.
1127 Däubler/Däubler, Arbeitskampfrecht, § 12 Rn. 34.
1128 Däubler/Däubler, Arbeitskampfrecht, § 12 Rn. 34; Otto, Arbeitskampfrecht, § 4 Rn. 41.
1129 Däubler/Däubler, Arbeitskampfrecht, § 12 Rn. 34.
1130 Zur Bedeutung der selbstständigen Erwerbstätigen in der vorliegenden Untersuchung siehe oben § 3 A. II. 2. d) Selbstständige Erwerbstätige und Outsourcing;

Arbeitskampfrecht gilt genauso für sie wie für die Stammbelegschaft.[1131] Auch sind die Leiharbeitskräfte Arbeitnehmer und grundsätzlich befugt, am Arbeitskampf teilzunehmen. Wenn der Arbeitskampf sich nicht gegen den Verleiher, sondern gegen den Einsatzbetrieb richten würde, wäre es problematisch, ob die Leiharbeitnehmer sich daran beteiligen dürfen. Diese Frage wird im Folgenden im Rahmen der Arbeitskampfteilnahme der Arbeitnehmeraußenseiter beleuchtet. Fraglich ist weiterhin das Arbeitskampfrecht der selbstständigen Erwerbstätigen.[1132] Geht es um arbeitnehmerähnliche Personen, ist es nicht problematisch. Denn sie sind in der Marktwirtschaft auch schutzbedürftig[1133] und gemäß § 12a TVG ist der Abschluss von Tarifverträgen auch für diese wirtschaftlich abhängigen Personen ermöglicht.[1134] Insoweit wird der Arbeitskampf als Druckmittel für die arbeitnehmerähnlichen Personen anerkannt.[1135]

D. Arbeitskampfteilnahme der Arbeitnehmeraußenseiter

I. Definition von Arbeitnehmeraußenseiter

In den Arbeitskampf können sowohl aktive als auch passive Arbeitnehmeraußenseiter einbezogen werden. Hinsichtlich der Frage der Arbeitskampfteilnahme sind nur die aktiven Arbeitnehmeraußenseiter betroffen.[1136] Für die Außenseiter findet sich zwar keine einheitliche Definition in Rechtsprechung und Literatur.[1137] Von der Bezeichnung des Außenseiters her ist es aber klar, dass es sich um diejenigen Personen handelt, die außerhalb von etwas stehen.[1138] In einem Tarifkampf ist der Abschluss eines Tarifvertrags der Zweck des Arbeitskampfes.[1139] Die Außenseiterdefinition ist mithin

---

zum Begriff und den Formen der atypischen Beschäftigten, siehe oben § 3 A. II. 2. Entwicklung der atypischen Beschäftigung unter der Deregulierungspolitik.

1131 Däubler/Däubler, Arbeitskampfrecht, § 12 Rn. 50.

1132 Für die wirtschaftlich selbständigen Berufsangehörigen gilt in der Regel nicht das Arbeitskampfrecht, vgl. Däubler/Däubler, Arbeitskampfrecht, § 12 Rn. 65; Otto, Arbeitskampfrecht, § 6 Rn. 10.

1133 Vgl. Kretzschmar, Koalitionsfreiheit, S. 150 ff.

1134 Löwisch/Rieble, Tarifvertragsgesetz, § 12a TVG, Rn. 1 ff.

1135 Däubler/Däubler, Arbeitskampfrecht, § 12 Rn. 60, 65; ErfK/Dieterich, Art. 9 GG Rn. 164; ErfK/Franzen, § 12a TVG, Rn. 10; Otto, Arbeitskampfrecht, § 6 Rn. 10.

1136 Zur Frage des passiven Arbeitnehmeraußenseiters im Arbeitskampf vgl. nur Lembke, Arbeitskampfbeteiligung von Außenseitern, S. 94 ff.

1137 Zu Definitionsansätzen für Außenseiter in Literatur und Rechtsprechung vgl. Lembke, Arbeitskampfbeteiligung von Außenseitern, S. 6; Wietfeld, Arbeitnehmeraußenseitern, S. 30.

1138 Reichel, Einbeziehung des Außenseiter–Arbeitgebers, S. 5.

1139 Allerdings wird der Arbeitnehmeraußenseiter im nicht tarifbezogenen Arbeitskampf anderes bestimmt. Jedoch wird diese Problematik bisher in arbeitskampfrechtlichen Diskussionen nicht behandelt, weil bisher nur der Tarifkampf in Deutschland zulässig ist. Zur Analyse der Frage des Arbeitskampfes als Annex

zunächst am Tarifrecht zu orientieren. Der § 3 Abs. 1 TVG knüpft die Tarifgebundenheit an die Mitgliedschaft.[1140] In der Regel stehen die nicht organisierten Arbeitnehmer damit außerhalb des tariflichen Rechts. Zudem sind die in einer anderen als der zum Arbeitskampf aufrufenden Gewerkschaft organisierten Arbeitnehmer auch nicht an den umkämpften Tarifvertrag gebunden.[1141] Die Außenseiterdefinition muss daher konkret auf den jeweils abzuschließenden Tarifvertrag bezogen werden.[1142]

Ob Arbeitnehmeraußenseiter auch unter den Geltungsbereich des umkämpften Tarifvertrags fallen, ist für die Begriffsbestimmung nicht entscheidend.[1143] Das Tarifgebiet ist zwar regelmäßig als angemessene Grenze des Kampfgebiets anzusehen, aber das Kriterium dafür gilt für die Abwehrkampfmittel des Kampfgegners.[1144] Es wäre inkonsequent, Arbeitnehmer außerhalb des Tarifgebiets grundsätzlich aus dem Arbeitskampf auszuschließen.[1145]

Im Ergebnis sind alle Arbeitnehmer, die nicht normativ an den umkämpften Tarifvertrag gebunden sind, im Tarifkampf als Außenseiter zu berücksichtigen.[1146] Gemeint sind sowohl nichtorganisierte als auch andersorganisierte Arbeitnehmer. Was die Voraussetzung der Arbeitskampfbeteiligung der Außenseiter im konkreten Fall bestimmt, ist die nächste Forschungsfrage.

II. Arbeitskampfteilnahme der Außenseiter und Koalitionsfreiheit

1. Außenseiterbeteiligung und Koalitionsfreiheit der Gewerkschaft

In Rechtsprechung[1147] und Literatur[1148] wird die Arbeitskampfteilnahme der Außenseiter überwiegend bejaht, obwohl die rechtsdogmatische Begründung sehr unterschiedlich ist.[1149] Daher ist zunächst der Sinn und Zweck der Einbeziehung der Arbeitnehmeraußenseiter in den Arbeitskampf zu verdeutlichen.

---

der Tarifautonomie siehe oben § 8 A. II. 4. a) Bedeutung des Tarifbezugs für die Arbeitskampfgarantie.

1140 Oetker, in: Jacobs/Krause/Oetker/Schubert, Tarifvertragsrecht, § 6 Rn. 13.

1141 Gebhardt, Außenseiter im Arbeitskampf, S. 59.

1142 Lembke, Arbeitskampfbeteiligung von Außenseitern, S. 7; so auch Reichel, Einbeziehung des Außenseiter–Arbeitgebers, S. 6.

1143 Däubler/Wolter Arbeitskampfrecht, § 17 Rn. 88. Zur Einbeziehung des tariflichen Geltungsbereichs als Kriterium des Außenseiters vgl. die Analyse von Wietfeld, Arbeitnehmeraußenseitern, S. 31 ff.

1144 Vgl. Wietfeld, Arbeitnehmeraußenseitern, S. 35.

1145 Argument und Beispiel, vgl. Däubler/Wolter Arbeitskampfrecht, § 17 Rn. 89 f.

1146 So auch Gebhardt, Außenseiter im Arbeitskampf, S. 24; Wietfeld, Arbeitnehmeraußenseitern, S. 36.

1147 BAG 21.04.1971 – GS 1/68 – AP Nr. 43 zu Art. 9 GG Arbeitskampf.

1148 Däubler/Däubler, Arbeitskampfrecht, § 12 Rn. 35; Gebhardt, Außenseiter im Arbeitskampf, S. 68; Otto, Arbeitskampfrecht, § 6 Rn. 11 ff.; Thüsing, Außenseiter im Arbeitskampf, S. 54, 59; Däubler/Wolter Arbeitskampfrecht, § 17 Rn. 88.

1149 Vgl. die Analyse von Wietfeld, Arbeitnehmeraußenseitern, S. 103 ff.

Entsprechend ist das Gebot der Einheit der Belegschaft allererst heranzuziehen.[1150] Hiernach ist die Belegschaft eines Betriebs unabhängig von ihrer Gewerkschaftsmitgliedschaft arbeitskampfrechtlich als Einheit anzusehen. Dies ergibt sich nicht nur aus moralischen Gründen, sondern auch aus kampftaktischen Erwägungen.[1151] Ansonsten würden die Arbeitnehmeraußenseiter als Streikbrecher handeln und die Kampfkraft der Belegschaft dadurch geschwächt. Nach der Rechtsprechung des BAG ist die Arbeitskampfteilnahme der Außenseiter Bestandteil der sozialen Wirklichkeit und entspricht auch der kollektiven Interessenlage.[1152]

Der Grundsatz der Einheit der Belegschaft ist in rechtlicher Hinsicht nicht haltlos. Arbeitskampfrechtlich knüpft er an die kollektive Koalitionsfreiheit an. Im Arbeitskampf ist die Gewerkschaft aus eigenem Recht zur Mitwirkung berechtigt. Nach der Rechtsprechung des BAG kommt den einen Arbeitskampf führenden Koalitionen hierfür ein Einschätzungsprärogativ zu.[1153] Insofern ist die Gewerkschaft befugt, das Kampfmittel auszugestalten. Einschlägig ist die Erteilung des Arbeitskampfaufrufs. Damit wird der Umfang des Arbeitskampfes, zum Beispiel Anteil und Zahl der Arbeitnehmer im Arbeitskampf von der Gewerkschaft bestimmt.[1154] Wenn sie annimmt, den Druck auf den sozialen Gegenspieler mittels der Kampfkraft der Außenseiter verstärken zu können, sind diese Arbeitnehmergruppen in den Kampf einzubeziehen.[1155] Ein Arbeitskampf ist daher nicht allein wegen einer Außenseiterbeteiligung unzulässig. Auch wird das Ergebnis im tarifpluralen Betrieb nicht geändert.[1156] Die rechtliche Kontrolle der Außenseiterbeteiligung ist vielmehr eine Frage der Beschränkungen des Arbeitskampfrechts und wird hauptsächlich durch den Grundsatz der Verhältnismäßigkeit gesteuert.[1157]

1150 Lembke, Arbeitskampfbeteiligung von Außenseitern, S. 60 f.; Schaub/Treber, § 193 Rn. 32; Wietfeld, Arbeitnehmeraußenseitern, S. 146; zum Grundsatz der Einheit der Belegschaft vgl. auch Gamillscheg, Kollektives Arbeitsrecht Bd. 1, S. 1135.

1151 Wiedemann, RdA 2007, 65 (69), ist auch der Meinung, dass eine erfolgversprechende Arbeitskampfstrategie den Einsatz der gesamten Belegschaft voraussetzt; eine Auswahl kann jedenfalls nicht unter dem Gesichtspunkt der Organisationszugehörigkeit getroffen werden.

1152 BAG 18.02.2003 – 1 AZR 142/02 – NZA 2003, 866 (868); 21.04.1971 – GS 1/68 – AP Nr. 43 zu Art. 9 GG Arbeitskampf = NJW 1971, 1668 (1670). Dazu vgl. Lembke, Arbeitskampfbeteiligung von Außenseitern, S. 59.

1153 Vgl. nur BAG 19.06.2007 – 1 AZR 396/06 – AP Nr. 173 zu Art. 9 GG Arbeitskampf Rn. 26 f. Zur Einschätzungsprärogative und Kampfmittelfreiheit siehe unten § 10 Reichweite der Arbeitskampfgarantie und Kampfmittelfreiheit.

1154 Berg/Kocher/Platow/Schoof/Schumann, Teil 3 Rn. 253; Däubler/Wolter Arbeitskampfrecht, § 16 Rn. 6.

1155 BAG 18.02.2003 – 1 AZR 142/02 – AP Nr. 163 zu Art. 9 GG Arbeitskampf = NZA 2003, 866 (869).

1156 Vgl. Bayreuther, Tarifeinheit und Tarifpluralität, S. 59 f.; Deinert, RdA 2011, 12 (21).

1157 Umgehend Rose, Das Streikrecht, S. 124, 139 ff. Im tarifpluralen Betrieb wird die Frage des so genannten „Gewerkschafts-Hopping" gestellt. Dies kann hier nicht weiter behandelt werden, dazu vgl. Deinert, RdA 2011, 12 (18).

2. Partizipationsgedanke und Außenseiterbeteiligung

Nun ist die Rechtsstellung der Arbeitnehmeraußenseiter zu klären. An dieser Stelle, wie oben ausgeführt,[1158] steht allen Berufsangehörigen ein subjektives Arbeitskampfrecht zu. Auch der Arbeitnehmeraußenseiter findet die Rechtsgrundlage seiner Kampfhandlung im Art. 9 Abs. 3 GG. Allerdings ist die Frage der Arbeitskampfteilnahme der Außenseiter damit noch nicht endgültig erklärt. Denn im Arbeitskampf spielen die Koalitionsfreiheit des Einzelnen und die der Gewerkschaft zusammen. Das Individualrecht kann nur effektiv wirken, wenn das Interesse des Einzelnen dem Kampfzweck der Koalition entspricht.[1159] Demgemäß dürfen das individuelle und das kollektive Interesse im gemeinsamen Arbeitskampf nicht auseinanderfallen. Rechtlich ist es geboten, das Arbeitskampfrecht des Einzelnen unter kollektiven Vorbehalt zu stellen.[1160]Andernfalls wäre ein verbandsfreier Arbeitskampf gegeben.[1161]

Zu beachten ist vor allem, dass die Arbeitnehmergruppen der Außenseiter heterogen sind. Die Arbeitnehmeraußenseiter könnten aus unterschiedlichen Motiven – aufgrund eigener oder fremder Ziele – mitkämpfen.[1162] So könnte der Außenseiter dem Arbeitskampfaufruf folgen,[1163] weil er potenziell vom Tarifkampf profitiert. Solche Konstellationen können sich aus rechtlichen oder auch faktischen Gründen ergeben. Zumindest sind betriebliche oder betriebsverfassungsrechtliche Normen gemäß §§ 3 Abs. 2, 4 Abs. 1 Satz 2 TVG unabhängig von der Gewerkschaftszugehörigkeit für alle Beschäftigten eines Betriebes anwendbar. Durch die Allgemeinverbindlichkeit[1164] oder arbeitsvertragliche Bezugnahmeklauseln[1165] können die Tarifvertragsbedingungen auch für die Außenseiter gelten. Nicht zuletzt stehen die Arbeitnehmer eines Betriebs räumlich nah zueinander, dessen Inhaber sind identisch oder interessenmäßig eng verbunden.[1166] Durch die Gestaltung der tariflichen Basisregelungen werden nicht selten Grundlagen für den anschließenden Abschluss betrieblicher Vereinbarungen[1167] gebildet oder betriebliche Regelungen

---

1158 Siehe oben § 9 C. Analyse des Rechtsträgers des Arbeitskampfrechts.

1159 Rose, Das Streikrecht, S. 72. Ansonsten müssen die Arbeitnehmer einen verbandsfreien Arbeitskampf organisieren. Zur rechtlichen Behandlung eines verbandsfreien Arbeitskampfes statt aller Däubler/Däubler, Arbeitskampfrecht, § 12 Rn. 5 ff.

1160 Siehe oben § 9 C. II. 2. Kollektivität des Arbeitskampfrechts.

1161 Zum verbandsfreien Arbeitskampf, vgl. Däubler/Däubler, Arbeitskampfrecht, § 12 Rn. 5 ff.

1162 Wietfeld, Arbeitnehmeraußenseitern, S. 31.

1163 Hingegen geht es um einen verbandsfreien Arbeitskampf, wenn die Arbeitnehmeraußenseiter sich nicht im vom Arbeitskampfaufruf erfassten Bereich befinden.

1164 ErfK/Franzen, § 5 TVG, Rn. 5. Zu rechtlichen Voraussetzungen der Allgemeinverbindlichkeitserklärung vgl. ErfK/Franzen, § 5 TVG, Rn. 7 ff.

1165 Oetker, in: Jacobs/Krause/Oetker/Schubert, Tarifvertragsrecht, § 6 Rn. 265.

1166 Däubler/Wolter Arbeitskampfrecht, § 17 Rn. 88 f.

1167 Huber/Burkhard/Klebe, WSI-Mitteilungen 11/2005, 656 (657).

geschaffen.[1168] Insoweit ist der Zweck der Außenseiterbeteiligung unmittelbar oder mittelbar identisch mit dem Kampfziel. Es ist demnach unproblematisch, die nahe zum Kampf stehenden Außenseiter an der Durchführung des Arbeitskampfes zu beteiligen.[1169] Hingegen kann eine Arbeitskampfbeteiligung von Arbeitnehmeraußenseitern, die überhaupt nicht vom Kampfergebnis profitieren, nicht durch die vorgetragene Ansicht begründet werden. Allerdings gibt es dafür auch sehr geringe Möglichkeiten und andererseits sind Arbeitskampfbeteiligungen ausschließlich „aus lauter Freude" in der Praxis fast unbekannt.[1170] Hätten die Außenseiter mit dem Kampf überhaupt nichts zu tun, würden sie auch nicht am Kampf teilnehmen. Diese Frage hat damit nur theoretische Bedeutung.[1171]

An dieser Stelle ist überdies das Recht der Arbeitskampfbeteiligung der Leiharbeitnehmer im Einsatzbetrieb zu klären. Die Leiharbeitnehmer werden von ihren Arbeitgebern dem Beschäftigungsunternehmen zur Arbeitsleistung überlassen[1172] und stellen tatsächlich mit der Stammbelegschaft des Entleihers eine einheitliche Belegschaft dar.[1173] Die im Einsatzbetrieb stattfindenden Tarifverhandlungen sind nicht immer fremdnützig für die Leiharbeitnehmer.[1174] Nicht selten sind die Stammbelegschaft und die Leiharbeitnehmer in derselben Gewerkschaft organisiert[1175] und könnten gemeinsam im Betrieb einen Arbeitskampf durchführen. Ein Beispiel dafür ist eine tarifliche Anforderung zur Durchsetzung des Equal-Pay-Grundsatzes für die Leiharbeitnehmer.[1176] Insofern ist die Verfolgung des Kampfziels vereinbar mit den Interessen der Leiharbeitnehmer und ihre Arbeitskampfbeteiligung im Einsatzbetrieb damit legitimiert. Bedeutsam ist zudem der folgender Hinweis:[1177] Wenn die Arbeitnehmerschaft eines Betriebs vom Arbeitgeber anhand rechtlicher Instrumente aufgespalten wurde und die Leiharbeitskräfte sich nach den Bedürfnissen des Arbeitgebers einsetzen lassen,[1178] ist die Tarifpolitik eine richtige Gegenstrategie der

---

1168 Schaub/Treber, § 193, Rn. 32, § 206 Rn. 18.

1169 So auch im Ergebnis von Otto, Arbeitskampfrecht, § 6 Rn. 11.

1170 Bayreuther, Tarifeinheit und Tarifpluralität, S. 60; Deinert, RdA 2011, 12 (20).

1171 Deinert, RdA 2011, 12 (20). Trotzdem hat Otto diese Frage behandelt, vgl. Otto, Arbeitskampfrecht, § 6 Rn. 14.

1172 Schüren/Hamann, § 1 AÜG, Rn. 85.

1173 Krause, Leiharbeit, S. 113.

1174 Löwisch, Schlichtungs- und Arbeitskampfrecht, Rn. 434, ist aber dieser Meinung und lehnt deshalb das Arbeitskampfrecht der Leiharbeitnehmer ab: „Hingegen reicht die bloße Eingliederung auf Zeit in den Betrieb des Entleihers auch hinsichtlich der dort umkämpften Tarifverträge über betriebliche Fragen nicht aus, um den Leihnehmer zur Teilnahme am Arbeitskampf zu berechtigen."

1175 Krause, Leiharbeit, S. 113.

1176 Zur Möglichkeit eines Tarifvertrags zur Durchsetzung von Equal Pay umfassende Forschung von Krause, Leiharbeit, S. 35 ff.

1177 Krause, Leiharbeit, S. 113.

1178 Zu Unternehmenspolitik und Einsatz der Leiharbeit siehe oben § 3 B. II. 2. Interne und externe Flexibilisierungsmaßnahmen.

Gewerkschaft im Entleiherbetrieb, um die Interessen der Stammbelegschaft und der Leiharbeitnehmer zu bündeln.

Die Kampfhandlungen der Außenseiter sind überdies vom Solidaritätskampf zu differenzieren. Für die Außenseiterbeteiligung geht es zwar auch um ein solidarisches Verhalten. Aber die Außenseiter haben sich einem gewerkschaftlichen Arbeitskampf angeschlossen und ihre Kampfhandlungen verselbstständigen sich nicht.[1179] Die Außenseiterbeteiligungshandlungen sind Teil des gesamten Arbeitskampfes. Auch die Behandlung der Übernahme durch die Gewerkschaft, wie im Fall eines verbandsfreien Arbeitskampfes,[1180] erübrigt sich.

III. Fazit

Die Arbeitnehmeraußenseiter in umkämpften Betrieben dürfen aus eigenem Recht am Arbeitskampf teilnehmen. Die Anbindung der Kampfbeteiligung des einzelnen Arbeitnehmeraußenseiters wird durch die potenziellen Interessen am Tarifabschluss hergestellt. Die Außenseiterbeteiligung ist vereinbar mit dem Kollektivinteresse und wird auf der kollektiven Ebene vom Einschätzungsprärogativ der Gewerkschaft geschützt.

E. Exkurs: Aktive Drittbeteiligung im atypischen Arbeitskampf

Wir oben bereits beleuchtet spielt im atypischen Arbeitskampf, zum Beispiel im Flashmob, der aktive Dritte eine wichtige Rolle. Nun sind aber der Status der Dritten und die Legitimation der Drittbeteiligung im Arbeitskampf nicht selbstverständlich, sondern klärungsbedürftig.

I. Legitimation der Drittbeteiligung und Koalitionsfreiheit

Die aktiven Dritten, anders als die Arbeitnehmeraußenseiter, haben keine Verbindung mit der Kampfzielvorgabe[1181]und stehen auch in keinem Beschäftigungsverhältnis oder beschäftigungsähnlichen Verhältnis zum bekämpften Arbeitgeber.[1182]

1179 Wolter ist der Meinung, dass kein Solidaritätsstreik bei Streikteilnahme eines bestreikten Betriebs vorliegt, wenn er nicht selbst unter den Geltungsbereich des umkämpften Tarifvertrages fällt. Denn die Rechtsmäßigkeit der Teilnahme gilt als gewohnheitsrechtlich, Däubler/Wolter Arbeitskampfrecht, § 17 Rn. 88.

1180 Däubler/Däubler, Arbeitskampfrecht, § 12 Rn. 10 ff.

1181 Steinau-Steinrück/Brugger, NZA-Beil. 2010, 127 (129); Thüsing/Waldhoff, ZfA 2011, 329 (350).

1182 Steinau-Steinrück/Brugger, NZA-Beil. 2010, 127 (129). Die Dritten können sich in einem Arbeitsverhältnis befinden, auch wenn sie „keine Berufszugehörigkeit zu den Arbeitnehmern des Arbeitskampfes" haben. Ansonsten sind sie als Arbeitnehmeraußenseiter zu verstehen, vgl. auch Thüsing/Waldhoff, ZfA 2011, 329 (351).

Demnach sind die Dritten nur „koalitionsfremde Personen“ im Arbeitskampf.[1183] Andererseits bringt die Position der Dritten Vorteile für den Arbeitskampf. Denn die Dritten sind weder rechtlich noch faktisch abhängig vom bekämpften Arbeitgeber und sind nach dem Arbeitskampf keinen Sanktionen vom Arbeitgeber ausgesetzt. Vor diesem Hintergrund kann man erwarten, dass die Dritten aus Sympathie oder anderen moralischen Gründen mitkämpfen.

Es ist jedoch fraglich, aufgrund welches Status sich die Dritten im Arbeitskampf betätigen dürfen. Obwohl die Koalitionsfreiheit ein Menschenrecht ist, kann nicht jede beliebige Person einfach in einem Arbeitskampf auftreten und sich auf Art. 9 Abs. 3 GG berufen. Vielmehr wird der persönliche Schutzbereich der Koalitionsbetätigung inklusive des Arbeitskampfrechts abgegrenzt. Nur diejenigen Berufsangehörigen, die eine „funktionale Anbindung“ mit der Zielvorgabe der Wahrung und Förderung der Arbeits- und Wirtschaftsbedingungen haben, sind Träger des Arbeitskampfrechts.[1184] Der „Kunde“ im Flashmob hat im Gegensatz dazu nur ein koalitionsfremdes Verhältnis zum Kampf und unterliegt daher keinem Arbeitskampfrecht.[1185]

Es wäre aber vorschnell, wenn man die Teilnahmemöglichkeit der Dritten im Arbeitskampf aus dem oben genannten Grund ausschließt. Die Dritten können aus eigenem Recht zumindest den Grundrechtsschutz der allgemeinen Handlungsfreiheit des Art. 2 Abs. 1 GG beanspruchen.[1186] Aus dem Grundrechtskatalog können außerdem die Meinungsfreiheit des Art. 5 Abs. 1 Satz 1 GG[1187] sowie die Versammlungsfreiheit des Art. 8 GG situationsanhängig herangezogen werden.[1188] Außerdem ist die Gewerkschaft nach der Lehre des Doppelgrundrechts ebenfalls Rechtsträger des Arbeitskampfrechts und befugt, das eingesetzte Kampfmittel auszugestalten. Ferner, wie oben erörtert, hat die kollektive Koalitionsbetätigung eine andere Qualität als summiert–individuelle Grundrechtsausübungen.[1189] Um der Handlungsschwäche des Individuums abzuhelfen, können die nicht organisierten Dritten im Kampf berücksichtigt werden.[1190] Hierfür steht die Kampftaktik der Einbeziehung der aktiven Dritten zur Verfügung. Die Initiative des Aufrufs zur Drittbeteiligung

1183 Steinau-Steinrück/Brugger, NZA-Beil. 2010, 127 (129 f.); Picker, ZfA 2010, 499 (526); Rosenau, Koalitionsbetätigungsfreiheit, S. 241.

1184 Thüsing/Waldhoff, ZfA 2011, 329 (350).

1185 Klumpp, Kampfexzess, S. 144; Rieble, NZA 2008, 796 (798); Thüsing/Waldhoff, ZfA 2011, 329 (350).

1186 Siehe oben § 8 A. III. 1. Allgemeine Handlungsfreiheit.

1187 Siehe oben § 8 A. III. 2. Meinungsfreiheit.

1188 Siehe oben § 8 A. III. 3. Versammlungsfreiheit.

1189 Siehe oben § 9 B. III. 1. Kritik an der Bündelungstheorie.

1190 Hingegen wird nach Thüsing/Waldhoff, ZfA 2011, 329 (352), argumentiert: „Wenn sich seine Teile nicht auf die Koalitionsfreiheit berufen können, dann auch nicht als Teil des Kollektivs.“ Dieser Gedanke basiert auf die Bündelungstheorie und ist nicht zu befolgen. Zur Kritik an der Bündelungstheorie siehe oben § 9 B. III. 1. Kritik an der Bündelungstheorie.

ist vielmehr die Folge der Handhabung der kollektiven Koalitionsfreiheit sowie der Einschätzungsprärogative[1191] der Gewerkschaft. Die rechtliche Verbindung der Drittbeteiligung mit dem Kampf lässt sich damit herstellen und ihre Legitimation kann über die kollektive Koalitionsfreiheit gefunden werden. Ob die Drittbeteiligung verhältnismäßig ist, ist die Frage der Grenze des sachlichen Schutzbereiches der Koalitionsfreiheit. Der persönliche Schutzbereich der Koalitionsfreiheit wird davon nicht berührt. Zu Recht sieht das BAG die Drittbeteiligung auch als Problem des sachlichen Schutzbereiches der Koalitionsfreiheit. Insbesondere wird es anhand des Grundsatzes der Verhältnismäßigkeit geprüft.[1192]

Im atypischen Arbeitskampf hat die Drittbeteiligung die Funktion, das Arbeitskampfarsenal zu erweitern und die Störungswirkung zu verstärken. Demnach werden von der Gewerkschaft bestimmte Aufgaben auf die Dritten übertragen. Im ver. di-Flashmob wurde die Tätigkeit des „gezielten Einkaufs" zu einer bestimmten Zeit und an einem bestimmen Ort als Aufgabe für die Drittbeteiligung definiert.[1193] In diesem Sinne sind die Dritten im Arbeitskampf als Verrichtungsgehilfen[1194] der Gewerkschaft anzusehen. Aufgrund dieses Verhältnisses übernimmt die Gewerkschaft gemäß § 831 Abs. 1 BGB die Verantwortung für ihre Kampfhandlungen.

II. Abgrenzung zur Außenseiterbeteiligung

Zudem muss klargestellt werden, dass die Legitimation der Drittbeteiligung nicht mit den Begründungsansätzen der Außenseiterbeteiligung zu vergleichen ist. Während der Arbeitnehmeraußenseiter ein eigenes Arbeitskampfrecht ausübt,[1195] werden die Dritten als Kampfmittel in den gewerkschaftlichen Kampfplan integriert und sie dienen schlechthin der Erreichung des Kampfziels. Wie gerade ausgeführt, stehen die Interessen der Arbeitnehmeraußenseiter in einer gewissen Nähe zum Arbeitskampf. Im Gegensatz dazu streben die Dritten keine eigenen wirtschaftlichen

1191 Deinert, in: Rehder/Deinert/Callsen, S. 99.

1192 Dazu unten § 11 Verhältnismäßigkeit und weitere verfassungsrechtliche Schranken.

1193 Zum Flashmob hatte ver.di angekündigt: „Wunschliste der EinzelhändlerInnen an Gewerkschaftsmitglieder und alle, die uns unterstützen wollen [...] Hast Du Lust, Dich an Flashmob-Aktionen zu beteiligen? Gib uns Deine Handy–Nummer und dann lass uns zu dem per SMS gesendeten Zeitpunkt zusammen in einer bestreikten Filiale, in der Streikbrecher arbeiten, gezielt einkaufen gehen, z. B. so: – Viele Menschen kaufen zur gleichen Zeit einen Pfennig-Artikel und blockieren damit für längere Zeit den Kassenbereich. – Viele Menschen packen zur gleichen Zeit ihre Einkaufswagen voll (bitte keine Frischware!!!) und lassen sie dann stehen", Sachverhalt nach BAG 22.09.2009 – 1 AZR 972/08 – AP Nr. 174 Art. 9 Arbeitskampf GG.

1194 Zu rechtlichen Voraussetzungen des Verrichtungsgehilfen vgl. Wagner/MünchK–BGB Bd. 5, § 831 Rn. 14 ff.

1195 Angesichts der Drittbeteiligung wird die Frage der Beherrschbarkeit hervorgehoben. Diese Problematik wird im Folgenden in Bezug auf § 831 Abs. 1 BGB weiter behandelt, siehe unten § 11 Verfassungsrechtliche Schranken des atypischen Arbeitskampfes.

Interessen im Kampf an. Insoweit lässt sich das Beschränkungskriterium der Außenseiterbeteiligung nicht auf die Drittbeteiligung übertragen. Die Nähe oder Ferne der Drittbeteiligung gegenüber dem Arbeitskampf ist demgemäß für ihre Legitimationsbegründung nicht von Bedeutung. Auch wenn die Mehrheit der Dritten Akteure von Bürgerrechtsgruppen, Umweltgruppen, Kirchen oder anderen politischen und sozialen Gruppen sind,[1196] ändert das am Ergebnis nichts. Ohne die gewerkschaftliche Anfforderung anzunehmen, würden diese Akteure nicht den Kampf unterstützen. Sich „aus purer Lust und Laune“[1197] als Kampfunterstützer zu betätigen, ist vielmehr realitätsfern. So naiv oder unerfahren sind die sozialen Bewegungen/Bürgerinitiativen im Regelfall auch nicht. Überdies ist ein gewerkschaftlicher Flashmob kein „Spaß-Happening“.[1198] Der Zweck des Arbeitskampfes steht im Mittelpunkt der Aktion in der Kundgebung. Dies war der Fall beim ver.di-Flashmob: „Wunschliste der EinzelhändlerInnen an Gewerkschaftsmitglieder und alle, die uns unterstützen wollen.“[1199] In der Flashmob-Entscheidung des BAG wurde auch bekräftigt, dass die Kampfaktion durch die Drittbeteiligung

> „nicht typischerweise zum Demonstrationsarbeitskampf [wird], der auf eine kollektive Meinungsäußerung zu etwaigen politischen, gesellschaftlichen oder wirtschaftlichen Verhältnissen gerichtet ist und nicht der Durchsetzung tariflicher Forderungen dient. Für die Einordnung als Maßnahme des Arbeitskampfs zur Durchsetzung tariflich regelbarer Forderungen kommt es nicht auf die individuelle Motivation der einzelnen Teilnehmer, sondern auf das von der Gewerkschaft verfolgte Ziel an.“[1200]

An dieser Stelle ist die Kritik der „Zweckentfremdung der Koalitionsfreiheit“[1201] als Ablehnung der Drittbeteiligung nicht haltbar.

§ 10 Reichweite der Arbeitskampfgarantie und Kampfmittelfreiheit

Der grundrechtliche Schutz ist nicht nur personell geformt, sondern auch sachlich-inhaltlich gestaltet. Die Frage des Rechtsträgers des Arbeitskampfrechts wurde bereits im letzten Paragrafen behandelt. Bevor die verfassungsrechtlichen Schranken des atypischen Arbeitskampfes analysiert werden, ist die Reichweite der Arbeitskampfgarantie auch im Voraus zu verdeutlichen.

Nach der Preisgabe der Lehre des Kernbereichs beschränkt sich der Schutzbereich des Art. 9 Abs. 3 GG nicht mehr von vornherein auf den Bereich des Unerlässlichen,

1196 Thüsing/Waldhoff, ZfA 2011, 329 (353).
1197 Günther/Krieger, NZA 2010, 20 (22).
1198 Zum Unterschied zwischen dem gewerkschaftlichen Flashmob und „Spaß-Happenings“ siehe oben § 6 A. I. 2. Kleiner Rückblick auf die Entwicklung des Flashmobs.
1199 Sachverhalt nach BAG 22.09.2009 – 1 AZR 972/08 – AP Nr. 174 Art. 9 Arbeitskampf GG.
1200 BAG 22.09.2009 – 1 AZR 972/08 – AP Nr. 174 Art. 9 Arbeitskampf GG Rn. 35.
1201 Thüsing/Waldhoff, ZfA 2011, 329 (352).

sondern erstreckt sich auf alle koalitionsspezifischen Verhaltensweisen.[1202] Damit wird einerseits der tatbestandliche Schutzbereich erweitert und andererseits das Kriterium, mit dem sich die Koalitionsbetätigung begrenzen lässt, aufgegeben. Beachtlich ist, dass das BAG spätestens seit Beginn des 21. Jahrhunderts schrittweise die Arena der zulässigen Arbeitskampfmittel inklusive atypischer Kampfformen, etwa des Flashmobs, erweitert hat.[1203] Dies führt zu einem Spannungsverhältnis zwischen dem ausgedehnten Schutzbereich des Art. 9 Abs. 3 GG und seinem gelockerten Kontrollmechanismus, wenn die Reichweite der Arbeitskampfgarantie auf der Ebene des Schutzbereichs begrenzt werden soll.[1204] In diesem Sinne ist es notwendig zu prüfen, ob es, wenn jedes beliebige Arbeitskampfmittel in den Schutzbereich des Art. 9 Abs. 3 GG aufgenommen wird, einen sog. „konturlosen Arbeitskampf"[1205] zur Folge hätte. Oder es ist stattdessen zu fragen, inwieweit ein atypisches Arbeitskampfmittel der Eigenschaft der koalitionsspezifischen Betätigung entspricht und ob der Schutzbereich des Art. 9 Abs. 3 GG dann dafür geöffnet wird.

Unter diesen Fragestellungen ist im Folgenden zuerst der allgemeine sachliche Schutzbereich der Koalitionsfreiheit bezüglich des Kriteriums der Koalitionsspezifität auseinanderzusetzen. Anschließend ist zu untersuchen, ob ein atypisches Arbeitskampfmittel anhand seiner Koalitionsspezifität vom Art. 9 Abs. 3 GG erfasst wird oder ob zusätzliche schutzbereichsimmanente Grundrechtsgrenzen heranzuziehen sind, um dem Schutzbereich des Art. 9 Abs. 3 GG zu begrenzen.

A. Sachlicher Schutzbereich der Koalitionsfreiheit und Koalitionsbetätigung

I. Art. 9 Abs. 3 GG als Doppelgrundrecht und Koalitionsbetätigung

Wie oben bereits analysiert wurde,[1206] ist Art. 9 Abs. 3 GG als Doppelgrundrecht zu verstehen. Nach der ständigen Rechtsprechung des BVerfG[1207] und des BAG[1208] schützt das Doppelgrundrecht des Art. 9 Abs. 3 GG den Einzelnen in seiner Freiheit, eine Vereinigung zur Wahrung der Arbeits- und Wirtschaftsbedingungen zu

---

1202 Siehe oben § 8 A. II. 4. b) Garantie des Arbeitskampfrechts nach Aufgabe der Kernbereichslehre.

1203 Vgl. Kluth, numerus-clausus der Arbeitskampfformen, S. 105 ff. Dazu siehe auch oben § 7 Atypische Arbeitskämpfe in der Rechtsprechung.

1204 So ist die Meinung von Jakobs, ZfA 2011, 71 (82): „Genauso wenig wie die Grundrechtsträger bei anderen Grundrechten den Grundrechtsbezug einer Maßnahme selbst bestimmen können, steht diese Möglichkeit den Koalitionen bei der Koalitionsfreiheit zu. Andernfalls wäre der Schutzbereich der Koalitionsfreiheit als Prüfungskriterium weithin bedeutungslos."

1205 Vgl. Otto, RdA 2010, 135 (135.)

1206 Siehe oben § 9 B. Ausganspunkt: Koalitionsfreiheit als Doppelgrundrecht.

1207 Vgl. nur BVerfG 06.02.2007 – 1 BvR 978/05 – NZA 2007, 394 (395) m. w. N.

1208 Vgl. nur BAG 22.09.2009 – 1 AZR 972/08 – AP Nr. 174 Art. 9 Arbeitskampf GG Rn. 33 m. w. N.

gründen, ihr beizutreten oder sie zu verlassen. Geschützt ist auch die Koalition selbst in ihrem Bestand und ihre organisatorische Ausgestaltung. Ebenfalls ist das Recht, den Koalitionszweck durch spezifisch koalitionsgemäße Betätigung zu verwirklichen (Koalitionsbetätigungsfreiheit), mitgarantiert[1209] und dem Einzelnen wird gemäß Art. 9 Abs. 3 GG eingeräumt, an koalitionsspezifischen Tätigkeiten teilzunehmen.[1210] Die Koalitionsfreiheit gewährleistet demgemäß sowohl individuelle als auch kollektive Freiheit zur Koalitionsbetätigung. In Hinblick auf die Koalitionsbetätigung, wie oben erwähnt, erstreckt sich ihr Schutzbereich anhand der neuen Entscheidung des BVerfG vom 14. November 1995 auf alle koalitionsspezifischen Verhaltensweisen[1211] einschließlich des Arbeitskampfes.[1212]

II. Koalitionsspezifität der Betätigungsfreiheit

Mit der Aufgabe der Kernbereichslehre erhält die Problematik des Umfangs der Koalitionsbetätigung keine unmittelbare Lösung.[1213] Die Koalitionsspezifität wird zwar als ein Tatbestandsmerkmal der Koalitionsbetätigung betrachtet. Es stellt sich immer die Frage, welche Koalitionsbetätigung „koalitionsspezifisch" ist und damit grundrechtlich geschützt ist. Mit anderen Worten: Wie weit wird die Koalitionsbetätigung auf Tatbestandsebene von Art. 9 Abs. 3 GG umfasst? Es handelt sich um die Frage der Konkretisierung des Grundrechts der Koalitionsfreiheit.

Vor allem ist dem Wortlaut nach die spezielle Zwecksetzung der Wahrung und Förderung der Arbeits- und Wirtschaftsbedingungen das schlüssige Kriterium für die Koalitionsspezifität.[1214] Dieser Gewährleistungsgehalt umschreibt gerade den Inhalt und den Umfang des grundrechtlichen Schutzbereiches.[1215] Dadurch unterscheidet sich auch die Koalitionsfreiheit begrifflich von der allgemeinen Vereinigungsfreiheit.[1216] Unter dem Begriff der „Wahrung und Förderung" wird die Gesamtheit der Tätigkeiten zur positiven Interessenverfolgung erfasst.[1217] Konkretisierungsbedürftig ist aber die inhaltliche Reichweite der Arbeits- und Wirtschaftsbedingungen.

1209 Siehe oben § 8 A. II. 3. c) (1) Betätigungsfreiheit als Ausgangspunkt.

1210 Vgl. nur BVerfG 26.05.1970 – 2 BvR 664/65 – NJW 1970, 1635 (1635). Zum Beispiel wird das einzelne Gewerkschaftsmitglied durch Art. 9 Abs. 3 GG grundrechtlich geschützt, wenn es an der Werbe- und Informationstätigkeit der Gewerkschaften teilnimmt. Dazu vgl. Däubler, Gewerkschaftsrechte, S. 128 ff.

1211 BVerfG 14.11.1995 – 1 BvR 601/92 – AP Nr. 80 Art. 9 GG = NZA 1996, 381; siehe auch oben § 8 A. II. 3. b) (2) Beschluss vom 14.11.1995.

1212 Siehe die Analyse im § 8 A. II. 4. b) Garantie des Arbeitskampfrechts nach Aufgabe der Kernbereichslehre.

1213 So auch Kemper, in: Starck, Art. 9 Abs. 3, Rn. 115 f.

1214 Vgl. Kemper, in: Starck, Art. 9 Abs. 3, Rn. 122.

1215 Vgl. Kahl, Der Staat 43 (2004), 167 (178).

1216 Maunz/Dürig/Scholz, Art. 9 GG Rn. 3. Nach Kemper, in: Starck, Art. 9 Abs. 3, Rn. 81, ist die Koalitionsfreiheit eine eigenständige Garantie gegenüber Art. 9 Abs. 1 GG.

1217 Gooren, Tarifbezug des Arbeitskampfes, S. 80.

Dafür wird nach der herrschenden Meinung das Begriffspaar der Arbeits- und Wirtschaftsbedingungen als eine funktionale Einheit verstanden.[1218] Keineswegs dürfen Arbeits- und Wirtschaftsbedingungen auf „Lohn- und Arbeitsbedingungen"[1219] oder Tarifverträge[1220] reduziert werden und sie gehen außerdem über die Regelungsgegenstände des individuellen Arbeitsvertrages hinaus.[1221] Erfasst sind sämtliche Bedingungen, die die abhängige Arbeitsleistung tangieren oder die eine „sinnvolle Ordnung des Arbeitslebens" ermöglichen.[1222]

Dementsprechend wird die Schutzbereichsgrenze der Koalitionsbetätigung durch diesen Koalitionszweck bestimmt. Die Befürworter vertreten ein weites Grundrechtstatbestandsverständnis und gehen davon aus, dass die Koalitionsspezifität der Betätigung der „Oberbegriff" der Verhaltensweise der Koalition ist[1223] und der Schutzumfang der Koalitionstätigungen durch das Kriterium der Koalitionsspezifität bestimmt wird.[1224] Der Arbeitskampf als eine Koalitionsbetätigung muss sich ebenfalls im Rahmen der Wahrung und Förderung der Arbeits- und Wirtschaftsbedingungen bewegen. Die Einordnung einer Arbeitskampfmaßnahme als koalitionsspezifisch erfolgt danach erst in einer zweckorientierten Auslegung. Dieses zweckorientierte Verständnis wurde in der Flashmob-Entscheidung des BAG bekräftigt:

> „Die Beurteilung, ob eine Betätigung koalitionsspezifisch ist, richtet sich grundsätzlich nicht nach der Art des von der Koalition gewählten Mittels, sondern nach dem von ihr damit verfolgten Ziel. Der Bedeutung des Grundrechts würde nicht hinreichend Rechnung getragen, wenn sein Anwendungsbereich mit der Begründung verneint würde, das von einer Koalition zur Verfolgung eines tariflichen Ziels eingesetzte Mittel sei wegen seiner Art nicht koalitionsspezifisch. Auch ließe sich so die verfassungsrechtlich geschützte koalitionsspezifische Betätigung einer Koalition nicht zuverlässig und sachgerecht von deren sonstiger, nicht von Art. 9 Abs. 3 GG erfasster Betätigung abgrenzen. Daher ist es verfassungsrechtlich geboten, eine durch Art. 9 Abs. 3 GG geschützte koalitionsspezifische Betätigung anzunehmen, wenn das von einer Koalition eingesetzte – friedliche – Mittel der Durchsetzung eines koalitionsspezifischen Ziels, wie insbesondere der Erzwingung eines Tarifvertrags dient."[1225]

1218 ErfK/Linsenmaier, Art. 9 Rn. 2; Krause, in: Jacobs/Krause/Oetker/Schubert, Tarifvertragsrecht, § 1 Rn. 47; Moll/Hamacherl, § 71 Rn. 10; Säcker/Oetker, Tarifautonomie, S. 43; Scholz, Koalitionsfreiheit als Verfassungsproblem, S. 46.

1219 Krause, in: Jacobs/Krause/Oetker/Schubert, Tarifvertragsrecht, § 1 Rn. 47.

1220 Krause, in: Jacobs/Krause/Oetker/Schubert, Tarifvertragsrecht, § 1 Rn. 192.

1221 Säcker/Oetker, Tarifautonomie, S. 72.

1222 Eingehend Säcker/Oetker, Tarifautonomie, S. 48 ff.

1223 Thüsing/Waldhoff, ZfA 2011, 329 (334). Zur Notwendigkeit der Gewährleistung der Koalitionsbetätigung siehe oben, § 8 II. 3. c) (1) Betätigungsbestätigung als Ausgangspunkt und § 9 B. Ausganspunkt: Koalitionsfreiheit als Doppelgrundrecht. Zur einzelnen Koalitionsbetätigung vgl. auch Kemper, in: Starck, Art. 9 Abs. 3, Rn. 125 ff.

1224 Vgl. Engels, Arbeitskampfrecht, S. 247 ff.

1225 BAG 22.09.2009 – 1 AZR 972/08 – AP Nr. 174 Art. 9 Arbeitskampf GG Rn. 34.

Folgt man der kampfzweckorientierten Auslegung der Koalitionsspezifität, ist der Schutzbereich des Art. 9 Abs. 3 GG in der Regel auch für den atypischen Arbeitskampf zu öffnen, solange die Wahrung und Förderung der Arbeits- und Wirtschaftsbedingungen als Kampfziel eingesetzt wird. Hingegen vertritt jedoch eine Ansicht im Schrifttum, dass ein Arbeitskampf zwar zum Koalitionszweck eingesetzt, aber trotzdem nicht als koalitionsspezifische Betätigung eingestuft werden könne. Dies ist anschließend zu untersuchen.

B. Reichweite der Arbeitskampfgarantie bezüglich atypischer Kampfformen

Zwar ist es unstreitig, dass der Arbeitskampf den koalitionsspezifischen Betätigungen zuzuordnen ist und in den Schutzbereich des Art. 9 Abs. 3 GG fällt.[1226] Bis zu der Flashmob-Entscheidung des BAG von 22. September 2009 wurde hauptsächlich das Arbeitskampfmittel des Streiks in der Rechtsprechung behandelt und verfassungsrechtlich anerkannt.[1227] Allerdings kann sich die Anerkennung der Streikgarantie nicht selbstverständlich auf die atypischen Kampfformen, etwa wie den Flashmob, erstrecken. Denn die atypischen Arbeitskämpfe können zwar aus taktischen Gründen mit den Streikaktionen verbunden sein und gegebenenfalls als eine begleitende Kampfmaßnahme des Streiks fungieren, aber dennoch kein integraler Bestandteil eines Streiks sein.[1228] Ein atypischer Arbeitskampf geht grundsätzlich weit über die bloße Arbeitsniederlegung hinaus und ist nicht analog zum Streik.[1229] Daher benötigt er eine eigene rechtliche Beurteilung auch auf der Ebene des Schutzbereichs.

In diesem Zusammenhang und auch vor dem Hintergrund des Zuwachses der atypischen Arbeitskämpfe wird aktuell die Frage aufgeworfen, ob und unter welchen Bedingungen ein atypisches Kampfmittel in den Handlungsspielraum des Art. 9 Abs. 3 GG eingegliedert werden kann. Nach der Preisgabe der Kernbereiche wird das Kriterium der Unerlässlichkeit oder Erforderlichkeit erst auf der Ebene der Eingriffsschranken behandelt. Stattdessen ist die Koalitionsspezifität der Betätigungsfreiheit maßgeblich. Fraglich ist, ob jedes von der Koalition frei herangezogene oder ausgestaltete Verhalten in den Schutzbereich des Art. 9 Abs. 3 GG fallen kann, solange es auf den Koalitionszweck gerichtet ist. Dies ist aktuell besonders umstritten, wenn mehre atypische Arbeitskampfformen ihre Druckausübung mit aktiven Störungsmaßnahmen und ihre Eingriffsintensität entfalten und über die Arbeitsniederlegung hinausgehen. Ob solche Betätigungen dem Schutzbereich des Art. 9 Abs. 3 GG unterfallen, wird in den wissenschaftlichen Diskussionen bezweifelt. Der zentrale Aspekt liegt in einem „möglichst frühzeitigen Ausstieg

1226 Siehe oben § 8 A. II. Koalitionsfreiheit und Garantie des Arbeitskampfrechts.
1227 Siehe oben § 7 Atypische Arbeitskämpfe in der Rechtsprechung.
1228 So aber Zechlin, Streik, S. 42; dazu kritisch Däubler/Bieback/Wroblewski, Arbeitskampfrecht, § 17 Rn. 231; Richter, Grenzen aktiver Produktionsbehinderung, S. 137; Treber, Aktiv produktionsbehindernde Maßnahmen, S. 115.
1229 Richter, Grenzen aktiver Produktionsbehinderung, S. 137 ff.

aus der Grundrechtsprüfung“[1230] und nimmt an, dass das, was evident nicht verfassungsrechtlich geschützt werde, auf der Ebene des Schutzbereichs herausgenommen werden solle.[1231]

Eine Grenzziehung des Schutzbereichs des Art. 9 Abs. 3 GG wird unter diesem Aspekt als erforderlich beurteilt[1232] und sie wird vom Modell eines engen Grundrechtstatbestandsverständisses des Art. 9 Abs. 3 GG vertreten.[1233] Hierfür wird zum einen eine generelle Ablehnung der Aufnahme atypischer Arbeitskämpfe in Art. 9 Abs. 3 GG als Idee vorgestellt (dazu I.). Zum anderen wird die Meinung im Schrifttum vertreten, dass die Kriterien vom Gewaltverbot und vom Neminem-laedere-Gebot als schutzbereichsimmanente Grundrechtsgrenze der Koalitionsbetätigung besonders relevant sind, um die Schutzbereichseröffnung des Art. 9 Abs. 3 GG speziell für die atypischen Arbeitskämpfe zu rechtfertigen (dazu II.). Beides ist im Folgenden zu erörtern.

I. Ablehnung der Aufnahme der atypischen Arbeitskämpfe in Art. 9 Abs. 3 GG

1. Funktionsbezogene Interpretation des Arbeitskampfes

In der wissenschaftlichen Diskussion wird die Schutzbereichseröffnung des Art. 9 Abs. 3 GG teilweise für bestimmte atypische Kampfmittel untersagt, speziell für den Bummelstreik oder die Sabotage.[1234] Einwände gegen eine umfassende Arbeitskampfgarantie hinsichtlich ihrer atypischen Aktionsformen wurden insbesondere nach der Flashmob-Entscheidung des BAG in der Literatur erhoben. Es wird argumentiert, dass, wenn man bei der Feststellung des Vorliegens einer koalitionsspezifischen Betätigung lediglich auf den Zweck der Handlung abstellen würde, so in der Stellungnahme des BAG in der Flashmob-Entscheidung,[1235] dies dazu führe, dass der Schutzbereich des Art. 9 Abs. 3 GG allein durch die Behauptung eines Grundrechtsträgers eröffnet werden könne. Um diese Gefahr zu vermeiden und damit bestimmte Verhaltensweisen aus dem grundrechtlichen Schutzbereich herauszunehmen, sei eine funktionale Auslegung des Grundrechtstatbestands unverzichtbar.

1230 Kahl, Der Staat 43 (2004), 167 (181).

1231 Vgl. Schwabe, Probleme der Grundrechtsdogmatik, S. 154. Zur Analyse des Motives eines engen Grundrechtstatbestandsverständnisses vgl. Kahl, Der Staat 43 (2004), 167 (180 ff.).

1232 Vgl. Richter, Grenzen aktiver Produktionsbehinderung, S. 146; Rosenau, Koalitionsbetätigungsfreiheit, S. 65.

1233 Vgl. Engels, Arbeitskampfrecht, S. 203.

1234 Vgl. Richter, Grenzen aktiver Produktionsbehinderung, S. 142 f.

1235 BAG 22.09.2009 – 1 AZR 972/08 – AP Nr. 174 Art. 9 Arbeitskampf GG Rn. 34.

Im neuen[1236] Schrifttum vertreten Jakobs,[1237] Kemper,[1238] Kersten,[1239] Rieble[1240] und Rosenau[1241] die Ansicht, dass das Kampfmittel sich auf die Zurückbehaltung der geschuldeten Hauptleistung beschränken solle.[1242] Die Hauptargumentation basiert auf einer funktionsbezogenen Interpretation des Schutzbereichs der Koalitionsfreiheit[1243] und geht davon aus, dass die Tarifautonomie eine kollektiv ausgeübte Privatautonomie sei und der Arbeitskampf als deren Hilfsmittel damit nur vertragsrechtlich gedeutet werden könne.[1244] Der Arbeitskampf solle damit die privatautonome Ausgleichung der Interessen der sich miteinander in einem Vertragsverhältnis befindlichen Parteien absichern.[1245] Die Verweigerung arbeitsvertraglicher Pflichten stelle zumeist die einzige Möglichkeit dar, im vertragsrechtlichen Zusammenhang das Druckpotenzial auf die Gegenseite im Sinne einer Vertragsverbesserung zu erhöhen.[1246] Nur die dazu eingesetzten Kampfmittel würden in den Schutzbereich der Koalitionsfreiheit fallen. In Bezug auf diese Vertragsbezogenheit der Arbeitskampfmaßnahmen sei das Vertragsverhältnis demnach Grund und Grenze des Arbeitskampfes.[1247]

Zwar zielt ein derartiges Konzept nicht auf einen typologischen Ansatz und beabsichtigt nicht, bestimmte Formen des Arbeitskampfes in den Schutzbereich des Art. 9 Abs. 3 GG einzuschließen. Unter dem Aspekt der Vertragsbezogenheit der Arbeitskampfmaßnahmen wird aber im Ergebnis schlechthin der Streik oder allenfalls seine Sonderformen als Arbeitskampfmittel des Art. 9 Abs. 3 GG qualifiziert.[1248]

1236 Nicht nur im neuen Schrifttum, sondern bereits am Anfang der 1990er-Jahre vertrat Wesch, Betriebsbesetzungen, S. 21 ff., die Auffassung, dass als Arbeitskampfmittel ausschließlich Maßnahme zur Störung des arbeitsvertraglichen Pflichtenprogramms in Betracht kommen. Diese Definition ermögliche unter dem Gesichtspunkt einer Störung des arbeitsvertraglichen Pflichtenprogramms eine vertragsorientierte Untersuchung der Arbeitskampfmittel.

1237 Jakobs, ZfA 2011, 71 (84).

1238 Kemper, in: Starck, Art. 9 Abs. 3, Rn. 166.

1239 Kersten, Kampfmittelfreiheit, S. 68.

1240 Rieble, NZA 2008, 796 (797); ders., BB 2008, 1506 (1512).

1241 Rosenau, Koalitionsbetätigungsfreiheit, S. 246 ff.

1242 Noch zurückhaltender ist die Auffassung von Picker, ZfA 2010, 499 (533, 538 ff.), der darauf hinweist, dass der Arbeitskampf immer auf seine überkommenen klassischen Figuren beschränkt worden sei.

1243 Vgl. Jakobs, ZfA 2011, 71 (82); Rosenau, Koalitionsbetätigungsfreiheit, S. 246 f.

1244 Jakobs, ZfA 2011, 71 (82); vgl. auch Rieble, BB 2008, 1506 (1512).

1245 Rosenau, Koalitionsbetätigungsfreiheit, S. 252.

1246 Rosenau, Koalitionsbetätigungsfreiheit, S. 252.

1247 Der Gedanke der Vertragsbezogenheit der Arbeitskampfmaßnahmen ist auf die These von Picker zurückzuführen, vgl. Picker, ZfA 2010, 499 (499 ff.).

1248 Rieble, BB 2008, 1506 (1512), hat deutlich geäußert, „andere Kampfmittel [außer dem Streik; Anm. d. Verf.] gibt es nicht."; Rosenau, Koalitionsbetätigungsfreiheit, S. 254, vertritt die Auffassung, „nicht umsonst wurden und werden Arbeitskampf und Streik bzw. Aussperrung in der breiten Öffentlichkeit weitgehend als Synonyme verstanden."

Einige „neue“ Arbeitskampfmittel,[1249] etwa wie die aktive Mittagspause,[1250] würden zwar noch von Art. 9 Abs. 3 GG umfasst. Dennoch würde der atypische Arbeitskampf, dessen Wirkung unabhängig von der Einführung der Arbeitseinstellung entfaltet wird[1251] und der mit dem Entzug der Arbeitsleistung in der Regel nichts zu tun hat,[1252] aus dem Schutzbereich des Art. 9 Abs. 3 GG herausgenommen. Selbst der Bummelstreik, der einen teilweisen Entzug der Arbeitsleistung umfasst, wird damit ausgeschlossen, weil „die geschuldete Arbeitsleistung nicht wenigstens teilweise zurückgehalten wird.“[1253] Infolgedessen ist die funktionsbezogene Interpretation nichts anderes als eine Ablehnung der Aufnahme atypischer Arbeitskämpfe in Art. 9 Abs. 3 GG.

2. Typologische Betrachtung des Arbeitskampfmittels

Eine typologische Betrachtung des Arbeitskampfmittels vertreten *Thüsing* und *Waldhoff*. Die Begründungsansätze sind zwar anders als das vertragsrechtliche Verständnis des Arbeitskampfes. Im Ergebnis fallen aber auf der Arbeitnehmerseite nur der Streik und höchstens die Kampfformen mit Bezug auf einen teilweisen Arbeitsleistungsentzug, etwa Bummelstreik, Dienst nach Vorschrift oder Massenänderungskündigung, nicht aus dem Schutzbereich des Art. 9 Abs. 3 GG heraus.[1254] Die typologische Betrachtung bezweckt eine klar konturierte Auslegung des Schutzbereiches. Nach *Thüsing/Waldhoff*[1255] sei es dann notwendig, ihn mit Rücksicht auf die Art der Kampfmittel zu konkretisieren. Gemeinsames Merkmal der Arbeitskampfmittel ist ihre kollektive Natur sowie ihr Bezug auf die Arbeitsziehung. Dieser spiegle sich darin wider, dass das Mittel der Druckausübung die Vorenthaltung der Arbeitsleistung in der einen oder anderen Form sei. Entsprechend prägen sie die Typik des bestehenden Arbeitskampfrechts und aus den Einzelmerkmalen des Streiks lasse sich eine klare Typik ableiten: kollektive Ausübung, solidarische Verbundenheit der Handelnden durch ein gemeinsames Ziel, das Druckmittel ist typischerweise die Vorenthaltung der vertraglich geschuldeten Leistung, keine aktive Beteiligung Dritter, kein Eingriff in Gesundheit, Freiheit und Eigentum des Gegenübers.[1256]

1249 Zum Unterschied zwischen neuen und atypischen Kampfmitteln siehe oben §5 A. II. Definition des atypischen Arbeitskampfes.

1250 Vgl. Callsen, in: Rehder/Deinert/Callsen, S. 42.

1251 Siehe oben § 5 A. II. Definition des atypischen Arbeitskampfes.

1252 Zum Beispiel der Boykott, der Flashmob, Internet- und Telefonblockade sowie die Öffentlichkeitsarbeit und die Sabotage, siehe oben § 5 A. II. Definition des atypischen Arbeitskampfes und § 6 Erscheinungsformen des atypischen Arbeitskampfes.

1253 Jakobs, ZfA 2011, 71 (84).

1254 Thüsing/Waldhoff, ZfA 2011, 329 (343).

1255 Thüsing/Waldhoff, ZfA 2011, 329 (342).

1256 Thüsing/Waldhoff, ZfA 2011, 329 (344).

Daher seien der Flashmob, die Betriebsbesetzung und die -blockade ihrem Charakter nach nicht vom Schutzbereich des Art. 9 Abs. 3 GG erfasst.[1257] *Thüsing/Waldhoff* hatten für den Flashmob insbesondere thematisiert, dass ein Flashmob zwar eine kollektive Ausübung sei. Doch aufgrund der Drittbeteiligung im Flashmob könne die Solidarität im Hinblick auf ein gemeinsames Ziel nicht angenommen werden. Der Flashmob gehe außerdem weit über den Entzug der vertraglichen Arbeitsleistung hinaus. Folglich handele es sich nicht um einen Arbeitskampf nach Art. 9 Abs. 3 GG.[1258]

3. *Kritik*

a) Dogmatische Verkennung des Wesens des Arbeitskampfrechts

Für die funktionsbezogene Interpretation des Arbeitskampfes ist in erster Linie darauf hinzuweisen, dass, wie zuvor herausgearbeitet wurde,[1259] eine tatbestandsimmanente Anforderung des Tarifbezugs am Arbeitskampf nicht zu halten ist. Wenn überhaupt der Tarifbezug für das Arbeitskampfrecht eine Rolle spielt, dann bildet diese Bedingung allenfalls eine Schranke des Arbeitskampfrechts.[1260] Aus diesem Grund verliert die funktionsbezogene Interpretation bereits ihre Basis und ist abzulehnen.

Die funktionsbezogene Auslegung des Schutzbereichs des Art. 9 Abs. 3 GG ist außerdem in weiterer Hinsicht fraglich. Allein das vertragsrechtliche Verständnis des Arbeitskampfes entspricht nicht dem Wesen des Kampfmittels. Die gemeinsame und planmäßig durchgeführte Arbeitseinstellung ist zwar ein maßgebendes Element des Streiks,[1261] aber sie gilt nicht zwingend für alle Arbeitskampfmittel.[1262] Aus geschichtlicher oder soziologischer Sicht gibt es ebenfalls keinen Anhaltspunkt dafür, dass der Arbeitskampf als eine Druckausübungsmaßnahme zwangsläufig mittels der Arbeitseinstellung geschehen muss.

b) Klarstellung des Konfliktlösungsmechanismus in der Tarifauseinandersetzung

Für die funktionsbezogene Interpretation des Arbeitskampfes ist ferner die Kritik in Hinsicht auf den wesentlichen Unterschied des Vertragsmechanismus beim Austauschvertrag einerseits und beim Tarifvertrag andererseits zu berücksichtigen. Der Interessenausgleich in Tarifverhandlungen kommt nicht durch Einigung infolge

---

1257 Thüsing/Waldhoff, ZfA 2011, 329 (343 f.).

1258 Thüsing/Waldhoff, ZfA 2011, 329 (344).

1259 Siehe oben § 8 A. II 4. a) Bedeutung des Tarifbezugs für die Arbeitskampfgarantie.

1260 Siehe oben § 8 A. II 4. a) Bedeutung des Tarifbezugs für die Arbeitskampfgarantie; vgl. auch die ausführliche Analyse von Gooren, Tarifbezug des Arbeitskampfes, S. 95 ff.

1261 BAG 28.01.1955 – GS 1/54 – AP Nr. 1 Art. 9 GG Arbeitskampf = NJW 1955, 882 (884).

1262 ErfK/Linsenmaier, Art. 9 GG Rn. 271, hat auch kritisiert, dass es nicht gerechtfertigt wäre, die Wahl der Kampfmittel generell auf die traditionellen Formen von Streik und Aussperrung zu beschränken.

der Möglichkeit anderweitiger Bedarfsdeckung zustande.[1263] Zu Recht hatte *Treber* des Weiteren darauf hingewiesen, dass ein „Atavismus" des Arbeitskampfes nur gegeben wäre, wenn in diesem gesellschaftlichen Bereich, wie auch sonst im Privatrecht, Mittel zur „Abkehr von Selbsthilfe und Faustrecht" als Gestaltungsmittel bereitgestellt wären.[1264] Im Arbeitskampf stützt sich der Konfliktlösungsmechanismus vielmehr auf ein System von Druck (Schadensandrohung) und Gegendruck.[1265] Ein darauf gestütztes Argument ist daher ungeeignet und kann nicht die Ablehnung der atypischen Arbeitskämpfe als Koalitionsbetätigung rechtfertigen.

c) Kampfmittelfreiheit als Gegenerklärungsansatz

Das Verständnis, dass im Ergebnis nur der Arbeitsleistungsentzug als Arbeitskampf im koalitionsrechtlichen Sinne gesehen werden kann, unterliegt dem Konzept eines numerus clausus der Arbeitskampfformen.[1266] Im Gegensatz dazu wird ein Konzept einer offen und dynamisch verstandenen Arbeitskampffreiheit vorgestellt,[1267] so wie die Wahrnehmung des BAG in seiner Flashmob-Entscheidung: Kampfmittel sind an die sich wandelnden Umstände anzupassen, um dem Gegner gewachsen zu bleiben und ausgewogene Tarifabschlüsse erzielen zu können. Dies gehört zur verfassungsrechtlich geschützten Freiheit der Koalitionen.[1268] Bereits in der ersten Entscheidung des BAG zum Arbeitskampf wurde der Grundsatz der Kampffreiheit, genauer die Freiheit der Wahl der Kampfmittel, erwähnt.[1269] In der Fortentwicklung wird die Kampfmittelfreiheit in der Rechtsprechung des BAG[1270] und des BVerfG[1271]immer wieder betont.

Wie im ersten Teil der Untersuchung bereits erörtert wurde, liegen die Ursachen des Zuwachses der atypischen Kampfformen in den sich wandelnden Umständen und größtenteils im Strukturwandel der Beschäftigungsverhältnisse.[1272] Um die geschwächte Arbeitskampffähigkeit wieder zu verstärken, müssen sich die Kampfstrategien der Gewerkschaften den veränderten Bedingungen anpassen. An dieser Stelle

---

1263 Deinert, in: Rehder/Deinert/Callsen, S. 88.

1264 Treber, Aktiv produktionsbehindernde Maßnahmen, S. 363.

1265 Deinert, in: Rehder/Deinert/Callsen, S. 88; Treber, Aktiv produktionsbehindernde Maßnahmen, S. 362. Vgl. auch Däubler/Bieback/Wroblewski, Arbeitskampfrecht, § 17 Rn. 33.

1266 Vgl. Kluth, numerus-clausus der Arbeitskampfformen, S. 122.

1267 Kluth, numerus-clausus der Arbeitskampfformen, S. 122.

1268 BAG 22.09.2009 – 1 AZR 972/08 – AP Nr. 174 Art. 9 Arbeitskampf GG Rn. 34.

1269 BAG 28.01.1955 – GS 1/54 – AP Nr. 1 Art. 9 GG Arbeitskampf = NJW 1955, 882 (885).

1270 Vgl. Konzen, SAE 2008, 1 (Fn. 56).

1271 BVerfG 04.07.1995 AP Nr. 4 zu § 116 AFG (C. I. 1. B) der Gründe); v. 06.05.1964 – 1 BvR 79/62 – NJW 1964, 1267 (1269).

1272 Siehe § 3 und § 4 im ersten Teil: Wirtschaftliche Globalisierung und Formwandel des Arbeitskampfes in Deutschland; vgl. auch Däubler/Bieback/Wroblewski, Arbeitskampfrecht, § 17 Rn. 3 ff.

ist zu ermitteln, ob das Konzept eines numerus clausus der Arbeitskampfformen mit dem Art. 9 Abs. 3 GG vereinbar ist.

(1) Kampfmittelfreiheit und Art. 9 Abs. 3 GG

Zur Begründung der Kampfmittelfreiheit lässt sich vor allem darauf verweisen, dass die Koalitionsfreiheit inklusive des Arbeitskampfrechts ein Grundrecht, und zwar ein Freiheitsrecht; ist. Allgemein anerkannt ist die liberale Basis aller Freiheitsrechte[1273] und der Grundrechtsträger wird vor der Verkürzung seiner Freiheit geschützt.[1274] Auch wenn Art. 9 Abs. 3 GG nicht zu den „klassischen" Grundrechten gehört[1275] und die Koalitionsfreiheit schon „aufgrund ihres verfassungsrechtlich garantierten Inhalts auf einen Konflikt mit dem anderen Grundrechtsträger gerichtet" ist,[1276] ändert sich diese Feststellung nicht.[1277] Mit anderen Worten: Bei der Koalitionsfreiheit handelt es sich um ein „normales" Freiheitsrecht.[1278] Der Eingriffscharakter ist in einem Arbeitskampf immanent und die Druckausübungsfunktion einer Koalition ist unverzichtbar, ansonsten würde sie zum zahnlosen Tiger werden.

Aufgrund dieser freiheitsrechtlichen Eigenschaft ist die Koalition befugt, sich autonom zu entscheiden, in welcher Weise sie entsprechend dem Koalitionszweck handeln möchte. Dies haben *Kittner/Schiek* ausdrücklich geäußert: „Das positive Recht der Koalitionen selbst auf koalitionsmäßige Betätigung macht die eigentliche Besonderheit des Grundrechts aus, die es von anderen, klassischen Grundrechten abhebt und zu einer effektiven Garantie der kollektiven Selbstbestimmung macht."[1279] Das Konzept eines *numerus clausus* der Arbeitskampfformen ist deshalb mit dem allgemeinen Verständnis der grundrechtlichen Freiheit nicht vereinbar.[1280] Richtigerweise ist ein offenes Arbeitskampfsystem zu befürworten. Nur in einem offenen Arbeitskampfsystem ist eine Arbeitskampfmittelfreiheit gegeben.

1273 Däubler/Bieback/Wroblewski, Arbeitskampfrecht, § 17 Rn. 8.

1274 Epping, Grundrechte, Rn. 9.

1275 Die Koalitionsfreiheit ist erst unter den Bedingungen moderner Industriearbeit entstanden, die sich im 19. Jahrhundert entwickelt haben, dazu vgl. BVerfG 01.03.1979 – 1 BvR 532 u. a. – NJW 1979, 699 (708); AG-GG/Kittner/Schiek, Art. 9 Abs. 3 GG, Rn. 31 ff.

1276 Kreßel, NZA 1995, 1121 (1122); so auch Seiter, Streikrecht, S. 142.

1277 BVerfG 04.07.1995 – 1 BvF 2/86 u. a. – NJW 1996, 185 (186); v. 01.03.1979 – 1 BvR 532 u. a. – NJW 1979, 699 (708); Engels, Arbeitskampfrecht, S. 262; Kreßel, NZA 1995, 1121 (1122); so auch Seiter, Streikrecht, S. 142. Anderer Auffassung Fischinger, RdA 2007, 99 (100): „Auch verkennt die Gegenauffassung, dass das Streikrecht in erster Linie nicht Freiheits-, sondern Eingriffsrecht ist."

1278 Engels, Arbeitskampfrecht, S. 262.

1279 AG-GG/Kittner/Schiek, Art. 9 Abs. 3 GG, Rn. 124.

1280 Vgl. Berg/Kocher/Platow/Schoof/Schumann, Teil 3, Rn. 13; Seiter, Streikrecht, S. 142.

(2) Kampfmittelfreiheit und Garantie eines wirkungsvollen Arbeitskampfes

Aus der Aussage des BAG, „die Wahl der Mittel, die die Koalitionen zur Erreichung der koalitionsspezifischen Zwecke für geeignet halten, überlässt Art. 9 Abs. 3 GG vielmehr grundsätzlich ihnen selbst“,[1281] wird zunächst abgeleitet, dass nicht nur das Recht, unter bestehenden Kampfmitteln auszuwählen, sondern das prinzipielle Recht zur Ausbildung neuer Kampfmittel umfasst wird.[1282] Zweitens ist die freie Wahl der Kampfstrategien für die Kampfmittelfreiheit heranzuziehen.[1283] Es gibt kein Primat für das schonendste Kampfmittel.[1284] Die Auswahl des Kampfmittels ist vielmehr ein Teil der Arbeitskampffreiheit und insoweit umfasst die Betätigungsfreiheit der Koalition grundsätzlich die Einschätzung (Einschätzungsprärogative), ob sie zur Erreichung des verfolgten Ziels das gewählte Mittel für erforderlich oder andere Mittel für ausreichend erachtet.[1285] Schließlich ist die Freiheit des konkreten Arbeitskampfeinsatzes auch geschützt.[1286] Dafür haben die Koalitionen auch einen Beurteilungsspielraum bei der Frage (Einschätzungsprärogative), ob eine Arbeitskampfmaßnahme geeignet ist, Druck auf den sozialen Gegenspieler auszuüben.[1287] Demgemäß werden die Koalitionen nicht daran gehindert, sich an die sich wandelnden Umstände anzupassen und einen wirkungsvollen Arbeitskampf zu gestalten. Andernfalls hätte es eine Zensur des Arbeitskampfes zur Folge und das Recht auf einen effektiven Arbeitskampf würde beschränkt[1288] und sogar gefährdet.

Mit der Anerkennung der Kampfmittelfreiheit darf aber nicht verkannt werden, dass der Schutzbereich des Art. 9 Abs. 3 GG nicht kraft des Grundsatzes der Kampfmittelfreiheit erweitert und ein rechtswidriger Arbeitskampf auch nicht dadurch gerechtfertigt wird. Die Zulässigkeit eines Arbeitskampfes kann nur anhand der verfassungsrechtlichen Garantie des Art. 9 Abs. 3 GG beurteilt werden.[1289] Der Grundsatz der Kampfmittelfreiheit ist vielmehr nur ein Ausdruck des Freiheitsrechtscharakters.[1290]

1281 BAG 22.09.2009 – 1 AZR 972/08 – AP Nr. 174 Art. 9 Arbeitskampf GG Rn. 38; BAG 19.06.2007 – 1 AZR 396/06 – AP Nr. 173 zu Art. 9 GG Arbeitskampf Rn. 11.

1282 Däubler/Bieback/Wroblewski, Arbeitskampfrecht, § 17 Rn. 13; Maunz/Dürig/Korioth, Art. 9 GG Rn. 311.

1283 Däubler/Bieback/Wroblewski, Arbeitskampfrecht, § 17 Rn. 14.

1284 Kissel, Arbeitskampfrecht, § 29 Rn. 29. Zur Erforderlichkeit des Arbeitskampfes siehe unten § 11 B. Verhältnismäßigkeitsgebot und Arbeitskampfrecht.

1285 BAG 22.09.2009 – 1 AZR 972/08 – AP Nr. 174 Art. 9 Arbeitskampf GG Rn. 43; BAG 19.06.2007 – 1 AZR 396/06 – AP Nr. 173 zu Art. 9 GG Arbeitskampf Rn. 26.

1286 Däubler/Bieback/Wroblewski, Arbeitskampfrecht, § 17 Rn. 15.

1287 BAG 22.09.2009 – 1 AZR 972/08 – AP Nr. 174 Art. 9 Arbeitskampf GG Rn. 42; BAG 19.06.2007 –1 AZR 396/06 – AP Nr. 173 zu Art. 9 GG Arbeitskampf Rn. 27.

1288 Däubler/Bieback/Wroblewski, Arbeitskampfrecht, § 17 Rn. 232.

1289 Richter, Grenzen aktiver Produktionsbehinderung, S. 141.

1290 Seiter, Streikrecht, S. 143, ist dafür der Meinung: „Eigenständige Bedeutung kommt dem Grundsatz der freien Kampfmittelwahl insoweit also ebenfalls nicht zu.“

II. *Begrenzte Eröffnung des Schutzbereichs für die atypischen Arbeitskämpfe*

Im Vergleich zum absoluten Ausschluss der atypischen Arbeitskämpfe als Koalitionsbetätigung wird die Ansicht einer begrenzten Eröffnung des Schutzbereichs des Art. 9 Abs. 3 GG im Schrifttum vertreten. Als Kriterien zur Bestimmung der Reichweite der Arbeitskampfgarantie sind das Gewaltverbot sowie das Neminem-laedere-Gebot von zentraler Bedeutung, wobei die Sozialschädlichkeit und die Gemeinwohlbindung auch zu berücksichtigen sind.

1. *Kriterien zur Bestimmung der Reichweite der Arbeitskampfgarantie*

a) Gewaltverbot als schutzbereichsimmanente Grundrechtsgrenze

(1) Bedeutung des Gewaltverbots

Als immanente Schranke der koalitionsspezifischen Betätigung kommt das Gewaltverbot in Betracht.[1291] Berücksichtigt man das Gewaltverbot als schutzbereichsimmanente Grundrechtsgrenze, und nicht als verfassungsimmanente Schranke, wird eine als gewaltsam eingestufte Betätigung völlig aus dem grundrechtlichen Schutz ausgeklammert. Für Kampfmaßnahmen kommt nicht nur Art. 9 Abs. 3 GG nicht zur Geltung, sondern Art. 2 Abs. 1 GG wird in seiner Anwendung ebenfalls versperrt.[1292] Dem Gedanken, die gewaltsame Verhaltensweise aus dem Schutzbereich des Freiheitsrechts auszuklammern, liegt die Überlegung zugrunde, dass der Rechtsfrieden in der Gesellschaft zu den unverzichtbaren Grundlagen eines demokratischen Rechtsstaats gehört.[1293] Der Staat ist an dieser Stelle verpflichtet, das friedliche Zusammenleben der Bürger sicherzustellen, um gleiche Freiheiten garantieren zu können:[1294] „Ohne Friedenspflicht des Bürgers kann es keine dauerhafte Freiheit und keine verlässliche Zukunftserwartung für ihn geben."[1295] Daraus wird das staatliche Gewaltmonopol, das als Möglichkeit der physischen Gewaltanwendung des Staates zur Wahrnehmung der öffentlichen Sicherheit und Ordnung verstanden wird,[1296] legitimiert.[1297] Es bedeutet nichts anderes, „als dass allein der Staat und seine Rechtsordnung für Gesetz und Recht bzw. für die Spielregeln rechtlich geordneter Auseinandersetzungen und den rechtlich verfassten Frieden in der Gesellschaft verantwortlich sind".[1298] Die körperliche Zwangsgewalt ist somit ausschließlich ein

---

1291 Vgl. Hufen, Staatsrecht II, § 6 Rn. 20 ff.; Engels, Arbeitskampfrecht, S. 216 ff.; Greiner, NJW 2010, 2977 (2981).

1292 Stemmler, Neminem-laedere-Gebot, S. 189, 192.

1293 Scholz, NJW 1983, 705 (707).

1294 Becker, NJW 1995, 2077 (2078); Stemmler, Neminem-laedere-Gebot, S. 194.

1295 Kröger, JuS 1984, 172 (176).

1296 Stober, NJW 1997, 889 (890).

1297 Zur Geschichte des staatlichen Gewaltmonopols, vgl. Becker, NJW 1995, 2077 (2078 ff.).

1298 Scholz, NJW 1983, 705 (707).

Privileg der öffentlichen Gewalt. Der Kern des staatlichen Gewaltmonopols ist die Friedenspflicht der Bürger. Dadurch ist es dem Einzelnen verboten, seine Rechte gewaltsam auszuüben, sofern nicht die Rechtsordnung dies ausnahmeweise[1299] erlaubt.[1300] Entsprechend obliegt es dem Staat, gewaltlose Konfliktlösungsverfahren einzurichten, also einen gerichtlichen und den behördlichen Rechtschutz als Ausgleich für die Friedenspflicht.[1301] Aus diesen Gründen wird die Friedenspflicht bzw. das Gewaltverbot für Bürger zwar nur in Art. 8 Abs. 1 GG (Versammlungsfreiheit) („friedlich und ohne Waffen zu versammeln") ausdrücklich geregelt. Es wird aber angenommen, dass der Rechtsfrieden ein notwendiger Bestandteil des Rechtsstaats bzw. ein Ordnungsprinzip ist.[1302] Ein gewaltsames Verhalten ist vom grundrechtlichen Schutzbereich ausgenommen.

(2) Begriff der Gewalt im verfassungsrechtlichen Sinne und ihre Grenzziehungsfunktion

Maßgeblich für das tatbestandliche Gewaltverbot, um den Schutzbereich diesbezüglich zu bestimmen, ist der Begriff der Gewalt. In erster Linie ist es auszuschließen, jedes Rechtsverletzungsverhalten als unfriedlich im verfassungsrechtlichen Sinne zu begründen. Ansonsten würde der grundrechtliche Schutzbereich durch das einfache Gesetz per se bestimmt und der verfassungsrechtliche Schutzwert würde gekürzt.[1303] An dieser Stelle ist die oben genannte Erkenntnis fundamental, dass die Friedenspflicht den Kern des staatlichen Gewaltmonopols bildet. Daher ist es nur berechtigt, dem Grundrechtsträger insoweit zu untersagen, zur Aufrechterhaltung der verfassungsrechtlichen Ordnung physischen Zwang auf Personen oder Sachen auszuüben, und das Gewaltverbot als Ausschlusskriterium des Schutzbereichs restriktiv zu definieren.[1304] Nicht jeder Angriff auf Personen oder Sachen darf als eine Gewalttätigkeit im verfassungsrechtlichen Sinne eingeordnet und deshalb aus dem Schutzbereich des Art. 9 Abs. 3 GG herausgenommen werden. Auch wegen des Wesens des Arbeitskampfes dürfen an das Gewaltverbot keine übertriebenen Anforderungen gestellt werden. Denn ein Arbeitskampf ist gerade durch physische Präsenz und kampfweise Druckausübung gekennzeichnet. Bei Art. 9 Abs. 3 GG handelt es sich um ein „gewaltnahes" Grundrecht.[1305] Ein zu breiter Gewaltbegriff würde die

---

1299 Ein Recht zur Selbsthilfe, zur Notwehr oder Nothilfe (§§ 227–229, 859, 904 BGB, 32, 34 StGB) wird in bestimmten Bereichen von der Rechtsordnung anerkannt, vgl. Scholz, NJW 1983, 705 (708); Stemmler, Neminem-laedere-Gebot, S. 197.

1300 Stern, Staatsrecht Bd. III 2, S. 1026. Gegen die staatliche Gewalt kommt außerdem der zivile Ungehorsam in Betracht, dazu siehe oben § 8 III. 4. Widerstandsrecht.

1301 Stemmler, Neminem-laedere-Gebot, S. 195.

1302 Engels, Arbeitskampfrecht, S. 217; Rosenau, Koalitionsbetätigungsfreiheit, S. 84.

1303 Stemmler, Neminem-laedere-Gebot, S. 201.

1304 Stemmler, Neminem-laedere-Gebot, S. 202, so auch Engels, Arbeitskampfrecht, S. 218.

1305 So bezeichnet von Rosenau, Koalitionsbetätigungsfreiheit, S. 84.

Koalitionsfreiheit aushöhlen. In diesem Zusammenhang geht ein Gewaltbegriff als Ausschlusskriterium des Schutzbereichs, welcher bezweckt, alle möglichen Verletzungen personaler Freiheit zu umfassen,[1306] zu weit und ist abzulehnen.

In der Flashmob-Entscheidung stellt das BAG zwar ebenfalls ausdrücklich darauf ab, dass nur friedliche Mittel unter den Schutzbereich der Koalitionsfreiheit fallen. Doch fehlt eine nähere Auslegung. Um den Gewaltbegriff zu verdeutlichen, kann man sich zwar an den Vorschriften im Strafgesetzbuch orientieren.[1307] Jedoch ist der Ausgangspunkt bei der Zweckbestimmung des Gewaltbegriffs unter dem verfassungsrechtlichen Aspekt anders als im strafrechtlichen Sinne. Der Schutz der spezifischen personalen Freiheit vor Zwangseinwirkungen mit Gewalt, so der Normzweck des § 240 StGB, ist gerade nicht das Vorhaben im Fall der Bestimmung des grundrechtlichen Schutzbereichs. Die Behauptung, die Strafbarkeit von Arbeitskampfmaßnahmen sei ein Ausschlusskriterium des Schutzbereiches,[1308] verwechselt den Gewaltbegriff in verschiedenen rechtlichen Kontexten und vermischt diese zwei unzulässig miteinander. Das wird vom BVerfG auch bestätigt: „Der verfassungsrechtliche Begriff der Unfriedlichkeit kann aber nicht mit dem von der Rechtsprechung entwickelten weiten Gewaltbegriff des Strafrechts gleichgesetzt werden."[1309] Die Auslegung und Anwendung des Gewaltbegriffs des § 240 StGB muss verfassungskonform sein, nicht umgekehrt.[1310] Richtig wäre es, eine gemäß § 240 StGB als Gewalt eingestufte Betätigung nicht zwingend als unfriedlich im verfassungsrechtlichen Kontext auszulegen.[1311]

Jedenfalls kann man sich auf der verfassungsrechtlichen Ebene an die von der Rechtsprechung zu Art. 8 Abs. 1 GG entwickelten Grundsätze anlehnen. Unfriedlich ist eine Betätigung daher erst, „wenn Handlungen von einiger Gefährlichkeit wie etwa aggressive Ausschreitungen gegen Personen oder Sachen oder sonstige Gewalttätigkeiten stattfinden."[1312] Eine wichtige Anmerkung ist, dass die „Gewalt" und die „Gewalttätigkeit" nicht gleichzusetzen sind. Nicht jedes Verhalten, das nach einfachem Recht das Tatbestandsmerkmal der „Gewalt" erfüllt, sondern Handlungen,

---

1306 So ist der weiteste Gewaltbegriff nach Knodels: Die Gewalt sei „jedes Vorgehen, das bestimmt und geeignet sei, einen tatsächlichen oder geleisteten oder als bevorstehend erwarteten Widerstand des zu Nötigenden dadurch zu überwinden, dass ihm ohne sein Einverständnis die Willensbildung oder Willensbetätigung unmöglich gemacht werde (vis absoluta) oder dass ihm durch gegenwärtige Zufügung empfindlicher Übel die Freiheit der Willensentschließung genommen werde (vis compulsiva)", siehe MünchK-StGB Bd. 4/Sinn, § 240 StGB Rn. 55.

1307 Die Terminologie der Gewalt ist in §§ 113 Abs. 1, 177, 240, 247 StGB und der Gewalttätigkeit in §§ 113 Abs. 2, 125, 131 als Tatbestand verwendet.

1308 Rosenau, Koalitionsbetätigungsfreiheit, S. 257.

1309 BVerfG 11.11.1986 – 1 BvR 713/83 u. a. – NJW 1987, 43 (47).

1310 Vgl. BVerfG 11.11.1986 – 1 BvR 713/83 u. a. – NJW 1987, 43.

1311 Rusteberg, NJW 2011, 2999 (3000); Stemmler, Neminem-laedere-Gebot, S. 205.

1312 BVerfG 24.10.2001 – 1 BvR 1190/90 u. a. – NJW 2002, 1031 (1033); vgl. auch Schönke/Sternberg-Lieben, § 125 StGB Rn. 5 m. w. N.

die in qualifizierter Form Gewalt darstellen, werden gemäß dem Prinzip des Gewaltverbots vom Schutzbereich der Grundrechte ausgeschlossen.[1313] Denn während sich die Gewalt als eine Methode fremder Willensbeugung[1314] charakterisieren lässt, wird die Gewalttätigkeit durch die besondere Aggressivität des Handelns gekennzeichnet.[1315] Somit ist nicht jede Sachbeschädigung im Sinne des § 303 StGB schon eine Gewalttätigkeit. Vielmehr muss „wenigstens eine nicht nur geringfügige Sachbeschädigung" gewollt sein.[1316]

Immerhin ist unabhängig von der Anwendung physischer Kraft ein Körperlichkeitsbezug (unmittelbar, substanz-, funktions- und befindlichkeitsbezogen) notwendig. Allerdings kann eine lediglich durch Anwesenheit herbeigeführte Kraftentfaltung oder passive Gewalt nicht als Gewalttätigkeit eingestuft werden. Unter der Voraussetzung des Körperlichkeitsbezugs ist die „vergeistigte Gewalt" bzw. die psychische Gewalt nicht geeignet, ein Kriterium zur Bestimmung einer schutzbereichsimmanenten Grenze aller Freiheitsrechte zu bilden. Denn bei der psychischen Gewalt ohne Körperlichkeitsbezug ist nicht das äußerlich erkennbare Verhalten des Handelnden, sondern das subjektive Empfinden maßgeblich, welches nur nach den Umständen des Einzelfalls beurteilt werden kann.[1317] Ein darauf gestütztes, zuverlässiges Kriterium ist dadurch allerdings nicht zu erwarten. Für die Anwendung dieses Kriterium muss vielmehr ein „nach außen in Erscheinung tretendes Verhalten" festgestellt werden können.[1318]

Überdies ist es zu erklären, ob eine Gewalttätigkeit dann besteht, wenn über die durch ihre körperliche Anwesenheit verursachte psychische Einwirkung hinaus eine physische Barriere, etwa Blockaden durch Tische oder Fahrzeuge, errichtet wird. Im Fall der hilfsmittelverstärkten Anwesenheit könnte eine Zwangswirkung trotz Schaffung der physischen Barriere doch immer nur psychisch bestehen. Eine Zwangswirkung, die nicht auf geistig–seelischem Einfluss beruht, erfüllt den Tatbestand der Drohung, nicht den der Gewaltanwendung.[1319] Maßgeblich ist vielmehr, ob und wie sich die Personen zusätzlicher Hilfsmittel bedient haben, um ihre Anwesenheit zu „verstärken". Eine gewaltsame Handlung ist von einiger Gefährlichkeit, wie etwa bei aggressiven Ausschreitungen gegen Personen oder Sachen, geprägt.

1313 Stemmler, Neminem-laedere-Gebot, S. 203.

1314 Als Formen der Gewalt werden vis absoluta und vis compulsiva unterschieden. „Vis absoluta wird angewendet, wenn dem Opfer durch körperliche Einwirkung die Willensbildung bspw. durch Bewusstlosschlagen oder die Betätigung des Willens bspw. durch Einsperren, Blockieren oder Fesseln unmöglich gemacht wird. Vis compulsiva ist Gewalt, die den Willen nicht ausschaltet oder negiert, sondern ein bestimmtes vom Täter erstrebtes Verhalten erzwingt", MünchK-StGB Bd. 4/Sinn, § 240 StGB Rn. 29.

1315 Schönke/Sternberg-Lieben, § 125 StGB Rn. 5.

1316 Schönke/Sternberg-Lieben, § 125 StGB Rn. 5.

1317 Stemmler, Neminem-laedere-Gebot, S. 206.

1318 Stemmler, Neminem-laedere-Gebot, S. 206.

1319 BVerfG 10.01.1995 – 1 BvR 718/89 u. a – NJW 1995, 1141 (1142).

Ein strafbarer Erfolg wie Körperverletzung oder Sachbeschädigung braucht dabei nicht eingetreten zu sein.[1320] Die Arbeitsniederlegung, das gütliche Zureden oder der Boykottaufruf ist grundsätzlich als friedliche Betätigungen im Arbeitskampf anerkannt.[1321] Hingegen werden Sabotagetätigkeiten vom gewaltsamen Charakter, wie die Beschädigung oder Zerstörung von Maschinen oder von Produktionsmitteln nicht vom Schutzbereich des Art. 9 Abs. 3 GG erfasst. Jedoch ist die destruktive, aber friedliche Sabotageaktion, zum Beispiel die Bewirtung von Gästen durch die Mitarbeiter mit doppelten Portionen im Restaurant oder beim Zuschneiden von Material die möglichst großzügige Verschneidung,[1322] nicht generell aus dem grundrechtlich geschützten Bereich auszugrenzen.

b) Anwendung des Neminem-laedere-Gebots zur Schutzbereichsbestimmung

(1) Unterschied zwischen Neminem-laedere-Gebot und Gewaltverbot

Als nächstes mögliches Ausschlusskriterium des Schutzbereichs kommt das Neminem-laedere-Gebot in Betracht. Das Neminem-laedere-Gebot bezeichnet den Rechtsgrundsatz des Schädigungsverbots. Ihm liegt die Überlegung zugrunde, dass alle Menschen, die zusammenleben, ihr Handeln so ausrichten müssen, dass niemand in seiner Freiheit, in seinem Leben, in seiner körperlichen Integrität oder in seinem Eigentum verletzt wird.[1323] Das Neminem-laedere-Gebot reicht daher viel weiter als das nur zur Wahrnehmung der öffentlichen Sicherheit und Ordnung dienende Gewaltverbot. Obwohl die Rechte anderer auch anhand des Gewaltverbots vor Verletzung bewahrt werden könnten, bedeutet die Bejahung dieses Verbots eben nicht, die gezielte Verletzung absolut geschützter Rechte Dritter zu verhindern. Eine umfassende Garantie von Leben, Körper, Freiheit und Eigentum eines anderen ist nicht dem Gewaltverbot zu entnehmen.[1324]

Demnach werden zum Beispiel nicht alle Sachbeschädigungen gleich aus dem Schutzbereich des Art. 9 Abs. 3 GG herausfallen. Zumindest kann eine gewaltlose Sachbeschädigungshandlung weiterhin als koalitionsspezifisch beurteilt werden und dann abzuwägen sein, um eine Einzelfallgerechtigkeit ausgleichend zu erzielen.[1325] Auf der anderen Seite bedeutet es, dass eine geringfügige Beeinträchtigung bei sog. Bagatelleingriffen von Freiheit und Eigentum anderer Betätigungen in den Grundrechtsschutzbereich aufgenommen würde, also stellt z. B. beim Flashmob im Einzelhandel „verderbliche Frischware aus den Regalen zu entnehmen“[1326] keinen

1320 Schönke/Sternberg-Lieben, § 125 StGB Rn. 5.
1321 Kissel, Arbeitskampfrecht, § 31 Rn. 15; Säcker/Mohr, JZ 9/2010, 440 (447).
1322 Siehe oben § 6 A. III. Sabotage.
1323 Stemmler, Neminem-laedere-Gebot, S. 8. Zur historischen Bedeutung des Neminem-laedere-Gebots vgl. Stemmler, Neminem-laedere-Gebot, S. 8 ff.
1324 So aber Säcker/Mohr, JZ 9/2010, 440 (445).
1325 Vgl. Engels, Arbeitskampfrecht, S. 249.
1326 BAG 22.09.2009 – 1 AZR 972/08 – AP Nr. 174 Art. 9 Arbeitskampf GG Rn. 67.

Bruch mit dem Gewaltverbot dar,[1327] solange sich keine Gewalttätigkeit im verfassungsrechtlichen Sinne ergibt. Der Schutz des Eigentumsrechts oder des Freiheitsrechtes auf der Ebene des Grundrechtstatbestandes vor Beeinträchtigung könnte allenfalls nach anderen Wegen suchen, etwa dem Neminem-laedere-Gebot. Dies wird im Folgenden untersucht.

(2) Neminem-laedere-Gebot als Ausschlusskriterium des Schutzbereichs?

In der Verfassung wird das Neminem-laedere-Gebot als Schranke in der allgemeinen Freiheitsgewährleistung des Art. 2 Abs. 1 GG zum Ausdruck gebracht. Das Freiheitsrecht des Einzelnen wird nur insoweit gewährleistet, als der Freiheitsraum anderer nicht verletzt wird.[1328] Dabei ist es von der sozialen Schädlichkeit als Ausschlusskriterium des Schutzbereichs zu unterscheiden. Damit würden alle Arbeitskämpfe, die Beeinträchtigungen von auch verfassungsrechtlich geschützten Positionen Dritter und von Belangen der Allgemeinheit verursachen, als sozialschädlich angesehen.[1329] Ein solches Kriterium ist keine geeignete, tatbestandsimmanente Grenze der Koalitionsbetätigung, weil es ihm vor allem an inhaltlicher Präzision fehlt[1330] und den Eingriffscharakter der Kampfaktionen vernachlässigt.

Wenn der grundrechtliche Schutz auf die Verhaltensweisen ohne Störungseffekte begrenzt wäre, und zwar solche, die nicht auf die Schädigung anderer abzielen, würde dieses im Ergebnis einerseits nichts anderes als eine Gewährleistung einer wirkungslosen Druckausübung bedeuten. Andererseits würde die gesamte grundrechtliche Schrankensystematik gleichgemacht.[1331] Doch kann man die weitere Kritik auf die Seite legen, da eine unmittelbare Anwendung dieses Gebots auf alle Freiheitsrechte, also auch für die vorbehaltlosen Grundrechte der Koalitionsfreiheit, in dieser Hinsicht von der Grundrechtsdogmatik allgemein abgelehnt wird.[1332]

Ferner ist eine Übertragung des Neminem-laedere-Gebots auf alle Freiheitrechte zu klären. Ein absolutes Schädigungsverbot ist jedenfalls unvereinbar mit dem vom BVerfG in ständiger Rechtsprechung anerkannten Verhältnis der Subsidiarität des Art. 2 Abs. 1 GG zur Spezialität der Einzelfreiheitsrechte, welches eine Erstreckung des Gemeinschaftsvorbehalts des Art. 2 Abs. 1 Halbsatz 2 GG auf die durch besondere Grundrechte geschützten Lebensbereiche nicht zulässt.[1333] Der andere, schwerwiegende Kritikpunkt geht davon aus, dass die „Rechte anderer" in Art. 2 Abs. 1 GG alle subjektiven Rechte des Einzelnen umfassen, die sowohl verfassungsrechtlich als

1327 So aber Säcker/Mohr, JZ 9/2010, 440 (447).
1328 Maunz/Dürig/Di Fabio, Art. 2 GG Rn. 44.
1329 Engels, Arbeitskampfrecht, S. 215.
1330 Engels, Arbeitskampfrecht, S. 216.
1331 Stemmler, Neminem-laedere-Gebot, S. 159.
1332 BVerfG 24.02.1971 – 1 BvR 435/68 – NJW 1971, 1645 (1646).
1333 BVerfG 24.02.1971 – 1 BvR 435/68 – NJW 1971, 1645 (1646).

auch einfachrechtlich gewährleistet sind.[1334] Eine aus dem Neminem-laedere-Gebot abgeleitete Überlegung ist zunächst mit der Rechtsordnung unvereinbar, weil man „nicht jedes Rechtsgut widerspruchsfrei verschiedenen Rechtsträger gleichzeitig zuordnen kann".[1335] Würde ein Abwägungsvorgang im Rahmen der Begrenzung des Grundrechtsschutzbereichs herangezogen, stößt das Kriterium der kollidierenden Grundrechte aber auf Schwierigkeiten hinsichtlich der Bestimmtheit des grundrechtlichen Tatbestandes. Mögliche kollidierende Grundrechte müssen dementsprechend von Fall zu Fall berücksichtigt werden und der Grundrechtsschutzbereich würde nicht mehr generell und abstrakt, sondern einzelfallabhängig bestimmt.[1336] Ein Abwägungsvorgang, der sich auf der Ebene des Grundrechtstatbestandes und nicht auf der Ebene der Eingriffsschranken vollzieht, hat weiterhin zur Konsequenz, dass eine als schutzbereichsimmanent verstandene Schranke durch Auslegung zur Anwendung kommt. Eine dadurch entstandene Beeinträchtigung stelle keinen Grundrechtseingriff dar und eine Betätigung kann ohne einen transparenten Argumentationsprozess aus dem Grundrechtsschutzbereich ausgeschlossene werden.[1337] Die zur Freiheitsrechtssicherung dienenden „Schranken-Schranken" kommen demgemäß auch nicht mehr zur Anwendung bei der Grundrechtsprüfung.[1338]

Als Fazit ist das Neminem-laedere-Gebot kein taugliches Ausschlusskriterium des Schutzbereichs. Nur die „strikte Trennung von individual-begünstigenden Aspekten auf der Tatbestandsebene einerseits und kollidierenden Interessen auf der Schrankenebene andererseits und die damit einhergehende Abwägung gewährleistet eine sachadäquate und differenzierte Berücksichtigung kollidierender Belange bei der verfassungsrechtlichen Einzelfalllösung"[1339].

(3) Menschenwürdegarantie als Ausnahmefall

Im Übrigen bleibt es noch zu ermitteln, ob die unantastbare Menschenwürde des Art. 1 Abs. 1 GG insofern ausnahmsweise als Ausschlusskriterium des Schutzbereichs zur Anwendung kommen kann. Die Menschenwürde ist nach der herrschenden

---

1334 Epping, Grundrechte, Rn. 564. Zu beachten ist, dass hier nicht einschlägig das Schutzgut „Allgemeininteressen" ist. Demnach würde der Schutzbereich eines vorbehaltlosen Grundrechts durch aus unterverfassungsrechtlichen Normen abgeleitetes Recht bedingt. Dies ist im Ergebnis abzulehnen, weil dem Gesetzgeber insoweit nicht mehr eingeräumt wird, aufgrund eines Gesetzes diese Rechte einzuschränken. Nur die Verfassungsrechte dürfen als ausgestatteter Rechtswert in der Schrankensystematik der vorbehaltlosen Grundrechte eine Rolle spielen. Dazu vgl. auch Däubler/Däubler, Arbeitskampfrecht, § 14 Rn. 19; a. A. Rosenau, Koalitionsbetätigungsfreiheit, S. 73. Zur Kritik des Gemeinwohls als Ausschlusskriterium des Schutzbereichs vgl. Engels, Arbeitskampfrecht, S. 244 ff.

1335 Engels, Arbeitskampfrecht, S. 224.

1336 Stemmler, Neminem-laedere-Gebot, S. 183.

1337 Engels, Arbeitskampfrecht, S. 249.

1338 Stemmler, Neminem-laedere-Gebot, S. 180 f.

1339 Engels, Arbeitskampfrecht, S. 248.

Meinung nicht nur ein Grundrecht, sondern auch der oberste Wert im grundrechtlichen Wertesystem und gehört zu den tragenden Konstitutionsprinzipien.[1340] Auch wegen ihrer Unantastbarkeit genießt die Menschenwürde stets und ausnahmslos Vorrang und diese Schranke wirkt dadurch absolut ohne die Möglichkeit eines Güterausgleichs.[1341] Es ist insoweit angezeigt, die Menschenwürde als schutzbereichsimmanente Grenze des Grundrechts zu qualifizieren. Jedoch stößt ihre Anwendung auf eine ungelöste Schwierigkeit in Bezug auf die Konkretisierung der Menschenwürde. Danach ist es auch unbestimmt, wann eine Menschenwürdeverletzung besteht. Um eine Richtung für dieses kaum lösbare Problem anzudeuten, wird die Objektformel in der Rechtsprechung des BVerfG grundsätzlich angenommen.[1342] Danach widerspräche es der menschlichen Würde, „den Menschen zum bloßen Objekt staatlichen Handelns zu machen und kurzerhand von Obrigkeits wegen über ihn zu verfügen."[1343] Die Subjektqualität wird dann prinzipiell infrage gestellt, wenn in der Behandlung im konkreten Fall eine willkürliche Missachtung der Würde des Menschen vorliegt.[1344]

Auf dieser Weise ist es trotzdem nicht zu verhindern, dass der Begriff und der Inhalt der Menschenwürde des Art. 1 Abs. 1 GG diffus und einzelfallabhängig bleibt.[1345] Um einerseits die absolute Grenze der Menschenwürdegarantie einzuhalten und andererseits dieses Kriterium nicht in übermäßiger Weise zu verwenden, ist es geboten, ihren Gewährleistungsgehalt eng auszulegen.[1346] Dazu bieten die Regelbeispiele, insbesondere das vom BVerfG in einer seiner ersten Entscheidungen formulierte Beispiel, Anhaltspunkte, um den Schutz vor „Erniedrigung, Brandmarkung, Verfolgung, Ächtung usw."[1347] zu beschreiben. Später wurde die Menschenwürdegarantie im Hinblick auf neue Gefährdungen maßgebend, so in den 1980er-Jahren für den Missbrauch der Erhebung und Verwertung von Daten. Gegenwärtig bestimmen insbesondere Fragen des Schutzes der personalen Identität und der psychisch-sozialen Integrität die Auseinandersetzungen über den Menschenwürdegehalt.[1348]

2. *Zwischenergebnis*

Das Arbeitskampfrecht ist ein Freiheitsrecht und ist nach Art. 9 Abs. 3 GG an den Koalitionszweck der Wahrung und Förderung der Arbeits- und Wirtschaftsbedingungen gebunden. Dieses Merkmal der Koalitionsspezifität bestimmt auch

1340 BVerfG 17.01.1979 – 1 BvR 241/77 – NJW 1979, 1100 (1100); 21.06.1977 – 1 BvL 14/76 – NJW 1977, 1525 jeweils m. w. N.
1341 BVerfG 03.06.1987 – 1 BvR 313/85 – NJW 1987, 2661 (2662).
1342 Vgl. Maunz/Dürig/Herdegen, Art. 1 GG Rn. 36.
1343 BVerfG 17.01.1979 – 1 BvR 241/77 – NJW 1979, 1100 (1100) m. w. N.
1344 BVerfG 15.12.1970 – 2 BvF 1/69, 2 u. a. – NJW 1971, 275.
1345 Stemmler, Neminem-laedere-Gebot, S. 226 f.
1346 Maunz/Dürig/Herdegen, Art. 1 GG Rn. 44; Stemmler, Neminem-laedere-Gebot, S. 223 f.
1347 BVerfG 19.12.1951 – 1 BvR 220/51 – NJW 1952, 297 (298).
1348 BVerfG 03.03.2004 – 1 BvR 2378/98 u. a – NJW 2004, 999 (1001).

den Schutzbereich der Koalitionsbetätigung, und die Einordnung einer Arbeitskampfmaßnahme inklusive ihrer atypischen Formen als koalitionsspezifisch erfolgt danach erst in einer zweckorientierten Auslegung. Grundsätzlich gilt, dass je diffuser die Tatbestände eines Grundrechts konturiert sind, umso höher wird der Abwägungsbedarf und umso größer wird die Gefahr der Abwägungsbeliebigkeit.[1349] Allerdings besteht die Lösung nicht in einem möglichst frühzeitigen Ausschluss aus dem Grundrechtsschutzbereich, um eine weitere Abwägung zu vermeiden. Anderenfalls würde der grundrechtliche Schutz auf der Ebene der Schutzbereichsbestimmung im abwägungsfreien Prozess verkürzt. Demgemäß ist die Reichweite des grundrechtlich gewährleisteten Arbeitskampfrechts nach dem weiten Grundrechtsverständnis auszulegen und maßgeblich anhand des Kriteriums der Koalitionsspezifik zu bestimmen. Einschränkungen der koalitionsspezifischen Betätigungen ergeben sich erst auf der Ebene der Schranken und der Schranken-Schranken. Nur das Gewaltverbot sowie die Menschenwürdegarantie sind abwägungsfreie Kriterien und somit als schutzbereichsimmanente Grundrechtsgrenze zu qualifizieren. Die Arbeitskampfmaßnahmen, die die Menschenwürde eines anderen verletzen oder die sich gewalttätig gegen andere richten, können auch keineswegs auf der Ebene der Grundrechtsschranken durch einen Interessenabwägungsprozess gerechtfertigt werden. Es ist daher geeignet, solche Kampfhandlungen bereits aus dem Schutzbereich des Art. 9 Abs. 3 GG auszuschließen.

C. Bewertung der einzelnen atypischen Arbeitskampfformen

I. Flashmob als aktive Betriebsstörungsform

Im Großteil des Schrifttums wird der Flashmob in mehrfacher Hinsicht als eine dem Gewaltverbot zuwiderlaufende Betätigung beurteilt und aus dem Schutzbereich des Art. 9 Abs. 3 GG herausgenommen.[1350] Hauptsächlich handelt es sich um die Streitfragen des Behinderungseffekts von Flashmobs, der Einbeziehung der kampfweisen Drittbeteiligung im Flashmob sowie der Verletzung der gegenstandsbezogenen Eigentumsfreiheit. Alle diesbezüglichen Argumentationen sind an dieser Stelle nach den oben geschilderten Kriterien der Schutzbereichsgrenze der Koalitionsbetätigung zu prüfen. Dabei ist zu unterscheiden, ob der Flashmob wegen dieser Faktoren nicht vom Schutzbereich des Art. 9 Abs. 3 GG umfasst wird und endgültig als rechtswidrig zu bewerten ist.

1. Element des aktiven Behinderungseffekts

Ein kampfweiser Flashmob kann als Betriebsstörungsmaßnahme oder eine Demonstrationsaktion eingesetzt werden. Würde ein Flashmob über eine reine Meinungskampffunktion hinaus den Betriebsablauf beeinträchtigen, ist es doch zu

1349 Engels, Arbeitskampfrecht, S. 205; Kahl, Der Staat 43 (2004), 167 (180).
1350 Vgl. nur Willemsen/Mehrens, Anm. zu AP Nr. 174 Art. 9 GG Arbeitskampf.

verdeutlichen, dass ein Flashmob nicht wegen dieses Störungseffekts bedingungslos aus dem koalitionsrechtlichen Schutz herausfällt. Da jeder Arbeitskampf per se mit einem Störungseffekt verbunden bleibt, ist der aktive Störungseffekt nicht gleichbedeutend mit einer Gewalttätigkeit. Die Tatsache, dass der Zugang zum Kassenbereich bei den Störungsmaßnahmen, etwa wie das Stehenlassen des gefüllten Einkaufswagens oder das Bilden einer Warteschlange im Kassenbereich, welcher von den Flashmobbern zeitweise gesperrt wurde, kann zwar als eine Druckausübung mithilfe der Kraftentfaltung anerkannt werden.[1351] Solange die Betätigungen nicht durch eine besondere Aggressivität gekennzeichnet sind, dürfen solche Kraftentfaltungen im Arbeitskampf weiter im Schutzbereich des Art. 9 Abs. 3 GG bleiben. Des Weiteren ist es zum einem unbeachtlich, ob länger dauernde, nachhaltige Störungen bestehen, da dies auf der Schutzbereichsebene keine Rolle spielt. Die Hinderniswirkung ist nur bedeutsam für die Frage der Schrankenziehung der Rechtsausübung. Zum anderen ist es ebenso für die Schutzbereichsbestimmung nicht von Relevanz, ob die Betriebsstörung mithilfe der Sachen (Einkaufwagen) praktiziert wurde. Denn anhand der hilfsmittelverstärkten Anwesenheit könnte eine Zwangswirkung zwar erhöht werden, aber eine aus dem Art. 9 Abs. 3 GG ausgegrenzte Handlung muss von einiger Gefährlichkeit gegen Personen oder Sachen oder sonstige Gewalttätigkeiten gekennzeichnet sein. Weder das Stehenlassen des gefüllten Einkaufswagens noch das Bilden einer Warteschlange im Kassenbereich im vorliegenden Flashmob sind dafür qualifiziert. Allgemein kann ein Flashmob mit Störungswirkung durchaus friedlich eingesetzt werden.

Ferner ist zur Kenntnis zu nehmen, dass ein Flashmob als aktives Betriebsstörungsmittel typischerweise nicht verbunden ist mit der Verwirklichung eines Straftatbestands, etwa des Straftatbestands des Hausfriedensbruchs des § 123 Abs. 1 StGB, der Sachbeschädigung des § 303 StGB oder der Nötigung des § 240 StGB. Dies wird vom BAG bestätigt.[1352] Wichtig ist aber: Auch wenn ein kampfweiser Flashmob diesbezüglich vorliegen würde, wäre er, wie oben betont, nicht automatisch aus dem Schutzbereich des Art. 9 Abs. 3 GG auszuschließen.[1353] Für die Begrenzung des Schutzbereichs des Art. 9 Abs. 3 GG ist allein der verfassungsrechtliche Begriff der Unfriedlichkeit maßgebend, nicht der umfassendere Gewaltbegriff des § 240 StGB.

Diese Prinzipien gelten auch für andere Betriebsstörungsformen: Sowohl der Marsch durch den bestreikten Betrieb als auch das Preisfeilschen an der Kasse durch die „Scheinkunden" im bestreikten Betrieb, um die „echten" Kunden abzuhalten[1354], werden ebenfalls vom Art. 9 Abs. 3 GG erfasst, solange sie friedlich dem Koalitionszweck dienen. Angesichts der Friedlichkeit ist die Zulässigkeit der Blockadetätigkeiten insbesondere zweifelhaft. Für die virtuelle Betriebsblockade, etwa das Flooding,

1351 Willemsen/Mehrens, Anm. zu AP Nr. 174 Art. 9 GG Arbeitskampf.

1352 BAG 22.09.2009 – 1 AZR 972/08 – AP Nr. 174 Art. 9 Arbeitskampf GG Rn. 63 ff.

1353 So aber Säcker/Mohr, JZ 9/2010, 440 (447).

1354 Sachverhalt nach BAG 22.09.2009 – 1 AZR 972/08 – AP Nr. 174 Art. 9 Arbeitskampf GG Rn. 63 ff.

Mailbombing oder die Telefonblockade, ist eine Qualifizierung als Gewalttätigkeit schwer vorstellbar. Hingegen ist die Friedlichkeit von Blockade und Besetzung der bestreikten Betriebe oder öffentlicher Plätze (Sitzstreiks, Verkehrsblockaden) heftig umstritten. Hierfür ist ein vergleichbarer Fall von Ankettung der Teilnehmer einer Blockadeaktion heranzuziehen, der nach dem Verständnis des BVerfG nicht mit dem Begriff der Gefährlichkeit für Personen oder Sachen und damit als Unfriedlichkeit bewertet wird.[1355]

2. *Faktor der aktiven Drittbeteiligung*

Wie oben analysiert wurde, sind die Dritten keine Rechtsträger des Arbeitskampfrechts und sie werden nicht vom persönlichen Schutzbereich des Art. 9 Abs. 3 GG umfasst.[1356] Allerdings können rechtliche Verbindungen der Drittbeteiligung aufgrund der Einschätzungsprärogative der Gewerkschaft mit dem Arbeitskampf hergestellt werden,[1357] solange die Drittbeteiligung auf den Willen der kampfführenden Gewerkschaft zurückgegriffen werden kann.[1358] Mit anderen Worten: Rechtlich erlaubt ist die aktive Drittbeteiligung anhand der Ausübung der kollektiven Koalitionsfreiheit im Art. 9 Abs. 3 GG. Demgemäß wird eine Kampfmaßnahme nicht allein wegen der aktiven Drittbeteiligung aus dem sachlichen Schutzbereich herausgenommen. Maßgeblich ist vielmehr, wie das Mittel der Drittbeteiligung im Kampf eingesetzt wird. Wäre die Nutzung zu Gewalttätigkeiten gegeben, scheidet dieses Mittel unverzüglich aus dem Schutzbereich des Art. 9 Abs. 3 GG aus. Solange die Nutzung der Drittbeteiligung friedlich bleibt – auch wenn sie zum Kampfexzess führt –, ist dies keine Frage der sachlichen Schutzbereichsbegrenzung, sondern ein Problem der Schranken des Arbeitskampfrechts.[1359] Zu beachten ist aber, wenn die Einzelhandlungen der Dritten eigenem Willen zufolge gewalttätig auftreten und über die Anweisung der kampfführenden Gewerkschaft hinausgehen. Dann werden sie nicht mehr vom kollektiven Vorbehalt erfasst.[1360] Der gesamte Arbeitskampf wird dadurch jedoch nicht aus dem Schutzbereich der Koalitionsfreiheit ausgeschlossen. Allerdings haftet die kampfführende Gewerkschaft immer dafür, den Kampf unter ihrer Kontrolle zu behalten. Dies wird im §11 näher thematisiert.[1361]

1355 BVerfG 24.10.2001 – 1 BvR 1190/90 u. a. – NJW 2002, 1031 (1033); vgl. auch Fischer, RdA 2011, 50 (57).

1356 Siehe oben § 9 E. Exkurs: Aktive Drittbeteiligung im atypischen Arbeitskampf.

1357 Siehe oben § 9 C. II. 2. Kollektivität des Arbeitskampfrechts.

1358 So auch Willemsen/Mehrens, Anm. zu AP Nr. 174 Art. 9 GG Arbeitskampf; vgl. auch die Sichtweise bei Kampfexzessen vom Kissel, Arbeitskampfrecht, § 47 Rn. 114ff. m. w. N.

1359 Dazu siehe unten § 11 C. III. 2 b) (2) Kontrollierbarkeit infolge aktiver Drittbeteiligung.

1360 Zum kollektiven Vorbehalt des Arbeitskampfrechts siehe oben § 9 C. II. 2. Kollektivität des Arbeitskampfrechts; vgl. auch Kissel, Arbeitskampfrecht, § 47 Rn. 5, 116.

1361 Siehe unten § 11 C. II. 2. b) Beherrschbarkeit des Arbeitskampfes.

3. *Berücksichtigung der gegenstandsbezogenen Eigentumsfreiheit*

Zu klären ist weiterhin, ob der Schutzbereich der Koalitionsfreiheit einzuschränken ist, wenn fremdes Eigentum für Arbeitskampfmaßnahmen in Anspruch genommen wird. Nach Art. 14 Abs. 1 GG wird die gegenstandsbezogene Eigentumsfreiheit gewährleistet; und dieser Schutz enthält die Bestands- und Nutzungsgarantie. Die Unantastbarkeit der Eigentumsbestands- und Eigentumsgebrauchs- sowie Eigentumsnutzungsgarantie ist anders als die Menschenwürde nicht in der Verfassung zu finden. Hingegen wird diese Garantie zumindest im Falle eines Konflikts mit dem Gemeinwohl und unter den näheren Voraussetzungen etwa in Art. 14 Abs. 3 Satz 1 und 2 sowie in Art. 15 GG in den Hintergrund gedrängt.[1362] Die Einschränkbarkeit der gegenstandsbezogenen Eigentumsfreiheit auf der verfassungsrechtlichen Ebene ist nicht ausgeschlossen. Jedoch wird die kapitalistische Eigentumsordnung im Arbeitskampfrecht weitgehend als unantastbar bewertet und eine absolute Gewähr der gegenstandsbezogenen Eigentumsfreiheit wie eine Doktrin angesehen.[1363] Diese Annahme ist jedoch nicht als selbstverständlich zu betrachten, sondern im rechtlichen Sinne zu prüfen.

Zunächst ist die Argumentation, das Verbot der Inanspruchnahme fremden Eigentums der Versammlungsfreiheit des Art. 8 Abs. 1 GG auf die Koalitionsfreiheit zu übertragen,[1364] kein geeigneter Ansatz. Die Schutzbereichsgrenze des Art. 9 Abs. 3 GG lässt sich nicht mit der Schranken des Schutzbereichs des Art. 8 Abs. 1 GG gleichsetzen. Ferner kann für die dogmatische Bewertung des Verbots der Eigentumsordnungsbeeinträchtigung im Arbeitskampfrecht auf den Gedanken der Vertragsbezogenheit der Arbeitskampfmaßnahmen zurückgegriffen werden.[1365] Wie oben bereits analysiert, ist diese These weder mit dem Tarifkonfliktlösungsmechanismus noch mit dem Grundsatz der Kampfmittelfreiheit vereinbar und wird somit entkräftet.[1366] Das Kampfmittel beschränkt sich in keiner Weise auf die Zurückbehaltung der Hauptleistung und die Schadenswirkung anhand der Ausübung des Arbeitskampfrechts wird nicht per se daran gehindert, über den Bereich der Suspendierung des Vertragsrechts hinaus Wirkung zu entfalten. Hierfür wird die nächste Frage aufgeworfen, ob ein mit der Eigentumsfreiheit kollidierender Arbeitskampf zwingend aus dem Schutzbereich des Art. 9 Abs. 3 GG herausfällt, also ob etwa der Flashmob als aktive Betriebsstörungsmaßnahme anzusehen ist. Diese These setzt voraus, dass die gegenstandsbezogene Eigentumsfreiheit einen absoluten Vorrang

---

1362 Vgl. Maunz/Dürig/Papier, Art. 14 GG Rn. 8.

1363 Rieble, NZA 2008, 796 (797), ist der Ansicht, „die kapitalistische Eigentumsordnung bleibt grundsätzlich unangetastet."

1364 Willemsen/Mehrens, Anm. zu AP Nr. 174 Art. 9 GG Arbeitskampf.

1365 Vgl. Jakobs, ZfA 2011, 71 (84); Kemper, in: Starck, Art. 9 Abs. 3 Rn. 166; Kersten, Kampfmittelfreiheit, S. 68; Picker, ZfA 2010, 499 (533, 538 ff.); Rieble, NZA 2008, 796 (797); ders., BB 2008, 1506 (1512); Rosenau, Koalitionsbetätigungsfreiheit, S. 246 ff.

1366 Dazu die Kritik an die Ablehnung der Aufnahme der atypischen Arbeitskämpfe in Art. 9 Abs. 3 GG, siehe oben § 10 B. I. 3. Kritik.

besitzt und ohne Abwägung vor dem Art. 9 Abs. 3 GG gewährleistet werden. Die Gewährleistung der gegenstandsbezogenen Eigentumsfreiheit wird zwar im einfachen Gesetzesrecht gesichert, etwa wie in § 823 Abs. 1 BGB oder § 303 StGB (Sachbeschädigung). Ein Schutzprivileg der gegenstandsbezogenen Eigentumsfreiheit im Vergleich zu anderen vermögenswerten Rechten kann nach Art. 14 Abs. 1 GG aber nicht angenommen werden.[1367] Das Arbeitskampfrecht ist zumindest verfassungsrechtlich mit der gegenstandsbezogenen Eigentumsfreiheit gleichrangig.

Es ist damit festzustellen, dass die gegenstandsbezogene Eigentumsfreiheit das Arbeitskampfrecht nicht abwägungsfrei verdrängen kann und mithin nicht aus der Abwägung mit dem kollidierenden Arbeitskampfrecht befreit ist. Für die Schutzbereichsbestimmung bildet die Garantie der gegenstandsbezogenen Eigentumsfreiheit kein Ausschlusskriterium. Nur die Gewalttätigkeit gegen Sachen, wie der Maschinensturm, fällt aus dem Art. 9 Abs. 3 GG heraus. Gerade der Fall der Entnahme von verderblicher Frischware aus den Regalen im Flashmob[1368] gehört gerade nicht dazu und darf weiterhin auf der Ebene der Arbeitskampfrechtsschranken genutzt werden.

4. Fazit

Der Flashmob als Betriebsstörungsmaßnahme genießt grundsätzlich den Schutz des Art. 9 Abs. 3 GG auf der Ebene des Schutzbereiches. Erst wenn der Flashmob durch besondere Aggressivität geprägt wird und von einiger Gefährlichkeit gegen Personen oder Sachen oder sonstigen Gewalttätigkeiten begleitet ist, fällt diese Betätigung aus dem Schutzbereich des Art. 9 Abs. 3 GG heraus. Allerding ist die endgültige Bestimmung der verfassungsrechtlichen Gewähr des Flashmobs auf der Ebene der Schranke zu ermitteln. Dies ist im § 11 der Arbeit zu behandeln.[1369]

II. Kampfweise Öffentlichkeitsarbeit

Die Öffentlichkeitsarbeit gewinnt zunehmend an Bedeutung für den Arbeitskampf und sie kann unter Umständen als Taktik der Imageschädigung des Kampfgegners zum Einsatz gebracht werden.[1370] Angesichts des Grundsatzes der Unantastbarkeit der Menschenwürde muss die diesbezüglich zuwiderlaufende Meinungsfreiheit immer zurücktreten.[1371] Es ist auch gleichgütig, ob die Meinungsfreiheit sich auf den Art. 9 Abs. 3 GG oder den Art. 5 Abs. 1 GG beruft. Nichts davon darf die Garantie der Menschenwürde brechen. Das ist der Fall bei herabsetzenden Äußerungen, die

---

1367 Däubler, AuR 1981, 257 (260).

1368 BAG 22.09.2009 – 1 AZR 972/08 – AP Nr. 174 Art. 9 Arbeitskampf GG Rn. 67.

1369 Siehe unten § 11 C. Verfassungsrechtliche Schranken des Arbeitskampfrechts.

1370 Siehe oben § 6 B. I. Öffentlichkeitsarbeit in gewerkschaftlichen Druckkampagnen.

1371 BVerfG 10.10.1995 – 1 BvR 1476/91 – NJW 1995, 3303 (3304): „So muss die Meinungsfreiheit stets zurücktreten, wenn die Äußerung die Menschenwürde eines anderen antastet."

sich als Formalbeleidigung oder Schmähung darstellen.[1372] Auch wegen seines die Meinungsfreiheit verdrängenden Effekts wird der Begriff der Schmähkritik nach BVerfG eng definiert. Eine überzogene oder gar ausfällige Kritik ist noch keine Schmähung. Vielmehr ist es geboten, dass bei der Äußerung nicht mehr die Auseinandersetzung in der Sache, sondern die Diffamierung der Person im Vordergrund steht. Sie muss jenseits auch polemischer und überspitzter Kritik in der persönlichen Herabsetzung bestehen. Aus diesem Grund wird Schmähkritik bei Äußerungen in einer die Öffentlichkeit und den Arbeitskampf wesentlich berührenden Frage nur ausnahmsweise vorliegen.[1373]

Überdies ist zu beachten, dass bei einer abschätzigen Kritik, die zwar noch nicht als Menschenwürdeverletzung eingestuft wird, aber eines sachlichen Zusammenhangs mit dem Gegenstand der Auseinandersetzung entbehrt, zugleich ein Bezug zum Koalitionszweck fehlen muss. Würden solche Meinungsäußerungen in Kampfkampagnen auftreten, fallen sie nicht unter den Schutzbereich des Art. 9 Abs. 3 GG. Beispiele dafür sind die Kritik an der Führungskraft des bekämpften Betriebs durch Beispiele aus deren Privatleben, um dem Unternehmensimage zu schaden.

III. Weitere atypische Arbeitskampfformen

Zu untersuchen sind überdies die atypischen Arbeitskampfformen, die zwar im gegenwärtigen Arbeitskampfgeschehen in Deutschland selten zum Einsatz gebracht werden, aber rechtlich umstritten sind. Einschlägig sind vor allem die Selbstmorddrohung, der Bummelstreik, die Sabotage und die Bossnapping. Unter rechtsdogmatischen Aspekten ist das Verhältnis dieser Kampfformen zum Schutzbereich des Art. 9 Abs. 3 GG zu erklären.

1. Selbstmorddrohungen

Bei den Selbstmorddrohungen einschließlich des Hungerstreiks wird mittelbar der eigene Tod in Aussicht gestellt. In der Regel sind diese Mittel für das Opfer eine Ankündigung eines empfindlichen Übels. Dies wird als ein verwerfliches Mittel zur Nötigung angesehen, wenn sie einem illegitimen oder nichtkonnexen Zweck dienen, also nicht, wie zum Beispiel ein Hungerstreik, mit dem bessere Haftbedingungen erreicht werden sollen. Denn für diesen Zweck wird angenommen, dass die in der Rechtsordnung zur Verfügung stehenden Mittel (Beschwerde, Petition, Gnadengesuch etc.) vorrangig sind.[1374]

Jedoch ist diese Argumentation für einen als Arbeitskampfmittel eingesetzten Hungerstreik oder für sonstige Selbstmorddrohungen nur bedeutsam, wenn die Wahrung und Förderung der Arbeits- und Wirtschaftsbedingungen in der

---

1372 Däubler/Däubler, Arbeitskampfrecht, § 30 Rn. 8.

1373 BVerfG 10.10.1995 – 1 BvR 1476/91 – NJW 1995, 3303 (3304) m. w. N.

1374 Schönke/Eisele/Eser, § 240 StGB Rn. 31; MünchK-StGB Bd. 4/Sinn, § 240 StGB Rn. 155.

Tarifauseinandersetzung ein verfassungsrechtlich anerkannter Zweck ist. Andere demokratisch Durchsetzungsverfahren haben keinen Vorrang für die Tarifkonfliktfragen. Relevant ist vielmehr, ob der Selbstmord vom Schutzbereich des Art. 9 Abs. 3 GG umfasst wird. Diese Frage wird bisher nicht in der wissenschaftlichen Diskussion behandelt. Klar ist nun, dass „unzulässig und ein Verstoß nicht nur gegen Art. 2 Abs. 2 Satz 1, sondern auch gegen Art. 1 Abs. 1 GG [...] die Vernichtung eines Menschenlebens mit dem Argument [ist], dieses sei es nicht mehr wert, fortgesetzt zu werden."[1375] Es ist allenfalls zu verdeutlichen, dass eine Selbstmorddrohung mit der Menschenwürdegarantie nicht in Einklang steht. Allerdings ist die Menschenwürde der Arbeitnehmer, nicht des Arbeitgebers an dieser Stelle gemeint.

2. *Bummelstreik*

Der Bummelstreik und der Dienst nach Vorschrift sind Betätigungsformen kollektiver Arbeitsleistungsminderung.[1376] Vom Bummelstreik zu unterscheiden ist die Methode des Dienstes nach Vorschrift, die im vorschriftsmäßigen Verhalten und der genauen Einhaltung der Dienstvorschriften besteht. Als Konsequenzen werden zwar die Arbeitsabläufe wie beim Bummelstreik verzögert und die Arbeitsleistung verringert, aber sie ist rechtlich in der Regel nicht zu beanstanden.[1377] Für die arbeitskampfrechtliche Bewertung ist hingegen der Bummelstreik von Relevanz. In der Rechtsprechung wird eine derartige Betätigung wegen ihrer Anonymität sowie der Verteidigungsmöglichkeiten des Kampfgegners nicht koalitionsrechtlich geschützt. Jedoch unterliegen derartige Fragen den Schranken des Arbeitskampfrechts und sind hierbei nicht zu berücksichtigen. Das gilt auch, wenn ein Bummelstreik zur friedlichen Produktsabotage übergehen würde.[1378] Auch hier ist ein Ausgleich der widerstreitenden Interessen im Abwägungsprozess zu fordern.

3. *Sabotage*

Zweifellos haben die vom gewaltsamen Charakter geprägten Sabotagen, wie der Maschinensturm, keine Chancen, den Schutz des Art. 9 Abs. 3 GG zu genießen. Allerdings findet eine Sabotage nicht zwingend gewaltsam statt. Selbst die destruktive Sabotageaktion, z. B. das planmäßige Vergeuden von zu verarbeitendem Material, die Bewirtung von Gästen durch die Mitarbeiter mit doppelten Portionen im Restaurant oder beim Zuschneiden von Material eine möglichst großzügige Verschneidung, können gewaltfrei durchgesetzt werden. Auch die suspendierenden technischen Sabotagen sind in der Regel friedlich. Bezweckt wird diesbezüglich nur, die Produktionsmittel temporär zu behindern und funktionsunfähig zu machen, damit beispielweise die Arbeit von Streikbrechern unmöglich gemacht wird. In der

1375 BeckOK GG/Hillgruber, Art. 1 GG Rn. 20.
1376 Siehe oben § 6 A. IV. Kollektive Minderung der Arbeitsintensität.
1377 Zu weiteren Analysen des Diensts nach Vorschrift vgl. Däubler/Däubler, Arbeitskampfrecht, § 29 Rn. 21 ff.
1378 Siehe oben § 6 A. IV. Kollektive Minderung der Arbeitsintensität.

Aktion „dreckiger Schuh" kamen „Besucher" mit besonders schmutzigen Schuhen in ein Kaufhaus, sodass ein erneuter Reinigungseinsatz erforderlich wurde. Eine derartige Betätigung ist weder gewaltsam noch widerspricht sie der Menschenwürdegarantie und unterfällt damit dem Schutzbereich des Art. 9 Abs. 3 GG.[1379] Allerdings sind die Abwehrmöglichkeiten des Arbeitgebers im Fall „dreckiger Schuh" oder die allgemeine Frage der Existenzvernichtung durch die friedliche Sabotage an dieser Stelle noch nicht berücksichtigt. Sie wird auf der Ebene der Grundrechtsschranken behandelt.

4. Bossnapping

Die Bossnapping-Aktion ist ein vorübergehendes Festhalten von Managern oder Führungskräften, um gewerkschaftliche Forderungen durchzusetzen.[1380] Derartige Aktionen werden als entwürdigende Behandlung angesehen, weil damit Manager oder Führungskräfte zu einem austauschbaren Objekt erniedrigt werden.[1381] Es ist zwar nicht völlig ausgeschlossen, diese Aktion mit gütlichem Zureden zu vollziehen. Jedoch widerspricht eine Geiselnahme von Managern an sich der Menschenwürdegarantie und wird nicht vom Art. 9 Abs. 3 GG erfasst.[1382]

§ 11 Verfassungsrechtliche Schranken des atypischen Arbeitskampfes

Nach der Klarstellung des Umfangs der Arbeitskampfgarantie[1383] wird anschließend die Frage untersucht, ob und inwiefern ein im Schutzbereich des Art. 9 Abs. 3 GG geführter Arbeitskampf verfassungsrechtlich begrenzt werden kann. Im Voraus ist zu beachten, dass der atypische Arbeitskampf von seinem Entstehungshintergrund ausgehend die Bedeutung hat, neue Ansätze für die Weiterentwicklung der alternativen Handlungsmöglichkeiten der Arbeitnehmer und der Gewerkschaften zu ermöglichen. Daher bezieht sich die Vorstellung des atypischen Arbeitskampfes in diesem Zusammenhang ausschließlich auf die Kampfmittel aufseiten der Arbeitnehmer.[1384] Im Folgenden werden dementsprechend nur die verfassungsrechtlichen Schranken des Arbeitskampmittels auf der Arbeitnehmerseite erörtert.

1379 So auch Deinert, in: Rehder/Deinert/Callsen, S. 109.

1380 Siehe oben § 6 A. V. 3. Bossnapping.

1381 Dau/MünchK-StGB Bd. 8, § 31 WStG Rn. 3.

1382 Nach Greiner, NJW 2010, 2977 (2981), wird Bossnapping undifferenziert als „unfriedlich" beurteilt.

1383 Zum persönlichen Umfang des Arbeitskampfrechts siehe oben § 9 Rechtsträger des Arbeitskampfrechts im atypischen Arbeitskampf; zum sachlichen Umfang des Arbeitskampfrechts siehe oben § 10 Reichweite der Arbeitskampfgarantie und Kampfmittelfreiheit.

1384 Dazu siehe oben Einleitung § 1 B. Problemstellung und Grenze der Untersuchung und § 5 A. II. Definition des atypischen Arbeitskampfes.

A. Vorbemerkung

Die Frage der verfassungsrechtlichen Schranken des Arbeitskampfes verdient besondere Aufmerksamkeit, weil die Koalitionsfreiheit gemäß Art. 9 Abs. 3 GG vorbehaltlos gewährleistet ist. Dem Wortlaut nach wird zwar im Grundgesetz nur die Koalitionsbildungsfreiheit genannt und das Arbeitskampfrecht kann im verfassungsrechtlichen Text nicht gefunden werden. Aber die Koalitionsbetätigung inklusive des Arbeitskampfes bleibt in der Auslegung des Art. 9 Abs. 3 GG ein Teil der Grundrechtsgewährleistung[1385] und wird ebenfalls wie die Koalitionsbildungsfreiheit undifferenziert und vorbehaltlos geschützt. Die Schrankendogmatik der Koalitionsfreiheit ist insgesamt einheitlich zu behandeln.[1386] Wegen des Spezialitätsverhältnisses zur Vereinigungsfreiheit finden die Schranken im Sinne von Art. 9 Abs. 2 GG keine Anwendung auf die Koalitionsfreiheit[1387] und Art. 9 Abs. 3 GG bleibt vorbehaltlos. Es ist danach klärungsbedürftig, wie das vorbehaltlose Arbeitskampfrecht auf der verfassungsrechtlichen Ebene beschränkt wird. Dafür ist zunächst klarzustellen, wie die Rechtmäßigkeitskriterien des Arbeitskampfrechts verfassungskonform begründet werden können. Im Folgenden wird in erster Linie das Verhältnismäßigkeitsgebot im Arbeitskampfrecht analysiert. Danach wird das Forschungsergebnis bzw. das festgestellte Rechtmäßigkeitskriterium auf die atypischen Arbeitskampfformen übertragen, um ihre arbeitskampfrechtliche Sonderfrage zu behandeln.

Überdies ist anzumerken, dass die hier untersuchten atypischen Arbeitskämpfe den Abschluss eines Tarifvertrages als Kampfziel voraussetzen. Demgemäß gelten die allgemeinen Anforderungen eines Tarifkampfes, etwa die Zulässigkeit des Kampfziels,[1388] die Einhaltung der Friedenspflicht[1389] oder die Beschränkung auf gewerkschaftlich organisierten Arbeitskampf[1390], nicht anders als beim klassischen Arbeitskampf bzw. Streik.[1391] Diese Rechtmäßigkeitskriterien werden im Folgenden nicht behandelt.

1385 Zur Koalitionsfreiheit und der Garantie des Arbeitskampfrechts siehe oben § 8 A. II. Koalitionsfreiheit und Garantie des Arbeitskampfrechts.

1386 Dazu eine ausführliche Analyse von Engels, Arbeitskampfrecht, S. 190 ff.

1387 Engels, Arbeitskampfrecht, S. 191 (Fn. 270); so auch AG-GG/Kittner/Schiek, Art. 9 Abs. 3 GG, Rn. 94 f.; a. A. Maunz/Dürig/Scholz, Art. 9 GG Rn. 337; ErfK/Linsenmaier, Art. 9 Rn. 48, messen dieser Frage keine praktische Bedeutung bei, weil Koalitionen mit den dort ausgeschlossenen Zielen kaum vorstellbar sind.

1388 Zur Zulässigkeit des Kampfziels vgl. die kritische Analyse von Däubler/Däubler, Arbeitskampfrecht, § 13 Rn. 1 ff.

1389 Zur Einhaltung der Friedenspflicht vgl. Krause, in: Jacobs/Krause/Oetker/Schubert, Tarifvertragsrecht, § 4 Rn. 140 ff.; ErfK/Linsenmaier, Art. 9 GG, Rn. 124 f.; Otto, Arbeitskampfrecht, § 7 Rn. 1 ff.

1390 Zum gewerkschaftlich organisierten Arbeitskampf vgl. Kissel, Arbeitskampfrecht, § 25 Rn. 1 ff. Kritisch dazu Däubler/Däubler, Arbeitskampfrecht, § 12 Rn. 16 ff.

1391 So auch Deinert, in: Rehder/Deinert/Callsen, S. 104.

Gesetzgeber an dieser Stelle ein Gestaltungs- und Beurteilungsspielraum eingeräumt. Die Erforderlichkeit wird verneint, wenn die sachliche Gleichwertigkeit zur Zweckerreichung bei dem als Alternative vorgeschlagenen geringeren Eingriff in jeder Hinsicht eindeutig feststehen kann.[1410] Proportional (Verhältnismäßigkeit im engeren Sinn, Angemessenheit) ist es, wenn der Eingriff nicht außer Verhältnis zum verfolgten Zweck steht. Diese Prüfung erfordert eine Gesamtabwägung zwischen der Schwere des Eingriffs und dem Gewicht und der Dringlichkeit des geforderten Ziels. Je einschneidender die Freiheitsrechtsausübung eingeengt wird, desto höher müssen die Anforderungen an die Dringlichkeit der öffentlichen Interessen sein, um den Eingriff zu rechtfertigen.[1411]

Staatliche Eingriffe an sich sind zulässig, müssen aber verhältnismäßig sein. Dieses Gebot gilt auch in der grundrechtlichen Eingriffsdogmatik. Keine Grundrechte gelten schrankenlos. Dies stützt sich auf folgende Grundlagen: Das Menschenbild des Grundgesetzes ist nicht das eines isolierten souveränen Individuums; es hat vielmehr die Spannung Individuum-Gemeinschaft im Sinne der Gemeinschaftsbezogenheit und Gemeinschaftsgebundenheit der Person im Blick, ohne dabei deren Eigenwert anzutasten. Um andere Rechtsgüter zu schützen, werden die Grenzen des Freiheitsrechts durch staatliche Maßnahmen bestimmt. Allerdings ist das staatliche Handeln zur Koordinierung der Grundrechte nicht begrenzungslos[1412] und das Verhältnismäßigkeitsgebot bildet eine Schranke für staatliche Eingriffe.[1413] Ob und wie dieses Gebot im Bereich des Arbeitskampfrechts verwendet werden kann, ist anschließend zu analysieren.

2. *Heranziehung des Verhältnismäßigkeitsgebots im Arbeitskampfrecht*

a) Beschluss des Großen Senats des BAG vom 21. April 1971

Als zentrales Merkmal der Zulässigkeit des Arbeitskampfes wurde das Verhältnismäßigkeitsgebot zum ersten Mal im Beschluss des Großen Senats des BAG vom 21. April 1971[1414] bestimmt.[1415] Obwohl das BAG in diesem Beschluss hauptsächlich die Zulässigkeit der Aussperrung behandelte, wird das Verhältnismäßigkeitsgebot

1410 BVerfG 16.03.1971 – 1 BvR 52, 665, 667, 754/66 – NJW 1971, 1255 (1257); v. 18.12.1968 – 1 BvL 5, 14/64, 5, 11, 12/65– NJW 1969, 499 (501).

1411 BVerfG 16.03.1971 – 1 BvR 52, 665, 667, 754/66 – NJW 1971, 1255 (1257); v. 23.03.1960 – 1 BvR 216/51 – NJW 1960, 715 (716).

1412 BeckOK GG/Huster/Rux, Art. 20 GG, Rn. 189.

1413 Maunz/Dürig/Di Fabio, Art. 2 Abs. 2 Satz 2 GG, Rn. 46. Zu weiteren Schranken der Einschränkbarkeit des Grundrechts vgl. Camilo de Oliveira, Abwägung in der Grundrechtsdogmatik, S. 126 ff.

1414 BAG 21.04.1971 – GS 1/68 – AP Nr. 43 Art. 9 GG Arbeitskampf = NJW 1971, 1668.

1415 Im Kaiserreich und der Weimarer Zeit wurde das Verhältnismäßigkeitsgebot im Arbeitskampfrecht verwendet, dazu vgl. Kittner/Deinert, Richterrechtliches Verhältnismäßigkeitsprinzip, S. 284.

für alle Arbeitskämpfe – sei es Streik oder Aussperrung – herangezogen. Die Kernaussagen des Beschlusses lauten:

> „In unserer verflochtenen und wechselseitig abhängigen Gesellschaft berühren aber Streik wie Aussperrung nicht nur die am Arbeitskampf unmittelbar Beteiligten, sondern auch Nichtstreikende und sonstige Dritte sowie die Allgemeinheit vielfach nachhaltig. Arbeitskämpfe müssen deshalb unter dem obersten Gebot der Verhältnismäßigkeit stehen."

Folglich dürfen Arbeitskämpfe nur insoweit eingeleitet und durchgeführt werden, als sie zur Erreichung rechtmäßiger Kampfziele und des nachfolgenden Arbeitsfriedens geeignet und sachlich erforderlich seien. Die Heranziehung des Verhältnismäßigkeitsgebots im Arbeitskampfrecht bedeutete zwar einen Abschied vom Gedanken der Sozialadäquanz des Großen Senats des BAG vom 28. Januar 1955.[1416] Allenfalls kann diese Änderung lediglich als eine „zeitgemäßere Formulierung" betrachtet werden.[1417] Denn die Wertung des Arbeitskampfes wird nun in einer neuen Art fortgesetzt und verfestigt. Beide Beschlüsse nahmen den nachteiligen Schadenseffekt des Arbeitskampfes zum Ausgangspunkt[1418] und sahen den Arbeitskampf als unerwünscht an.[1419] Sinnentsprechend ist ein sozialadäquater Arbeitskampf nichts anderes als ein verhältnismäßiger Arbeitskampf.[1420] Demgegenüber hatte der Große Senat des BAG an dieser Stelle die Beschränkungen des Arbeitskampfes in der Sozialadäquanztheorie als aus der Verhältnismäßigkeit abgeleiteten Anforderungen weiter entwickelt und zugleich einen weiteren Schritt getan. Wesentliche Prinzipien im Beschluss des BAG vom 21. April 1971 sind die Folgenden:[1421]

- Ultima-Ratio-Prinzip: Jede Arbeitskampfmaßnahme – sei es Streik, sei es Aussperrung – dürfe ferner nur nach Ausschöpfung aller Verständigungsmöglichkeiten ergriffen werden; der Arbeitskampf muss also das letzte mögliche Mittel (Ultima Ratio) sein. Deshalb sei auch ein Schlichtungsverfahren erforderlich.

1416 BAG 28.01.1955 – GS 1/54 – AP Nr. 1 Art. 9 GG Arbeitskampf = NJW 1955, 882. Zur Arbeitskampffreiheit und Sozialadäquanztheorie des BAG siehe oben § 8 A. I. 2. Arbeitskampffreiheit und Sozialadäquanztheorie des BAG.

1417 Säcker, Gewerkschaftliche Monatshefte, 5/1972, 287 (287). Engels, Arbeitskampfrecht, S. 102, sah diese Entwicklung des Arbeitskampfrechts in der Rechtsprechung als „Umstellung der Argumentation".

1418 Kissel, Arbeitskampfrecht, § 30 Rn. 3.

1419 Kittner/Deinert, Richterrechtliches Verhältnismäßigkeitsprinzip, S. 286.

1420 Säcker, Gewerkschaftliche Monatshefte, 5/1972, 287 (287), war der Meinung: „All die Aussagen, die der Große Senat aus dem Prinzip der Verhältnismäßig ableitet, hätten ebensogut (und schlecht) mit der Sozialadäquanztheorie begründet werden können."

1421 BAG 21.04.1971 – GS 1/68 – AP Nr. 43 Art. 9 GG Arbeitskampf = NJW 1971, 1668 (1669).

- Fairnessprinzip: Der Arbeitskampf sei deshalb nur dann rechtmäßig, wenn und solange er nach Regeln eines fairen Kampfes geführt werde. Ein Arbeitskampf dürfe nicht auf die Vernichtung des Gegners abstellen, sondern er habe den gestörten Arbeitsfrieden wieder herzustellen.
- Gemeinwohl: Dabei seien die wirtschaftlichen Gegebenheiten zu berücksichtigen, und das Gemeinwohl dürfe nicht offensichtlich verletzt werden.

In der Verhältnismäßigkeitsprüfung werden die Arbeitskämpfe nach BAG konkret und nicht abstrakt an diesem Gebot gemessen.[1422] Die Mittel des Arbeitskampfes dürfen danach ihrer Art nach nicht über das hinausgehen, was zur Durchsetzung des erstrebten Zieles jeweils erforderlich sei. Nicht nur Zeitpunkt und Ziel, sondern auch die Art der Durchführung und die Intensität des Arbeitskampfes werden anhand des Verhältnismäßigkeitsgebots geprüft.[1423] Entsprechend wurde auf ein „Stufensystem"[1424] der Kampfmittel, das sich sowohl auf den Streik als auch auf die Aussperrung bezieht, im Beschluss hingewiesen.[1425] Infolgedessen sei es erforderlich, seitens der Gewerkschaften zunächst einen milderen Warnstreik vor dem Eintritt in einen Erzwingungsstreik einzusetzen. Vor einem Vollstreik hätten die Gewerkschaften den Teil- oder Schwerpunktstreik unter Umständen zu berücksichtigen.[1426]

Der Große Senat des BAG hatte zwar diese Prinzipien in Anlehnung an das Verhältnismäßigkeitsgebot entwickelt. Allerdings war kein Wort über die maßgebliche Problematik der Zweckbestimmung der Verhältnismäßigkeitsprüfung gefallen. Die grundlegende Frage, wozu, zu welchem Zweck, ein Arbeitskampf verhältnismäßig sein soll, ist eigentlich vor der Handhabung jeder Verhältnismäßigkeitsprüfung zu beantworten.[1427] Hieran hatte das BAG keine Feststellung geäußert. Die Aussage im Beschluss, „Arbeitskämpfe dürfen nur insoweit eingeleitet und durchgeführt werden, als sie zur Erreichung rechtmäßiger Kampfziele und des nachfolgenden Arbeitsfriedens geeignet und sachlich erforderlich sind", erkannte zwar die Notwendigkeit rechtmäßiger Kampfziele an. Ein Bezugspunkt für die Verhältnismäßigkeitsprüfung kann dadurch jedoch nicht hergestellt werden.[1428]

1422 Zur Analyse der konkreten und der abstrakten Verhältnismäßigkeitsprüfung vgl. Czerweny von Arland, Verhältnismäßigkeitsgrundsatz, S. 83 ff.
1423 BAG 21.04.1971 – GS 1/68 – AP Nr. 43 Art. 9 GG Arbeitskampf = NJW 1971, 1668 (1669).
1424 Scholz/Konzen, Die Aussperrung, S. 139.
1425 BAG 21.04.1971 – GS 1/68 – AP Nr. 43 Art. 9 GG Arbeitskampf = NJW 1971, 1668 (1670).
1426 Scholz/Konzen, Die Aussperrung, S. 139.
1427 Kreuz, Verhältnismäßigkeit, S. 98.
1428 Kreuz, Verhältnismäßigkeit, S. 101.

b) Weitere Entscheidungen des BAG in den 1980er-Jahren

In der Fortentwicklung der Rechtsprechung des BAG wird das Verhältnismäßigkeitsgebot trotz heftiger Kritik[1429] überwiegend als zentraler Grundsatz für das Arbeitskampfrecht aufgelegt.[1430] Im Urteil des Ersten Senats des BAG vom 10. Juni 1980 wurde die Anwendung des Verhältnismäßigkeitsgebots im Arbeitskampfrecht weiter konkretisiert.[1431] In Anlehnung an dem Beschluss des BAG vom 21. April 1971 ging das BAG in diesem Urteil davon aus:

> „Arbeitskämpfe stellen einen Eingriff in die vertraglichen Rechte dar und berühren dabei nicht nur die Interessen der am Arbeitskampf unmittelbar Beteiligten, sondern auch Dritte und die Allgemeinheit. Daraus ergibt sich das Verbot, Kampfmaßnahmen zu ergreifen, die unnötig oder ungeeignet sind oder außer Verhältnis zum angestrebten Ziel stehen."[1432]

In Gegensatz zum Großen Senat sah der Erste Senat des BAG die Unklarheit des Bezugspunkts der Verhältnismäßigkeitsprüfung als problematisch an. Erstaunlicherweise hielt es der Erste Senat des BAG anschließend nicht für notwendig, diesen Rechtsstreit abschließend zu klären.[1433] Dafür bewertet das BAG die Frage der Parität als nicht unerheblich und wies auf die Verhandlungsparität als Bezugspunkt der Verhältnismäßigkeitsprüfung – jedoch nur für die Abwehraussperrung – hin. Die Kernaussagen des BAG im Beschluss lauteten:

> „Hier besteht ein Unterschied zwischen dem Streik, der der Durchsetzung von Tarifforderungen dient, und der Abwehraussperrung, die nur ein Verhandlungsübergewicht der streikenden Gewerkschaft ausgleichen, also die Parität zurückgewinnen soll. Die begrenzte Funktion und Legitimation der Abwehraussperrung bestimmt zugleich den Inhalt des Übermaßverbotes. Als geeignet, erforderlich und proportional können nur solche Abwehraussperrungen gelten, die die Herstellung der Verhandlungsparität bezwecken. Damit ist zugleich der Rahmen für die Zulässigkeit von Abwehraussperrungen bezeichnet."[1434]

1429 Zur Kritik an der Verhältnismäßigkeit des Arbeitskampfrechts in den 1970er-Jahren siehe Nachweise in Däubler/Schumann, Arbeitskampfrecht, 1987, Rn. 197 (Fn. 229). Die Nachweise in neuer Literatur siehe Hensche/Wolter, Übermaßverbot des Streiks, S. 544 (Fn. 5).

1430 Vor dem Urteil des BAG 10.06.1980 vgl. BAG 17.12.1976 – 1 AZR 605/75 – AP GG Art. 9 Arbeitskampf Nr. 51 = NJW 1977, 1079 (1079).

1431 BAG 10.06.1980 – 1 AZR 822/79 – AP GG Art. 9 Arbeitskampf Nr. 64 = NJW 1980, 1642 (1650); so auch BAG 10.06.1980 – 1 AZR 168/79 – AP GG Art. 9 Arbeitskampf Nr. 65 = NJW 1980, 1653 (1643).

1432 BAG 10.06.1980 – 1 AZR 822/79 – AP GG Art. 9 Arbeitskampf Nr. 64 = NJW 1980, 1642 (1650).

1433 BAG 10.06.1980 – 1 AZR 822/79 – AP GG Art. 9 Arbeitskampf Nr. 64 = NJW 1980, 1642 (1650).

1434 BAG 10.06.1980 – 1 AZR 822/79 – AP GG Art. 9 Arbeitskampf Nr. 64 = NJW 1980, 1642 (1650).

In welchem Verhältnis die Angriffskampfmittel seitens der Gewerkschaften erforderlich wären, bleibt hingegen unklar.[1435] Gleichwohl entwickelte das BAG die Rechtsprechung in Bezug auf die Anwendung des Verhältnismäßigkeitsgebots auf die Angriffskampfmittel,[1436] allerdings in fragwürdiger Weise. Denn die Voraussetzungsfrage der Zweckbestimmung der Verhältnismäßigkeitsprüfung blieb weiterhin ungelöst.[1437] Im Gegensatz dazu billigte das BVerfG in seiner ersten Grundsatzentscheidung zum Arbeitskampfrecht vom 26. Juni 1991 nur die Anwendung dieses Gebots auf die Abwehraussperrung. Denn bei einer Verhältnismäßigkeitsprüfung auf das Angriffsarbeitskampfmittel wäre eine gerichtliche Kontrolle der Tarifziele kaum zu vermeiden. Eine solche Kontrolle widerspräche aber dem Grundgedanken der Tarifautonomie."[1438]

Als nächste klärungsbedürftige Frage behandelte das BAG im Urteil vom 10. Juni 1980 die Begründung der rechtsdogmatischen Grundlage des Verhältnismäßigkeitsgebots des Arbeitskampfrechts. Zu Recht hielt das BAG seinen Geltungsgrund und seinen Anwendungsbereich für klärungsbedürftig. Jedoch wurden dazu keine neuen Argumente vom BAG vorgetragen („Der ***Senat*** kann dem keine neuen Argumente hinzufügen.").[1439] Anstatt eine präzise Analyse vorzulegen, nahm das BAG folgendermaßen Stellung:

> „Der Grundsatz der Verhältnismäßigkeit hat sich nicht nur im Arbeitskampfrecht durchgesetzt, sondern ist als übergeordnetes Rechtsprinzip des Privatrechts wie schon

---

1435 Vgl. Kreuz, Verhältnismäßigkeit, S. 104.

1436 So ist die Ansicht des BAG im Urteil 12.09.1984 – 1 AZR 342/83 – AP GG Art. 9 Arbeitskampf Nr. 81 = NJW 1985, 85 (89): „Wie jedes Mittel des Arbeitskampfes muss auch der Streik die Merkmale der Geeignetheit, der Erforderlichkeit und der Proportionalität erfüllen." Weitere Entscheidungen des BAG: 17.12.1976 – 1 AZR 605/75 – AP GG Art. 9 Arbeitskampf Nr. 51 = NJW 1977, 1079 (1079) (Warnstreik); 22.09.2009 – 1 AZR 972/08 – AP Nr. 174 Art. 9 Arbeitskampf GG Rn. 41 ff (Flashmob); dazu vgl. auch Rosenau, Koalitionsbetätigungsfreiheit, S. 193 (Fn. 746).

1437 So ist die Ansicht des BAG im Urteil 12.09.1984 – 1 AZR 342/83 – AP GG Art. 9 Arbeitskampf Nr. 81 = NJW 1985, 85 (89): „Dabei besteht weiterhin Streit darüber, wozu der Streik (oder ein anderes Mittel des Arbeitskampfes) geeignet, erforderlich und proportional sein soll, entweder zu dem jeweiligen Arbeitskampfziel oder zur Herstellung einer gleichwertigen Verhandlungschance." Die Verhandlungsparität wurde zwar in den Entscheidungen des BAG zum Warnstreik erwähnt, aber nicht im Rahmen der Verhältnismäßigkeitsprüfung, dazu siehe unten §11 B. II. 2. b) (1) Zweckbestimmung der Verhältnismäßigkeitsprüfung.

1438 BVerfG 26.06.1991 – 1 BvR 779/85 – AP Nr. 117 Art. 9 GG Arbeitskampf = NZA 1991, 809 (811 f.).

1439 BAG 10.06.1980 – 1 AZR 822/79 – AP GG Art. 9 Arbeitskampf Nr. 64 = NJW 1980, 1642 (1650).

seit langem für das öffentliche Recht und damit letztlich für die gesamte Rechtsordnung aufgedeckt worden".[1440]

Trotz der oben genannten grundlegenden Schwächen in Begründungsansatz sowie der Anwendungsmethode wurde das Verhältnismäßigkeitsgebot im Arbeitskampf demgegenüber als Fortentwicklung der Rechtsprechung des BAG bewertet.[1441] Aktuell wurde die gesamte Verhältnismäßigkeitsprüfung auf die Erforderlichkeit reduziert und dieses Gebot wurde als Schadensminimierungsinstrument eingesetzt.[1442]

c) Paradigmenwechsel durch das Urteil des BAG vom 19. Juni 2007

Das Urteil des BAG vom 19. Juni 2007 stellt einen Paradigmenwechsel in der Verhältnismäßigkeitsprüfung von Arbeitskämpfen dar.[1443] In dieser Entscheidung machte das BAG die von der ständigen Rechtsprechung gestützte Feststellung zum Ausgangspunkt und wiederholte, dass ein Kampfmittel zur Erreichung eines rechtmäßigen Kampfziels geeignet und erforderlich und bezogen auf das Kampfziel angemessen eingesetzt werden müsse.[1444] Der Wendepunkt lag in der methodischen Erwägung des Verhältnismäßigkeitsgebots[1445] mit Rücksicht auf die Kampfmittelfreiheit. Der Inhalt aller drei Prüfungsstufen wurde von BAG modernisiert. Für die Geeignetheit knüpfte das BAG an seine Entscheidung vom 18. Februar 2003[1446] an und räumte den einen Arbeitskampf führenden Koalitionen dafür eine Einschätzungsprärogative ein. Der Erwägung der Erforderlichkeit wurde eine Einschätzungsprärogative in gleicher Weise zugebilligt. Konkret wurde ausgeführt:

> „Geeignet ist ein Kampfmittel, wenn durch seinen Einsatz die Durchsetzung des Kampfziels gefördert werden kann. Dabei kommt den einen Arbeitskampf führenden Koalitionen eine Einschätzungsprärogative zu. Sie haben einen Beurteilungsspielraum bei der Frage, ob eine Arbeitskampfmaßnahme geeignet ist, Druck auf den sozialen

---

1440 BAG 10.06.1980 – 1 AZR 822/79 – AP GG Art. 9 Arbeitskampf Nr. 64 = NJW 1980, 1642 (1650). Ob hier ein öffentlich-rechtliches Verhältnismäßigkeitsgebot im Arbeitskampfrecht vom BAG gemeint wird und solcher Geltungsgrund plausible ist siehe unten B. II. 1. Öffentlich-rechtliches Verhältnismäßigkeitsgebot und Arbeitskampfrecht.

1441 Vgl. BAG 12.03.1985 – 1 AZR 636/82 – AP GG Art. 9 Arbeitskampf Nr. 84 = NZA 1985, 537 (538); 29.01.1985 – 1 AZR 179/84 – AP GG Art. 9 Arbeitskampf Nr. 83 (unter den Gründen B. 2.); 12.09.1984 – 1 AZR 342/83 – AP GG Art. 9 Arbeitskampf Nr. 81 = NJW 1985, 85 (89).

1442 Vgl. die Analyse von Kemper, Schutzbereich der Koalitionsfreiheit, S. 166 f.

1443 BAG 19.06.2007 – 1 AZR 396/06 – AP Nr. 173 Art. 9 Arbeitskampf GG.

1444 BAG 19.06.2007 – 1 AZR 396/06 – AP Nr. 173 Art. 9 Arbeitskampf GG Rn. 25.

1445 Bieder, NZA 2008, 799 (800).

1446 BAG 18.02.2003 – 1 AZR 142/02 – AP Nr. 163 Art. 9 Arbeitskampf GG = NZA 2003, 866 (869).

Gegenspieler auszuüben. Die Einschätzungsprärogative ist Teil der durch Art. 9 Abs. 3 GG geschützten Freiheit in der Wahl der Arbeitskampfmittel."[1447]

> „Erforderlich ist ein Kampfmittel, wenn mildere Mittel zur Erreichung des angestrebten Ziels nach der Beurteilung der den Arbeitskampf führenden Koalition nicht zur Verfügung stehen. Auch insoweit umfasst deren Betätigungsfreiheit grundsätzlich die Einschätzung, ob sie zur Erreichung des verfolgten Ziels das gewählte Mittel für erforderlich oder andere Mittel für ausreichend erachtet."[1448]

Demgemäß haben die Koalitionen einen Beurteilungsspielraum bei der Frage der Geeignetheit und der Erforderlichkeit der gewählten Arbeitskampfmaßnahme. Hingegen bestand keine Einschätzungsprärogative beim Grundsatz der Proportionalität nach BAG. Stattdessen wurde eine Abwägung kollidierender Rechtspositionen herangezogen.

> „Verhältnismäßig im engeren Sinn (proportional) ist ein Arbeitskampfmittel, das sich unter hinreichender Würdigung der grundrechtlich gewährleisteten Betätigungsfreiheit zur Erreichung des angestrebten Kampfziels unter Berücksichtigung der Rechtspositionen der von der Kampfmaßnahme unmittelbar oder mittelbar Betroffenen als angemessen darstellt. Insoweit steht einer Arbeitskampfpartei keine Einschätzungsprärogative zu, geht es doch hierbei nicht um eine tatsächliche Einschätzung, sondern um eine rechtliche Abwägung."[1449]

Hierfür betonte das BAG, dass es gerade das Wesen einer Arbeitskampfmaßnahme ist, durch Zufügung wirtschaftlicher Nachteile Druck zur Erreichung eines legitimen Ziels auszuüben. Unverhältnismäßig sei ein Arbeitskampfmittel daher erst, wenn es sich auch unter Berücksichtigung dieses Zusammenhangs als unangemessene Beeinträchtigung gegenläufiger, ebenfalls verfassungsrechtlich geschützter Rechtspositionen darstellt.[1450] Dadurch hatte sich das arbeitskampfrechtliche Verhältnismäßigkeitsgebot nunmehr gewandelt. Dieser Paradigmenwechsel wurde in den anschließenden Entscheidungen des BAG weiter durchgehalten.[1451] Das BVerfG betrachtete dieses modernisierte Prinzip auch als tauglichen Maßstab für die fachgerichtliche Überprüfung von Arbeitskampfmaßnahmen.[1452]Anders als in seinem Beschluss vom 26. Juni 1991[1453] erkannte das BVerfG in seiner Flashmob-Entscheidung vom 26. März 2014 den vom BAG maßgeblich herangezogenen Grundsatz der Verhältnismäßigkeit als „zwar inhaltlich unbestimmt, aber dogmatisch detailliert

1447 BAG 19.06.2007 – 1 AZR 396/06 – AP Nr. 173 Art. 9 Arbeitskampf GG Rn. 26.
1448 BAG 19.06.2007 – 1 AZR 396/06 – AP Nr. 173 Art. 9 Arbeitskampf GG Rn. 27.
1449 BAG 19.06.2007 – 1 AZR 396/06 – AP Nr. 173 Art. 9 Arbeitskampf GG Rn. 28.
1450 BAG 19.06.2007 – 1 AZR 396/06 – AP Nr. 173 Art. 9 Arbeitskampf GG Rn. 28.
1451 BAG 22.09.2009 – 1 AZR 972/08 – AP Nr. 174 Art. 9 Arbeitskampf GG Rn. 41 ff.
1452 BVerfG 26.03.2014 – 1 BvR 3185/09 = NJW 2014, 1874 (1877).
1453 BVerfG 26.06.1991 – 1 BvR 779/85 – AP Nr. 117 Art. 9 GG Arbeitskampf = NZA 1991, 809 (811 f.).

durchformt.“[1454] An dieser Stelle war allerdings das erneute Verhältnismäßigkeitsgebot des BAG gemeint. Nach der kritischen Meinung im Schrifttum wird es als „Torso der Verhältnismäßigkeitsprüfung“[1455] oder „neue[s] Verhältnismäßigkeitsprinzip“[1456] beurteilt. Ob dieser Wandel der Rechtsprechung des BAG mit dem Art. 9 Abs. 3 GG vereinbar ist, wird nachfolgend geprüft.[1457]

II. Analyse der Geltung des Verhältnismäßigkeitsgebots im Arbeitskampfrecht

Aus Sicht des BAG ist das Verhältnismäßigkeitsgebot bis heute anwendbar auf das Arbeitskampfrecht. Unzweifelhaft ist vor allem, wie oben dargestellt, dass das Verhältnismäßigkeitsgebot klassisch im Bereich, wo sich Bürger und Staat gegenüberstehen, gilt.[1458] In diesem Zusammenhang ist es als ein öffentlich-rechtliches Gebot zu verstehen. Es ist zwar möglich, dieses Gebot unter Berücksichtigung der Privatautonomie im Privatrecht anzuwenden (privatrechtliches Verhältnismäßigkeitsgebot).[1459] Ob und wie das Arbeitskampfrecht auch dem Verhältnismäßigkeitsgebot unterworfen werden kann, bedarf einer Untersuchung.

1. Öffentlich-rechtliches Verhältnismäßigkeitsgebot und Arbeitskampfrecht

Der im Arbeitskampfrechtrecht verwendete Aufbau des Verhältnismäßigkeitsgebots bzw. der Geeignetheit, der Erforderlichkeit und der Proportionalität ist nichts anderes als derjenige im öffentlichen Recht. Allerdings befinden sich in einer Kampfsituation private Interessenkonflikte zwischen gleichrangig gegenüberstehender Gewerkschaft/Arbeitnehmern und Arbeitgebern. Der berührte Bereich des Arbeitskampfes ist dem Privatrecht, nicht dem öffentlichen Recht zuzuordnen.[1460]

Aus diesem Grund wurde das Gebot eines verhältnismäßigen Arbeitskampfes vor allem von *Säcker*[1461] verneint: Im Arbeitskampf wird in die Rechtsgüter des

1454 BVerfG 26.03.2014 – 1 BvR 3185/09 = NJW 2014, 1874 (1877).

1455 Rosenau, Koalitionsbetätigungsfreiheit, S. 262.

1456 Rieble, BB 2008, 1506 (1514).

1457 Siehe unten § 11 B.II. 2. b) (3) Verhältnismäßigkeitsgebot und Kampfmittelfreiheit.

1458 Kreuz, Verhältnismäßigkeit, S. 34.

1459 Vgl. Kissel, Arbeitskampfrecht, § 29 Rn. 4 f.; Unterschied zwischen öffentlich-rechtlichem und privatrechtlichem Verhältnismäßigkeitsgebot, insbesondere im Arbeitskampfrecht, vgl. vor allem Seiter, Streikrecht, S. 148 ff.; vgl. auch Konzen, SAE 1991, 335 (340); Scholz/Konzen, Die Aussperrung, S. 138; Scholz, ZfA 1990, 377 (397); Kemper, Schutzbereich der Koalitionsfreiheit, S. 169. Kritisch von Kreuz, Verhältnismäßigkeit, S. 45 f.

1460 Kemper, Schutzbereich der Koalitionsfreiheit, S. 173; Seiter, Streikrecht, S. 152. Zur Unterscheidung von öffentlichem und privatem Recht vgl. Schoch/Schneider/Bier/Ehlers, Verwaltungsgerichtsordnung, § 40 Rn. 220 ff.

1461 Säcker, Rechtmäßigkeit des Boykotts, S. 26; ders., Gewerkschaftliche Monatshefte, 5/1972, 287 (297).

Kampfgegners eingegriffen. Somit hätte der Große Senat des BAG sich fragen müssen, welche verfassungskonformen Beschränkungen das Arbeitskampfrecht setzen darf. Insoweit verpflichtet das BAG als Ersatzgesetzgeber, das Verhältnismäßigkeitsgebot zu berücksichtigen. Jedoch hat das BAG bei dieser Aufgabe versagt und stattdessen dekretiert, dass der Arbeitskampf nur in den Grenzen des Verhältnismäßigkeitsgebots zulässig sei.[1462] Das bedeutet, so hatte *Säcker* hingewiesen, dass nicht mehr der im Gemeinwohlinteresse für notwendig erachtete, freiheitseinschränkende Eingriff am Verhältnismäßigkeitsgebot gemessen wird, sondern dass die Freiheitsausübung selbst dem Gebot der Verhältnismäßigkeit unterworfen wird. Danach hat die direkte Anwendung des Verhältnismäßigkeitsgebots zur Folge: Das als Freiheitsicherung fungierte Verhältnismäßigkeitsgebot verwandelt sich folglich in die Funktion der Freiheitsrechtsrestriktion.[1463] Dies steht aber im Widerspruch zum Sinn der „Schranken-Schranke" des Verhältnismäßigkeitsgebots. Denn das Verhältnismäßigkeitsgebot ist gerade nicht selbst Schranke der Ausübung der bürgerlichen Freiheitrechte.[1464] Die Aussage des BAG, „[d]er Grundsatz der Verhältnismäßigkeit hat sich nicht nur im Arbeitskampfrecht durchgesetzt, sondern ist als übergeordnetes Rechtsprinzip des Privatrechts wie schon seit langem für das öffentliche Recht und damit letztlich für die gesamte Rechtsordnung aufgedeckt worden",[1465] verkannte die Funktion sowie die Verwendung des Verhältnismäßigkeitsgebots.[1466]

Es wurde im Schrifttum teilweise noch argumentiert, dass kein Unterschied bestehe, ob der Staat selbst oder ein von ihm delegiertes privates Handeln das fremde Rechtsgut beeinträchtige. Eine solche private Eingriffshandlung bzw. der Arbeitskampf sei ebenfalls dem Verhältnismäßigkeitsgebot unterworfen.[1467] Jedenfalls geht die Ausgangsüberlegung bereits fehl. Zwar spricht die Meinung, dass auch Privatrechtssubjekte, soweit sie kraft Beleihung hoheitliche Funktionen wahrnehmen, zu den sämtlichen Trägern hoheitlicher Gewalt gehören.[1468] Die zum

---

1462 So auch Seiter, Streikrecht, S. 149.

1463 Kemper, Schutzbereich der Koalitionsfreiheit, S. 174.

1464 Säcker, Rechtmäßigkeit des Boykotts, S. 26; Säcker, Gewerkschaftliche Monatshefte, 5/1972, 287 (297); vgl. auch so auch Däubler, Grundrecht auf Mitbestimmung, S. 432; ders., der Streik, S. 90; ders./Däubler, Arbeitskampfrecht, § 14 Rn. 21; Joachim, AuR 1973, 289 (294); Hensche/Wolter, Übermaßverbot des Streiks, S. 553; Scholz, ZfA 1990, 377 (397); Däubler/Schumann, Arbeitskampfrecht, 1987, Rn. 201; Seiter, Streikrecht, S. 150 f.; Wohlgemuth, Staatseingriff und Arbeitskampf, S. 105; Wolter, Aussperrung und Verhältnismäßigkeit, S. 237; vgl. auch Kemper, Schutzbereich der Koalitionsfreiheit, S. 175 (Fn. 113) m. w. N.; a. A. Reuter, RdA 1975, 275 (281); weitere Kritik, vgl. Kreuz, Verhältnismäßigkeit, S. 86 ff.

1465 BAG 10.06.1980 – 1 AZR 822/79 – AP GG Art. 9 Arbeitskampf Nr. 64 = NJW 1980, 1642 (1650).

1466 Vgl. Seiter, Streikrecht, S. 150.

1467 Czerweny von Arland, Verhältnismäßigkeitsgrundsatz, S. 48; so auch Kreuz, Verhältnismäßigkeit, S. 89.

1468 Vgl. Hettlage, NJW 2004, 3299 (3300).

Arbeitskampfrecht aufgerufenen Koalitionen zählen aber nicht dazu.[1469] Denn die Kompetenz der Koalitionen zur Regelung von Arbeits- und Wirtschaftsbedingungen folgt unmittelbar aus Art. 9 Abs. 3 GG[1470] und es handelt sich damit „nicht um die Ausübung von Hoheitsgewalt, welche vom Staat abgeleitet ist".[1471] Die Durchführung zum Arbeitskampf bezieht sich demgemäß nicht auf eine Verlagerung staatlicher Kompetenz. Eine unmittelbare Anwendung des Verhältnismäßigkeitsgebots auf das Arbeitskampfrecht, wie auf das öffentliche Recht, lässt sich nicht begründen.

2. Legitimation der Verhältnismäßigkeitsprüfung im Arbeitskampfrecht

Würde das Prinzip der Verhältnismäßigkeit für das Arbeitskampfrecht Bedeutung erlangen, ist es nur möglich und zulässig, es als verfassungsrechtliche Schranke im Sinne des privatrechtlichen Verhältnismäßigkeitsgebots heranzuziehen.[1472] Danach könnte sich dieses Gebot an die privaten Akteure der Kampfhandlungen richten.[1473] Hierfür hat *Seiter* richtig angedeutet: „Wenn sich Kampfteilnehmer nicht an diese Regeln halten, so verstoßen sie nicht etwa gegen das Verhältnismäßigkeitsgebot, sondern gegen die von der Rechtsprechung als Ersatzgeber aufgestellten Richternormen."[1474] Die fundamentale Frage, ob und wie die private Rechtsausübung überhaupt dem Verhältnismäßigkeitsgebot unterliegt, kann an dieser Stelle dahingestellt bleiben.[1475] Die nachfolgenden Ausführungen setzen sich nun mit der Analyse der Verfassungskonformität der Erstreckung des Verhältnismäßigkeitsgebots im Arbeitskampfrecht auseinander.

a) Verhältnismäßigkeitsgebot als arbeitskampfrechtliche Rechtsfortbildung

Dass ein Arbeitskampf anders als anderes privates Handeln allgemein dem Verhältnismäßigkeitsgebot unterliegen sollte, wird zunächst bezweifelt: Warum steht der Arbeitskampf generell unter der Verhältnismäßigkeitskontrolle?[1476] *Fischinger* ist der Ansicht, dass, „das Streikrecht in erster Linie nicht Freiheits–, sondern Eingriffsrecht [ist]"[1477]. Dennoch ist zur Kenntnis zu nehmen, dass es gerade das Wesen einer Arbeitskampfmaßnahme ist, durch Zufügung wirtschaftlicher Nachteile Druck zur

1469 Zur Auffassung, die Kompetenz der Koalitionen ist nicht vom Staat delegiert, vgl. ErfK/Franzen, § 1 TVG, Rn. 6; Krause, in: Jacobs/Krause/Oetker/Schubert, Tarifvertragsrecht, § 1 Rn. 27; Waltermann, RdA 2014, 86 (88).

1470 BAG 27.05.2004 – 6 AZR 129/03 – NZA 2004, 1399 (1401).

1471 ErfK/Franzen, § 1 TVG, Rn. 6.

1472 Vgl. Seiter, Streikrecht, S. 151; Scholz/Konzen, Die Aussperrung, S. 138.

1473 Kreuz, Verhältnismäßigkeit, S. 45.

1474 Seiter, Streikrecht, S. 150.

1475 Zur umfassenden Analyse der Frage des Verhältnismäßigkeitsgebots als Schranke privater Rechtsausübung vgl. Bieder, Verhältnismäßigkeitsprinzip, S. 27 ff.

1476 Hensche/Wolter, Übermaßverbot des Streiks, S. 557. So auch Däubler/Däubler, Arbeitskampfrecht, § 14 Rn. 21.

1477 Fischinger, RdA 2007, 99 (100).

Erreichung eines legitimen Ziels auszuüben.[1478] Aus diesem Grund ist es unmöglich, im Rahmen des Arbeitskampfrechts seine Funktionen bezüglich des „Freiheitsrechts" und des „Eingriffsrechts" aufzuspalten. Der Eingriffscharakter ist eben der geschützte Inhalt des Art. 9 Abs. 3 GG.[1479] Hingegen liegt die einheitliche Ausgangsüberlegung des BAG zwar auch in dem Eingriffscharakter der Kampfmaßnahmen.[1480] Es wird aber betont, dass ein Arbeitskampf in der Regel andere grundrechtlich geschützte Positionen zwischen den Kampfgegnern und unbeteiligten Dritten beeinträchtigt und ein Fall der Grundrechtskollision gegeben ist.[1481] Somit besteht die Notwendigkeit, die kollidierenden Verfassungsrechte auszugleichen,[1482] und die Schutzpflicht des Staats verlangt in solchen Kampfkonstellationen einen effektiven Grundrechtschutz, auch wenn die Gefahr nicht vom Staat selbst herausfordert.[1483]

In erster Linie obliegt es dem Gesetzgeber, die Beziehungen zwischen Trägern widerstreitender Interessen durch die Rechtsordnung zu regulieren, um die staatliche Schutzpflicht zu erfüllen.[1484] Allerding ist das Arbeitskampfrecht bisher gesetzlich weitgehend ungeregelt geblieben.[1485] Bei unzureichenden gesetzlichen Vorgaben müssen die Gerichte das materielle Recht mit den anerkannten Methoden der Rechtsfindung aus den allgemeinen Grundsätzen ableiten, die für das betreffende Rechtsverhältnis maßgeblich sind.[1486] Bei der Grundrechtskollision im Arbeitskampf

---

1478 BAG 22.09.2009 – 1 AZR 972/08 – AP Nr. 174 Art. 9 Arbeitskampf GG Rn. 44. Engels, Arbeitskampfrecht, S. 233, ist der Auffassung, dass „der Arbeitskampf per se auf die Beeinträchtigung anderer verfassungsrechtlicher Positionen gerichtet ist"; vgl. auch Däubler/Bieback/Wroblewski, Arbeitskampfrecht, § 17 Rn. 33.

1479 Kemper, Schutzbereich der Koalitionsfreiheit, S. 171 f.

1480 Wie die oben dargestellte Ansicht des BAG in den Entscheidungen: 21.04.1971 – GS 1/68 – AP Nr. 43 Art. 9 GG Arbeitskampf = NJW 1971, 1668 (1669); 10.06.1980 – 1 AZR 822/79 – AP GG Art. 9 Arbeitskampf Nr. 64 = NJW 1980, 1642 (1650); 19.06.2007 – 1 AZR 396/06 – AP Nr. 173 Art. 9 Arbeitskampf GG Rn. 25; so auch im Schrifttum, vgl. Bieder, Verhältnismäßigkeitsprinzip, S. 179; Fischinger, RdA 2007, 99 (100); Kreuz, Verhältnismäßigkeit, S. 88 f.; Mayer–Maly ZfA 1980, 473(482); vgl. Hensche/Wolter, Übermaßverbot des Streiks, S. 554 Fn. 66 m. w. N.

1481 Engels, Arbeitskampfrecht, S. 213; vgl. auch die Analyse von Kemper, Schutzbereich der Koalitionsfreiheit, S. 171.

1482 Vgl. Kittner/Deinert, Richterrechtliches Verhältnismäßigkeitsprinzip, S. 300.

1483 Epping, Grundrechte, Rn. 117. Ab welcher Gefährdungsschwelle die Schutzpflicht aktiviert wird, dazu vgl. Epping, Grundrechte, Rn. 118.

1484 Dafür setzt das BVerfG 26.06.1991 – 1 BvR 779/85 – AP Nr. 117 Art. 9 GG Arbeitskampf = NZA 1991, 809 (810), auch das Vorliegen der verfassungsrechtlichen Schutzpflicht voraus, wenn es begründete, dass das auch dort gilt, „wo eine gesetzliche Regelung, etwa wegen einer verfassungsrechtlichen Schutzpflicht, notwendig wäre."

1485 Siehe oben § 8 B. Arbeitskampfrecht in Bundesgesetze.

1486 BVerfG 02.03.1993 – 1 BvR 1213/85 – AP Nr. 126 Art. 9 Arbeitskampf GG – NJW 1993, 1379 (1380); BVerfG 26.06.1991 – 1 BvR 779/85 – AP Nr. 117 Art. 9 GG Arbeitskampf = NZA 1991, 809 (810); Konzen, SAE 1991, 335 (337).

fehlt ebenfalls eine gesetzliche Regulierung und es wird kein Anhaltspunkt für eine direkte Ableitung des Verhältnismäßigkeitsgebots aus Art. 9 Abs. 3 GG vermittelt.[1487] Seine Einführung als Rechtsmäßigkeitskriterium in das Arbeitskampfrecht ist vielmehr eine außergesetzliche Entwicklung und wird als eine Rechtsfortbildung extra legem[1488] erkannt.[1489] Insoweit übernimmt die Judikatur die verfassungsmäßige Aufgabe des Gesetzgebers (sog. gesetzesvertretende Rechtsfortbildung) im Bereich des Arbeitskampfrechts.[1490]

Die Entfaltung des Arbeitskampfrechts ist zwar zugleich eine Freiheitsrechtsbeeinträchtigung der anderen, aber der Arbeitskampf selbst ist auch grundrechtlich geschützt. Auch wenn es bei der Heranziehung des Verhältnismäßigkeitsgebots des Arbeitskampfrechts um die Wahrnehmung der Schutzpflicht geht, steht dem Staat keine im freigegebenen Gestaltungsspielraum bestehende Eingriffsbefugnis zu. Die schutzpflichtbegründende Grundrechtseinschränkung durch die Rechtsprechung ist ebenfalls an die freiheitssichernden Garantien des Rechtsstaatsprinzips und die Grundrechte gebunden.[1491] Danach wird der Staat unvermeidlich bei der Heranziehung des Verhältnismäßigkeitsgebots im Arbeitskampfrecht mit dem Dilemma zwischen der Erfüllung seiner Schutzpflicht und dem Grundrechtseingriffsverbot konfrontiert.[1492] Aus Sicht des Eingriffsverbots ist die Frage damit verbunden, inwiefern der Staat bei der Erfüllung der Schutzpflicht zulasten der anderen berechtigt ist. An dieser Stelle muss das staatliche Handeln als rechtsgebundene Gewalt vor allem mit der Wertentscheidung der Rechtsordnung vereinbar sein.[1493] Für die Konkretisierung des Arbeitskampfrechts gilt nichts anderes.[1494] Hierbei kommt das allgemeine Rechtsprinzip des öffentlich-rechtlichen Verhältnismäßigkeitsgebots als „Schranken-Schranke“ ins Spiel.[1495] Demgemäß verbindet sich das Verhältnismäßigkeitsgebot im privatrechtlichen und öffentlich-rechtlichen Sinne zu einem Spannungsfeld.[1496] Genauer zu fragen ist, ob das Verhältnismäßigkeitsgebot des Arbeitskampfrechts das private Verhalten bzw. die Durchführung des Arbeitskampfs unverhältnismäßig beschränkt.[1497] Dafür findet die Besonderheit

1487 Vgl. Däubler/Schumann, Arbeitskampfrecht, 1987, Rn. 200.
1488 Zur Bedeutung der Rechtsfortbildung extra legem im Arbeitsrecht vgl. Meys, Rechtsfortbildung extra legem, S. 8 f.
1489 Kreuz, Verhältnismäßigkeit, S. 57; Meys, Rechtsfortbildung extra legem, S. 145; vgl. auch Seiter, Streikrecht, 151 f.
1490 Meys, Rechtsfortbildung extra legem, S. 10, 144 ff.
1491 BVerwG 27.03.1992 – 7 C 21/90 – NJW 1992, 2496 (2499); Sachs, JuS 1995, 984 (987). Zur Vereinbarkeit der Rechtsfortbildung extra legem mit der Verfassung und der Rechtsordnung vgl. Wiedemann, NJW 2014, 2407 (2410).
1492 Epping, Grundrechte, Rn. 120; Engels, Arbeitskampfrecht, S. 303 f.
1493 Kreuz, Verhältnismäßigkeit, S. 73; vgl. auch Engels, Arbeitskampfrecht, S. 318 ff.
1494 Konzen, SAE 1991, 335 (398).
1495 Engels, Arbeitskampfrecht, S. 232; Kreuz, Verhältnismäßigkeit, S. 89 f.
1496 Engels, Arbeitskampfrecht, S. 231.
1497 Seiter, Streikrecht, S. 151.

der Koalitionsfreiheit sowie des Arbeitskampfrechts besondere Aufmerksamkeit.[1498] Der verfassungsrechtliche Gewährleistungsgehalt des Art. 9 Abs. 3 GG darf nicht durch staatliches Handeln – hier die Arbeitskampfrechtsprechung – ausgehöhlt werden.[1499] In diesem Sinne ist die Vereinbarkeit des Verhältnismäßigkeitsgebots des Arbeitskampfrechts mit Art. 9 Abs. 3 GG im Folgenden zu prüfen.

b) Vereinbarkeit des Verhältnismäßigkeitsgebots mit Art. 9 Abs. 3 GG

(1) Zweckbestimmung der Verhältnismäßigkeitsprüfung

Im Kern der Verhältnismäßigkeitsprüfung geht es darum, das in Beziehung gesetzte Ziel mit dem Mittel zu vergleichen. Das eingesetzte Mittel muss der Zielerreichung dienen.[1500] Damit setzt die Verhältnismäßigkeitsprüfung einen bestimmten Zweck voraus. Danach kann kontrolliert werden, ob das zum Eingriffszweck eingesetzte Kampfmittel verhältnismäßig ist. Diese im öffentlichen Recht gewonnene Feststellung gilt ebenfalls bei der Verhältnismäßigkeitsprüfung des Arbeitskampfes.[1501] Dafür hatte das BAG betont: „Geeignetheit, Erforderlichkeit und Proportionalität einer Kampfmaßnahme lassen sich nicht beurteilen, so lange nicht feststeht, welcher Zweck bei der Prüfung dieser Merkmale maßgebend sein soll."[1502] Allerdings ist die Frage der Zweckbestimmung nach wie vor umstritten.[1503] Dafür werden der „allgemeine Bezugspunkt"[1504] und eine Reihe von „speziellen Bezugspunkten"[1505] der Verhältnismäßigkeitsprüfung vorgestellt.[1506] Die Herstellung der Kampfparität,[1507]

1498 Engels, Arbeitskampfrecht, S. 304; Kemper, Schutzbereich der Koalitionsfreiheit, S. 171 f; Kreuz, Verhältnismäßigkeit, S. 73. Engels, Arbeitskampfrecht, S. 313, und Konzen, SAE 1991, 335 (397), betonten weiterhin, dass die Arbeitsgerichte an die systematische Vorgabe des Art. 9 Abs. 3 GG gebunden sind.

1499 Engels, Arbeitskampfrecht, S. 310. Zur Wesensgehaltsgarantie gemäß Art. 19 Abs. 2 GG vgl. Epping, Grundrechte, Rn. 138 ff.

1500 Kreuz, Verhältnismäßigkeit, S. 98. Siehe auch oben § 11 B. I. 1. Allgemeine Bedeutung des Verhältnismäßigkeitsgebots.

1501 Vgl. Reuß, AuR 1975, 289 (291).

1502 BAG 10.06.1980 – 1 AZR 822/79 – AP Nr. 64 Art. 9 GG Arbeitskampf = NJW 1980, 1642 (1650).

1503 Im Urteil 10.06.1980 – 1 AZR 822/79 – AP Nr. 64 Art. 9 GG Arbeitskampf = NJW 1980, 1642 (1650), sah BAG auch diese Frage als umstritten an. Zum Meinungsspektrum für diese Frage vgl. Czerweny von Arland, Verhältnismäßigkeitsgrundsatz, S. 51 ff.; Kreuz, Verhältnismäßigkeit, S. 101 ff.

1504 Seiter, Streikrecht, S. 172.

1505 Zur Darstellung der speziellen Bezugspunkte sowie der entsprechenden Analyse einzelner Bezugspunkte vgl. Czerweny von Arland, Verhältnismäßigkeitsgrundsatz, S. 51 ff.; Hensche/Wolter, Übermaßverbot des Streiks, S. 550; Kemper, Schutzbereich der Koalitionsfreiheit, S. 161 ff.

1506 Die Abgrenzung des allgemeinen und des speziellen Bezugspunkts wurde von Czerweny von Arland, Verhältnismäßigkeitsgrundsatz, S. 51, dargestellt.

1507 Seiter, Streikrecht, S. 172; ders., RdA 1981, 65 (76); so auch Konzen, AcP 177 (1977), 473 (527); weitere Nachweise in Kreuz, Verhältnismäßigkeit, S. 110 (Fn. 274- 276).

die Willensbeeinflussung des Kampfgegners[1508] oder die frei gewählte Kampftaktik[1509] könnten der Bezugspunkt sein. Welche Variante ein passender Bezugspunkt ist, benötigt eine nähre Analyse.

aa) Verhältnismäßigkeitsprüfung und das Risiko der Tarifzensur

„Allgemeiner Bezugspunkt ist zunächst die in Art. 9 Abs. 3 GG als Koalitionszweck genannte Wahrung und Förderung der Arbeits- und Wirtschaftsbedingungen".[1510] Dabei wird bislang nur der Abschluss eines Tarifvertrags in der Rechtsprechung des BAG und des BVerfG als rechtmäßiges Kampfziel anerkannt. Die tariflichen Forderungen als Zweck sollten infolgedessen bei der Verhältnismäßigkeitsprüfung des Arbeitskampfes der Bezugspunkt sein[1511] – zumindest für den Tarifkampf.[1512] Demgemäß könnte eine Relation zwischen der kampfweisen Schadensverursachung und dem mit der Eingriffshandlung erstrebten Vorteil konstruiert werden. Die hier genannten Vorteile sind die durch den erkämpften Tarifvertrag verbesserten Arbeits- und Wirtschaftsbedingungen.[1513]

Anhand dieses Zwecks hat die Handhabung der Verhältnismäßigkeitsprüfung dennoch zwingend zur Folge, dass der Inhalt der tariflichen Forderungen in allen drei Prüfungsstufen oder spätestens in der Phase der Proportionalitätsprüfung einer gerichtlichen Kontrolle unterworfen wird, um ihr Verhältnis zu den Kampfschäden zu prüfen.[1514] Die Bewertung und Kontrolle der Kampfforderung verstößt jedoch gegen die durch Art. 9 Abs. 3 GG gewährleistete Koalitionsbetätigungsfreiheit der Gewerkschaften und stellt die Funktionsfähigkeit der Tarifautonomie infrage.[1515] Denn Art. 9 Abs. 3 GG gewährleistet eine Ordnung des Arbeits- und Wirtschaftslebens, bei der der Staat seine Zuständigkeit zur Rechtsetzung weit zurückgenommen und die Bestimmung regelungsbedürftiger Einzelheiten des Arbeitsvertrags grundsätzlich den Koalitionen überlassen hat. In diesem von staatlicher Rechtsetzung frei gelassenen Raum ordnen die Koalitionen in eigener Verantwortung und im Wesentlichen ohne staatliche Einflussnahme die Löhne und sonstigen materiellen Arbeitsbedingungen.[1516] Eine Kontrolle der Tarifziele durch die Arbeitsgerichte

1508 Hoyningen-Huene JuS 1987, 505 (507 f.).
1509 Löwisch ZfA 1971, 319 (326).
1510 Seiter, Streikrecht, S. 172.
1511 Fischinger, RdA 2007, 99 (101); Kreuz, Verhältnismäßigkeit, S. 117.
1512 Nach Art. 9 Abs. 3 GG werden nicht nur Tarifkämpfe erlaubt, dazu siehe oben § 8 A. II. 4. a) Bedeutung des Tarifbezugs für die Arbeitskampfgarantie.
1513 Seiter, Übermaßverbot, S. 93.
1514 Hensche/Wolter, Übermaßverbot des Streiks, S. 549; Seiter, Übermaßverbot, S. 94.
1515 BAG 24.04.2007 – 1 AZR 252/06 – NZA 2007, 987 (996); BVerfG 26.06.1991 – 1 BvR 779/85 – AP Nr. 117 Art. 9 GG Arbeitskampf = NZA 1991, 809 (812);.
1516 BVerfG 24.05.1977 – 2 BvL 11/74 – NJW 1977, 2255 (2256); 27.02.1973 – 2 BvL 27/69 – NJW 1973, 1320 (1321); Krause, in: Jacobs/Krause/Oetker/Schubert, Tarifvertragsrecht, § 1 Rn. 20, spricht von „einer kollektiven Regelbildung im Wege **gesellschaftlicher Selbstorganisation** [Hervorhebung der Verfasserin]."

würde eine Tarifzensur bedeuten und wäre ein Eingriff in die Tarifautonomie.[1517] Der Versuch, die Verhältnismäßigkeitsprüfung auf eine Exzesskontrolle zu beschränken, kann das Risiko der Tarifzensur[1518] auch nicht vermeiden.[1519] Denn in Extremfällen stünden dann auch Tarifforderungen unter gerichtliche Kontrolle.[1520]

Als Ergebnis ist festzustellen, dass eine gerichtliche Kontrolle des Umfangs von Streikforderungen, die auf tariflich regelbare Ziele gerichtet sind, die Koalitionsbetätigungsfreiheit von Gewerkschaften beschränkt und daher unverhältnismäßig ist. Ein darauf gestützter Bezugspunkt der Verhältnismäßigkeitsprüfung ist deshalb unvereinbar mit Art. 9 Abs. 3 GG und kommt nicht in Betracht.[1521]

bb) Kampfparität als Bezugspunkt?

Um das Risiko der Tarifzensur zu vermeiden, werden anstelle des „allgemeinen Bezugspunktes“[1522] mehrere mögliche „spezielle“ Zwecke des Arbeitskampfrechts vorgestellt. Darunter findet der Bezugspunkt der Herstellung der Kampfparität besondere Aufmerksamkeit. Insbesondere wird daran die Zulässigkeit der Aussperrung in der Rechtsprechung gemessen. In Vergleich dazu wurde dieser Bezugspunkt im Schrifttum undifferenziert für Abwehr- und Angriffskampfmittel verwendet. Hierdurch wird eine Relation zwischen der Herstellung sowie Gewährleistung der Kampfparität und der kampfweisen verursachten Schäden erstellt, welche

---

1517 Im Prinzip bestimmte das BAG 10.06.1980 – 1 AZR 822/79 – AP Nr. 64 Art. 9 GG Arbeitskampf = NJW 1980, 1642 (1650); vgl. auch BAG 12.03.1992 – 6 AZR 311/90 – NZA 1992, 938 (940): Es ist nicht Aufgabe der Gerichte zu prüfen, ob die Tarifvertragsparteien die sachgerechteste und zweckmäßigste Regelung getroffen haben. Die Gerichte haben jedoch zu kontrollieren, ob durch die tarifliche Regelung die Grenzen der Tarifautonomie überschritten werden.

1518 Zum Verbot der Tarifzensur vgl. Berg/Kocher/Platow/Schoof/Schumann, Teil 3, Rn. 159.

1519 So aber der Lösungsansatz von Fischinger, RdA 2007, 99 (101) und Kreuz, Verhältnismäßigkeit, S. 107 ff.

1520 Hensche/Wolter, Übermaßverbot des Streiks, S. 549; zurückhaltend im BAG 10.06.1980 – 1 AZR 822/79 – AP Nr. 64 Art. 9 GG Arbeitskampf = NJW 1980, 1642 (1650): „Eine Kontrolle der Tarifziele durch die Gerichte für Arbeitssachen wäre (von Extremfällen vielleicht abgesehen) ein Eingriff in die Tarifautonomie“.

1521 Das ist auch die überwiegende Meinung in Rechtsprechung und Schrifttum, vgl. BAG 24.04.2007 – 1 AZR 252/06 – NZA 2007, 987 (996 f.); BVerfG 26.06.1991 – 1 BvR 779/85 – AP Nr. 117 Art. 9 GG Arbeitskampf = NZA 1991, 809 (812); BeckOK-ArbR/Waas, Art. 9 GG, Rn. 59; Czerweny von Arland, Verhältnismäßigkeitsgrundsatz, S. 52 f.; Däubler/Däubler, Arbeitskampfrecht, § 14 Rn. 11; Hensche/Wolter, Übermaßverbot des Streiks, S. 548 f.; Kemper, Schutzbereich der Koalitionsfreiheit, S. 160 f.; ErfK/Linsenmaier, Art. 9, Rn. 130; Schaub/Treber, § 193 Rn. 7. Anderer Auffassung Fischinger, RdA 2007, 99 (101); Kreuz, Verhältnismäßigkeit, S. 117.

1522 Seiter, Streikrecht, S. 172.

verhältnismäßig sein müsse.[1523] Ein Kampfmittel, das die Parität beeinträchtigt, sei unverhältnismäßig.

An dieser Stelle ist zunächst die Besonderheit des Arbeitskampfrechts zu beachten. Gemäß Art. 9 Abs. 3 GG wird die autonome Regulierung der Arbeits- und Wirtschaftsbedingungen gewährleistet. Dafür wird den Sozialpartnern der Schutz der Koalitionsfreiheit gewährt, die Interessenkonflikte mittels der Kampfmaßnahmen ohne staatliche Beeinflussung auszutragen. Hierfür beabsichtigt eine Eingriffshandlung das Nachgeben des Kampfgegners, um eigene Forderungen durchzusetzen.[1524] Würde der Kampfgegner deshalb zur Unterlegenheit in der Auseinandersetzung gebracht, ist dies genau „Ausdruck und Ergebnis der Freiheit des Art. 9 Abs. 3 GG."[1525] Außerdem steht ihm unter allen Umständen eine Vielzahl von Gegenmaßnahmen zur Verfügung, z. B. die Einstellung von Streikbrechern, die Betriebsstilllegung oder die Aussperrung,[1526] um das für ihn ungünstige Kräfteverhältnis wieder zu korrigieren. Es wäre vorschnell, die dadurch hervorgerufene Einwirkung als Grundrechtseingriff zu interpretieren. Allenfalls bedeutet jeder Arbeitskampf angesichts seiner Schadenseffekte eine Kollision verschiedener Grundrechtspositionen.[1527] Für die Kräfteverhältnisfrage wird eine auf die staatliche Schutzpflicht gestützte Eingriffsbefugnis nicht legitimiert.[1528]

Würde die Kampfparität Bedeutung in der Verhältnismäßigkeitsprüfung erlangen, ist zu prüfen, ob das Paritätsprinzip und das Verhältnismäßigkeitsgebot systematisch in einen Topf geworfen werden dürfen.[1529] Während das Verhältnismäßigkeitsgebot den Zeitpunkt und das Ziel sowie die Art der Durchführung und die Intensität des einzelnen Arbeitskampfes konkret kontrolliert, dient das Paritätsprinzip hingegen nur dem strukturellen Gleichgewicht der sozialen Partner.[1530] Es liegt die Annahme zugrunde, dass als Voraussetzung für ein Funktionieren und innerer Grund der autonomen Regulierung der Arbeits- und Wirtschaftsbedingungen nicht eine Partei der anderen von vornherein ihren Willen aufzwingen kann, sondern dass möglichst gleiche Verhandlungschancen bestehen müssen.[1531] Ohne die

1523 So die Analyse von Kemper, Schutzbereich der Koalitionsfreiheit, S. 162.

1524 Coester, Jura 1992, 84 (88); Kemper, in: Starck, Art. 9 Abs. 3, Rn. 163; Kemper, Schutzbereich der Koalitionsfreiheit, S. 165.

1525 Cornils, Ausgestaltung der Grundrechte, S. 410, 413.

1526 Zu weiteren Gegenstrategien des Arbeitgebers, vgl. ErfK/Linsenmaier, Art. 9 GG Rn. 213 ff.; Däubler/Wolter Arbeitskampfrecht, § 21 Rn. 157. Zu Gegenmaßnahmen des Arbeitsgebers außerhalb des Arbeitskampfrechts vgl. Wolter, Aussperrung und Verhältnismäßigkeit, S. 242.

1527 Engels, Arbeitskampfrecht, S. 231.

1528 Cornils, Ausgestaltung der Grundrechte, S. 410 f.

1529 So die Formulierung, vgl. Czerweny von Arland, Verhältnismäßigkeitsgrundsatz, S. 58.

1530 Berg/Kocher/Platow/Schoof/Schumann, Teil 3, Rn. 4; Kissel, Arbeitskampfrecht, § 32 Rn. 10 ff.; Scholz/Konzen, Die Aussperrung, S. 174 ff.

1531 BAG 10.06.1980 – 1 AZR 822/79 – AP Nr. 64 Art. 9 GG Arbeitskampf = NJW 1980, 1642 (1644).

materielle Kampfparität könnte ein „kollektives Betteln“ nicht vermieden werden.[1532] In diesem Sinne bezieht sich der Grundsatz der Koalitionsparität auf „das Arsenal zulässiger Kampfmittel“[1533] und er bestimmt die generell zulässigen Kampfmittel.[1534] Entsprechend müssen bei der Beurteilung der Parität nicht alle Besonderheiten eines Arbeitskampfes (Kampfziele, wirtschaftliche Lage, Organisationsgrad usw.) berücksichtigt werden. Situationsbedingte Vorteile, die sich im konkreten Arbeitskampf sehr stark auswirken mögen, bleiben notwendigerweise unberücksichtigt.[1535] Das Paritätsprinzip muss in generellen und abstrakt formulierten Regeln ausgedrückt werden (sog. Generell-typisierende Betrachtungsweise)[1536], um die Arbeitskampfmittel institutionell zu bestimmen. Wegen seiner Abstraktionshöhe ist das Paritätsprinzip regelmäßig auch nicht ausreichend, um als Maßstab zur Bewertung einzelner Kampfsituationen angewendet zu werden.[1537]

Würde hingegen eine konkrete Kampfparität gefordert, um für die Gleichgewichtigkeit im einzelnen eingesetzten Kampfmittel zu sorgen,[1538] führe dies vielmehr zu „einer Patt-Situation.“[1539] Danach wird der Verhandlungsprozess wegen einer völligen Parität blockiert und das System des freien Spiels der Kräfte zwischen Kampfparteien lahmgelegt. Um diese Gefahr zu vermeiden, muss das Grundrecht des Art. 9 Abs. 3 GG „nicht auf den Maßstab der konkreten, sondern auf den der abstrakten Koalitionsparität“ abstellen.[1540] Nur Disparitäten, die strukturell bedingt sind, dürfen und müssen ausgeglichen werden.[1541] Aus diesen systematischen Gründen kann das Paritätsprinzip nicht als Kriterium dienen, um jeden einzelnen konkreten Arbeitskampf zu steuern. Das am Paritätsgedanken orientierte

---

1532 Vgl. Berg/Kocher/Platow/Schoof/Schumann, Teil 3, Rn. 3; ErfK/Linsenmaier, Art. 9 Rn. 112.

1533 BAG 10.06.1980 – 1 AZR 822/79 – AP Nr. 64 Art. 9 GG Arbeitskampf = NJW 1980, 1642 (1647).

1534 Czerweny von Arland, Verhältnismäßigkeitsgrundsatz, S. 56 f.; Kissel, Arbeitskampfrecht, § 32 Rn. 5.

1535 BAG 10.06.1980 – 1 AZR 168/79 – AP GG Art. 9 Arbeitskampf Nr. 65 (unter den Gründen A. IV 2.)

1536 Die generell–typisierende Betrachtungsweise ist h. M. geworden, Kissel, Arbeitskampfrecht, § 32 Rn. 20 (Fn. 59) m. w. N.

1537 Diese Ansicht wird aktuell vom BAG angenommen, BAG 22.09.2009 – 1 AZR 972/08 – AP Nr. 174 Art. 9 Arbeitskampf GG Rn. 40; v. 19.06.2007 – 1 AZR 396/06 – AP Nr. 173 Art. 9 Arbeitskampf GG Rn. 21; vgl. auch Berg/Kocher/Platow/Schoof/Schumann, Teil 3, Rn. 3; Däubler/Däubler, Arbeitskampfrecht, § 9 Rn. 32; ErfK/Linsenmaier, Art. 9 Rn. 112.

1538 Zur Bedeutung der konkreten Kampfparität vgl. Scholz/Konzen, Die Aussperrung, S. 177 f.

1539 Coester, Jura 1992, 84 (88); Kissel, Arbeitskampfrecht, § 32 Rn. 4.

1540 Scholz/Konzen, Die Aussperrung, S. 178.

1541 BVerfG 04.07.1995 – 1 BvF 2/86 u. a. – AP Nr. 4 AFG § 116 (unter den Gründen A. I. 1. c).

Verhältnismäßigkeitsgebot als Schranke des Arbeitskampfrechts ist daher zum Scheitern verurteilt.[1542]

(2) Dilemma des Verhältnismäßigkeitsgebots

Abgesehen von der Streitfrage der Zweckbestimmung ist auch die Kontrolle über die Kampfmittel nach dem Verhältnismäßigkeitsgebot problematisch. Die Aufgabe jedes Kampfmittels ist es, Druck auf den Kampfgegner zwecks der Erreichung der Kampfforderungen auszuüben. In diesem Sinne wird gemäß dem Prinzip der Erforderlichkeit erwartet, das mildeste Kampfmittel anzuwenden, um weniger Beeinträchtigung zu verursachen.[1543] Nach allgemeinem Verständnis der Verhältnismäßigkeit[1544] dürfen in dieser Prüfungsstufe allerdings nur diejenigen Mittel berücksichtigt und verglichen werden, die gleich geeignet (wirksam) zur Erreichung des Kampfziels sind.[1545] Allerdings ist bereits dieser Ausgangspunkt widersprüchlich. Im freien Spiel der Kräfte zwischen Kampfparteien ist ein Mittel, wie *Hirschberg* angedeutet hatte, in der Regel „umso geeigneter (wirksamer), je schärfer es ist."[1546] Gerade die schärfste Maßnahme könnte ein möglichst schnelles Ende des Kampfes erzielen.[1547] Das bedeutet, dass Alternativkampfmittel zwar fast immer vorstellbar sind, das aber die maßgebliche Frage darin besteht, ob diese gleich geeignet (wirksam) sind.[1548]

Beachtlich ist, dass die Frage der gleichen Geeignetheit des Arbeitskampfmittels bei der Handhabung der Erforderlichkeitsprüfung kaum wahrgenommen wird.[1549] Dies kann sich vermeintlich daraus ergeben, dass das Gebot der Erforderlichkeit häufig als Prinzip des mildesten bzw. schonendsten Mittels interpretiert wird,[1550] und zwar ohne Rücksicht auf den Wirksamkeitsgrad des jeweiligen Kampfmittels. Ein Beispiel dafür ist der Beschluss des LAG Baden-Württemberg vom 08. August 1973.[1551] Im Beschluss wurde ein arbeitskampfrechtlicher Boykott mit Unterstützung der in der Internationalen Transportarbeiter-Föderation zusammengeschlossenen ausländischen Gewerkschaften nicht als mildere Kampfwaffe und deshalb als nicht erforderlich bewertet.[1552] Das wurde nur mit der Einschätzung begründet, dass der

1542 So auch im Ergebnis Cornils, Ausgestaltung der Grundrechte, S. 414; Czerweny von Arland, Verhältnismäßigkeitsgrundsatz, S. 57 f; siehe auch Kissel, Arbeitskampfecht, § 32 Rn. 3 f.

1543 Kreuz, Verhältnismäßigkeit, S. 131.

1544 Siehe oben § 11 B. I. 1. Allgemeine Bedeutung des Verhältnismäßigkeitsgebots.

1545 Fischinger, RdA 2007, 99 (101); Kreuz, Verhältnismäßigkeit, S. 131 f.

1546 Hirschberg, Verhältnismäßigkeit, S. 155.

1547 Hirschberg, Verhältnismäßigkeit, S. 157; so auch Hensche/Wolter, Übermaßverbot des Streiks, S. 551.

1548 Hirschberg, Verhältnismäßigkeit, S. 156 f.

1549 Vgl. den Hinweis von Fischinger, RdA 2007, 99 (101) Fn. 36.

1550 Kreuz, Verhältnismäßigkeit, S. 132.

1551 LAG Baden-Württemberg 08.08.1973 – 4 Sa 29/73 – AuR 1974, 316. Dazu vgl. auch Seiter, Übermaßverbot, S. 16 ff.

1552 LAG Baden-Württemberg 08.08.1973 – 4 Sa 29/73 – AuR 1974, 316.

Boykott die schärfste Waffe sei und binnen kurzer Zeit die Erreichung des Kampfziels ermögliche. Er gehe daher weit über das hinaus, was zur Durchsetzung des erstrebten Tarifbeschlusses erforderlich sei.[1553] Die Streitfrage, ob der Boykott und ein Streik gleich geeignet sind, wurde überhaupt nicht behandelt.[1554] Regelrecht im Sinne eines richtig verstandenen Erforderlichkeitsprinzips ist vielmehr, so *Kreuz*, dass die schärfste Kampfmaßnahme genau das „mildeste Mittel ist, wenn keine zumindest gleich wirksame Alternativkampfmittel zur Auswahl stehen.[1555] Das deutet, dass „[nicht] stets das mildeste Mittel angewendet werden muss."[1556] Eine darauf stützende Erforderlichkeitsprüfung ist abzulehnen. Deshalb stößt die Erwartung, das Verhältnismäßigkeitsgebot als „schadenminderndes Instrument" im Arbeitskampf nutzen zu können, bereits in der Prüfungsstufe der Geeignetheit sowie der Erforderlichkeit auf Schwierigkeiten.[1557]

(3) Verhältnismäßigkeitsgebot und Kampfmittelfreiheit

Tatsächlich kann die Frage der gleichen Geeignetheit verschiedener Kampfmittel weder von den Kampfparteien noch von den Arbeitsgerichten einwandfrei beantwortet werden. Denn sie setzt voraus, dass die Wirksamkeit sowie Intensität verschiedener Kampfmittel vergleichbar sein können. Zwar wäre es vorstellbar, den Belastungsgrad zwischen Vollstreik und seinen Sonderformen (Kurzzeit-, Schwerpunkt- oder Teilzeitstreiks) oder dem Boykott[1558] abzuwägen. Aber Schwierigkeiten treten schon dann auf, wenn eine Reihe von kollektiven Aktionsformen außer dem Streik in Betracht kommt. Genauer ist die Frage zu stellen, ob und wie verschiedene atypische Arbeitskampfmittel zueinander oder mit verschieden Streikformen verglichen werden können, weil die schädigenden Effekte je nach der Kampfform variieren. Es ist fraglich, ob ein Flashmob weniger belastend als ein Kurzzeitstreik

---

1553 LAG Baden-Württemberg 08.08.1973 – 4 Sa 29/73 – AuR 1974, 316 (319); Kritisch Hirschberg, Verhältnismäßigkeit, S. 157.

1554 Im Beschluss LAG Baden-Württemberg 08.08.1973 – 4 Sa 29/73 – AuR 1974, 316 (319) wurde nur angegeben: „Der AG standen entgegen ihrem Vorbringen Kampfmittel von geringerer Schärfe zur Verfügung, so etwa ein Streik auf den Schiffen oder eine Aufforderung an ihre Mitglieder, mit dem Ast. kein Heuerverhältnis einzugehen oder bestehende Heuerverhältnisse zu beenden." Dazu vgl. Hirschberg, Verhältnismäßigkeit, S. 157; Wiedemann, Anm. zu BAG 19.10.1976 – 1 AZR 611/75 – AP TVG § 1 Form Nr. 6.

1555 Kreuz, Verhältnismäßigkeit, S. 132.

1556 Kissel, Arbeitskampfrecht, § 29 Rn. 30.

1557 Vgl. Hirschberg, Verhältnismäßigkeit, S. 155.

1558 Die Bewertung der Gefährlichkeit eines Boykotts und eines Streiks im Allgemeinen ist aber auch umstritten. In den 1970er-Jahren wurde es mehrfach betont, dass der Boykott „die schärfste Waffe" darstelle, dazu Wiedemann, Anm. zu BAG 19.10.1976 – 1 AZR 611/75 – AP TVG § 1 Form Nr. 6; Säcker, Rechtmäßigkeit des Boykotts, S. 30, ist der Meinung, dass der internationale Boykott die „mildest mögliche, wirksame Waffe der Gewerkschaft" sei.

wäre oder ob ein Käuferboykott aggressiver als eine Blockadeaktion wäre. Außerdem sind die Grenzen des atypischen Arbeitskampfes zwischen seinen verschiedenen Formen häufig fließend. Wie kann der Wirksamkeitsgrad eines Käuferboykotts, der in der Art eines Flashmobs[1559] gestaltet wird, festgestellt und mit einem Streik verglichen werden?

Eine entsprechende Antwort betrifft vielmehr regelmäßig eine Prognoseentscheidung und keine Kampfpartei könne sich ihrer sicher sein.[1560] Zugleich wäre es eine Überforderung für die Arbeitsgerichte.[1561] Müssten die Richter an dieser Stelle tätig werden, wäre es unvermeidlich, dass „die objektiven Wertungen von Verfassung und Gesetz durch die subjektiven des Richters ersetzt" werden.[1562] Insbesondere nimmt das BAG hierfür eine konkrete Verhältnismäßigkeitsprüfung an, wonach die Entscheidungen der Kampfpartei über Zeitpunkt und Ziel sowie die Art der Durchführung und die Intensität des Arbeitskampfes durch die gerichtliche Nachprüfung kontrolliert werden.[1563] Im Ergebnis verstößt diese gerichtliche Zensur gegen die gemäß Art. 9 Abs. 3 GG gewährleistete Kampfmittelfreiheit.[1564]

Die neue Rechtsprechung des BAG – zumindest des Ersten Senats – tendiert auch zu diesem Blickwinkel.[1565] Das Verhältnismäßigkeitsgebot ist zwar nach wie vor der zentrale Maßstab für die rechtliche Beurteilung von Arbeitskampfmaßnahmen. Jedoch kommt den kampfführenden Koalitionen nach BAG nunmehr eine Einschätzungsprärogative zu. Sie haben einen Beurteilungsspielraum bei den Fragen, ob eine Arbeitskampfmaßnahme geeignet ist, Druck auf den sozialen Gegenspieler auszuüben, und ob sie zur Erreichung des verfolgten Ziels das gewählte Mittel für erforderlich oder andere Mittel für ausreichend erachten.[1566] Mit der Anerkennung der Einschätzungsprärogative wird der Grundsatz der Kampfmittelfreiheit vor dem

---

1559 Die Elemente eines Flashmobs als aktives Betriebsstörungsmittel sind kollektive Handlung und Druckausübung, Flexibilität und Überraschungsmoment, aktive Beteiligung von Dritten, siehe oben § 6 A. I. 3. Elemente eines Flashmobs als aktives Betriebsstörungsmittel. Ein demonstrativer Flashmob, um den Arbeitgeber zu boykottieren, war die berühmte Aktion „Don't get caught in a bad hotel" in San Francisco, siehe oben § 6 B. II. 1. Demonstrativer Flashmob.

1560 Kreuz, Verhältnismäßigkeit, S. 135 f.

1561 Kreuz, Verhältnismäßigkeit, S. 133 f.; Seiter, Streikrecht, S. 517; Scholz/Konzen, Die Aussperrung, S. 139 f.

1562 Wohlgemuth, Staatseingriff und Arbeitskampf, S. 106.

1563 BAG 21.04.1971 – GS 1/68 – AP Nr. 43 Art. 9 GG Arbeitskampf = NJW 1971, 1668 (1669); vgl. auch Czerweny von Arland, Verhältnismäßigkeitsgrundsatz, S. 83; Konzen, AcP 177 (1977), 473 (510); Scholz/Konzen, Die Aussperrung, S. 139.

1564 Zu Kampfmittelfreiheit und Art. 9 Abs. 3 GG siehe oben § 10 B. II. Begrenzte Eröffnung des Schutzbereichs für die atypischen Arbeitskämpfe.

1565 Zur Entwicklung der Kampfmittelfreiheit, siehe oben § 10 B. II. Begrenzte Eröffnung des Schutzbereichs für die atypischen Arbeitskämpfe.

1566 BAG 22.09.2009 – 1 AZR 972/08 – AP Nr. 174 Art. 9 Arbeitskampf GG Rn. 42 f.; 19.06.2007 – 1 AZR 396/06 – AP Nr. 173 Art. 9 Arbeitskampf GG Rn. 26 f.

staatlichen Eingriff bewahrt.[1567] Freilich stößt diese Ansicht des BAG auf vielfältige Gegenstimmen im Schrifttum.[1568] So wird kritisiert, dass die Gewerkschaft zum „Richter in eigener Sache“[1569] oder „der Bock zum Gärtner“[1570] gemacht werde und die Kontrolle nach Geeignetheit und Erforderlichkeit nicht mehr effektiv sei, da sie selbst autonom entscheiden darf, ob das gewählte Kampfmittel geeignet und erforderlich ist.[1571] Es ist doch in erster Linie klarzumachen, dass die aufgrund des Arbeitskampfes bewirkten privaten Interessenkonflikte nicht zwingend durch die Verhältnismäßigkeitskontrolle zu steuern sind. Es geht fehl, wenn man das Verhältnismäßigkeitsgebot als Doktrin für das Arbeitskampfrecht ansieht.[1572] Die Ausdehnung der Verhältnismäßigkeitsprüfung auf privatrechtliche Konflikte bildet eine Freiheitseinschränkung (Arbeitskampfrechtseinschränkung) und muss verhältnismäßig bleiben. Dabei ist die Besonderheit des Arbeitskampfrechts zu berücksichtigen. Wie bereits erörtert wurde, stützt der Grundsatz der Kampfmittelfreiheit die Entfaltung des Arbeitskampfrechts und ist nicht entbehrlich.[1573] Eine damit im Widerspruch stehende Grundrechtseinschränkung bzw. das Verhältnismäßigkeitsgebot wird verhindert, in dem Bereich des Arbeitskampfrechts zu zulassen. Umgekehrt steht der Lösungsansatz des BAG anhand der Anerkennung der Einschätzungsprärogative in Einklang mit dem Grundsatz der Kampfmittelfreiheit. Insoweit ist dieser Akzentverschiebung des BAG zuzustimmen.

c) Proportionalitätsprüfung und Arbeitskampfrecht

Die aktuelle Rechtsprechung des BAG hat außerdem darauf hingewiesen, dass ein Arbeitskampfmittel proportional sei, wenn es „sich unter hinreichender Würdigung der grundrechtlich gewährleisteten Betätigungsfreiheit zur Erreichung des angestrebten Kampfziels unter Berücksichtigung der Rechtspositionen der von der Kampfmaßnahme unmittelbar oder mittelbar Betroffenen als angemessen

---

1567 BAG 19.06.2007 – 1 AZR 396/06 – AP Nr. 173 Art. 9 Arbeitskampf GG Rn. 26 f. In diesem Sinne vgl. auch ErfK/Linsenmaier, Art. 9 Rn. 130a: „Wegen der Freiheit der Kampfmittelwahl muss den Gewerkschaften bei der Frage der Geeignetheit und Erforderlichkeit grundsätzlich eine Einschätzungsprärogative zugebilligt werden.“

1568 Jacobs, ZfA 2011, 71 (87 ff.); Kersten, Neues Arbeitskampfrecht, S. 70; Konzen, SAE 2008, 1 (4 ff.); Rieble, BB 2008, 1506 (1514); Otto, RdA 2010, 135 (140); Rosenau, Koalitionsbetätigungsfreiheit, S. 262 (Fn. 1002); Willemsen/Mehrens, Anm. zu AP Nr. 174 Art. 9 GG Arbeitskampf; Krieger/Günther, NZA 2010, 20 (20 ff.); Säcker/Mohr, JZ 2010, 440 (440 ff).

1569 Jacobs, ZfA 2011, 71 (90).

1570 Rüthers/Höpfner, JZ 2010, 261 (263).

1571 Jacobs, ZfA 2011, 71 (90); Rüthers/Höpfner, JZ 2010, 261 (263); Wank, Anm. zu AP Nr. 173 Art. 9 GG Arbeitskampf.

1572 So aber die Analyse von Kissel, Arbeitskampfrecht, § 29 Rn. 7: Die Verhältnismäßigkeit wird in der Rechtsprechung des BAG als Voraussetzung eines rechtmäßigen Streiks ständig betont.

1573 Dagegen Otto, Arbeitskampfrecht, § 4 Rn. 26.

darstellt."[1574] Die im Arbeitskampf gegenüberstehenden und ebenfalls verfassungsrechtlich geschützten Rechtspositionen sind an dieser Stelle zu berücksichtigen. Demgemäß steht einer Arbeitskampfpartei keine Einschätzungsprärogative zu. Maßgeblich ist vielmehr eine rechtliche Abwägung zwischen kollidierenden Verfassungsgütern.[1575]

Die grundlegende Problematik besteht jedoch darin, dass die in Betracht kommende Interessenabwägung immer noch einer Zweck-Mittel-Kontrolle unterliegt. Ein Arbeitskampf zur Erreichung eines rechtmäßigen Kampfzieles dürfe nicht außer Verhältnis zum angestrebten Ziel stehen.[1576] Hierfür sind die Schäden der von der Kampfmaßnahme unmittelbar oder mittelbar Betroffenen „relativ eindeutig" zu ermitteln.[1577] Anschließend hat *Kissel* zu Recht darauf hingewiesen, dass die Schwierigkeit der Proportionalitätsprüfung „in der Fixierung der anderen Interessenseite des Abwägungserfordernisses des mit dem Arbeitskampf angestrebten Ziels" liegt.[1578] Wiederum darf der Inhalt der tariflichen Forderungen gegenüber den Interessen des Kampfgegners nicht zur Abwägung gebracht werden. Ansonsten bestünde eine Tarifzensur.[1579] Welche „spezielle" Variante anstatt des allgemeinen Bezugspunkts bzw. der Tarifforderung heranzuziehen ist, darüber besteht trotz jahrelanger Debatte immer noch keine Einigkeit. Neben der klassischen Variante – Herstellung der Kampfparität oder frei gewählte Kampftaktik – werden in letzter Zeit noch neue mögliche Bezugspunkte betrachtet, z. B. die Verbandsgröße als Kontrollmaßstab.[1580] An dieser Stelle ist der Hinweis von *Kreuz* daher nicht zu vernachlässigen: „Je nach der Wahl des maßgeblichen Zwecks für die Verhältnismäßigkeitsprüfung gelangt man somit zu entgegengesetzten Ergebnissen für die Verhältnismäßigkeit eines Kampfmittels."[1581] Ein oft erwähnter Fall ist der Warnstreik, welcher mehreren kumulativen Zwecken dienen kann, also der Demonstrations-[1582], der Beschleunigungs-[1583], der Schadensminderungs-[1584] und der sog. Ventilfunktion.[1585]

1574 BAG 22.09.2009 – 1 AZR 972/08 – AP Nr. 174 Art. 9 Arbeitskampf GG Rn. 44; 19.06.2007 – 1 AZR 396/06 – AP Nr. 173 Art. 9 Arbeitskampf GG Rn. 28.

1575 BAG 22.09.2009 – 1 AZR 972/08 – AP Nr. 174 Art. 9 Arbeitskampf GG Rn. 44; 19.06.2007 – 1 AZR 396/06 – AP Nr. 173 Art. 9 Arbeitskampf GG Rn. 28.

1576 BAG 11.05.1993 – 1 AZR 649/92 – NZA 1993, 809 (810); 10.06.1980 – 1 AZR 822/79 – AP GG Art. 9 Arbeitskampf Nr. 64 = NJW 1980, 1642 (1650).

1577 Kissel, Arbeitskampfrecht, § 29 Rn. 34.

1578 Kissel, Arbeitskampfrecht, § 29 Rn. 34.

1579 Zur Tarifzensur und der Verhältnismäßigkeitsprüfung siehe oben § 11 B. II. 2. b) (1) aa) Verhältnismäßigkeitsprüfung und das Risiko der Tarifzensur.

1580 Wäre die Verbandsgröße der Kontrollmaßstab, wäre die Zahl der Streikenden oder Tarifbegünstigten gegen mögliche Streikfolgen abzuwägen, dazu vgl. die Analyse von Hensche/Wolter, Übermaßverbot des Streiks, S. 551 f.

1581 Kreuz, Verhältnismäßigkeit, S. 100.

1582 Picker, Der Warnstreik, S. 106 ff.

1583 Picker, Der Warnstreik, S. 122 ff.

1584 Picker, Der Warnstreik, S. 133 ff.

1585 Picker, Der Warnstreik, S. 136 ff.

An welchem Zweck die Verhältnismäßigkeit eines Warnstreiks gemessen wird, bleibt zweifelhaft.[1586]

Die Auseinandersetzung über den Bezugspunkt der Verhältnismäßigkeitsprüfung des Arbeitskampfrechts ist freilich fantasievoll und könnte sich eventuell je nach der eingesetzten Kampfform ändern. Würde man auf den gemäß Art. 9 Abs. 3 GG bestimmten Koalitionszweck bzw. die Wahrung und Förderung der Arbeits- und Wirtschaftsbedingungen zurückgreifen, droht das Risiko der Tarifzensur. Im Allgemeinen stößt die Geltung eines privatrechtlichen Verhältnismäßigkeitsgebots im Arbeitskampfrecht unvermeidlich auf unlösbare Schwierigkeiten.

III. Fazit

Vergegenwärtigt man sich, dass das Verhältnismäßigkeitsgebot im öffentlichen Recht ein notwendiges Instrument zur Machtbegrenzung ist, so bleibt anzuerkennen, dass seine Geltung im Arbeitskampfrecht sinnwidrig ist. Dafür fehlt ein entsprechendes Machtgefälle im Arbeitskampf.[1587] Ein Instrument, das die Machtentfaltung der Gewerkschaft im Arbeitskampf strukturell einschränken soll, steht im Widerspruch zur Gewährleistung des Arbeitskampfrechts, welches ein „kollektives Betteln“ ja gerade vermeiden soll. Da die Ausgangsmachtposition der Kontrahenten erst durch den Arbeitskampf ausgeglichen werden kann, begünstigen systematische Einschränkungen des Arbeitskampfrechts grundsätzlich die Arbeitgeberseite. Nicht nur diese grundlegende Erwägung, sondern auch die mit dem Verhältnismäßigkeitsgebot verbundene Streitfrage des Verbots der Tarifzensur sowie die Kampfmittelfreiheit stehen nicht im Einklang mit dem Wesen des Arbeitskampfrechts. Festzustellen ist demgemäß, dass eine direkte Anwendung des Verhältnismäßigkeitsgebots auf das Arbeitskampfrecht sinnwidrig und abzulehnen ist.[1588]

Eine Bindung an das Verhältnismäßigkeitsgebot ist somit erst „durch den notwendigen Zwischenschritt der Beteiligung der staatlichen Gewalt“ – hier der Arbeitsgerichte – möglich (sog. privatrechtliches Verhältnismäßigkeitsgebot).[1589] Allerdings scheitert eine verhältnismäßige Kontrolle des Arbeitskampfrechts wegen der vorstehenden Problematik, insbesondere durch das Risiko der Tarifzensur[1590] und im Hinblick auf die Kampfmittelfreiheit[1591], ebenfalls aus. In diesem Zusammenhang ist der aktuellen Stellungnahme des BAG zuzustimmen, welche

---

1586 Kreuz, Verhältnismäßigkeit, S. 100.

1587 Wohlgemuth, Staatseingriff und Arbeitskampf, S. 104.

1588 Im Schrifttum gibt es eine Vielzahl von Rechtslehren, die die Anwendung des Verhältnismäßigkeitsgebots auf das Arbeitskampfrecht auch ablehnen, vgl. Nachweise in: Engels, Arbeitskampfrecht, S. 233 (Fn. 472); siehe auch oben § 11 B. II. 1. Öffentlich-rechtliches Verhältnismäßigkeitsgebot und Arbeitskampfrecht.

1589 Engels, Arbeitskampfrecht, S. 234.

1590 Siehe oben § 11 B. II. 2. b) (1) aa) Verhältnismäßigkeitsprüfung und das Risiko der Tarifzensur.

1591 Siehe oben § 11 B. II. 2. b) (3) Verhältnismäßigkeitsgebot und Kampfmittelfreiheit.

die Beurteilung der Geeignetheit und Erforderlichkeit eines Arbeitskampfmittels aus der staatlichen Kontrolle befreit und sie als Bestandteil der Kampfmittelfreiheit definiert.[1592]

Die Feststellung, dass das Verhältnismäßigkeitsgebot nicht als Schranke des Arbeitskampfrechts abgestuft werden kann, bedeutet keineswegs eine unbegrenzte Gewährleistung des kampfweisen Eingriffsrechts. Kein Verfassungsrecht ist unbeschränkbar. Ob und wie das Arbeitskampfrecht verfassungskonform zu beschränken ist, ist nachfolgend näher zu behandeln.

C. Verfassungsrechtliche Schranken des Arbeitskampfrechts

I. Beschränkbarkeit des Arbeitskampfrechts und Art. 9 Abs. 3 GG

Aufgrund der mit der Geltung des Verhältnismäßigkeitsgebots verbundenen Streitfrage kann die Rechtmäßigkeit des Arbeitskampfrechts an dem Verhältnismäßigkeitsgebot nicht gemessen werden. Allerdings bedeutet diese Auffassung weder eine Befürwortung eines schrankenlosen Arbeitskampfrechts noch eine Annahme eines Vorrangs des Arbeitskampfrechts vor Grundrechten der Kampfbetroffenen. Auch wenn Art. 9 Abs. 3 GG ohne Gesetzesvorbehalt geregelt wird, ist das Arbeitskampfrecht keinesfalls verfassungsrechtlich unbegrenzbar.[1593] Nun sind die Bedeutung der Vorbehaltlosigkeit des Art. 9 Abs. 3 GG und die Beschränkbarkeit des Arbeitskampfrechts zu untersuchen.

1. Vorbehaltlosigkeit und verfassungsimmanente Schranken

Für die Arbeitskampfrechtsbeschränkung muss zunächst die Vorbehaltlosigkeit in Art. 9 Abs. 3 GG berücksichtigt werden. Das Fehlen des Gesetzesvorbehalts, wie bei anderen vorbehaltlosen Grundrechten, bedeutet keine schrankenlose Gewährleistung, sondern nur, dass die gesetzvertretende Rechtsvorbildung „nicht mehr Raum hat, die Gefahr von Konflikten zu beurteilen und zu bekämpfen".[1594] Entsprechend kann nur die Verfassung selbst das vorbehaltlose Grundrecht eingrenzen. Konkret bedeutet dies, dass die in Art. 9 Abs. 3 GG garantierte Koalitionsfreiheit zum Schutz von Verfassungsgütern eingeschränkt werden kann. Die kollidierenden Verfassungsrechte sind in ihrer Wechselwirkung zu erfassen und so zu begrenzen, dass sie für alle Beteiligten möglichst weitgehend wirksam werden.[1595] Diese verfassungsimmanenten Schranken (ungeschriebene Schrankenklauseln)[1596] ergeben

1592 Siehe oben B. II. 2. b) (3) Verhältnismäßigkeitsgebot und Kampfmittelfreiheit.

1593 BVerfG 26.06.1991 – 1 BvR 779/85 – AP Nr. 117 Art. 9 GG Arbeitskampf = NZA 1991, 809 (811); 19.02.1975 – 1 BvR 418/71 – AP Nr. 50 Art. 9 GG Arbeitskampf = NJW 1975, 968 (968); Fischinger, RdA 2007, 99 (99) Fn. 9 m. w. N.

1594 Camilo de Oliveira, Abwägung in der Grundrechtsdogmatik, S. 125.

1595 BVerfG 06.02.2007 – 1 BvR 978/05 – NZA 2007, 394 (395).

1596 Alexy, Theorie der Grundrechte, S. 258.

sich aus dem Gedanken der Einheit der Verfassung: Jedes Grundrecht muss stets im Gesamtzusammenhang der Verfassung betrachtet werden. Der Widerspruch zwischen Verfassungsnormen kann damit vermieden werden.[1597]

In den Grundrechtskollisionsfällen könnte das Schutzbedürfnis des Kampfgegners auftreten. Der effektive Grundrechtsschutz des Einzelnen gegen Eingriffe Dritter ist gerade die Zielrichtung der staatlichen Schutzpflicht.[1598] Vor der Ermittlung der staatlichen Schutzpflicht diesbezüglich ist vorab darauf hinzuweisen, dass zwar alle staatlichen Gewalten (Legislative, Exekutive und Judikative) verpflichtet sind, die Aufgaben der Grundrechtsgewährleistung zu erfüllen.[1599] In der Regel soll aber die Schutzpflicht durch den demokratischen legitimierten Gesetzgeber erfolgen,[1600] insbesondere im Fall einer Grenzziehung der Grundrechte aufgrund der verfassungsimmanenten Schranken.[1601] Mehrmals haben das BAG[1602] sowie das BVerfG[1603] auch betont, dass das Grundrecht der Koalitionsfreiheit der Ausgestaltung durch die Rechtsordnung bedarf, soweit es die Beziehungen zwischen Trägern widerstreitender Interessen zum Gegenstand hat. „Diese erfordert koordinierende Regelungen, die gewährleisten, dass die aufeinander bezogenen Grundrechtspositionen trotz ihres Gegensatzes nebeneinander bestehen können."[1604] Jedoch fehlen im Rechtsgebiet des Arbeitskampfrechts allgemeine einfachgesetzliche Kampfregelungen.[1605] Unter diesen Umständen müssen die Gerichte das materielle Recht mit den anerkannten Methoden der Rechtsfindung aus den allgemeinen Grundsätzen ableiten, die für das betreffende Rechtsverhältnis maßgeblich sind. Somit ist das BAG auch das „Ersatzgesetz" bzw. „Herr des Arbeitskampfrechts" geworden.[1606]

1597 Hesse, Grundzüge des Verfassungsrechts, Rn. 71; vgl. auch Kemper, Schutzbereich der Koalitionsfreiheit, S. 170; Stern, Die Grundrechte und ihre Schranken, S. 11 f.

1598 Engels, Arbeitskampfrecht, S. 277; Sachs/Murswiek, GG–Kommentar, Art. 2 Rn. 24 m. w. N. Zur Analyse der staatlichen Schutzpflicht im Arbeitskampf zugunsten des Kampfgegners siehe oben § 11 B. II. 2 a) Verhältnismäßigkeitsgebot als arbeitskampfrechtliche Rechtsfortbildung. Zur Herleitung der Schutzpflicht im Allgemeinen vgl. Epping, Grundrechte, Rn. 117 f.

1599 Zu Adressaten der Schutzpflichte vgl. Dietlein, Schutzpflichten, S. 70 ff.

1600 Epping, Grundrechte, Rn. 121.

1601 Dreier/Bauer, Art. 9 GG, Rn. 89.

1602 BAG 22.09.2009 – 1 AZR 972/08 – AP Nr. 174 Art. 9 Arbeitskampf GG Rn. 37; 19.06.2007 – 1 AZR 396/06 – AP Nr. 173 Art. 9 Arbeitskampf GG Rn. 15.

1603 BVerfG 04.07.1995 – 1 BvF 2/86 u. a. unter den Gründen C. I. b) – AP AFG § 116 Nr. 4 = AP Nr. 14 Art. 9 Arbeitskampf GG, 26.06.1991 – 1 BvR 779/85 – AP Nr. 117 Art. 9 GG = NZA 1991, 809 (810).

1604 BVerfG 04.07.1995 – 1 BvF 2/86 u. a. = AP Nr. 14 Art. 9 Arbeitskampf GG.

1605 Siehe oben § 8 B. Arbeitskampfrecht in Bundesgesetze.

1606 Vgl. Dreier/Bauer, Art. 9 GG, Rn. 89; Meys, Rechtsfortbildung extra legem, S. 144 ff.

2. Staatliche Schutzpflicht und Beschränkung des Arbeitskampfrechts

Nach BAG und BVerfG ist die Abgrenzung des Verhältnisses der Kampfparteien eine Frage der Ausgestaltung des Grundrechts und sollte durch die Rechtsordnung praktiziert werden: „Unter welchen Voraussetzungen und in welchem Umfang eine Koalition dieses verfassungsrechtlich geschützte Mittel einsetzen darf, ist ebenso wie beim Streik keine Frage des Schutzbereichs, sondern der Ausgestaltung des Grundrechts durch die Rechtsordnung."[1607] Für die Frage der Ausgestaltung des Arbeitskampfrechts auf der Ebene der Grundrechtsschranken[1608] ist zu berücksichtigen: Das Arbeitskampfrecht ist kein normgeprägtes Grundrecht und seine Ausübung wird nicht erst durch die staatliche Regelung ermöglicht.[1609] Wenn das Arbeitskampfrecht auf staatliche Regelungen angewiesen bleibt, ist zugleich ein Grundrechtseingriff gegeben. An dieser Stelle muss das staatliche Handeln als rechtsgebundene Gewalt vor allem mit der Wertentscheidung der Rechtsordnung vereinbar sein.

Infolgedessen muss festgestellt werden, inwiefern der Staat bei der Erfüllung der Schutzpflicht zu Eingriffen zulasten anderer berechtigt ist. Es muss im Voraus geprüft werden, „ab welcher Gefährdungsschwelle" die staatliche Schutzpflicht aktiviert werden muss. Nicht jede Grundrechtsbeeinträchtigung kann zu einem staatlichen Handeln zwingen.[1610] Jedenfalls kann eine „totale" Schutzverpflichtung des Staates nicht angenommen werden. Ansonsten wäre ein „mit der einen Hand gewährtes Freiheitsrecht mit der anderen zu nehmen" und das Freiheitrecht würde durch die Schutzpflicht neutralisiert.[1611] Vielmehr wird die Aktivierung der Schutzpflicht in Abhängigkeit von der Intensität der Gefahr bestimmt. Konkret kommen die Art und Schwere der Grundrechtsbeeinträchtigung, die Wertigkeit der beeinträchtigten Grundrechte sowie die Wahrscheinlichkeit des Schadenseintritts in Betracht. Ferner werden die Wertigkeit des betroffenen Grundrechts und die Möglichkeit zur Selbstverteidigung des Bürgers berücksichtigt.[1612]

Würde die Schutzpflicht zugunsten des Kampfgegners begründet, wird anschließend eine Grundrechtsabwägung „zwischen der Bedeutung des konkret verfolgten Schutzziels und der Intensität des Eingriffs in die Grundrechte Dritter" durchgeführt.[1613] Diesbezüglich spielt das Verhältnismäßigkeitsgebot im öffentlich-rechtlichen Sinne eine Rolle. Ein Eingriff in ein vorbehaltloses Grundrecht – und zwar in das Arbeitskampfrecht – könnte zwar zur Verwirklichung eines damit kollidierenden

---

1607 BVerfG 26.06.1991 – 1 BvR 779/85 – AP Nr. 117 Art. 9 GG = NZA 1991, 809 (810).

1608 Für die Frage der Ausgestaltung der Arbeitskampfrechtsausübung und die Einrichtungsgarantie siehe oben § 8 A. II. 1. Arbeitskampfgarantie als Einrichtungsgarantie?.

1609 Siehe oben § 8 A. II. 1. Arbeitskampfgarantie als Einrichtungsgarantie?.

1610 Schmidt-Assmann, AöR 106 (1981), 205 (216).

1611 Dietlein, Schutzpflichten, S. 105; Klein, NJW 1989, 1633 (1637).

1612 Siehe den Nachweis des jeweiligen Kriteriums in Camilo de Oliveira, Abwägung in der Grundrechtsdogmatik, S. 125 (Fn. 122–124). Vgl. auch Epping, Grundrechte, Rn. 122; Klein, NJW 1989, 1633 (1637).

1613 Epping, Grundrechte, Rn. 124.

Verfassungsbelangs gerechtfertigt sein. Aber das wird in einer im Sinne der praktischen Konkordanz[1614] qualifizierten Verhältnismäßigkeitsprüfung erwiesen.[1615] Ziel ist es, die gegenläufigen Verfassungsgüter zu optimaler Wirksamkeit gelangen zu lassen.[1616] Mit anderen Worten: Die Aufgabe der praktischen Konkordanz besteht darin, eine verhältnismäßige Zuordnung von Grundrechten und grundrechtsbegrenzenden Rechtsgütern herzustellen.[1617] In dieser Verhältnismäßigkeitsprüfung ist der Eingriffszweck des auf die Schutzpflicht gestützten staatlichen Handelns der Schutz der mit dem Arbeitskampfrecht kollidierenden Verfassungsgüter.[1618] Das bedeutet zum einen, dass das vorbehaltlose Arbeitskampfrecht und die staatliche Schutzpflicht[1619] für einen der Kampfbetroffenen miteinander kollidieren.[1620] Zum anderen ist zu beachten, dass der unter der Zweck-Mittel-Kontrolle stehende Eingriff nunmehr die staatliche Maßnahme, nicht die Arbeitskampfmaßnahme, selbst ist. Das „Dreiecksverhältnis" im Rahmen der Verhältnismäßigkeitsprüfung kehrt dann zu seiner ursprünglichen Beziehung im öffentlich-rechtlichen Sinne zurück: 1. Staat als Eingreifender, 2. Staatsbürger (Arbeitnehmer und Koalition) als Betroffener des staatlichen Handelns (Arbeitskampfeinschränkung) und 3. Dritte (Arbeitgeber und Arbeitgeberverband) als Begünstigte.[1621] Dadurch wird auch der Unterschied zwischen dem Verhältnismäßigkeitsgebot des Arbeitskampfrechts nach BAG und der Verhältnismäßigkeitsprüfung im Rahmen der Lösung der Grundrechtskollision hervorgehoben. In diesem Zusammenhang wird das Verhältnismäßigkeitsgebot sinngemäß herangezogen, also um Freiheitsrechte zu sichern, nicht um sie zu beschränken.[1622]

Insgesamt könnte ein sich im Schutzbereich des Art. 9 Abs. 3 GG befindendes Arbeitskampfrecht wegen des Schutzes kollidierender Grundrechte der Gegenseite im Ergebnis keinen Verfassungsschutz genießen. Wegen der Schadenseffekte des

1614 Hesse, Grundzüge des Verfassungsrechts, Rn. 72, 317 ff.; Stern, Staatsrecht Bd. III 2, S. 656.

1615 Hesse, Grundzüge des Verfassungsrechts, Rn. 318: „Die Grundrechtsbegrenzung muss daher *geeignet* sein, den Schutz des Rechtsgutes zu bewirken, um dessentwillen sie vorgenommen wird. Sie muss hierzu *erforderlich* sein, was nicht der Fall ist, wenn ein milderes Mittel ausreichen würde. Sie muss schließlich im engeren Sinne *verhältnismäßig* sein, d. h. in angemessenem Verhältnis zu dem Gewicht und der Bedeutung des Grundrechts stehen."; dazu vgl. auch Epping, Grundrechte, Rn. 86 ff.

1616 Hesse, Grundzüge des Verfassungsrechts, Rn. 318.

1617 Hesse, Grundzüge des Verfassungsrechts, Rn. 318.

1618 Vgl. das Beispiel der mit dem Ehrschutz kollidierten Kunstfreiheit, Epping, Grundrechte, Rn. 87.

1619 Zur Begründung der staatlichen Schutzpflicht in diesem Zusammenhang vgl. Camilo de Oliveira, Abwägung in der Grundrechtsdogmatik, S. 136 ff.

1620 Vgl. die Analyse von Epping, Grundrechte, Rn. 89.

1621 Zum Dreiecksverhältnis beim öffentlich-rechtlichen Verhältnismäßigkeitsgebot Kissel, Arbeitskampfrecht, § 29 Rn. 15.

1622 Hensche/Wolter, Übermaßverbot des Streiks, S. 559.

Arbeitskampfrechts wird eine Vielzahl von Rechtgütern getroffen und die Kampfgrenze wird dadurch gezogen. Allein auf der Seite des Kampfgegners ist zumindest die Beeinträchtigung von Eigentumsfreiheit, eingerichtetem und ausgeübtem Gewerbebetrieb, Berufsfreiheit und Unternehmenspersönlichkeitsrecht[1623] zu beachten. Freilich ist die Abwägung in Hinsicht auf den Eingriff in die Grundrechte des Kampfgegners und der unbeteiligten Dritten zu differenzieren. Denn während sich der Kampfgegner in einem Kräfteverhältnis zur Gewerkschaft befindet, sind die unbeteiligten Dritten nur passiv in den Arbeitskampf einbezogen und stehen in keinem Kräfteverhältnis. Die entsprechenden Interessenlagen sind mithin anders. Im Folgenden werden die Kampfgrenzen zum Schutz des Kampfgegners und der unbeteiligten Dritten differenziert behandelt.

II. Kampfgrenze zum Schutz des Kampfgegners

1. Schrankenbestimmung bezüglich der Kräfteverhältnisfrage

Die Beschränkung des Arbeitskampfrechts durch den gesetzvertretenden Richter wird zum Schutz kollidierender Grundrechte der Gegenseite gezogen, um einen optimalen Ausgleich zwischen den gegenläufigen Verfassungsgütern zu erzielen. Insoweit wird der Ausgleich als Kollisionsschlichtungsinstrument betrachtet.[1624] Die eigentliche Schwierigkeit liegt jedoch in der Konkretisierung sowie der Handhabung der Interessenabwägung.[1625] Einerseits ist es geboten, dass sich das Abwägungsverfahren methodisch konkret, rational kontrollierbar und dogmatisch generalisierbar überprüfen lassen muss.[1626] Andererseits wird aber bisher kein einheitliches Konzept dafür angeboten. Die Abwägung wird als eine „methodische und dogmatische Verlegenheit" bezeichnet.[1627] Einigkeit besteht hauptsächlich darüber, dass ein pauschales Rangverhältnis zwischen Grundrechte abzulehnen ist.[1628] Denn die Ganzheit einer als Wertsystem gedeuteten Verfassung als solche bietet keinen Maßstab verfassungsrechtlichen Rangs für das Prinzip der Güterabwägungen.[1629]

Eine Lösung kann im Kollisionsfall mit dem Arbeitskampfrecht in gewissem Maße darin bestehen, dass die Besonderheit der Kräfteverhältnisfrage im Arbeitskampf in Betracht gezogen wird. Das Grundrecht aus Art. 9 Abs. 3 GG gewährleistet dem Einzelnen die Freiheit, Vereinigungen zur Förderung der Arbeits- und Wirtschaftsbedingungen zu bilden und diesen Zweck gemeinsam zu verfolgen. Darüber sollen die Beteiligten grundsätzlich frei von staatlicher Einflussnahme selbst und eigenverantwortlich bestimmen können. In der Tarifauseinandersetzung sind die

1623 Holzner, MMR-Aktuell 2010, 298851.
1624 Stern, Staatsrecht Bd. III 2, S. 655.
1625 Vgl. Kreuz, Verhältnismäßigkeit, S. 148 ff.
1626 Camilo de Oliveira, Abwägung in der Grundrechtsdogmatik, S. 205.
1627 Schlink, Abwägung im Verfassungsrecht, S. 13.
1628 Vgl. Camilo de Oliveira, Abwägung in der Grundrechtsdogmatik, S. 206 f.
1629 Müller, Die Positivität der Grundrechte, S. 18 f., 86.

Parteien insoweit vor staatlicher Einflussnahme geschützt, als sie zum Austragen ihrer Interessengegensätze Kampfmittel mit beträchtlichen Auswirkungen auf den Gegner und die Allgemeinheit einsetzen können.[1630] Allerdings setzt die Möglichkeit des Einsatzes von Kampfmitteln rechtliche Rahmenbedingungen voraus, die sichern, dass Sinn und Zweck dieses Freiheitsrechts sowie seine Einbettung in die verfassungsrechtliche Ordnung gewahrt bleiben.[1631] Die Koalitionen müssen ihren verfassungsrechtlich anerkannten Zweck autonom erfüllen können. Das Tarifvertragssystem ist darauf angelegt, die strukturelle Unterlegenheit der einzelnen Arbeitnehmer beim individuellen Abschluss von Arbeitsverträgen durch kollektives Handeln auszugleichen und damit ein annähernd gleichgewichtiges Aushandeln der Löhne und Arbeitsbedingungen zu ermöglichen.[1632] Das bedeutet aber nicht, dass ein Arbeitskampf der Herstellung der Kampfparität dienen muss oder die Parität nicht beeinträchtigen darf. Wie oben analysiert, erlaubt es die Freiheit des Art. 9 Abs. 3 GG, den Kampfgegner zur Unterlegenheit in der Tarifauseinandersetzung zu bringen.[1633] Die Grenze der Verfassungswidrigkeit des Arbeitskampfrechts ist erst dann überschritten, wenn sich deutlich erkennbar abzeichnet, dass der Kampfgegner aufgrund einer paritätsgefährdenden Kampfführung alle Umgehungsmöglichkeiten unterbindet. Der Staat ist dann verpflichtet, Maßnahmen zum Schutz des Kampfgegners zu treffen. Diesem Verständnis entspricht auch die Voraussetzung der staatlichen Schutzpflicht: „Schutzbedarf ergibt sich für den Staat nur, soweit der Bürger nicht in eigener Verantwortung für seine Sicherheit sorgen und ihm nicht zugemutet werden kann, sein Recht selber zu verteidigen und notfalls das Gericht anzurufen."[1634] Für die Einschaltung der staatlichen Schutzpflicht gilt das Subsidiaritätsprinzip. Dabei sind die Möglichkeiten zur Selbstverteidigung des Bürgers einzukalkulieren.

Danach wäre ein Arbeitskampf mit dem Ziel der Vernichtung des Kampfgegners als rechtswidrig zu beurteilen,[1635] weil dabei die Rahmenbedingungen des Machtausgleiches gesprengt werden.[1636] Ohne Kampfgegner ist die Wahrung und Förderung der Arbeits- und Wirtschaftsbedingungen in der Markwirtschaft eben nicht mehr

1630 BVerfG 04.07.1995 – 1 BvF 2/86 u. a. – NJW 1996, 185 (186).
1631 Vgl. BVerfG 02.03.1993 – 1 BvR 1213/85 = NJW 1993, 1379 (1380).
1632 BVerfG 04.07.1995 – 1 BvF 2/86 u. a. – NJW 1996, 185 (186).
1633 Siehe oben § 11 B. II. 2. b) 1. bb) Kampfparität als Bezugspunkt?.
1634 Handbuch des Staatsrechts/Isensee, S. 220.
1635 Im Schrifttum wird das Vernichtungsverbot unterschiedlich begründet, vgl. Oetker, Not- und Erhaltungsarbeiten, S. 4 ff.; Hensche/Wolter, Übermaßverbot des Streiks, S. 557, gehen auch von praktischer Konkordanz aus: „Dass ein Streik nicht auf die Existenzvernichtung des Gegners zielen darf [...] folgt i. S. praktischer Konkordanz aus einem beiderseits schonenden Ausgleich der Koalitionsfreiheit im Verhältnis zur Berufsfreiheit und zum Eigentum des Unternehmers."
1636 Vgl. Kissel, Arbeitskampfrecht, § 29 Rn. 22.

möglich.[1637] Dies kann aber nur im Extremfall auftreten und ist bisher in der Praxis nicht von besonderer Relevanz.[1638] Für die Beurteilung der Machtverschiebung aufgrund eines den Gegner schädigenden Arbeitskampfmittels können zahlreiche Umstände eine Rolle spielen. Nach BAG lassen sich diese nicht für sämtliche in Betracht kommenden Arbeitskampfmittel in ihrem Gewicht und ihrem Verhältnis zueinander abschließend beschreiben, sondern können je nach Art des Kampfmittels unterschiedliche Bedeutung erlangen.[1639] Maßgeblich ist, ob dem Kampfgegner unter allen Umständen Gegenmaßnahmen zur Verfügung stehen, um das für ihn ungünstige Kräfteverhältnis wieder zu korrigieren. Die Schranken des Arbeitskampfrechts sind daraus zu bestimmen.

2. *Einzelne Beschränkungskriterien*

Je nach der eingesetzten Kampfform kann das Kräfteverhältnis zwischen den Kampfparteien unterschiedlich ausfallen. Dies ist entsprechend zu überprüfen, um einem schonenden Ausgleich genügen zu können.[1640] Die atypischen Kampfbetätigungen sind unter Umständen mit aktiven Störungsmaßnahmen und/oder ohne eigene Opfer verbunden. Je nach der Kampfstrategie könnten ferner die Eigentumsfreiheit sowie das Image des Kampfgegners beeinträchtigt werden. Weiterhin werden Beteiligungsmöglichkeiten den aktiven Dritten angeboten, welche die Erkennbarkeit und die Beherrschbarkeit des Arbeitskampfes beeinflussen. Der Handlungsspielraum des atypischen Arbeitskampfes ist viel größer als beim Streik. Wie der atypische Arbeitskampf verfassungsrechtlich zu beschränken ist, soll in Bezug auf die vorgenannten Besonderheiten der Kampfformen[1641] im Folgenden untersucht werden.

a) Erkennbarkeit des Arbeitskampfes

In engem Zusammenhang mit der Verteidigungsmöglichkeit des Kampfgegners steht die Erkennbarkeit des Arbeitskampfes. Ohne diese Voraussetzung ist es für den Kampfgegner unzumutbar, die Gegenmaßnahme rechtzeitig einsetzen zu können.[1642] Daher ist die Erkennbarkeit des Arbeitskampfes zuerst zu untersuchen. Die Erkennbarkeit ist besonders wichtig für den Fall des Flashmobs, dessen Besonderheit in seiner Flexibilität und dem daraus resultierenden Überraschungsmoment

---

1637 Die Arbeitnehmer könnten zwar die Produktion übernehmen und die Arbeitsplätze weiter behalten, aber dies ist nicht im Rahmen der Koalitionsfreiheit in Verbindung mit dem Arbeitskampfrecht auseinanderzusetzen, dazu vgl. Däubler/Däubler, Arbeitskampfrecht, § 30 Rn. 33 ff.

1638 Däubler/Däubler, Arbeitskampfrecht, § 14 Rn. 14.

1639 BAG 22.09.2009 – 1 AZR 972/08 – AP Nr. 174 Art. 9 Arbeitskampf GG Rn. 44. Vgl. auch BAG 19.06.2007 – 1 AZR 396/06 – AP Nr. 173 Art. 9 Arbeitskampf GG Rn. 38–49.

1640 Däubler/Däubler, Arbeitskampfrecht, § 14 Rn. 13.

1641 Siehe auch oben § 5 A. II. Definition des atypischen Arbeitskampfes.

1642 Däubler/Däubler, Arbeitskampfrecht, § 31 Rn. 11.

die Anonymität beanstandet: „Die ‚Anonymität' der Aktion wirkte auch hierauf ein, sie verhinderte jegliche Voraussage, an welchem Tag und auf welchem Flughafen mit einem ‚go sick' oder ‚go slow' gerechnet werden musste [...]."[1660] Aber es ist nicht ausgeschlossen, dass ein Bummelstreik die Erkennbarkeitsforderung erfüllen kann. Dafür gelten die vorgenannten Grundsätze. Bei der Zulässigkeit des Bummelstreiks sind vielmehr die Beherrschbarkeit und die Schadenswirkung problematischer als die Erkennbarkeitsanforderung. Dies ist im Folgenden zu klären.

b) Beherrschbarkeit des Arbeitskampfes

Bei den atypischen Arbeitskämpfen inklusive des Flashmobs ist die Drittbeteiligung durch ihr aktives Tun gekennzeichnet. In der Flashmob-Entscheidung des BAG wird die Zulassung der aktiven Drittbeteiligung aufgrund ihrer Unbeherrschbarkeit besonders kritisch angesehen. Es wird thematisiert, dass daraus eine unkontrollierbare Eskalationsgefahr und ein erhöhtes „Exzessrisiko" entstehen.[1661] Allerdings kann auch ein Arbeitskampf ohne aktive Drittbeteiligung das Problem der Beherrschbarkeit aufwerfen. Diese Fragen sind differenziert zu behandeln.

(1) Selbstschädigungsfrage unter aktiver Drittbeteiligung

Die Beherrschbarkeit des Arbeitskampfes wird zunächst anhand der Selbstschädigungsfrage beanstandet. Ein Streik kann seinem Charakter nach nur von Arbeitnehmern geführt werden, während die Beteiligung an Flashmob-Aktionen in öffentlich zugänglichen Betrieben auch anderen Personen möglich ist. Demgemäß besteht ein erheblicher Unterschied zwischen dem Streik und dem Flashmob im Wesentlichen darin, dass diese als solche nicht mit einem erheblichen wirtschaftlichen eigenen Nachteil für die Aktionsteilnehmer verbunden sind. Hingegen führt der Streik unmittelbar zu einem eigenen finanziellen Opfer der Streikenden. Da sie durch den Streik ihren Vergütungsanspruch verlieren, ist mit dieser Arbeitskampfmaßnahme immer eine Selbstschädigung verknüpft.[1662] Angesichts dieser Tatsache wurde es besonders im Schrifttum[1663] kritisiert, dass durch die gezielte Einbeziehung Dritter ohne Selbstschädigung die Verhandlungsparität gefährdet werde.

Die Selbstschädigung ist jedoch kein begriffsnotwendiger Teil des Streiks.[1664] Im Fall des Warnstreiks besteht auch kein Risiko von Lohnverlust. Eine solche Kampfform wird nicht deswegen als rechtswidrig beurteilt.[1665] Zwar kann das

---

1660 BGH v. 31.01.1978 – VI ZR 32/77 – AP Nr. 61 Art. 9 Arbeitskampf GG = NJW 1978, 816 (817).

1661 Vgl. Günther/Krieger, NZA 2010, 20 (21);Klumpp, Kampfexzesse, S. 145 ff.; Maaß, ArbR 2009, 151 (153).

1662 BAG 22.09.2009 – 1 AZR 972/08 – AP Nr. 174 Art. 9 Arbeitskampf GG Rn. 52.

1663 Giesen, Erweiterte Kampfbefugnisse, S. 108 f.; Thüsing/Waldhoff, ZfA 2011, 329 (367 f.); Willemsen/Mehrens, Anm. zu AP Nr. 174 Art. 9 GG Arbeitskampf.

1664 Däubler/Däubler, Arbeitskampfrecht, § 31 Rn. 9.

1665 Däubler/Däubler, Arbeitskampfrecht, § 31 Rn. 9.

Element der Selbstschädigung als „Fliehkraftregler“ wirken, um der Gefahr des Kampfexzesses zu begegnen.[1666] An dieser Stelle ist zuerst darauf hinzuweisen, dass die Selbstschädigung nicht bloß durch Lohnabzüge entsteht. Die wirtschaftlichen Einbußen aufgrund eines Arbeitskampfes können darüber hinaus beispielsweise aus den Fahrtkosten oder dem Opfer eigner Zeit der Beteiligten – unabhängig von gewerkschaftlicher Mitgliedschaft – hervorgehen.[1667] Außerdem sind die Organizing-Arbeiten des Arbeitskampfes in jeder Hinsicht aufwendig und eine Aktion mithilfe der Drittbeteiligung in Bezug sowohl auf die Auswahl der Kampfbeteiligten als auch auf die Überwachung ihrer Kampfaktionen ist anspruchsvoll.[1668] Kein Arbeitskampf ist in diesem Sinne schmerzfrei.

Als Zwischenergebnis ist mithin festzustellen, dass die Beherrschbarkeit des Arbeitskampfes von der Selbstschädigung zu trennen ist. Um einen atypischen Arbeitskampf unter Kontrolle der Gewerkschaft zu setzen, muss man andere Vorgehensweise zugrunde legen. Diese Frage ist unter der Bedingung der aktiven Drittbeteiligung und dann auch ohne Drittbeteiligung zu erörtern.

(2) Kontrollierbarkeit infolge aktiver Drittbeteiligung

Es wird unterstellt, dass gewerkschaftlich getragene und organisierte Streiks immer zuverlässig beherrschbar sind und typischerweise nicht in Gefahr geraten, durch ein weniger beeinflussbares Verhalten Dritter außer Kontrolle zu geraten. Die aktive Drittbeteiligung im Arbeitskampf allein ist rechtlich unbedenklich. Dieses Kampfmittel wird in der Regel vom Schutzbereich des Art. 9 Abs. 3 GG umfasst.[1669] Für die Frage des Kampfexzesses ist vielmehr die Kontrollierbarkeit der Drittbeteiligung im Arbeitskampf maßgeblich.

Vorab ist jedoch zu verdeutlichen, dass die Behauptung von einer erhöhten Exzessgefahr infolge aktiver Drittbeteiligung bereits der Empirie nicht entspricht. Es wäre für die Gewerkschaft kontraproduktiv, wenn die von ihr eingesetzten Kampfformen regelmäßig unkontrollierbar und zu Exzessen führen würden. Denn der Gewerkschaft drohen danach einerseits Schadensersatzforderungen und andererseits würde die Gewerkschaft das Vertrauen ihrer Mitglieder verlieren und die Solidarität für die nächste Aktion nicht mehr gewährleisten können.[1670] Für die aktiven Dritten gilt das in ähnlicher Weise. Grundsätzlich schließen sich die Unterstützenden aus Sympathie den Kämpfen an. Meist handelt es sich um Bürgerrechtsgruppen, Umweltgruppen, Kirchen oder andere politische und soziale

---

1666 Deinert, in: Rehder/Deinert/Callsen, S. 99; Klumpp, Kampfexzess, S. 134.

1667 Däubler/Däubler, Arbeitskampfrecht, § 31 Rn. 9.

1668 Dazu siehe gleich unten die Analyse der Kontrollierbarkeit infolge aktiver Drittbeteiligung im § 11 C. II. 2. a) Erkennbarkeit des Arbeitskampfes und b). Beherrschbarkeit des Arbeitskampfes.

1669 Siehe oben § 9 E. Exkurs: Aktive Drittbeteiligung im atypischen Arbeitskampf.

1670 Deinert, in: Rehder/Deinert/Callsen, S. 101.

Gruppen. Solidaritätsaktionen sind nicht mit einem „Spaß-Happening"[1671] zu vergleichen. Eine Motivation zu außerordentlichen Störungen bzw. Schädigungen ist grundsätzlich nicht anzunehmen.[1672]

Für die Beherrschbarkeit des Arbeitskampfes ist vielmehr die Konkretisierung der Bedingungen der Drittbeteiligung entscheidend. In erster Linie setzt dies voraus, dass nicht jede beliebige Person nur aus Lust oder Laune an einem Arbeitskampf teilnehmen kann. Einerseits sind die Dritten keine Rechtsträger des Arbeitskampfrechts und sie können sich nicht aus eigenem Recht im Arbeitskampf kampfweise[1673] betätigen.[1674] Andererseits ist es sowohl rechtlich als auch tatsächlich geboten, das Arbeitskampfrecht kollektiv zu behandeln.[1675] Demgemäß muss die Drittbeteiligung in die gewerkschaftliche Kampfarena integriert werden. Entscheidend ist die Rolle der Gewerkschaft. Zwar wird die Gewerkschaft überfordert, wenn sie für alle Geschehnisse – auch unkontrollierte Tätigkeiten – Verantwortung übernehmen müsste. Aber „wer einen Arbeitskampf organisiert, muss wissen, was die Rechtsordnung vom ihm verlangt."[1676] Wäre eine Kampfform regelhaft schwer kontrollierbar, müsste sich die Gewerkschaft entweder davon distanzieren oder die Kampfstrategie modifizieren. Zum Beispiel können die Kampfformen der virtuellen Betriebsblockade (Flooding, Mailbombing und Telefonblockade) via Handy oder Facebook leicht zu einem unbegrenzten Teilnehmerkreis führen. Ein offener Aufruf zu solchen Aktionen in der Öffentlichkeit könnte eine Verselbstständigung des Kampfgeschehens zur Folge haben.[1677] Um die Kontrolle nicht zu verlieren, muss die kampfführende Gewerkschaft im Voraus wissen, wer überhaupt am Kampf teilnehmen möchte und dann mit diesen außenstehenden Teilnehmern die Kampfstrategie und die Beteiligungsbedingungen absprechen.[1678] Eine andere Variante dafür wäre, anstelle einer von hohem Schadenseffekt begleiteten Aktion, wie der oben genannten virtuellen Betriebsblockade, ein milderes Mittel, etwa eine demonstrative

---

1671 Zu Flashmob als „Spaß-Happenings" siehe oben § 6 A. I. 2. Kleiner Rückblick auf die Entwicklung des Flashmobs.

1672 Fischer, RdA 2011, 50 (57).

1673 Zu beachten ist, dass Dritte aus eigenem Recht zum Beispiel den Grundrechtsschutz der allgemeinen Handlungsfreiheit des Art. 2 Abs. 1 GG beanspruchen können. Dazu siehe oben § 9 E. Exkurs: Aktive Drittbeteiligung im atypischen Arbeitskampf.

1674 Siehe oben § 9 E. Exkurs: Aktive Drittbeteiligung im atypischen Arbeitskampf.

1675 Siehe oben § 9 C. II. 2. Kollektivität des Arbeitskampfrechts.

1676 Deinert, in: Rehder/Deinert/Callsen, S. 100.

1677 Deinert, in: Rehder/Deinert/Callsen, S. 101.

1678 Vgl. auch den Hinweis von Deinert, in: Rehder/Deinert/Callsen, S. 111, „Kontrollverlust lassen sich insoweit weitgehend dadurch verhindern, dass nicht eine anonyme und unbeschränkte Öffentlichkeit angesprochen wird, sondern der Einzelne per Mail via Mailingliste unter Hinweis auf den begrenzten Charakter der Aktion, Aufforderung, keine beleidigenden Mails zu schreiben, Virenangriffe zu unterlassen etc."

Öffentlichkeitsarbeit, einzusetzen. Allerdings kommt der kampfführenden Gewerkschaft eine Einschätzungsprärogative zu, um über die geeignete und erforderliche Maßnahme zu entscheiden. Je schwerer die Aktion zu beherrschen ist, desto klarer muss der Teilnehmerkreis begrenzt werden und/oder der Schadenseffekt entsprechend verringert werden.

Zu beachten ist bei der Kampfform der Öffentlichkeitsarbeit ebenfalls die Frage der Beherrschbarkeit des Arbeitskampfes. Insbesondere dann, wenn eine Demonstrationsaktion zum Käuferboykott übergeht, können Folgen der Aktion auch nach dem Ende des Kampfes weiter bestehen.[1679] In den Amazon-Kampagnen einschließlich Streiks wurden zahlreichende Kampfaktionen – allerdings ohne Boykottaufrufe – von der kampfführenden Gewerkschaft ver.di eingesetzt. Zwar gibt es Initiativen zum „Amazon-Boykott“[1680], die sich auch weiter verbreiten. An dieser Stelle hat ver.di jedoch erklärt: „Wir rufen nicht zum Boykott auf."[1681] Wenn frühere Aktionen keinen Anhaltspunkt für einen Boykottaufruf liefern,[1682] ist eine derartige Initiative der Gewerkschaft ver.di auch nicht zuzuschreiben. Würde hingegen ein Boykottaufruf vorliegen, verpflichtet sich die Gewerkschaft, die Abarbeitung der Boykott-Aufforderung unter Hinweis auf eine erfolgte Einigung bekanntzumachen.[1683]

Im Ergebnis ist festzustellen, dass die kampfführende Gewerkschaft zur Beherrschbarkeit des Arbeitskampfes und dazu in der Lage sein muss, die Betätigung der aktiven Dritten gegebenenfalls einzuschränken oder zu beenden.

(3) Kontrollierbarkeit des Verschleierungskampfes

Die Kontrollierbarkeit des Arbeitskampfes bedeutet allerdings, dass die kampfführende Gewerkschaft, nicht hingegen der Kampfgegner die Aktion beherrschen muss. Die Verschleierung des Inhalts der Kampfstrategie darf der Kampfgegner erst beanstanden, wenn die Verteidigungsmöglichkeit ausgeschlossen wird.[1684] Aufgrund der Kampfmittelfreiheit – ebenso wie bei der Überraschungsstrategie – wird es nicht verboten, die Verschleierungstaktik einzusetzen, etwa beim Bummelstreik. Zwingend vorgeschrieben ist, dass die Aktion immer unter der Kontrolle der Gewerkschaft steht und von ihr beeinflusst und auch beendet werden kann.

1679 Binkert, Boykottmaßnahmen, S. 157 ff.; Binkert, AuR 2001, 195.

1680 https://www.facebook.com/pages/Amazon-boykott/136337956421735 (Datum der Recherche: 10.11.2013).

1681 Siehe die deutschen Berichte von Tagesspiegel am 15.12.2014: Verdi weitet Arbeitskampf bei Amazon aus http://www.tagesspiegel.de/wirtschaft/streik-auch-in-koblenz-verdi-weitet-arbeitskampf-bei-Amazon-aus/11120422.html (zuletzt geprüft am 01.05.2016).

1682 Zur allgemeinen Zulässigkeit des Käuferboykotts vgl. Däubler/Däubler, Arbeitskampfrecht, § 30 Rn. 28 ff.; Otto, Arbeitskampfrecht, § 11 Rn. 26 ff.

1683 Deinert, in: Rehder/Deinert/Callsen, S. 114.

1684 Zum Verschleierungskampf und der Verteidigungsmöglichkeit siehe gleich unten § 11 C. II. 2. d) Verteidigungsmöglichkeiten des Arbeitgebers.

Vergleich zum echten Blockadeeffekt – im Arbeitskampf entstehen würde, muss die Wirkungsintensität der Abwehrmaßnahmen angemessen bleiben.[1699]

Theoretisch stehen dem Arbeitgeber zahlreiche Gegenmaßnahmen zur Verfügung.[1700] Jedoch ist klar zu machen, dass weder die kampfführende Gewerkschaft noch das Arbeitsgericht dazu verpflichtet sind, dem Arbeitgeber Gelegenheit für Gegenmaßnahmen zu verschaffen. Für die Frage der Schranken des Arbeitskampfrechts ist es nun geboten, auf die Verteidigungsmöglichkeiten des Arbeitgebers je nach der Kampfform hinzuweisen, um so festzustellen, ob die Rahmenbedingungen des Machtausgleiches im Arbeitskampf noch vorliegen. Als Reaktion auf den Streik ist die Aussperrung die wichtigste arbeitskampfrechtliche Gegenmaßnahme[1701] des Arbeitsgebers.[1702] Dieses Mittel ist aber nicht geeignet gegen den blitzartigen und mit der Drittbeteiligung verbundenen Flashmob, da einerseits ein Flashmob seinem Wesen nach nur von äußerst vorübergehender Dauer ist. Wenn der Arbeitgeber erst nach Ende des Flashmobs aussperrt oder die Aussperrung über das Kampfende hinaus fortsetzt, ist dies rechtlich nicht zulässig.[1703] Ferner kann der Arbeitgeber faktisch aktive Dritte nicht aussperren. Die Verteidigungsmöglichkeit des Arbeitgebers gegenüber einem Flashmob ist daher anders als beim Streik.[1704] Dies hat das BAG auch zur Kenntnis genommen. In seiner Flashmob-Entscheidung wird auf das Hausrecht des Arbeitgebers und die Möglichkeit einer suspendierenden Betriebsstilllegung als Maßnahme gegen Betriebsstörungsmaßnahmen hingewiesen.

(1) Hausrecht des Arbeitgebers

Das Hausrecht des Arbeitgebers beruht auf dem Grundstückseigentum oder -besitz (§§ 858 ff., 903, 1004 BGB) und ermöglicht seinem Inhaber, grundsätzlich frei darüber zu entscheiden, wem er den Zutritt zu der Örtlichkeit gestattet und wem er ihn verwehrt. Das schließt das Recht ein, den Zutritt nur zu bestimmten Zwecken zu erlauben und die Einhaltung dieses Zwecks mittels eines Hausverbots durchzusetzen.[1705] Im Einzelhandelsgeschäft gestattet der Arbeitsgeber zwar generell allen potenziellen Kunden den Zutritt. Jedoch schließt das nicht aus, dass er von seinem Hausrecht gegenüber solchen Kunden Gebrauch macht, die hierzu, insbesondere durch Störungen des Betriebsablaufs, Anlass geben. Andererseits muss der Inhaber eines Betriebs die Inanspruchnahme seines Besitztums zum Zwecke der Herbeiführung von Betriebsablaufstörungen im Arbeitskampf nicht dulden. Daher ist der von

---

1699 Vgl. Fischer, RdA 2011, 50 (57).

1700 Vgl. Berg/Kocher/Platow/Schoof/Schumann, Teil 3, Rn. 292 ff.; Däubler/Wolter Arbeitskampfrecht, § 21 Rn. 153 ff.

1701 Gegenmaßnahme des Arbeitgebers, aber nicht als Arbeitskampfmaßnahmen zu bewerten, vgl. Berg/Kocher/Platow/Schoof/Schumann, Teil 3, Rn. 294 ff.

1702 Zur Aussperrung vgl. nur Däubler/Wolter Arbeitskampfrecht, § 21 Rn. 1 ff.

1703 Vgl. Berg/Kocher/Platow/Schoof/Schumann, Teil 3, Rn. 334.

1704 Vgl. Thüsing/Waldhoff, ZfA 2011, 329 (361).

1705 BGH 20.01.2006 –V ZR 134/05 – NJW 2006, 1054 (1054).

einem Flashmob betroffene Inhaber eines Einzelhandelsgeschäfts rechtlich nicht gehindert, Teilnehmer an der Aktion des Betriebs zu verweisen.[1706] Zwar mag die sofortige Identifikation aller Teilnehmer an einer Kampfaktion mit fremden Dritten Schwierigkeiten bereiten. Mit der Möglichkeit, die Aktionsteilnehmer als solche zu erkennen, liegt die oben genannte Erkennbarkeit vor. Daher dürfen Aktionsteilnehmer nicht anonym bleiben.[1707] Die Behauptung, die Ausübung des Hausrechts sei eine stumpfe Waffe,[1708] ist deshalb falsch.[1709]

Dem Vorschlag von „vorbeugenden Hausverboten" gegen potenzielle Störer oder alle Flashmobber von *Löwisch*[1710] ist nicht zu folgen. Einerseits wäre ein solches Hausverbot gegenstandlos.[1711] Andererseits würde die Wirkung des Arbeitskampfmittels bzw. des Flashmobs damit entzogen, welches mit dem Art. 9 Abs. 3 GG unvereinbar ist. Die Verteidigungsmöglichkeit des Kampfgegners bedeute eben nicht, ihm die Chance zuzusprechen, den Effekt eines Angriffskampfmittels im Vorhinein versagen zu können oder die kampfführende Gewerkschaft zu neutralisieren.

(2) Suspendierende Betriebsstilllegung

Ferner kann der Arbeitgeber auf einen Arbeitskampf durch die Betriebsstilllegung reagieren. Nach der Rechtsprechung des BAG ist der Arbeitgeber nicht verpflichtet, einen bestreikten Betrieb oder Betriebsteil für die Dauer des Streiks soweit als möglich aufrechtzuerhalten. Hierzu bestätigt das BAG – trotz heftiger Kritik[1712] – dem Arbeitgeber das Recht zur Betriebsstilllegung.[1713] Die vorübergehende Betriebsstilllegung macht es zur Bedingung, dass die Geschäftstätigkeit des Arbeitgebers während des Arbeitskampfes weder von diesem selbst noch von einem von ihm beauftragten Dritten ausgeführt wird.[1714] Würden die Streikbrecher hingegen eingesetzt, ist es klar, dass der Arbeitgeber sich nicht dem Arbeitskampf beugt. Es fehlt daher an einer Betriebsstilllegung.[1715]

1706 BAG 22.09.2009 – 1 AZR 972/08 – AP Nr. 174 Art. 9 Arbeitskampf GG Rn. 57.

1707 Siehe oben § 11 C. II. 2. a) Erkennbarkeit des Arbeitskampfes.

1708 Kritisch zur Gegenmaßnahme des Hausverbots, vgl. Krieger/Günther, NZA 2010, 20 (21); Löwisch, NZA 2010, 209 (209 ff.); Otto, RdA 2010, 135 (145); Säcker/Mohr, JZ 9/2010, 440 (448 f.); Thüsing/Waldhoff, ZfA 2011, 329 (361 ff.).

1709 So auch Berg/Kocher/Platow/Schoof/Schumann, Teil 3, Rn. 220; Däubler/Däubler, Arbeitskampfrecht, § 31 Rn. 10; Fischer, RdA 2011, 50 (57).

1710 Löwisch, NZA 2010, 209 (210); zustimmend Otto, RdA 2010, 135 (145).

1711 Däubler/Däubler, Arbeitskampfrecht, § 31 Rn. 10.

1712 Vgl. ErfK/Linsenmaier, Art. 9 Rn. 219; Kissel, Arbeitskampfrecht, § 33 Rn. 113; Däubler/Öğüt, Arbeitskampfrecht, § 19 Rn. 84 ff.; Otto, Arbeitskampfrecht, § 11 Rn. 21.

1713 Nach BAG ist die Betriebsstilllegung keine Arbeitskampfmaßnahme, BAG 22.03.1994 – 1 AZR 622/93 – NZA 1994, 1097 (1098); Berg/Kocher/Platow/Schoof/Schumann, Teil 3, Rn. 316 m. w. N.

1714 BAG 13.12.2011 – 1 AZR 495/10 – AP Nr. 175 Art. 9 Arbeitskampf GG Rn. 16.

1715 Berg/Kocher/Platow/Schoof/Schumann, Teil 3, Rn. 317a.

Die Betriebsstilllegung setzt aus Gründen der Rechtsklarheit eine darauf gerichtete Erklärung des Arbeitgebers an die Arbeitnehmer voraus. Die Einstellung der Beschäftigung allein ist nicht eindeutig. Die Erklärung ist an die betroffenen Arbeitnehmer zu richten, deren Arbeitsverhältnisse dadurch suspendiert werden.[1716] Es ist aber nur erlaubt, den bekämpften Betrieb innerhalb des zeitlichen und gegenständlichen Rahmens, der sich aus dem Kampfaufruf der Gewerkschaft ergibt, stillzulegen.[1717] Werden nur die Angehörigen einer bestimmten Abteilung für eine begrenzte Zeit zum Streik aufgerufen, so ist auch die damit begründete Stilllegung nur bezogen auf diese Abteilung und nur für die betreffende Zeit möglich.[1718] Würde eine Betriebsstilllegung über den zeitlichen Rahmen des Kampfaufrufs hinaus geführt, muss der Kampfgegner die Aussperrung beanspruchen und die Schranken der Aussperrung sind einzuhalten.[1719]

Die praktische Bedeutung der Möglichkeit einer suspendierenden Stilllegung liegt darin, dass nicht streikende, arbeitswillige Außenseiter in die Risikogemeinschaft der Arbeitnehmer im Streikgeschehen einbezogen werden. Das Recht zur Betriebsstilllegung eröffnet danach dem betroffenen Kampfgegner schnelle und betriebsspezifische Reaktionen, die das Instrument der Abwehraussperrung nicht oder jedenfalls nicht mit derselben Effizienz bietet.[1720] Auf die blitzartige Kampfform wie Flashmob kann der Kampfgegner damit unmittelbar und flexibel reagieren.[1721]

(3) Weitere Verteidigungsmaßnahmen

Für die anderen atypischen Arbeitskampfformen, wie Öffentlichkeitsarbeit oder Käuferboykott, stehen dem Kampfgegner ebenfalls Verteidigungsmaßnahmen zur Verfügung. Der Arbeitgeber kann selbst Öffentlichkeitsarbeit betreiben, um die Argumentation der kampfführenden Gewerkschaft zu entkräften.[1722] Bei den virtuellen Betriebsblockaden, etwa beim Flooding, Mailbombing, Telefonblockade oder Demonstration im Netz wie E-Mob, könnten beispielsweise vorübergehende Stilllegung, Sperrung des Internet-Portals, das Ausweichen auf einen anderen Server oder ähnliche Maßnahmen als Gegenmaßnehmen des Kampfgegners zum Einsatz gebracht werden.[1723]

1716 BAG 13.12.2011 – 1 AZR 495/10 – AP Nr. 175 Art. 9 Arbeitskampf GG Rn. 18.

1717 BAG 13.12.2011 – 1 AZR 495/10 – AP Nr. 175 Art. 9 Arbeitskampf GG Rn. 18; 27.06.1995 – 1 AZR 1016/94 – AP Nr. 137 Art. 9 GG Arbeitskampf = NJW 1996, 1428 (1429); ErfK/Linsenmaier, Art. 9 Rn. 217 m. w. N.

1718 BAG 13.12.2011 – 1 AZR 495/10 – AP Nr. 175 Art. 9 Arbeitskampf GG Rn. 16; BAG 12.11.1996 – 1 AZR 364/96 – NJW 1997, 1801 (1082); Berg/Kocher/Platow/Schoof/Schumann, Teil 3, Rn. 318.

1719 ErfK/Linsenmaier, Art. 9 Rn. 218.

1720 ErfK/Linsenmaier, Art. 9 Rn. 220.

1721 BAG 22.09.2009 – 1 AZR 972/08 – AP Nr. 174 Art. 9 Arbeitskampf GG, Rn. 61.

1722 Deinert, in: Rehder/Deinert/Callsen, S. 114.

1723 Beilspiel nach Berg/Kocher/Platow/Schoof/Schumann, Teil 3, Rn. 223.

III. *Kampfgrenze zum Schutz der Rechte Dritter*

1. *Staatliche Schutzpflicht und Schutz der Rechte Dritter*

Grundrechtskollisionslagen können ferner beim Zusammentreffen des Arbeitskampfrechts mit den Grundrechten Dritter auftreten. Im Arbeitskampf könnten die unbeteiligten Dritten auf verschiedene Weise beeinträchtigt werden. So hatte das BAG in den 1970er-Jahren auch darauf hingewiesen: „In unserer verflochtenen und wechselseitig abhängigen Gesellschaft berühren aber Streiks [...] nicht nur die am Arbeitskampf unmittelbar Beteiligten, sondern auch Nichtstreikende und sonstige Dritte sowie die Allgemeinheit vielfach nachhaltig“.[1724] Hieran könnten zahlreichende Verfassungsgüter auf der Seite der unbeteiligten Dritten mit dem Arbeitskampfrecht kollidieren, zum Beispiel Gesundheit, Leben, körperliche Unversehrtheit, Freiheit, Eigentum, Berufsfreiheit oder allgemeine Handlungsfreiheit.[1725]

Um die Rechte Dritter zu schützen, muss der Staat auch aufgrund seiner Schutzpflicht tätig werden[1726] und die Schranken des Arbeitskampfrechts werden diesbezüglich herangezogen.[1727] Vor allem spielen die Rechte der Dritten in der Daseinsvorsorge beim Arbeitskampf eine zentrale Rolle und dafür wird die Notdienstarbeit als notwendig geboten.[1728] Tatsächlich ist die Drittwirkung mit jedem Streik verbunden.[1729] In einer durch Dienstleistungstätigkeit geprägten Gesellschaft[1730]ist es ebenfalls nicht mehr möglich, einen Arbeitskampf, etwa in einem Einzelhandelsbetrieb, ohne Beeinträchtigung der Dritten bzw. der Kunden durchzusetzen.[1731] Das gilt sowohl für den klassischen Streik als auch für die atypischen Arbeitskämpfe.[1732]

1724 BAG 21.04.1971 – GS 1/68 – AP Nr. 43 Art. 9 GG Arbeitskampf = NJW 1971, 1668 (1669).

1725 Däubler/Hensche, Arbeitskampfrecht, § 18 Rn. 31 ff.; Scherer, Daseinsvorsorge, S. 63 ff., 109.

1726 Zur staatlichen Schutzpflicht und Beschränkung des Arbeitskampfrechts siehe oben § 11 C. I. 2. Staatliche Schutzpflicht und Beschränkung des Arbeitskampfrechts.

1727 So auch Scherer, Daseinsvorsorge, S. 16.

1728 Dazu vgl. Däubler/Hensche, Arbeitskampfrecht, § 18 Rn. 15 ff.; zur Konkretisierung für die einzelnen Bereiche der Daseinsvorsorge vgl. Däubler, Der Streik, S. 232 ff.; Scherer, Daseinsvorsorge, S. 119 ff.

1729 Berg/Kocher/Platow/Schoof/Schumann, Teil 3, Rn. 138a; Däubler/Hensche, Arbeitskampfrecht, § 18 Rn. 7.

1730 Zur Bedeutung der Dienstleistungsgesellschaft in Deutschland siehe oben § 3 A. III. Gesamte Betrachtung des Strukturwandels der Beschäftigungsverhältnisse und die Dienstleistungsgesellschaft.

1731 Scherer, Daseinsvorsorge, S. 110.

1732 Deinert, in: Rehder/Deinert/Callsen, S. 96.

2. *Grenze der gezielten Drittschädigung*

Beim atypischen Arbeitskampf besteht die Besonderheit, dass die unbeteiligten Dritten je nach den Kampfstrategien bewusst von der kampfführenden Gewerkschaft im Kampfgeschehen einbezogen werden und der Kampfdruck dadurch erzeugt wird. Ein Meinungskampf der gewerkschaftlichen Druckkampagnen[1733] kann nur wirken, wenn die Dritten im Kampfgeschehen aufgenommen werden und sich dann die Möglichkeit ergeben kann, sie in Mitleidenschaft zu ziehen und weiterhin sich mit den Streikenden zu solidarisieren.[1734] Jedoch ist unter verschiedenen atypischen Kampfformen zu unterscheiden. Während die unbeteiligten Dritten in einem Meinungskampf nur die Adressaten der Aktion sind, welches rechtlich in der Regel unproblematisch ist,[1735] zielen die atypischen Kampfmaßnahmen, wie die Blockade und die Besetzung öffentlicher Plätze, darauf ab, Dritten Nachteile zuzufügen. Dies macht die gezielte Drittschädigung zur Bedingung und hat allerdings eine Grundrechtskollision zwischen der Gewerkschaft und den unbeteiligten Dritten zur Folge.

Für diese Konfliktkonstellation ist in erster Linie zur Kenntnis zu nehmen, dass, anderes als im Kräfteverhältnis zwischen den Kampfparteien, wo der Kampfgegner die Schadenszufügung mittels der Verteidigungsmaßnahmen minieren oder vermeiden kann, die unbeteiligten Dritten die Beeinträchtigung nicht durch eigenes Nachgeben beseitigen können, da der Kampfzweck nur vom Kampfgegner erfüllt werden kann.[1736] Trotz der differenzierten Position des Kampfgegners und der unbeteiligten Dritten im Kampf ist eine mit der gezielten Drittschädigung verbundene Kampfmaßnahme deshalb nicht immer unzulässig.[1737] Zwar sind die arbeitskampfbedingten Verletzungen des Lebens, der körperlichen Unversehrtheit, der Gesundheit[1738] oder des Eigentums[1739] der unbeteiligten Dritter unzweifelhaft unzulässig und dürfen nicht als Kampfstrategien zur Anwendung kommen. Hingegen ist es erlaubt, Kampfmaßnahmen auf offener Straße oder in anderen öffentlichen Räumen durchzusetzen. Störungen des Verkehrs werden unvermeidlich dadurch verursacht. Aus völkerrechtlicher Sicht ist nach dem EMGR, „eine gewisse Toleranz“ dafür abzuverlangen.[1740] Überdies hatte *Deinert* zu Recht hingewiesen: „Wenn nach der Rechtsprechung Arbeitskämpfe durchaus auch erhebliche Auswirkung mittelbar auf Dritte haben können, scheint es konsequent, wenn Gewerkschaften diese Auswirkung bei der Wahl ihrer Kampftaktik auch in das Kalkül einbeziehen dürfen [...]

1733 Zu Meinungskampf bzw. Öffentlichkeitsarbeit als atypische Arbeitskampfform siehe oben § 6 B. Öffentlichkeitsarbeit.

1734 Fischer, RdA 2011, 50 (56).

1735 Dazu vgl. Deinert, in: Rehder/Deinert/Callsen, S. 95 f.

1736 Scherer, Daseinsvorsorge, S. 107 f.

1737 Deinert, in: Rehder/Deinert/Callsen, S. 96 f.; a. A. Scherer, Daseinsvorsorge, S. 106 ff.

1738 Däubler/Däubler, Arbeitskampfrecht, § 14 Rn. 18, 31 f.

1739 Deinert, in: Rehder/Deinert/Callsen, S. 96.

1740 Vgl. den Fall „Schneckentempo“, Deinert, in: Rehder/Deinert/Callsen, S. 80, 97; vgl. auch den vergleichbaren Fall „Flashmob Kreisverkehr Lübeck“, oben § 6 A. I. 2.

auch im Sinne der Strategie eines Hervorrufens von Belastungen Dritter."[1741] Allerdings kommt an dieser Stelle wieder die Herstellung einer praktischen Konkordanz ins Spiel und es gelten die gleichen Prinzipen wie beim Streik.[1742]

Schließlich ist der Schutz der Rechte Dritter von der Gewährleistung der Allgemeininteressen zu unterscheiden. Das BAG hat zwar wiederholt, „das Gemeinwohl darf nicht offensichtlich verletzt werden."[1743] Einerseits darf es aber nicht vernachlässigt werden, dass das vorbehaltlose Arbeitskampfrecht des Art. 9 Abs. 3 GG nur zum Schutz von Verfassungsgütern eingeschränkt werden kann.[1744] Solange keine Rechtsgüter mit Verfassungsrang beeinträchtigt würden, ist das Arbeitskampfrecht nicht durch das Gemeinwohl zu begrenzen.[1745]Andererseits ist das Gemeinwohl ein wirtschafts- und sozialpolitisch offener Begriff[1746] und für die rechtliche Anwendung auf die Schranken der Grundrechte nicht konkretisierbar. Deshalb kann der Gemeinwohlvorbehalt nicht als ein verbindliches Kriterium der Grundrechtbegrenzung zur Anwendung kommen.[1747]

1741 Deinert, in: Rehder/Deinert/Callsen, S. 97.

1742 Deinert, in: Rehder/Deinert/Callsen, S. 98 Die Kampfgrenze zum Schutz der Rechte Dritter in diesem Zusammenhang, vgl. Däubler/Hensche, Arbeitskampfrecht, § 18 Rn. 22 ff.

1743 BAG 21.04.1971 – GS 1/68 – AP Nr. 43 Art. 9 GG Arbeitskampf = NJW 1971, 1668 (1669).

1744 Siehe oben § 11 C. I. 1. Vorbehaltlosigkeit und Beschränkbarkeit des Arbeitskampfrechts.

1745 Berg/Kocher/Platow/Schoof/Schumann, Teil 3, Rn. 138a.

1746 Zur rechtlichen Diskussion diesbezüglich vgl. Berg/Kocher/Platow/Schoof/Schumann, Teil 1 ARK, Rn. 217 ff.

1747 Däubler/Däubler, Arbeitskampfrecht, § 14 Rn. 19; ErfK/Linsenmaier, Art. 9 GG, Rn. 81; Däubler/Hensche, Arbeitskampfrecht, § 18 Rn. 5.

Zusammenfassung in Thesen

1. Eine Debatte über zeitgemäße Arbeitskampfformen ist nichts Neues. Nach der Flashmob-Entscheidung des BAG vom 22. September 2009 ist der Blickwinkel des Arbeitskampfes aber zu erweitern: Das Kampfmittel, mit dem sich das BAG in diesem Urteil befasste, ist keine Sonderform des Streiks, sondern eine atypische Kampfform. Rechtlich anerkannt wird ein Flashmob, der bislang kein typisches, sondern ein neues Arbeitskampfmittel ist.
2. Als ökonomisches Druckmittel der Arbeitnehmerseite in den Tarifauseinandersetzungen spielt der Streik nach wie vor eine entscheidende Rolle, aber dieses Kampfmittel wird je nach der gewerkschaftlichen Organisations- und Durchsetzungsmacht in unterschiedlicher Weise eingesetzt. Aufgrund der heterogenen Belegschaftsstrukturen sowie der dezentralen Unternehmensstrukturen lassen sich die Kampftaktiken der industriellen Streiks nicht einfach auf den Dienstleistungssektor übertragen. In der aktuellen Arbeitskampfpraxis im Dienstleistungsbereich wird er durch eine Vielzahl von atypischen Kampfformen ergänzt.
3. In Zeiten der wirtschaftlichen Globalisierung steht die Dienstleistungssektor unter noch höherem Anpassungsdruck. Für das erwartete Wirtschaftswachstum erfolgten im nationalen Zusammenhang einer Reihe von Deregulierungsmaßnahmen. In der Beschäftigungspolitik wurde die Flexibilisierung der Arbeit im großen Umfang ermöglicht und auf der Suche nach neuen Rationalisierungsressourcen in den Dienstleistungsbranchen wird die Gestaltung des Arbeitsverhältnisses von den Unternehmen als neue Quelle der Wertschöpfung genutzt. Hierbei geht es nicht ausschließlich um eine möglichst geringe Bezahlung im Sinne einer Kostensenkung. Stattdessen wird eine möglichst intensive und flexible Nutzung der Arbeitskraft angestrebt.
4. Anhand der Wahl der Flexibilisierungsstrategien werden die verschiedenen atypischen Beschäftigungsformen (Leiharbeit, Teilzeitarbeit, geringfügige Beschäftigung, befristete Beschäftigung und Selbstständige) im Unternehmen eingesetzt. Die Arbeitnehmerschaft wird in Stamm- und Randbelegschaft aufgespalten und dies hat zum einen eine differenzierte Interessenlage der Erwerbstätigen oder sogar Interessenkonflikte zwischen den Arbeitnehmern zur Folge. Ihre kollektive Macht wird dadurch geschwächt.
5. Durch die Strukturänderung der Beschäftigungsformen ist die Arbeitskampffähigkeit der Gewerkschaften beeinträchtigt. Wo der Streik nicht funktioniert oder nicht effektiv funktionieren kann, könnten die atypischen Arbeitskämpf Alternativen bieten, welche durch drei Komponenten – Partizipation der Mitglieder, kampagnenförmige Strategie und Orientierung an sozialen Bewegungen – geprägt sind. Die atypische Arbeitskampfstrategie ist eine Reaktion auf

die veränderten strukturellen Rahmenbedingungen der gewerkschaftlichen Betätigung.

6. Das Recht auf atypischen Arbeitskampf ist ein untergeordneter Begriff des allgemeinen Arbeitskampfrechts. Nun hat der atypische Arbeitskampf die Bedeutung, neue Ansätze für die Weiterentwicklung der alternativen Handlungsmöglichkeiten der Arbeitnehmer und Gewerkschaften zu ermöglichen. Daher bezieht sich die Vorstellung des atypischen Arbeitskampfes ausschließlich auf die Kampfmittel aufseiten der Arbeitnehmer. Es ist festzuhalten, dass der atypische Arbeitskampf eine kollektive, zielgerichtete Druckausübung der Arbeitnehmerseite darstellt, dessen Wirkung unabhängig von der Einführung der Arbeitseinstellung entfaltet wird. Davon ausgeschlossen ist ebenso wie beim allgemeinen Arbeitskampfbegriff die kollektive Ausübung von Individualrechten.
7. Die atypischen Arbeitskampfformen können wegen der differenzierten Druckausübungsweise drei Typen zugeordnet werden: aktive Betriebsstörungsformen (Flashmob, Blockade, Sabotage, Bummelstreik, Dienst nach Vorschrift usw.), Öffentlichkeitsarbeit (Demonstration, Blockade und Besetzung öffentlicher Plätze, Appelle an Kunden des Arbeitgebers usw.) und Boykott. Alle drei Typen von Arbeitskampfformen sind unabhängig vom Entzug der Arbeitsleistung einzusetzen und können sowohl als streikbegleitende als auch als isolierte Kampfbetätigungen fungieren.
8. Die Garantie des Arbeitskampfrechts hat den Sinn, dass Arbeitskämpfe nicht strafrechtlich sanktioniert werden können und zivilrechtlich privilegiert sind. Erst in der Weimarer Zeit wurde die Koalitionsfreiheit ausdrücklich in der Verfassung (Art. 159 WRV) gewährleistet. Eine Arbeitskampffreiheit in der Weimarer Verfassung wurde aber nur aus der natürlichen Handlungsfreiheit der Koalition hergeleitet. Eine Arbeitsniederlegung stellte deshalb zugleich einen Arbeitsvertragsbruch dar.
9. Unter dem Aspekt der Sozialadäquanz wurden vom Großen Senat des BAG verhältnismäßige und tarifbezogene Arbeitskämpfe erlaubt. Als einheitliches Geschehen wurde der Arbeitskampf kollektivrechtlich nicht anders behandelt als individualrechtlich. Ein legaler Streik wurde unter der kollektiven Arbeitskampftheorie ohne vorherige Kündigung der Arbeitsverhältnisse zugelassen.
10. Heutzutage spielt die Theorie des Sozialadäquanz keine Rolle mehr. Seit den 1960er-Jahren ist die verfassungsrechtliche Arbeitskampfgarantie im Licht der Koalitionsfreiheit des Art. 9 Abs. 3 GG anerkannt. Die Auslegung des verfassungsrechtlichen Arbeitskampfrechts bleibt aber beim ersten Satz des Art. 9 Abs. 3 GG im Fokus. Ein eigenes Arbeitskampfrecht wird nicht durch den dritten Satz des Art. 9 Abs. 3 GG geschaffen. Der eigentliche Sinn des Art. 9 Abs. 3 Satz 3 GG liegt nur in der Verfestigung des verfassungsrechtlichen Schutzes des Arbeitskampfrechts im Notstand und stellt eine Beschränkung der Notstandsverfassung für Arbeitskämpfe dar.
11. Wie das BVerfG knüpft ein großer Teil der Literatur auch die Arbeitskampfgarantie an die in der Rechtsprechung des BVerfG anerkannte Betätigungsfreiheit

der Koalition. Nach der neuen Rechtsprechung des BVerfG vom 14.11.1995 werden alle koalitionsspezifischen Tätigkeiten nach Art. 9 Abs. 3 GG gewährleistet. Nach Aufgabe der Kernbereichslehre wird der Arbeitskampf aufgrund seiner Eigenschaft als koalitionsspezifische Betätigung wie jede andere koalitionsspezifische Betätigung unmittelbar aus Art. 9 Abs. 3 Satz 1 GG hergeleitet und grundrechtlich geschützt. Seine Gewährleistung ist auf die gleiche Stufe wie die Tarifautonomie oder andere koalitionsspezifische Tätigkeiten zu stellen und nicht nur über die Tarifautonomie mittelbar zu sichern.

12. Der Arbeitskampf ist nicht lediglich ein Annex der Tarifautonomie. In der abhängigen Arbeit ist der Arbeitskampf das wichtigste Mittel, um die strukturelle Unterlegenheit der Arbeiterschaft zu überwinden und um Selbstbestimmung am Arbeitsplatz sowie Demokratie im Arbeitsprozess zu realisieren. Das Arbeitskampfrecht steht demgemäß als selbstständiges Schutzgut nicht nur für die Gewährung der Tarifautonomie. Die Feststellung des Annexcharakters des Arbeitskampfes hat hingegen eine Abwertung der verfassungsrechtlichen Garantie zur Folge.
13. Art. 9 Abs. 3 GG enthält keine tatbestandsimmanente Grenze des Tarifbezugs. Das Grundgesetz spricht in Art. 9 Abs. 3 Satz 1 GG von Wahrung und Förderung der Arbeits- und Wirtschaftsbedingungen. Vom Wortlaut her lässt sich kein Tatbestandsmerkmal der Tarifautonomie ableiten. Der teleologischen Auslegung des Normtexts zufolge beschränken sich die Arbeits- und Wirtschaftsbedingungen auch nicht auf deren tarifrechtliche Ordnung. Die Tarifverhandlung ist zwar die wichtigste Aktivität zur Wahrung und Förderung der Arbeits- und Wirtschaftsbedingungen, doch erschöpfen sich die Koalitionsbetätigungen nicht darin.
14. Nach dem Verständnis des BAG ist der Arbeitskampf ein Mittel, um „kollektives Betteln" der Arbeitnehmerschaft zu vermeiden. Als Hilfsmittel ist ein Arbeitskampf nicht nur bei Tarifverhandlungen unvermeidlich, sondern auch dort, wo eine potenziell gleichberechtigte Einwirkung auf die Arbeits- und Wirtschaftsbedingungen erforderlich wird. Ein Arbeitskampf kann eine Tarifverhandlung unterstützen, muss dies aber nicht zwingend tun.
15. Eine grundrechtliche Einrichtungsgarantie entspricht nicht der Natur des Arbeitskampfes. Das Arbeitskampfrecht ist kein normgeprägtes Grundrecht und seine Ausübung wird nicht erst durch die staatliche Regelung ermöglicht. Eine Ausgestaltung des Arbeitskampfrechts auf der Ebene der Grundrechtsschranken, um einen optimalen Ausgleich zwischen den gegenläufigen Verfassungsgütern herzustellen, würde zugleich einen Grundrechtseingriff darstellen. Dem staatlichen Handeln wird zwar eine Einschätzungsprärogative eingeräumt, aber dieses muss mit der Wertentscheidung der Rechtsordnung vereinbar sein.
16. Art. 9 Abs. 3 GG ist nicht die einzige Schutznorm des Arbeitskampfrechts im Grundgesetz. Der grundrechtliche Schutz des Arbeitskampfes wird darüber hinaus unter Umständen aus der allgemeinen Handlungsfreiheit, der Meinungsfreiheit, der Versammlungsfreiheit, dem Widerstandsrecht und der Menschenwürde hergeleitet. Allerdings kommt Art. 9 Abs. 3 GG als die

speziellere Norm gegenüber Art. 2 Abs. 1 GG, Art. 5 Abs. 1 Satz 1 GG und Art. 8 Abs. 1 GG vorrangig zur Anwendung. Ein Rückgriff auf die sonstigen Verfassungsbestimmungen erlangt nur Bedeutung für die Betätigungen, die nicht vom persönlichen oder sachlichen Schutzbereich des Art. 9 Abs. 3 GG umfasst werden oder die die Grenzen der Betätigungsfreiheit aus Art. 9 Abs. 3 GG überschreiten.

17. Das Arbeitskampfrecht könnte in Art. 20 Abs. 4 GG seine Rechtsgrundlage finden. Dies gilt allerdings nur, wenn alle von der Rechtsordnung zur Verfügung gestellten Rechtsbehelfe keine Aussicht auf wirksame Abhilfe bieten. Nur dann kommt die Ausübung des Widerstandes als letztes Mittel zur Erhaltung oder Wiederherstellung des Rechts zur Anwendung. Das Widerstandstandrecht hat bisher in der Arbeitskampfpraxis eine nur geringfügige Bedeutung.
18. In Deutschland fehlt bisher eine gesetzliche Ausgestaltung des Arbeitskampfrechts. Der „Arbeitskampf“ oder der „Streik“ wird zwar in mehreren Bundesgesetzesnormen als Tatbestandsmerkmal der jeweiligen Vorschrift erwähnt, kann aber nur als Konsequenz einer Einzelfrage abgeleitet werden. Der Begriff, die Voraussetzung oder die Zulässigkeit des allgemeinen Arbeitskampfrechts bleibt in den Bundesgesetzesnormen ungeregelt.
19. In den Landesverfassungen von Berlin, Brandenburg, Hessen, Rheinland–Pfalz, Saarland und Thüringen wird das Arbeitskampfrecht als Grundrecht geregelt. Die Formulierung als Grundrecht in den Landesverfassungen garantiert aber keine Grundrechtsqualität. Im Einzelfall wird der Grundrechtscharakter der jeweiligen Norm der Landesverfassung von den Gerichten geprüft, insbesondere wenn das landesverfassungsrechtliche Arbeitskampf- oder Streikrecht über den von der herrschenden Meinung in der Rechtsprechung bestimmten Aussagehalt des Art. 9 Abs. 3 GG hinausgehen würde, z. B. die Gewährleistung des koalitionsrechtlichen Demonstrationsstreiks oder des nichtgewerkschaftlichen Streiks.
20. Das Streik- oder Arbeitskampfrecht findet seine Rechtsgrundlagen auch auf der internationalen Ebene. Das Arbeitskampf- oder Streikrecht ist ausdrücklich oder durch Auslegung in völkerrechtlichen Normen des Art. 11 EMRK, Art. 6 Nr. 4 ESC, ILO-Übereinkommen Nr. 87, Art. 8 Abs. 1d UN-Sozialpakt und Art. 22 Abs. 1 UN-Zivilpakt gewährleistet, welche zumindest im Rang von Bundesgesetzen im innerstaatlichen Bereich stehen.
21. Der Garantiegehalt der Arbeitsvölkerverträge von Art. 11 EMRK, Art. 6 Nr. 4 ESC, ILO-Übereinkommen Nr. 87, Art. 8 Abs. 1d UN-Sozialpakt und Art. 22 Abs. 1 UN-Zivilpakt wird durch die von internationalen Gremien (Europäischer Ausschuss für soziale Rechte, Sachverständigenausschüsse der ILO, ILO-Ausschüsse für die Vereinigungsfreiheit, Sozialpaktausschuss und Menschenrechtausschuss der UN) entwickelten Bestimmungen für das Arbeitskampfrecht konkretisiert. Zumindest ist eine völkerrechtsfreundliche Auslegung von den nationalen Gerichten zu verlangen. Eine abweichende Auslegung erfordert zumindest triftige Gründe.

22. In der Auseinandersetzung über den Grundrechtsträger der Koalitionsfreiheit vertritt die herrschende Meinung in der Rechtsprechung des BVerfG sowie des BAG und in der Literatur zu Recht die Lehre vom Doppelgrundrecht. Über den Wortlaut hinaus wird neben der individuellen auch die kollektive Grundrechtsberechtigung von Art. 9 Abs. 3 GG umfasst. Die Koalitionsfreiheit der Koalition ist kein Akzessorium des Individualrechts; die Koalitionsbetätigung hat durch die Kollektivierung vielmehr eine andere Qualität gewonnen. Der Kollektivschutz der Koalitionsfreiheit ist unmittelbar auf Art. 9 Abs. 3 GG zurückzuführen.
23. Das Recht des einzelnen Berufsangehörigen auf die Wahrung und Förderung der Arbeits- und Wirtschaftsbedingungen ist tatbestandsmäßig ein Ausdruck der individuellen Betätigungsfreiheit. Das gilt auch für die kampfweise Einzelhandlung. Das Arbeitskampfrecht des Einzelnen ist eine primäre Folge des Individualgrundrechts, nicht ein an die kollektive Koalitionsfreiheit angehängtes Recht.
24. Aus dem kollektiven Wesen des Arbeitskampfes ergeben sich die Notwendigkeit der Mitwirkung der Koalition einerseits und die Zusammenwirkung der Einzelhandlungen andererseits im Arbeitskampf. Die Anforderung der kollektiven Rechtsausübung stellt zugleich eine Beschränkung des Grundrechtstatbestands dar. Die Ausübung des Arbeitskampfrechts des Einzelnen ist unter kollektivem Vorbehalt auszuüben.
25. Alle Arbeitnehmer, die nicht normativ an den umkämpften Tarifvertrag gebunden sind, sind im Tarifkampf als Außenseiter zu berücksichtigen. Die Arbeitnehmeraußenseiter in umkämpften Betrieben dürfen aus eigenem Recht am Arbeitskampf teilnehmen. Die Anbindung der Kampfbeteiligung des einzelnen Arbeitnehmeraußenseiters wird durch die potenziellen Interessen am Tarifabschluss hergestellt. Die Außenseiterbeteiligung ist vereinbar mit dem Kollektivinteresse und wird auf der kollektiven Ebene von der Einschätzungsprärogative der Gewerkschaft geschützt.
26. Nur diejenigen Berufsangehörigen, die eine funktionale Anbindung mit der Zielvorgabe der Wahrung und Förderung der Arbeits- und Wirtschaftsbedingungen haben, sind Rechtsträger des Arbeitskampfrechts. Im Gegensatz dazu sind die aktiven Dritten nur koalitionsfremde Personen im Arbeitskampf und unterliegen keiner Arbeitskampffreiheit. Die Dritten können aber aus eigenem Recht den Grundrechtsschutz der allgemeinen Handlungsfreiheit des Art. 2 Abs. 1 GG oder sonstigen Verfassungsbestimmungen beanspruchen.
27. Im atypischen Arbeitskampf hat die Drittbeteiligung die Funktion, das Arbeitskampfarsenal zu erweitern und die Störungswirkung zu verstärken. Die Initiative des Aufrufs zur Drittbeteiligung ist die Folge der Handhabung der kollektiven Koalitionsfreiheit sowie der Einschätzungsprärogative der Gewerkschaft. Die rechtliche Verbindung der Drittbeteiligung mit dem Kampf kann über die kollektive Koalitionsfreiheit gefunden werden. Ob die Drittbeteiligung verhältnismäßig ist, ist die Frage der Grenze des sachlichen Schutzbereiches

der Koalitionsfreiheit. Der persönliche Schutzbereich der Koalitionsfreiheit wird davon nicht berührt.

28. Gemäß der Lehre des Doppelgrundrechts gewährleistet die Koalitionsfreiheit sowohl die individuelle als auch die kollektive Freiheit zur Koalitionsbetätigung. Nach der Preisgabe der Lehre des Kernbereichs erstreckt sich der Schutzbereich des Art. 9 Abs. 3 GG auf alle koalitionsspezifischen Verhaltensweisen einschließlich des Arbeitskampfes. Dem Wortlaut nach ist die spezielle Zwecksetzung der Wahrung und Förderung der Arbeits- und Wirtschaftsbedingungen das schlüssige Kriterium für die Koalitionsspezifität.
29. Als eine Koalitionsbetätigung muss der Arbeitskampf sich ebenfalls im Rahmen der Wahrung und Förderung der Arbeits- und Wirtschaftsbedingungen bewegen. Die Einordnung einer atypischen Arbeitskampfmaßnahme als koalitionsspezifisch erfolgt erst in einer zweckorientierten Auslegung. Die Beurteilung, ob eine Betätigung koalitionsspezifisch ist, richtet sich grundsätzlich nicht nach der Art des von der Koalition gewählten Mittels, sondern nach dem von ihr damit verfolgten Ziel.
30. Aufgrund der freiheitsrechtlichen Eigenschaft ist die Koalition befugt, sich autonom zu entscheiden, in welcher Weise sie entsprechend dem Koalitionszweck handeln möchte. Das Konzept eines *numerus clausus* der Arbeitskampfformen ist mit dem allgemeinen Verständnis der grundrechtlichen Freiheit nicht vereinbar.
31. Aus der Kampfmittelfreiheit wird nicht nur das Recht abgeleitet, unter bestehenden Kampfmitteln auszuwählen, sondern das prinzipielle Recht zur Ausbildung neuer Kampfmittel. Die freie Wahl der Kampfstrategien ist für die Kampfmittelfreiheit ebenfalls heranzuziehen. Es gibt kein Primat für das schonendste Kampfmittel. Schließlich ist die Freiheit des konkreten Arbeitskampfeinsatzes auch geschützt. Dafür haben die Koalitionen eine Einschätzungsprärogative.
32. Mit der Anerkennung der Kampfmittelfreiheit wird der Schutzbereich des Art. 9 Abs. 3 GG nicht erweitert. Der Grundsatz der Kampfmittelfreiheit ist nur ein Ausdruck des Freiheitsrechtscharakters.
33. Aufgrund des staatlichen Gewaltmonopols ist die körperliche Zwangsgewalt in der Regel ein Privileg der öffentlichen Gewalt. Dem Gedanken, die gewaltsame Verhaltensweise aus dem Schutzbereich des Freiheitsrechts auszuklammern, liegt die Überlegung zugrunde, dass der Rechtsfrieden in der Gesellschaft zu den unverzichtbaren Grundlagen eines demokratischen Rechtsstaats gehört. Eine umfassende Garantie von Leben, Körper, Freiheit und Eigentum eines anderen ist dem Gewaltverbot nicht zu entnehmen.
34. Das Gewaltverbot ist eine der immanenten Schranken der koalitionsspezifischen Betätigung. Bei Art. 9 Abs. 3 GG handelt es sich aber um ein „gewaltnahes“ Grundrecht. Ein zu breiter Gewaltbegriff würde die Koalitionsfreiheit aushöhlen. Unfriedlich ist eine Koalitionsbetätigung daher erst, wenn Handlungen von einiger Gefährlichkeit, wie etwa aggressive Ausschreitungen gegen Personen oder Sachen, oder sonstige Gewalttätigkeiten stattfinden.

35. Das Neminem-laedere-Gebot ist kein Ausschlusskriterium zur Schutzbereichsbestimmung. Anderenfalls würde der grundrechtliche Schutz auf der Ebene der Schutzbereichsbestimmung im abwägungsfreien Prozess verkürzt. Nur die Menschenwürdegarantie ist ein abwägungsfreies Kriterium und somit als schutzbereichsimmanente Grundrechtsgrenze zu qualifizieren.
36. Die hier untersuchten atypischen Arbeitskämpfe setzen den Abschluss eines Tarifvertrages als Kampfziel voraus. Die allgemeinen Anforderungen eines Tarifkampfes, etwa wie die Zulässigkeit des Kampfziels, die Einhaltung der Friedenspflicht oder die Beschränkung auf gewerkschaftlich organisierten Arbeitskampf, gelten nicht anders als beim klassischen Arbeitskampf bzw. Streik.
37. Die Rechtmäßigkeit des Arbeitskampfrechts kann nicht am Verhältnismäßigkeitsgebot gemessen werden. Das Verhältnismäßigkeitsgebot im öffentlichen Recht ist ein notwendiges Instrument zur Machtbegrenzung. Ein Instrument, das die Machtentfaltung der Gewerkschaft im Arbeitskampf strukturell einschränken soll, steht im Widerspruch zur Gewährleistung des Arbeitskampfrechts, welches ein „kollektives Betteln" vermeiden soll. Wegen des Risikos der Tarifzensur und des Grundsatzes der Kampfmittelfreiheit ist ein privatrechtliches Verhältnismäßigkeitsgebot ebenfalls abzulehnen.
38. Die Feststellung, dass das Verhältnismäßigkeitsgebot nicht als Schranke des Arbeitskampfrechts eingestuft werden kann, bestätigt keineswegs eine unbegrenzte Gewährleistung des kampfweisen Eingriffsrechts. Das Fehlen des Gesetzesvorbehalts bedeutet, dass nur die Verfassung selbst das vorbehaltlose Grundrecht eingrenzen kann. Die in Art. 9 Abs. 3 GG garantierte Koalitionsfreiheit wird zum Schutz von Verfassungsgütern eingeschränkt, um einen optimalen Ausgleich zwischen den gegenläufigen Verfassungsgütern zu erlauben.
39. Die Kräfteverhältnisfrage ist im Rahmen der Konkretisierung sowie der Handhabung der Beschränkung des Arbeitskampfrechts zum Schutz kollidierender Grundrechte der Gegenseite zu berücksichtigen. Die Freiheit des Art. 9 Abs. 3 GG erlaubt, den Kampfgegner zur Unterlegenheit in der Tarifauseinandersetzung zu bringen. Die Grenze der Verfassungswidrigkeit des Arbeitskampfrechts ist überschritten, wenn sich deutlich erkennbar abzeichnet, dass der Kampfgegner aufgrund einer paritätsgefährdenden Kampfführung alle Umgehungsmöglichkeiten unterbindet. Maßgeblich ist, ob dem Kampfgegner unter allen Umständen Gegenmaßnahmen zur Verfügung stehen, um das für ihn ungünstige Kräfteverhältnis wieder zu korrigieren. Die Schranken des Arbeitskampfrechts sind daraus zu bestimmen.
40. Ein Arbeitskampf muss zuerst erkennbar sein und darf nicht anonym bleiben. Wenn sich Dritte aktiv der Kampfaktion anschließen, ist es ebenfalls notwendig, die Zurechnung der Drittbeteiligung zum Kampf kenntlich zu machen. Ohne diese Voraussetzung werden dem Kampfgegner die Verteidigungsmöglichkeiten entzogen. Der Einsatz einer Kampfmaßnahme in überraschender Weise ist erlaubt und dabei kann auf den Grundsatz der Kampfmittelfreiheit zurückgriffen werden, welche die Einschätzungsprärogative der Gewerkschaft stützt, solange die Anforderung der Erkennbarkeit erfüllt ist.

41. Ein Arbeitskampf muss beherrschbar sein, aber die Beherrschbarkeit des Arbeitskampfes ist von der Selbstschädigung aufgrund der Lohnabzüge zu trennen. Die Selbstschädigung ist einerseits kein begriffsnotwendiger Teil des Arbeitskampfes. Andererseits können die wirtschaftlichen Einbußen aufgrund eines Arbeitskampfes über die Lohnabzüge hinausgehen. Kein Arbeitskampf ist in diesem Sinne schmerzfrei.
42. Die aktive Drittbeteiligung im Arbeitskampf allein ist rechtlich unbedenklich. Zur Beherrschbarkeit des Arbeitskampfes infolge aktiver Drittbeteiligung muss die kampfführende Gewerkschaft in der Lage sein, die Betätigung der aktiven Dritten gegebenenfalls einzuschränken oder zu beenden. Je schwerer die Aktion zu beherrschen ist, desto stärker muss der Teilnehmerkreis klar begrenzt werden und/oder der Schadenseffekt entsprechend verringert werden.
43. Aufgrund des Existenzgefährdungsverbots wird es der kampfführenden Gewerkschaft untersagt, Anlagen, Rohstoffe und Produkte, also die Substanz der sächlichen Betriebsmittel, zu zerstören. Allerdings gefährdet nicht jede Betriebsmittelbeschädigung die Existenz des Kampfgegners. Die von den Kampfmaßnahmen betroffene Eigentumsfreiheit des Kampfgegners kollidiert mit dem Arbeitskampfrecht und ist damit abwägungswürdig.

Literaturverzeichnis

Nicht in dieses Literaturverzeichnis aufgenommen wurden Berichte und Meldungen in Tageszeitungen sowie in elektronischen Medien; berücksichtigt wurden jedoch dort veröffentlichte Namensartikel.

Alexy, Robert: Theorie der Grundrechte, Frankfurt am Main 1986.

Bäcker, Gerhard; Naegele, Gerhard; Bispinck, Reinhard; Hofemann, Klaus; Neubauer, Jennifer: Sozialpolitik und soziale Lage in Deutschland Band 1, 5. Aufl., Wiesbaden 2010 (zit.: Bäcker/Naegele/Bispinck/Hofemann/Neubauer, Sozialpolitik).

Bäcker, Gerhard: Was heißt hier „geringfügig"? – Minijobs als wachsendes Segment prekärer Beschäftigung, WSI-Mitteilungen 05/2006, 255 ff.

Bauer, Jobst-Hubertus: Entscheidungsbesprechung zum Beschluss v. 26.03.2014 – 1 BvR 3185/09, Wirksame „Flashmob-Aktion" im Einzelhandel, ArbR 2014, 233 ff.

Bauer, Jobst-Hubertus; Klebe, Thomas; Achim, Schunder: Das Arbeitsrecht in der neuen Legislaturperiode, NZA 2009, 1190 ff.

Bayreuther, Frank: Tarifeinheit und Tarifpluralität – Auswirkungen auf den Arbeitskampf, in: Waldhoff, Christian; Thüsing, Gregor (Hrsg.), Verfassungsfragen des Arbeitskampfes, Baden-Baden 2014, S. 58 ff. (zit.: Bayreuther, Tarifeinheit und Tarifpluralität).

Becker, Hans-Jürgen: Das Gewaltmonopol des Staates und die Sicherheit des Bürgers – Der Ewige Landfriede – vor 500 Jahren, NJW 1995, 2077 ff.

Bellmann, Lutz; Fischer, Gabriele; Hohendanner, Christian: Betriebliche Dynamik und Flexibilität auf dem deutschen Arbeitsmarkt, in: Möller, Joachim; Walwei, Ulrich (Hrsg.), Handbuch Arbeitsmarkt 2009. Analysen, Daten, Fakten. (IAB-Bibliothek, Nr. 314), Bielefeld, S. 359 ff. (zit.: Bellmann/Fischer/Hohendanner).

Berg, Peter; Kocher, Eva; Platow, Helmut; Schoof, Christian; Schumann, Dirk: Tarifvertragsgesetz und Arbeitskampfrecht – Kompaktkommentar, 4. Aufl., Frankfurt am Main 2013 (zit.: Berg/Kocher/Platow/Schoof /Schumann).

Bertele, Franz: Rechtsnatur und Rechtsfolgen der Aussperrung, Heidelberg 1960.

Bieder, Marcus: Das ungeschriebene Verhältnismäßigkeitsprinzip als Schranke privater Rechtsausübung, München 2007 (zit.: Bieder, Verhältnismäßigkeitsprinzip).

Bieder, Marcus: Paradigmenwechsel im Arbeitskampfrecht – Neue Bezugspunkte für die Verhältnismäßigkeitskontrolle von Sympathiestreiks, NZA 2008, 799 ff.

Binkert, Gerhard: Anm. zu LG Düsseldorf 14.06.2000 – 12 O 556/99, AuR 2001 194 ff.

Binkert, Gerhard: Gewerkschaftliche Boykottmaßnahmen im System des Arbeitskampfrechts, Berlin 1981 (zit.: Binkert, Boykottmaßnahmen).

Birk, Rolf; Konzen, Horst; Löwisch, Manfred; Raiser, Thomas; Seiter, Hugo: Gesetz zur Regelung kollektiver Arbeitskonflikte – Entwurf und Begründung, Tübingen 1988.

Blanke, Thomas: Das Arbeitskampfrecht des Grundgesetzes und das neue Arbeitskampfkonzept des BAG, NZA 1990, 209 ff.

Bloesinger, Hubert: Rechtsstellung von Streikposten, Frankfurt am Main 1988 (zit.: Bloesinger, Streikposten).

Böhnke, Julia; Duschek, Jan: Machtfrage, nicht Rechtsfrage. Ziviler Ungehorsam als Teil der gewerkschaftlichen Geschichte und Gegenwart, in: Burschel, Friedrich; Kahrs, Andreas; Steinert, Lea (Hrsg.), Ungehorsam! Disobedience! Theorie & Praxis kollektiver Regelverstöße, 2014, S. 101ff.

Boltanski, Luc; Chiapello, Ève: Der neue Geist des Kapitalismus, Konstanz 2003 (zit.: Boltanski/Chiapello, Kapitalismus).

Bontrup, Heinz J.: Arbeit, Kapital und Staat – Plädoyer für eine demokratische Wirtschaft, 4. Aufl., Köln 2011 (zit.: Bontrup, Arbeit, Kapital und Staat).

Bornewasser, Manfred; Zülch, Gert: Flexibilisierung der Arbeit als Anpassungsstrategie von Betrieben und Arbeitnehmern, in: Bornewasser, Manfred; Zülch, Gert (Hrsg.), Arbeitszeit – Zeitarbeit – Flexibilisierung der Arbeit als Antwort auf die Globalisierung, Wiesbaden 2013, S. 381ff. (zit.: Bornewasser/Zülch, Flexibilisierung der Arbeit).

Bosch, Gerhard; Weinkopf, Claudia: Arbeitsverhältnisse im Dienstleistungssektor, WSI-Mitteilungen 9/2011, 439 ff.

Bötticher, Eduard: Zum Begriff des Arbeitskampfes, RdA 1955, 81ff.

Brandt, Torsten; Schulten, Thorsten: Liberalisierung und Privatisierung öffentlicher Dienstleistungen und die Erosion des Flächentarifvertrags, WSI-Mitteilungen 10/2008, 570 ff.

Bremme, Peter; Fürniß, Ulrike; Meinecke, Ulrich: Denglish für Gewerkschaften, in: Bremme, Peter; Fürniß, Ulrike; Meinecke, Ulrich (Hrsg.), Never work alone, Organizing – ein Zukunftsmodell für Gewerkschaften, Hamburg 2007, S. 273 ff.

Brenne, Anke: Soziale Grundrechte in den Landesverfassungen, Frankfurt am Main 2003.

Brox, Hans; Rüthers, Bernd: Arbeitskampfrecht – ein Handbuch für die Praxis, 2. Aufl., Stuttgart 1982 (zit.: Bearbeiter in Brox/Rüthers).

Brunner, Curt: Der Boykott – selbständiges oder unselbständiges Nebenkampfmittel eines zulässigen Arbeitskampfes, Köln 1979 (zit.: Brunner, Boykott).

Bühler, O.: Streikrecht oder nur Streikfreiheit?, ArbR 1923, 561 ff.

Bulla, Gustav Adolf: Das zweiseitig kollektive Wesen des Arbeitskampfes, in: Dietz, Rolf; Hueck, Alfred; Reinhardt, Rudolf (Hrsg.), Festschrift für Hans Carl Nipperdey: zum 60. Geburtstag, München 1955, S. 163 ff. (zit.: Bulla, Wesen des Arbeitskampfes).

Bundesagentur für Arbeit: Der Arbeitsmarkt in Deutschland – Zeitarbeit – Aktuelle Entwicklungen, Arbeitsmarktberichterstattung, Nürnberg 2016 (zit.: Bundesagentur für Arbeit, Zeitarbeit 2016).

Burkiczak, Christian: Grundgesetz und Deregulierung des Tarifvertragsrechts – Gebietet Art. 9 Abs. 3 GG die zwingende Wirkung von Tarifverträgen (§ 4 Abs. 1 und 3 TVG) und den Tarifvorrang (§ 77 Abs. 3 BetrVG)? Zugleich ein Beitrag zur Grundrechtsdogmatik, Berlin 2006 (zit.: Burkiczak, Grundgesetz und Deregulierung des Tarifvertragsrechts).

Butterwegge, Christoph; Lösch, Bettina; Ptak, Ralf: Kritik des Neoliberalismus, 2. Aufl., Wiesbaden 2008.

Calliess, Christian; Ruffert, Matthias (Hrsg.): EUV/AEUV – Das Verfassungsrecht der Europäischen Union mit Europäischer Grundrechtecharta, Kommentar, 4. Aufl., München 2011 (zit.: Calliess/Ruffert/Bearbeiter, EUV/AEUV).

Camilo de Oliveira, Renata, de: Zur Kritik der Abwägung in der Grundrechtsdogmatik. Beitrag zu einem liberalen Grundrechtsverständnis im demokratischen Rechtsstaat, Berlin 2013 (zit.: Camilo de Oliveira, Abwägung in der Grundrechtsdogmatik).

Centre for Employment Initiatives, Forschungs- und Aktionsprogramm zur Entwicklung des Arbeitsmarkts. Örtliche Beschäftigungsinitiativen, Europäische Gemeinschaften, Kommission (Hrsg.), Bericht über eine Reihe von örtlichen Konsultationen in europäischen Ländern. 1982–1983, Luxemburg 1985 (zit.: Centre for Employment Initiatives, Arbeitsmarkts).

Chio, Hae-Lin: Re–Thinking Justice for Janitors – Strategische Erneuerung der amerikanischen Dienstleistungsgewerkschaft SEIU, WSI-Mitteilungen, 1/2008, 11 ff.

Coester, Michael: Verfassungsrechtliche Gewährleistung der Aussperrung, Jura 1992, 84 ff.

Cornils, Matthias: Die Ausgestaltung der Grundrechte – Untersuchungen zur Grundrechtsbindung des Ausgestaltungsgesetzgebers, Tübingen 2005 (zit.: Cornils, Ausgestaltung der Grundrechte).

Crosby, Michael: Wie die australische Gewerkschaftsbewegung fast gestorben wäre, in: Bremme, Peter; Fürniß, Ulrike; Meinecke, Ulrich (Hrsg.), Never work alone, Organizing – ein Zukunftsmodell für Gewerkschaften, 2007 Hamburg, S. 117 ff.

Czerweny von Arland, Katharina: Die Arbeitskampfmittel der Gewerkschaften und der Verhältnismäßigkeitsgrundsatz, Frankfurt am Main 1993 (zit.: Czerweny von Arland, Verhältnismäßigkeitsgrundsatz).

Däubler, Wolfgang: Der Streik im öffentlichen Dienst, 2. Aufl., Tübingen 1971 (zit.: Däubler, Der Streik).

Däubler, Wolfgang: Das Grundrecht auf Mitbestimmung und seine Realisierung durch tarifvertragliche Begründung von Beteiligungsrechten, Frankfurt am Main 1973 (zit.: Däubler, Grundrecht auf Mitbestimmung).

Däubler, Wolfgang: Das Grundrecht auf Streik – eine Skizze, ZfA 1973, 201 ff.

Däubler, Wolfgang: Koalitionsfreiheit – ein Kommentar, Baden-Baden 1976 (zit.: Däubler, Koalitionsfreiheit).

Däubler, Wolfgang: Der Notdienst im Arbeitskampfrecht, AuR 1981, 257 ff.

Däubler, Wolfgang (Hrsg.): Arbeitskampfrecht, Baden-Baden 1984 (zit.: Däubler/Bearbeiter, Arbeitskampfrecht 1984).

Däubler, Wolfgang (Hrsg.): Arbeitskampfrecht, 2. Aufl., Baden-Baden 1987 (zit.: Däubler/Bearbeiter, Arbeitskampfrecht 1987).

Däubler, Wolfgang: Das unbekannte Arbeitsrecht, NJW 1999, 3537 ff.

Däubler, Wolfgang: Das Arbeitsrecht 1. Die gemeinsame Wahrung von Interessen im Betrieb – Leitfaden für Arbeitnehmer, 16. Aufl., Reinbek bei Hamburg 2006 (zit.: Däubler, Das Arbeitsrecht 1).

Däubler, Wolfgang: Gewerkschaftsrechte im Betrieb, 11. Aufl., Baden-Baden 2010 (zit.: Däubler, Gewerkschaftsrechte).

Däubler, Wolfgang (Hrsg.): Arbeitskampfrecht – Handbuch für die Rechtspraxis, 3. Aufl, Baden-Baden 2011 (zit.: Däubler/Bearbeiter, Arbeitskampfrecht).

Däubler, Wolfgang (Hrsg.): Tarifvertragsgesetz – mit Arbeitnehmer-Entsendegesetz, 3. Aufl., Baden-Baden 2012 (zit.: Däubler/Bearbeiter, TVG).

Däubler, Wolfgang; Hjort, Jens Peter; Hummel, Dieter; Wolmerath, Martin (Hrsg.): Arbeitsrecht – Individualarbeitsrecht mit kollektivrechtlichen Bezügen, Handkommentar, 5. Aufl., Baden-Baden 2016 (zit.: Däubler/Bearbeiter, Arbeitsrecht–HK).

Deinert, Olaf: Kernbelegschaften – Randbelegschaften – Fremdbelegschaften – Herausforderungen für das Arbeitsrecht durch Reduzierung von Stammbelegschaften, RdA 2014, 65 ff.

Denninger, Erhard; Hoffmann–Riem, Wolfgang; Schneider, Hans-Peter; Stein, Ekkehart (Hrsg.): Kommentar zum Grundgesetz für die Bundesrepublik Deutschland, 3. Aufl., Neuwied u. a., 2001–2002 (zit.: AG-GG/Bearbeiter).

Detje, Richard; Ehlscheid, Christoph; Unterhinninghofen, Hermann, Perspektiven des Streiks – Arbeitskampfkonzepte der IG Metall, Hamburg 2003 (zitiert: Detje/Ehlscheid/Unterhinninghofen, Perspektiven des Streiks).

Dieterich, Thomas; Hanau, Peter; Schaub , Günter (Begr.): Erfurter Kommentar zum Arbeitsrecht, 16. Aufl., München 2016 (zit.: ErfK/Bearbeiter).

Dietlein, Johannes: Die Lehre von den grundrechtlichen Schutzpflichten, 2. Aufl., Berlin 2005 (zit.: Dietlein, Schutzpflichten).

Dietz, Rolf: Welche Ziele muss ein Arbeitskampf verfolgen, um gerechtfertigt zu sein? ZAS 1970, 41 ff.

Donat, Ulrike; Kühling, Jürgen: Arbeitskampf und Versammlungsrecht, AuR 2009, 1 ff.

Dörre, Klaus: Die Wiederkehr der Prekarität, in: Lorenz, Frank; Schneider, Günter (Hrsg.), Ende der Normalarbeit? Hamburg 2007, S. 15 ff.

Dörre, Klaus: Die strategische Wahl der Gewerkschaften – Erneuerung durch Organizing? WSI-Mitteilungen 1/2008, 3 ff.

Dreier, Horst: Grundrechtsschutz durch Landesverfassungsgerichte – Vortrag, gehalten vor der Juristischen Gesellschaft zu Berlin am 8. September 1999, Berlin 2000 (zit.: Dreier, Grundrechtsschutz durch Landesverfassungsgerichte).

Dreier, Horst (Hrsg.): Grundgesetz – Kommentar, Bd. 1: Präambel, Artikel 1–19, 3. Aufl., Tübingen 2013 (zit.: Dreier/Bearbeiter).

Dribbusch, Heiner: Organisieren am Konflikt. Zum Verhältnis von Streik und Mitgliederentwicklung, in: Kocsis, Andrea; Sterkel, Gabriele; Wiedemuth, Jörg (Hrsg.), Organisieren am Konflikt, Hamburg 2013, S. 202 ff.

Dribbusch, Heiner: Arbeitskampf im Wandel – Zur Streikentwicklung seit 1990, WSI-Mitteilungen 7/2006, 382 ff.

Dribbusch, Heiner: Das „Organizing-Modell“ – Entwicklung, Varianten und Umsetzung, in: Bremme, Peter; Fürniß, Ulrike; Meinecke, Ulrich (Hrsg.), Never work alone, Organizing – ein Zukunftsmodell für Gewerkschaften, Hamburg 2007, S. 24 ff. (zit.: Dribbusch, Organizing-Modell).

Dribbusch, Heiner: Organizing in der Fläche – Die ver.di/SEIU-Kampagne im Hamburger Bewachungsgewerbe, WSI-Mitteilungen 1/2008, 18 ff.

Dütsch, Matthias; Struck, Olaf: Interne und externe Flexibilität – Eine Analyse von Personalanpassungsformen anhand des IAB–Betriebspanels 2007, Professur für Arbeitswissenschaft Nr. 2, Bamberg 2012 (zit.: Dütsch/Struck: Interne und externe Flexibilität).

Dzielak, Willi; Hindrichs, Wolfgang; Martens, Helmut; Schophaus, Walter: Organisationspolitische Voraussetzungen gewerkschaftlicher Arbeitskampffähigkeit, Gewerkschaftliche Monatshefte, 11/1979, 680 ff.

Ebbinghaus, Bernhard: Dinosaurier der Dienstleistungsgesellschaft? Der Mitgliederschwund deutscher Gewerkschaften im historischen und internationalen Vergleich, MPIfG Working Paper 02/3, März 2002 (zit.: Ebbinghaus, MPIfG Working Paper 02/3).

Eichhorst, Werner; Marx, Paul; Thode, Eric: Atypische Beschäftigung und Niedriglohnarbeit – Benchmarking Deutschland: Befristete und geringfügige Tätigkeiten, Zeitarbeit und Niedriglohnbeschäftigung, Gütersloh 2010 (zit.: Eichhorst/Marx/Thode, Atypische Beschäftigung).

Enderle, August; Schreiner, Heinrich; Walcher, Jakob; Weckerle, Eduard: Das rote Gewerkschaftsbuch, 2. Aufl., Berlin 1932.

Engels, Andreas: Verfassung und Arbeitskampfrecht – Verfassungsrechtliche Grenzen arbeitsgerichtlicher Arbeitskampfjudikatur, Berlin 2008 (zit.: Engels, Arbeitskampfrecht).

Englert, Carina Jasmin; Roslon, Michael: Gemeinschaft für Lau – Der Flashmob als kurzzeitige Form der Vergemeinschaftung, Zeitschrift für Medienpädagogik, 54. Jahrgang, Nr. 1, München 2010, 64 ff.

Epping, Volker; Hillgruber, Christian (Hrsg.): Beckscher Online-Kommentar Grundgesetz, Edition: 23, München 2014 (zit.: BeckOK GG/Bearbeiter).

Epping, Volker: Grundrechte, 6. Aufl., Berlin 2015.

Esser, Josef: Gewerkschaften in der Krise – Die Anpassung der deutschen Gewerkschaften an neue Weltmarktbedingungen, Frankfurt am Main 1982 (zit.: Esser, Gewerkschaften in der Krise).

Fachgruppe Betrieb und Gewerkschaft der GAL Hamburg, Maschinenstürmerei und Sabotage – Produzenten in der Verantwortung, 2. Aufl., Hamburg 1988 (zit.: GAL, Maschinenstürmerei und Sabotage).

Fedders, Till: Gewerkschaftliche Handlungsbedingungen unter prekären Rahmenbedingungen – zur Geschichte und Aktualität gewerkschaftlicher Interessenvertretung, Univ., Diss., , Hannover 2012 (zit.: Fedders, Gewerkschaftliche Handlungsbedingungen).

Fischer, Ulrich: Das BVerfG als Superrevisionsinstanz der Arbeitsgerichtsbarkeit in Arbeitskampfsachen? – Der Flashmobfall in Karlsruhe, RdA 2011, 50 ff.

Fischinger, Philipp S: Zur Begrenzung des Streikrechts durch den Grundsatz der Verhältnismäßigkeit, RdA 2007, 99 ff.

Fourastié, Jean: Die große Hoffnung des 20. Jahrhunderts, Köln–Deutz 1954 (franz. Original 1949).

Franzen, Martin: Die neuere Rechtsprechung des Ersten Senats des BAG zum Arbeitskampfrecht, JbArbR 47 (2010), 119 ff.

Fütterer, Patrick: Das Koalitions– und Streikrecht im EU–Recht nach dem Wandel der Rechtsprechung des EGMR zur Koalitionsfreiheit gemäß Art. 11 EMRK (Demir und Baykara und andere), EuZA 2011, 505 ff.

Gaede, Karsten: Strafrechtliche Mindeststandards und strafrechtliche Gestaltungsmöglichkeiten im Arbeitskampf, in: Giesen, Richard; Junker, Abbo; Rieble, Volker (Hrsg.), Entgrenzter Arbeitskampf, München 2015, S. 129 ff. (zit.: Gaede, Strafrechtliche Mindeststandards im Arbeitskampf).

Gamillscheg, Franz: Kollektives Arbeitsrecht Bd. 1, Grundlagen, Koalitionsfreiheit, Tarifvertrag, Arbeitskampf und Schlichtung, München 1997.

Gamillscheg, Franz: Die Grundrechte im Arbeitsrecht, Berlin 1989.

Gebhardt, Katharina, Außenseiter im Arbeitskampf in Deutschland und im Ausland – eine Untersuchung unter Berücksichtigung der tarifrechtlichen Behandlung der Außenseiter, Frankfurt am Main 1999 (zit.: Gebhardt, Außenseiter im Arbeitskampf).

Gewerkschaft HBV, Neue Arbeitskampf – und Aktionsformen, Ein Arbeits- und Diskussionspapier der HBV Arbeitsgruppe „Neue Arbeitskampf- und Aktionsformen“, Düsseldorf 2001 (zit.: Gewerkschaft HBV, Arbeitskampf).

Giesecke, Johannes; Wotschack, Philip: Flexibilisierung in Zeiten der Krise – Verlierer sind junge und gering qualifizierte Beschäftigte, WZBrief Arbeit, Juni 2009, 1 ff.

Giesecke, Johannes; Groß, Martin: Befristete Beschäftigung, WSI-Mitteilungen 5/2006, 247 ff.

Giesen, Richard: Erweiterte Kampfbefugnisse und Ausweitung des Arbeitskampfrisikos, in: Giesen, Richard; Junker, Abbo; Rieble, Volker (Hrsg.), Neues Arbeitskampfrecht, München 2009, S. 95 ff. (zit.: Giesen, Erweiterte Kampfbefugnisse).

Giesen, Richard; Junker, Abbo; Rieble, Volker (Hrsg.): Neues Arbeitskampfrecht? – 7. ZAAR–Kongress, München, 7. Mai 2010, München 2009 (zit.: Giesen/Junker/Rieble, Neues Arbeitskampfrecht).

Giesen, Richard; Junker, Abbo; Rieble, Volker (Hrsg.): Entgrenzter Arbeitskampf ? – 6. ZAAR–Tagung, Hamburg, 19. September 2014, München, 2015 (zit.: Giesen/Junker/Rieble, Entgrenzter Arbeitskampf).

Glietsch, Herbert: Die Zulässigkeit neuer Arbeitskampfformen, Bern 1976 (zit.: Glietsch, Arbeitskampfformen).

Gooren, Paul: Der Tarifbezug des Arbeitskampfes – zulässige Arbeitskampfziele im Lichte der Europäisierung und Internationalisierung des Rechts, Baden-Baden 2014 (zit.: Gooren, Tarifbezug des Arbeitskampfes).

Grabitz, Eberhard; Hilf, Meinhard; Nettesheim, Martin (Hrsg.): Das Recht der Europäischen Union, 53. Ergänzungslieferung (Stand: Mai 2014), München, 2014 (zit.: GHN/Bearbeiter).

Graham, Sharon: Organizing als Kampf gegen den Niedergang – Der Wiederaufbau der britischen und irischen Vertrauensleutebewegung, in: Bremme, Peter; Fürniß, Ulrike; Meinecke, Ulrich (Hrsg.), Never work alone, Organizing – ein Zukunftsmodell für Gewerkschaften, 2007 Hamburg, S. 135 ff.(zit.: Graham, Vertrauensleutebewegung).

Greef, Samuel: Organizing – Die Mobilisierung der Basis bei den Gewerkschaften, in: Speth, Rudolf (Hrsg.), Grassroots–Campaigning, Wiesbaden 2013, S. 91 ff. (zit.: Greef, Mobilisierung der Basis bei den Gewerkschaften).

Greiner, Stefan: Atypische Arbeitskampfmittel und Kampfpluralität – Welche Verteidigungsmittel bleiben? NJW 2010, 2977 ff.

Halfbrodt, Michael: Die Geburt der Sabotage, Moers 2007 (zit.: Halfbrodt, Sabotage).

Hanau, Hans: Wie kann man dem neuen arbeitskampfrechtlichen Verhältnismäßigkeitsmaßstab Kontur verleihen? in: Giesen, Richard; Junker, Abbo; Rieble, Volker (Hrsg.), Entgrenzter Arbeitskampf, München 2015, S.15 ff. (zit.: Hanau, Verhältnismäßigkeitsmaßstab).

Hartwich, Hans-Hermann: Streikfähigkeit als Voraussetzung für Tarifautonomie und Demokratie, Gewerkschaftliche Monatshefte, 5/1987, 265 ff.

Häußermann, Hartmut; Siebel, Walter, Dienstleistungsgesellschaften, Frankfurt am Main 1998.

Heinrich, Michael: Kritik der politischen Ökonomie – eine Einführung, 3. Aufl., Stuttgart 2005.

Helfert, Mario; Trautwein–Kalms, Gudrun: Arbeitspolitik unter Bedingungen der Flexibilisierung und „Globalisierung“: Vom Gestaltungsanspruch zur arbeitspolitischen Abstinenz – Neue Perspektiven? WSI-Mitteilungen 1/2000, 1 ff.

Hensche, Detlef: Arbeitskämpfe in der Druckindustrie 1976 und 1978 – Erhaltung des Realeinkommens und Sicherung der Arbeitsplätze, in: Streikfreiheit und Aussperrungsverbot – zur Diskussion einer gewerkschaftlichen Forderung. Neuwied-Darmstadt 1979. S. 23 ff. (zit.: Hensche, Arbeitskämpfe in der Druckindustrie 1976 und 1978).

Hensche, Detlef; Wolter, Henner: Die verhältnismäßige Freiheit – zum Übermaßverbot des Streiks, in: Dieterich, Thomas; Le Friant, Martine; Nogler, Luca; Kezuka, Katsutoshi; Pfarr, Heide (Hrsg.), Individuelle und Kollektive Freiheit im Arbeitsrecht – Gedächtnisschrift für Ulrich Zachert, Baden-Baden 2010, S. 544 ff. (zit.: Hensche/Wolter, Übermaßverbot des Streiks).

Henssler, Martin: Tarifautonomie und Gesetzgebung, ZfA 1998, 1 ff.

Hesse, Konrad: Grundzüge des Verfassungsrechts der Bundesrepublik Deutschland, Karlsruhe 1967 (zit.: Hesse,Grundzüge des Verfassungsrechts).

Hettlage, Manfred C.: Sind Streiks ohne Urabstimmung „wilde” Streiks? NJW 2004, 3299 ff.

Heumer, Moritz: Gewerkschaften im internationalen Vergleich: USA, Gewerkschaftsspiegel Nr. 2/2012, 1 ff.

Hilbrandt, Christian: Massenänderungskündigung und Arbeitskampf, Heidelberg 1997 (zit.: Hilbrandt, Massenänderungskündigung).

Hindrichs, Wolfgang; Mäulen, Claus; Scharf, Günter: Computer auf dem Vormarsch – Arbeitsbedingungen in Automobil–, Chemie–, Druckindustrie und Banken, in: Bieback, Karl-Jürgen/Zechlin, Lothar (Hrsg.), Ende des Arbeitskampfes? Technikentwicklung und Streik, , Hamburg 1989, S. 23 ff. (zit.: Hindrichs/Mäulen/Scharf, Computer auf dem Vormarsch).

Hinz, Lieselotte; Wohland, Ulrich: Für eine Kultur der solidarischen Aufarbeitung von Kampagnen. Die Mobilisierungskampagne im Handel ver. di NEW, in: Kocsis, Andrea; Sterkel, Gabriele; Wiedemuth, Jörg (Hrsg.), Organisieren am Konflikt, Hamburg 2013, S. 109 ff. (zit.: Hinz/Wohland, Mobilisierungskampagne).

Hirschberg, Lothar: Der Grundsatz der Verhältnismäßigkeit, Göttingen 1981 (zit.: Hirschberg, Verhältnismäßigkeit).

Hobe, Stephan: Europarecht, 7. Aufl., München 2012.

Hofer, Karin M.: Fluxus, Event, Flashmob und res publica, kunsttexte.de Nr. 4/2012, 1 ff.

Hoffmann, Jürgen: Arbeitsbeziehungen im Rheinischen Kapitalismus – zwischen Mo–dernisierung und Globalisierung, Münster 2006 (zit.: Hoffmann, Arbeitsbeziehungen).

Hoffmann, Rainer: Arbeitskampf im Arbeitsalltag – Formen, Perspektiven und gewerkschaftspolitische Probleme des verdeckten industriellen Konflikts, Frankfurt u. a. 1981 (zit.: Hoffmann, Arbeitskampf im Arbeitsalltag).

Hohendanner, Christian; Bellmann, Lutz: Interne und Externe Flexibilität, WSI-Mitteilungen 5/2006, 241 ff.

Hohenstatt, Klaus-Stefan: Erhaltungsarbeiten im Arbeitskampf, Frankfurt am Main 1993 (zit.: Hohenstatt, Erhaltungsarbeiten).

Holst, Hajo: Disziplinierung durch Leiharbeit? – Neue Nutzungsstrategien von Leiharbeit und ihre arbeitspolitischen Folgen, WSI-Mitteilungen 3/2009, 143 ff.

Holst, Hajo; Nachtwey, Oliver; Dörre, Klaus: Funktionswandel von Leiharbeit – Neue Nutzungsstrategien und ihre Arbeits- und mitbestimmungspolitischen Folgen, OBS-Arbeitsheft 61, Frankfurt am Main 2009 (zit.: Holst/Nachtwey/Dörre, Funktionswandel von Leiharbeit).

Holzner, Stefan: Meinungsfreiheit und Unternehmenspersönlichkeitsrecht – Neue Abwägungsmaßstäbe erforderlich? MMR-Aktuell 2010, 298851.

Horstmeier, Gerrit: Prekäre Beschäftigungsverhältnisse – systematische Darstellung sämtlicher Beschäftigungsformen, Berlin 2009 (zit.: Horstmeier, Prekäre Beschäftigungsverhältnisse).

Hoyningen-Huene, Gerrick Frhr. v.: Rechtmäßigkeitsvoraussetzungen aktueller Arbeitskampfmittel der Gewerkschaften, JuS 1987, 505 ff.

Huber, Berthold; Burkhard, Oliver; Klebe, Thomas: Tarifpolitik ist Betriebspolitik, Betriebspolitik ist Tarifpolitik, WSI-Mitteilungen 11/2005, 656 ff.

Hueck, Alfred: Die Bedeutung des Notstandsrechts für das Arbeitskampfrecht, RdA 1968, 430 ff.

Hueck, Alfred; Nipperdey, Hans Carl: Lehrbuch des Arbeitsrechts Bd. 2, Kollektives Arbeitsrecht, Halbbd. 1, 7. Aufl., Berlin 1967 (zit.: Hueck/Nipperdey, Bd. II/1).

Hueck, Alfred; Nipperdey, Hans Carl, unter Mitarbeit von Säcker, Franz Jürgen: Lehrbuch des Arbeitsrechts Bd. 2, Kollektives Arbeitsrecht, Halbbd. 2, 7. Aufl., Berlin 1970 (zit.: Hueck/Nipperdey/Säcker, Bd. II/2).

Hurd, Richard W.: Das Duell der Gewerkschaftsbünde: Die amerikanischen Gewerkschaften im Jahr 2006, Washington, DC, Friedrich-Ebert-Stiftung (Hrsg.), Fokus Amerika Nr. 6/2006, 1 ff.

Isensee, Josef; Kirchhof, Paul (Hrsg.): Handbuch des Staatsrechts der Bundesrepublik Deutschland, Bd. 5, Heidelberg 1992 (zit.: Handbuch des Staatsrechts/Bearbeiter).

Jacobs, Matthias; Krause, Rüdiger; Oetker, Hartmut; Schubert, Claudia: Tarifvertragsrecht, 2. Aufl., München 2013 (zit.: Bearbeiter, in: Jacobs/Krause/Oetker/Schubert, Tarifvertragsrecht).

Jacobs, Matthias: Das neue Arbeitskampfrecht des Bundesarbeitsgerichts – Kritische Überlegungen zur Akzentuierung der Kampfmittelfreiheit und zur Entwertung des Verhältnismäßigkeitsgrundsatzes in der neuen Rechtsprechung des Ersten Senats, ZfA 2011, 71 ff.

Joachim, Hans G: Ist der Grundsatz der Verhältnismäßigkeit ein geeignetes Kriterium für die rechtliche Erfassung des Phänomens „Arbeitskampf"? AuR 1973, 289 ff.

Joecks, Wolfgang; Miebach, Klaus (Hrsg.): Münchener Kommentar zum StGB Bd. 3, 2. Aufl., München 2012 (zit.: MünchK-StGB Bd. 3/Bearbeiter).

Junghans, Anja: Der Flashmob: Strategie der Sichtbarkeit und Evidenz, München 2010 (zit.: Junghans, Flashmob).

Junker, Abbo: Grundkurs Arbeitsrecht, 13. Aufl., München 2014.

Kahl, Wolfgang: Vom weiten Schutzbereich zum engen Gewährleistungsgehalt – Zur Kritik einer neuen Richtung der deutschen Grundrechtsdogmatik, Der Staat 43 (2004), 167 ff.

Kalb, Heinz-Jürgen, Arbeitskampfrecht – Eine systematische Darstellung und Dokumentation der wichtigsten arbeitskampfrechtlichen Entscheidungen in Leitsätzen, Darmstadt 1986 (zit.: Kalb, Arbeitskampfrecht).

Kalb, Heinz-Jürgen: Die Entwicklung des Arbeitskampfrechts durch das Bundesarbeitsgericht, RdA 1994, 385 ff.

Kaldybajewa, Kalamkas; Mielitz, Bernd; Thiede, Reinhold: Minijobs – Instrument für Beschäftigungsaufbau oder Verdrängung von sozialversicherungspflichtiger Beschäftigung? in: RV aktuell 4, 2006, S. 126 ff. (zit.: Kaldybajewa/Mielitz/Thiede, Minijobs).

Kämereit, Peter: Pressefreiheit und Arbeitskampfrecht – Eine Untersuchung der Rechtmäßigkeit von Arbeitskämpfen im Pressebereich unter besonderer Berücksichtigung neuer Kampfformen, Berlin 1995 (zit.: Kämereit, Pressefreiheit und Arbeitskampfrecht).

Kaskel, Walter: Arbeitsrecht, 5. Aufl., Berlin 1957.

Kazakos, Aris: Die Suspendierung von Hauptpflichten – Unter besonderer Berücksichtigung des Arbeitskampfrechts – Eine strukturale Analyse, Frankfurt am Main 1980 (zit.: Kazakos, Suspendierung von Hauptpflichten).

Keller, Berndt; Seifert, Hartmut: Atypische Beschäftigung und soziale Risiken – Entwicklung, Strukturen, Regulierung, Expertise im Auftrag der Abteilung Wirtschafts- und Sozialpolitik der Friedrich-Ebert--Stiftung (WISO Diskurs), Bonn 2011 (zit.: Keller/Seifert, Atypische Beschäftigung und soziale Risiken).

Keller, Berndt; Schulz, Susanne; Seifert, Hartmut: Entwicklungen und Strukturmerkmale der atypisch Beschäftigten in Deutschland bis 2010, WSI-Diskussionspapier Nr. 182, Düsseldorf 2012 (zit.: Keller/Schulz/Seifert, Beschäftigten).

Kelleter, Kai: Selbstständige in Deutschland – Ergebnisse des Mikrozensus 2008, Wirtschaft und Statistik 12/2009, 1204 ff.

Kempen, Otto Ernst: Kollektivautonomie contra Privatautonomie – Arbeitsvertrag und Tarifvertrag, NZA-Beil. 2000, 7 ff.

Kempen, Otto Ernst: Unzeitgemäße Überlegungen zum Arbeitskampfrecht, AuR 1979, 74 ff.

Kemper, Michael: Die Bestimmung des Schutzbereichs der Koalitionsfreiheit (Art. 9 Abs. 3 GG) – Zugleich ein Beitrag zur Lehre von den Einrichtungsgarantien, Heidelberg 1990 (zit.: Kemper, Schutzbereichs der Koalitionsfreiheit).

Kentner, Kathrin: Arbeitskampfmittel der Arbeitgeber, Frankfurt am Main 2010.

Kersten, Jens: Neues Arbeitskampfrecht – Über den Verlust institutionellen Verfassungsdenkens, Tübingen 2012 (zit.: Kersten, Neues Arbeitskampfrecht).

Kersten, Jens: Koalitionsfreiheit als Kampfmittelfreiheit? – Zugleich ein Beitrag zur „Governance der Schwärme", in: Giesen, Richard; Junker, Abbo; Rieble, Volker (Hrsg.), Neues Arbeitskampfrecht, München 2009, S. 61 ff. (zit.: Kersten, Kampfmittelfreiheit).

Kim, Hyung-Bae: Das Streikpostenstehen als rechtmäßiges oder rechtswidriges Verhalten gegenüber dem bestreikten Arbeitgeber, Marburg 1969 (zit.: Kim, Streikpostenstehen).

Kissel, Otto Rudolf: Arbeitsrecht und Meinungsfreiheit, NZA 1988, 145 ff.

Kissel, Otto Rudolf: Arbeitskampfrecht – Ein Leitfaden, München 2002.

Kißler, Leo; Zumfelde, Meinhard; Jansen, Peter; Hunout, Patrick: Arbeitskampfkulturen – Recht und Strategien von Streik und Aussperrung im deutsch-französischen Vergleich, Frankfurt am Main 1997.

Kittner, Michael: Arbeitskampf – Geschichte, Recht, Gegenwart, München 2005.

Kittner, Michael; Deinert, Olaf: Richterrechtliches Verhältnismäßigkeitsprinzip im Arbeitskampf und völkerrechtliche Vorgaben, in: Däubler, Wolfgang; Zimmer, Reingard (Hrsg.), Arbeitsvölkerrecht, Festschrift für Klaus Lörcher, Baden-Baden 2013, S. 283 ff. (zit.: Kittner/Deinert, Richterrechtliches Verhältnismäßigkeitsprinzip).

Klein, Eckart: Grundrechtliche Schutzpflicht des Staates, NJW 1989, 1633 ff.

Klumpp, Steffen: Kampfexzesse und Veranstalterverantwortung (Arbeitskampfcompliance), in: Giesen, Richard; Junker, Abbo; Rieble, Volker (Hrsg.), Neues Arbeitskampfrecht, München 2009, S. 129 ff. (zit.: Klumpp, Kampfexzesse).

Kluth, Winfried: Gibt es einen numerus-clausus der Arbeitskampfformen? Die Flashmob-Problematik und ihre Folgen, in: Waldhoff, Christian; Thüsing, Gregor (Hrsg.), Verfassungsfragen des Arbeitskampfes, Baden-Baden 2014, S. 102 ff. (zit.: Kluth, numerus-clausus der Arbeitskampfformen).

Knapp, Reinhold Walter: Die passive Resistenz – Zugleich eine Analyse der Aktion Adler im Jahre 1962, Köln 1970 (zit.: Knapp, passive Resistenz).

Koch, Andreas: Werkverträge in der Arbeitswelt. OBS-Arbeitspapier Nr. 2, Otto Brenner Stiftung, Frankfurt am Main 2012.

Kocsis, Andrea; Sterkel, Gabriele; Wiedemuth, Jörg (Hrsg.): Organisieren am Konflikt – Tarifauseinandersetzungen und Mitgliederentwicklung im Dienstleistungssektor, Hamburg 2013.

König, Otto: Band der Solidarität – Widerstand, Alternative Konzepte, Perspektiven – Die IG Metall Verwaltungsstelle Gevelsberg-Hattingen 1945–2010, Hamburg 2012 (zit.: König, Alternative Konzepte).

Konzen, Horst: Der Arbeitskampf im Verfassungs- und Privatrechtssystem, AcP 177 (1977), 473 ff.

Konzen, Horst: Anmerkung zu BVerfG, Beschluss vom 26.06.1991, 1 BvR 779/85, SAE 1991, 335 ff.

Konzen, Horst: Anmerkung zu BAG, Urteil vom 11.07.1995 – 1 AZR 161/95, Urteil vom 27.06.1995 – 1 AZR 1016/94 und vom 11.07.1995 – 1 AZR 63/95 – AP Nr. 137, 138 u. 139 zu Art. 9 GG Arbeitskampf (zit.: Konzen, Anmerkung zu AP Nr. 137, 138 u. 139 zu Art. 9 GG Arbeitskampf).

Konzen, Horst: Anmerkung zu BVerfG – Urteil vom 19.06.2007 – 1 AZR 396/06, SAE 2008, 1 ff.

Konzen, Horst: Kampfmittelfreiheit und Flashmob – Aktionen, in: Martinek, Michael (Hrsg.), Festschrift für Dieter Reuter zum 70. Geburtstag am 16. Oktober 2010, Berlin 2010, S. 603 ff.

Koppenfeld-Spies, Katharina von: Die Kollektivierung individueller Rechte im Arbeitsrecht – Zulässigkeit, Grenzen und Folgen von Kollektivwidersprüchen gem. § 613a Abs. 6 BGB, RdA 2010, 72 ff.

Kraft, Alfons: Das sogenannte einheitliche Geschehen des Streiks und seine Rechtswidrigkeit, RdA 1968, 434 ff.

Krause, Rüdiger: Standortsicherung und Arbeitsrecht, Baden-Baden 2007.

Krause, Rüdiger: Kollektiver Widerspruch beim Betriebsübergang – Rechtsmissbrauch wegen zu Grunde liegender Zweckverfolgung Besprechung des Urteils BAG v. 30.09.2004 – BAG 30.09.2004 – 8 AZR 462 / 03, RdA 2006, 228 ff.

Krause, Rüdiger: Gewerkschaften und Betriebsräte zwischen Kooperation und Konfrontation, RdA 2009, 129 ff.

Krause, Rüdiger: Tarifverträge zur Begrenzung der Leiharbeit und zur Durchsetzung von Equal Pay, HSI-Schriftenreihe Band 2, Saarbrücken 2012 (zit.: Krause, Leiharbeit).

Krause, Rüdiger, Der Flashmob – Beschluss des Bundesverfassungsgerichts – Einladung zur Entgrenzung? in: Giesen, Richard; Junker, Abbo; Rieble, Volker (Hrsg.), Entgrenzter Arbeitskampf, München 2015, S. 43 ff. (zit.: Krause, Flashmob).

Krause, Rüdiger: Arbeitsrecht, 3. Aufl., Baden-Baden 2015.

Kreßel, Eckhard: Neutralität des Staates im Arbeitskampf – Zur Entscheidung des BVerfG vom 04.07.1995, NZA 1995, 1121 ff.

Kretzschmar, Robert: Die Rolle der Koalitionsfreiheit für Beschäftigungsverhältnisse jenseits des Arbeitnehmerbegriffs – Zur Abgrenzung abhängiger von selbständiger Beschäftigung und zur Eröffnung kollektiver Handlungsformen für selbständig Beschäftigte durch Art. 9 Abs. 3 GG, Frankfurt am Main 2003 (zit.: Kretzschmar, Koalitionsfreiheit).

Kreuz, Harald: Der Grundsatz der Verhältnismäßigkeit im Arbeitskampfrecht, Berlin 1988 (zit.: Kreuz, Verhältnismäßigkeit).

Günther, Jens: Krieger, Steffen: Streikrecht 2.0 – Erlaubt ist, was gefällt!? NZA 2010, 20 ff.

Kröger, Klaus: Die vernachlässigte Friedenspflicht des Bürgers, JuS 1984, 172 ff.

Lagodny, Otto (Red.): Münchener Kommentar zum StGB Bd. 8: Nebenstrafrecht III – Völkerstrafgesetzbuch, Strafvorschriften aus: AufenthG, FreizügG, AsylVfG, WStG, EGWStG, VStGB, 2. Aufl., München 2013 (zit.: MünchK-StGB Bd. 8/Bearbeiter).

Laker, Thomas: Ziviler Ungehorsam – Geschichte, Begriff, Rechtfertigung, Baden-Baden 1986 (zit.: Laker, Ziviler Ungehorsam).

Lembke, Mark: Arbeitskampfrecht – Quo vadis? NZA 2014, 471 ff.

Lembke, Mark: Die Arbeitskampfbeteiligung von Außenseitern, Berlin 1999 (zit.: Lembke, Außenseitern).

Lembke,Mark: Staatliche Schlichtung in Arbeitsstreitigkeiten nach dem Kontrollratsgesetz Nr. 35 – Relikt der Besatzungszeit oder Modell für Mediation im Arbeitsrecht? RdA 2000, 223 ff.

Lambrich, Thomas; Sander, Charlotte: Von streikenden Fluglotsen, Vorfeldmitarbeitern und Schleusenwärtern – wenn Gewerkschaften Dritte instrumentalisieren, NZA 2014, 337 ff.

Lang, Klaus: Arbeitskampfform im Wandel der Tarifpolitik, WSI-Mitteilungen 09/1982, 543 ff.

Lang, Klaus: Technikentwicklung, Mitgliederbewußtsein und Streikfähigkeit, in: Bieback, Karl-Jürgen; Zechlin, Lothar (Hrsg.), Ende des Arbeitskampfes? Technikentwicklung und Streik, Hamburg 1989, S. 91 ff. (zit.: Lang, Streikfähigkeit).

Lerche, Peter: Verfassungsrechtliche Zentralfragen des Arbeitskampfes – zum hessischen Aussperrungsverbot – Rechtsgutachten, Bad Homburg v. d. H. u. a. 1968 (zit.: Lerche, Arbeitskampfes).

Lesch, Hagen: Gewerkschaftlicher Organisationsgrad im internationalen Vergleich, IW–Trends, Nr. 2/2004, 1 ff.

Lingemann, Stefan: Flashmob-Aktionen nicht generell unzulässig, Anm. zu BAG 22. September 2009 – 1 AZR 972/08, FD – ArbR 2009, 295074 ff.

Lörcher, Klaus: Streikformen und internationales Arbeitsrecht – Welche Aussagen sind dem Übereinkommen Nr. 87 der Internationalen Arbeitsorganisation (ILO) und der Europäischen Sozialcharta (ESC) zu entnehmen? WSI-Mitteilungen 04/1987, 227 ff.

Loritz, Karl-Georg: Das überkommene Arbeitskampfrecht und die aktuellen Entwicklungen des Wirtschaftslebens, in: Oetker, Hartmut; Preis, Ulrich; Rieble, Volker (Hrsg.), 50 Jahre Bundesarbeitsgericht, München 2004, S. 557 ff. (zit.: Loritz, Arbeitskampfrecht).

Löwisch, Manfred: Das Übermaßverbot im Arbeitskampfrecht , ZfA 1971, 319 ff.

Löwisch, Manfred (Hrsg.): Schlichtungs– und Arbeitskampfrecht, Wiesbaden 1989.

Löwisch, Manfred, Besitzschutz gegen Flashmob, NZA 2010, 209 ff.

Löwisch, Manfred; Rieble, Volker: Tarifvertragsgesetz – Kommentar, 3. Aufl., München 2012.

Lützeler, Martin: Entscheidungsbesprechung zum Beschluss v. 26.03.2014 – 1 BvR 3185/09, Flashmob im Arbeitskampf zulässig, öAT 2014, 97 ff.

Maaß, Kirstin: Flashmob im Arbeitskampf – eine Neuordnung des Kräftegleichgewichts?, ArbR 2009, 151 ff.

M. Becker, Heiner: Boykott, Sabotage, Ca' Canny, in: Asholt, Wolfgang; Fähnders, Walter (Hrsg.), Arbeit und Müßiggang 1789 bis 1914: Dokumente und Analysen, Frankfurt am Main 1991, S. 219 ff.

Mager, Ute: Einrichtungsgarantien – Entstehung, Wurzeln, Wandlungen und grundgesetzgemäße Neubestimmung einer dogmatischen Figur des Verfassungsrechts, Tübingen 2003 (zit.: Mager, Einrichtungsgarantien).

Mai, Christoph-Martin; Marder-Puch, Katharina: Selbstständigkeit in Deutschland, Wirtschaft und Statistik 7/2013, 482 ff.

Marx, Karl: Das Kapital – Kritik der politischen Ökonomie, Bd. 3, Der Gesamtprozess der kapitalistischen Produktion, in: Marx-Engels-Werke Bd. 25, Institut für Marxismus –Leninismus (Hrsg.), Berlin,15. Aufl., Berlin 2003 (zit.: Marx, Das Kapital Bd. 3).

Matthöfer, Hans: Streiks und streikähnliche Formen des Kampfes der Arbeitnehmer im Kapitalismus, in: Dieter Schneider (Hrsg.), Zur Theorie und Praxis des Streiks, Frankfurt am Main 1971, S. 155 ff. (zit.: Matthöfer, Streiks und streikähnliche Formen).

Maunz, Theodor; Dürig, Günter (Begr.): Grundgesetz – Kommentar, München 2014 (zit.: Maunz/Dürig/Bearbeiter).

Mayer–Maly, Theo: Die Bedeutung des Grundsatzes der Verhältnismäßigkeit für das kollektive Arbeitsrecht, ZfA 1980, 473 ff.

Meyer, Malte: Neuanfang in der Defensive. US-Gewerkschaften unter Handlungsdruck, Hamburg 2002 (zit.: Meyer, US- Gewerkschaften unter Handlungsdruck).

Meyer-Ladewig, Jens: Europäische Menschenrechtskonvention, 3. Aufl., Baden-Baden 2011 (zit.: Meyer-Ladewig, EMRK).

Meys, Tilman: Rechtsfortbildung extra legem im Arbeitsrecht – Dargestellt anhand zentraler Entscheidungen des Bundesarbeits – und Bundesverfassungsgerichts, Frankfurt am Main 2009 (zit.: Meys, Rechtsfortbildung extra legem).

Moll, Wilhelm: Zum Verhältnis von Streik und kollektiv ausgeübten Zurückbehaltungsrechten, RdA 1976, 100 ff.

Moll, Wilhelm (Hrsg.): Münchener Anwaltshandbuch Arbeitsrecht, 3. Aufl. 2012 (zit.:Moll/Bearbeiter).

Müller, Bernd; Landshuter, Francisca: Arbeitsrecht im öffentlichen Dienst – mit TVöD und TV–L, 7. Aufl., München 2009.

Müller, Friedrich: Die Positivität der Grundrechte : Fragen einer praktischen Grundrechtsdogmatik, 2. Aufl., Berlin 1990.

Müller, Gerhard: Das Arbeitskampfrecht im Beschluß des Großen Senats des Bundesarbeitsgerichts vom 21. April 1971, RdA 1971, 321 ff.

Müller-Jentsch, Walther: Gewerkschaften in der dritten industriellen Revolution – Streikfähigkeit und sozialstruktureller Wandel, in: Zechlin, Lothar; Bieback, Karl-Jürgen (Hrsg.), Ende des Arbeitskampfes? Technikentwicklung und Streik, Hamburg 1989, S. 59 ff. (zit.: Müller-Jentsch, Streikfähigkeit).

Müller-Jentsch, Walter: Strukturwandel der industriellen Beziehungen – „Industrial Citizenship“ zwischen Markt und Regulierung, Wiesbaden 2007 (zit.: Müller-Jentsch, Strukturwandel der industriellen Beziehungen).

Neugebauer, Julia; Klebe, Thomas: Crowdsourcing: Für eine handvoll Dollar oder Workers of the crowd unite? AuR 1/2014, 4 ff.

Nikisch, Arthur: Arbeitsrecht Bd. 2, Koalitionsrecht, Arbeitskampfrecht und Tarifvertragsrecht, 2. Aufl., Tübingen 1959.

Nipperdey, Hans Carl: Die Ersatzansprüche für die Schäden, die durch den von den Gewerkschaften gegen das geplante Betriebsverfassungsgesetz geführten Zeitungsstreik vom 27.–29. Mai 1952 entstanden sind – Rechtsgutachten, Köln 1953 (zit.: Nipperdey, Die Ersatzansprüche für die Schäden : Rechtsgutachten).

Nishitani, Satoshi: Vergleichende Einführung in das japanische Arbeitsrecht, Köln u. a. 2003.

Oetker, Hartmut: Die Durchführung von Not- und Erhaltungsarbeiten bei Arbeitskämpfen, Heidelberg 1984 (zit.: Oetker, Not- und Erhaltungsarbeiten).

Otto, Hansjörg: Zur Abwehr rechtswidriger Arbeitskampfmaßnahmen durch die Verbände und zu den Rechtsgrundlagen der Abwehraussperrung, SAE 1991, 45 ff.

Otto, Hansjörg: Arbeitskampf – und Schlichtungsrecht, München 2006 (zit.: Otto, Arbeitskampfrecht).

Otto, Hansjörg, Das konturlose Arbeitskampfrecht des BAG – Vom Arbeitskampf als ultima ratio zur nahezu unbeschränkten Kampffreiheit? RdA 2010, 135 ff.

Otto, Hansjörg, Das BAG: auf dem Weg zum – nahezu – schrankenlosen Arbeitskampf? in: in: Giesen, Richard; Junker, Abbo; Rieble, Volker (Hrsg.), Neues Arbeitskampfrecht, München 2009, S. 13 ff. (zitiert: Otto, auf dem Weg zum schrankenlosen Arbeitskampf).

Panetta, Frank: Ausländische Direktinvestitionen und Welthandelsordnung, Univ., Diss, Heidelberg 2003.

Parlamentarischer Rat, Verhandlungen des Hauptausschusses, Bonn 1949.

Pernicka, Susanne; Aust, Andreas: Die Unorganisierten gewinnen. Gewerkschaftliche Rekrutierung und Interessenvertretung atypisch Beschäftigter – ein deutsch-österreichischer Vergleich, Berlin 2007 (zit.: Pernicka/Aust, Unorganisierten gewinnen).

Picker, Eduard: Der Warnstreik und die Funktion des Arbeitskampfes in der Privatrechtsordnung, Köln 1983 (zit.: Picker, Der Warnstreik).

Picker, Eduard: Tarifautonomie – Betriebsautonomie – Privatautonomie, NZA 2002, 761 ff.

Picker, Eduard: Zur Zukunft des Kollektivarbeitsrechts, in: Baeck, Ulrich (Hrsg.), Festschrift für Jobst-Hubertus Bauer, München 2010, S. 811 ff.

Picker, Eduard: Der Arbeitskampf in der Rechts- und Wirtschaftsordnung, ZfA 2010, 499 ff.

Pouget, Emile; Giovannitti, Arturo M. (Übers.): Sabotage, Chicago 1913.

Preis, Ulrich, Arbeitsrecht – Kollektivarbeitsrecht, Lehrbuch für Studium und Praxis, 3. Aufl., Köln 2012 (zit.: Preis, Kollektivarbeitsrecht).

Promberger, Markus: Leiharbeit – Flexibilität und Prekarität in der betrieblichen Praxis, WSI-Mitteilungen 05/2006, 263 ff.

Prott, Jürgen: Organizing als riskante gewerkschaftliche Erneuerungsstrategie, in: Kocsis, Andrea; Sterkel, Gabriele; Wiedemuth, Jörg (Hrsg.), Organisieren am Konflikt, Hamburg 2013, S. 241 ff.

Ramm, Thilo: Der Begriff Arbeitskampf, AcP 1960, 336 ff.

Ramm, Thilo: Staatliche Zwangsschlichtung, NZA 1992, 502 ff.

Rebhahn, Robert: Der Arbeitnehmerbegriff in vergleichender Perspektive, RdA 2009, 154 ff.

Rehder, Britta; Deinert, Olaf; Callsen, Raphael: Arbeitskampfmittelfreiheit und atypische Arbeitskampfformen – Rechtliche Bewertung atypischer Arbeitskampfformen und Grenzen der Rechtsfortbildung, Saarbrücken 2012 (zit.: Bearbeiter, in: Rehder/Deinert/Callsen).

Rehder, Britta; Deinert, Olaf; Callsen, Raphael: Atypische Arbeitskampfformen der Arbeitnehmerseite, AuR 2012, 103 ff.

Rehder, Britta: Revitalisierung der Gewerkschaften? Berliner Journal für Soziologie (2008) 3, 432 ff.

Reichel, Mandy: Die Einbeziehung des Außenseiter–Arbeitgebers in den Verbandsarbeitskampf, Frankfurt am Main 2008 (zit.: Reichel, Einbeziehung des Außenseiter – Arbeitgebers).

Reimann, Mathias; Ackmann, Hans-Peter: Einführung in das US – amerikanische Privatrecht, 2. Aufl., München 2004 (zit.: Reimann/Ackmann, Privatrecht).

Renneberg, Peter: Die Arbeitskämpfe von morgen? Arbeitsbedingungen und Konflikte im Dienstleistungsbereich, Hamburg 2005 (zit.: Renneberg, Arbeitskämpfe).

Reuß, Wilhelm: Kollektive oder kollektiv-rechtliche Arbeitskampfziele? AuR 1965, 97 ff.

Reuß, Wilhelm: Die Unzulässigkeit gerichtlicher Tarifzensur, AuR 1975, 289 ff.

Reuter, Dieter: Streik und Aussperrung, RdA 1975, 275 ff.

Rheingold, Howard: Smart Mobs: The Next Social Revolution, Cambridge 2002.

Richardi, Reinhard: Kollektivgewalt und Individualwille bei der Gestaltung des Arbeitsverhältnisses, München 1968 (zit.: Richardi, Kollektivgewalt und Individualwille).

Richardi, Reinhard: Der Beschluß des Großen Senats des Bundesarbeitsgerichts vom 21. April 1971, RdA 1971, 334 ff.

Richardi, Reinhard: Selbstgestaltung der Arbeitskampfordnung durch Tarifvertrag und Verbandssatzung, RdA 1986, 146 ff.

Richardi, Reinhard: Arbeitskampf und Deliktsschutz, in: Detlev, Joost; Hartmut, Oetker; Marian, Paschke, (Hrsg.), Festschrift für Franz Jürgen Säcker zum 70. Geburtstag, München 2011, S. 285 ff.

Richardi, Reinhard (Hrsg.): Betriebsverfassungsgesetz mit Wahlordnung – Kommentar, 14. Aufl., München 2014 (zit.: Richardi BetrVG/Bearbeiter).

Richardi, Reinhard; Wißmann, Hellmut; Wlotzke, Otfried; Oetker, Hartmut (Hrsg.), Münchener Handbuch zum Arbeitsrecht, Bd. 1, 3. Aufl., München 2009 (zit.: MünchArbR Bd. 1/Bearbeiter).

Richardi, Reinhard; Wißmann, Hellmut; Wlotzke, Otfried/Oetker, Hartmut (Hrsg.), Münchener Handbuch zum Arbeitsrecht, Bd. 2, 3. Aufl., München 2009 (zit.: MünchArbR Bd. 2 /Bearbeiter).

Richter, Marcus, Grenzen aktiver Produktionsbehinderung im Arbeitskampf, Frankfurt am Main 2005 (zit.: Richter, Grenzen aktiver Produktionsbehinderung).

Rieble, Volker: Flash–Mob – ein neues Kampfmittel? NZA 2008, 796 ff.

Rieble, Volker: Das neue Arbeitskampfrecht des BAG, BB 2008, 1506 ff.

Rieble, Volker: Neues zum Streikstrafrecht, NZA 2009, 298 ff.

Rieth, Horst: „Flashmob" – ein Arbeitskampfmittel? SAE 2010, 37 ff.

Riexinger, Bernd: Demokratisierung von Streiks – Revitalisierung der Gewerkschaftsarbeit, Rede von Bernd Riexinger auf der Konferenz „Erneuerung durch Streik“, 1. bis 3. März 2013 in Stuttgart: Rosa-Luxemburg-Stiftung, Berlin, 2013 (zit.: Riexinger, Demokratisierung von Streiks).

Rolfs, Christian; Giesen, Richard; Kreikebohm, Ralf; Udsching, Peter (Hrsg.): Beck'scher Online-Kommentar Arbeitsrecht, Edition: 34, München 2014 (zit.: BeckOK-ArbR/Bearbeiter).

Rose, Franz-Josef: Das Streikrecht der nichtorganisierten und der andersorganisierten Arbeitnehmer im Arbeitskampf, Frankfurt am Main 1995 (zit.: Rose, Das Streikrecht).

Rosenau, Marc Tobias: Die Koalitionsbetätigungsfreiheit im gewandelten Kontext, Frankfurt am Main 2013 (zit.: Rosenau, Koalitionsbetätigungsfreiheit).

Roth, Siegfried: Neue Technologien und Streikfähigkeit, in: Zechlin, Lothar; Bieback, Karl-Jürgen (Hrsg.), Ende des Arbeitskampfes? Technikentwicklung und Streik, Hamburg 1989, S. 11 ff.

Rudkowski, Lena: Gesetzgeberische Optionen – von der Regulierung des Streiks in der Daseinsvorsorge zur umfassenden Kodifizierung, in: Giesen, Richard; Junker, Abbo; Rieble, Volker (Hrsg.), Entgrenzter Arbeitskampf, München 2015, S.169 ff. (zit.: Rudkowski, Regulierung des Streiks).

Rügemer, Werner; Wigand, Elmar: Union-Busting in Deutschland. Die Bekämpfung von Betriebsräten und Gewerkschaften als professionelle Dienstleistung, Eine Studie der Otto Brenner Stiftung, OBS-Arbeitsheft 77, Frankfurt am Main 2014 (zit.: Rügemer/Wigand, Union-Busting in Deutschland).

Rüthers, Bernd; Höpfner, Clemens: Anmerkung: Über die Zulässigkeit von Flashmobs als Arbeitskampfmaßnahme, JZ 2010, 261 ff.

Rüthers, Bernd: Streik und Verfassung, Köln 1960.

Rusteberg, Benjamin: Die Verhinderungsblockade, NJW 2011, 2999 ff.

Sachs, Michael (Hrsg.): Grundgesetz – Kommentar, 7. Aufl., München 2014 (zit.: Sachs/Bearbeiter).

Sachs, Michael: Grundrechtsbegrenzungen außerhalb von Gesetzesvorbehalten, JuS 1995, 984 ff.

Sachverständigenrat zur Begutachtung der gesamtwirtschaftlichen Entwicklung: Analyse: Normalarbeitsverhältnisse und atypische Beschäftigung in Deutschland. Auszug aus dem Jahresgutachten 2008/09: Die Finanzkrise meistern – Wachstumskräfte stärken, Wiesbaden 2008, S. 421 ff. (zit.: Sachverständigenrat, Jahresgutachten 2008/09).

Sachverständigenrat zur Begutachtung der gesamtwirtschaftlichen Entwicklung: Zur Entwicklung der Beschäftigung in Deutschland: Stabilisierung auf hohem Niveau. Auszug aus dem Jahresgutachten 2012/13, Wiesbaden 2012, S. 302 ff. (zit.: Sachverständigenrat, Jahresgutachten 2012/13).

Säcker, Franz Jürgen: Grundprobleme der kollektiven Koalitionsfreiheit – Rechtsquellen– und interpretationstheoretische Bemerkungen zur legislativen und judikativen Konkretisierung des Art. 9 Abs. 3 GG, Düsseldorf 1969 (zit.: Säcker, Grundprobleme).

Säcker, Franz Jürgen: Zu den rechtspolitischen Grundlagen der Arbeitskampf-Entscheidungen des Bundesarbeitsgerichts vom 21. April und 26. Oktober 1971, in: Gewerkschaftliche Monatshefte, 5/1972, 287 ff.

Säcker, Franz Jürgen: Zur Rechtmäßigkeit des Boykotts von Außenseiter–Reedereien zum Zwecke des Abschlusses von Anschluss–Tarifverträgen – ein Rechtsgutachten, Stuttgart 1976 (zit.: Säcker, Rechtmäßigkeit des Boykotts).

Säcker, Franz Jürgen: Von der offenen Arbeitseinstellung zur verdeckten Betriebsblockade – Der Arbeitskampf im Wandel zum Partisanenkampf, NJW 2010, 1115 ff.

Säcker, Franz Jürgen; Mohr, Jochen: Das neue Arbeitskampfrecht – Das Ende der Friedlichkeit und die Relativierung absolut geschützter Rechte, JZ 9/2010, 440 ff.

Säcker, Franz Jürgen; Oetker, Hartmut: Grundlagen und Grenzen der Tarifautonomie – erläutert anhand aktueller tarifpolitischer Fragen, München 1992 (zit.: Säcker/Oetker, Tarifautonomie).

Sander, Günther; Joecks, Wolfgang (Hrsg.), Münchener Kommentar zum StGB Bd. 4, 2. Aufl., München 2012 (zit.: MünchK-StGB Bd. 4/Bearbeiter).

Sauer, Heiko: Staatsrecht III. Auswärtige Gewalt, Bezüge des Grundgesetzes zu Völker- und Europarecht, 2. Aufl., München 2013 (zit.: Sauer, Staatsrecht III).

Scharpf, Fritz W.: Strukturen der postindustriellen Gesellschaft, oder: Verschwindet die Massenarbeitslosigkeit in der Dienstleistungs- und Informationsökonomie? Soziale Welt 1/1986, 3 ff.

Schaub, Günter; Koch, Ulrich; Linck, Rüdiger; Treber, Jürgen; Vogelsang, Hinrich: Arbeitsrechts-Handbuch – Systematische Darstellung und Nachschlagewerk für die Praxis, 16. Aufl., München 2015 (zit.: Schaub/Bearbeiter).

Scherer, Inge: Grenzen des Streikrechts in den Arbeitsbereichen der Daseinsvorsorge – Schutz der Bürger vor gezielter Schädigung durch Streiks, Berlin 2000 (zit.: Scherer, Daseinsvorsorge).

Scheuner, Ulrich: Verfassungsrechtliche Gesichtspunkte zu der Fortbildung des Arbeitskampfrechts im Beschluß des Großen Senats vom 21. April 1971, RdA 1971, 327 ff.

Schmalstieg, Catharina: Partizipative Arbeitskämpfe, neue Streikformen, höhere Streikfähigkeit?, Berlin 2013.

Schmidt–Assmann, Eberhard: Anwendungsprobleme des Art. 2 Abs. 2 GG im Immissionsschutzrecht, AöR 106 (1981), 205 ff.

Schmidt-Bleibtreu, Bruno; Klein, Franz (Begr.): Kommentar zum Grundgesetz, 10. Aufl., Neuwied 2004 (zit.: Schmidt-Bleibtreu/Klein/Bearbeiter).

Schoch, Friedrich; Bier, Wolfgang; Jens–Peter, Schneider (Hrsg.): Verwaltungsgerichtsordnung – Kommentar, Stand: März 2014, München (zit.: Schoch/Schneider/Bier/Bearbeiter, Verwaltungsgerichtsordnung).

Scholz, Rupert: Die Koalitionsfreiheit als Verfassungsproblem, München 1971.

Scholz, Rupert: Rechtsfrieden im Rechtsstaat – Verfassungsrechtliche Grundlagen, aktuelle Gefahren und rechtspolitische Folgerungen, NJW 1983, 705 ff.

Scholz, Rupert: Verfassungsrechtliche Grundlagen des Arbeitskampfrechts, ZfA 1990, 377 ff.

Scholz, Rupert; Konzen, Horst: Die Aussperrung im System von Arbeitsverfassung und kollektivem Arbeitsrecht, Berlin 1980 (zit.: Scholz/Konzen, Die Aussperrung).

Schönke, Adolf (Begr.): Strafgesetzbuch – Kommentar, 29. Aufl., München 2014 (zit.: Schönke/Bearbeiter).

Schulten, Thorsten: Gute Tarifverträge gibt es nur mit starken Gewerkschaften! (?) Zum Verhältnis von Tarifpolitik und gewerkschaftlicher Organisationsmacht, in: Kocsis, Andrea; Sterkel, Gabriele; Wiedemuth, Jörg (Hrsg.), Organisieren am Konflikt, Hamburg 2013, S. 256 ff.

Schreieder, Agnes: Organizing – Gewerkschaft als soziale Bewegung, Berlin 2005 (zit.: Schreieder, Gewerkschaft als soziale Bewegung).

Schreieder, Agnes: Rolle und Ausbildung von Organizern in Deutschland, in: Hälker, Juri (Hrsg.), Organizing, Hamburg 2008, S. 27 ff. (zit.: Schreieder, Organizern).

Schroth, Heidi: Klinken putzen?! – Strategien gewerkschaftlicher Mitgliederaktivierung in Deutschland und den USA, Hamburg 2009 (zit.: Schroth, Mitgliederaktivierung).

Schumann, Michael: Kampf um Rationalisierung – Suche nach neuer Übersichtlichkeit, WSI-Mitteilungen 7/008, 379 ff.

Schumm-Garling, Ursula: Die neue Anatomie der Arbeit – Flexibilisierung, Individualisierung und Streikbruch, in: Zechlin, Lothar; Bieback, Karl-Jürgen (Hrsg.), Ende des Arbeitskampfes? Technikentwicklung und Streik, Hamburg 1989, S. 50 ff. (zit.: Schumm-Garling, Die neue Anatomie der Arbeit).

Schüren, Peter (Hrsg.): Arbeitnehmerüberlassungsgesetz – Kommentar, 5. Aufl., München 2014 (zit.: Schüren/Bearbeiter).

Schwabe, Jürgen: Probleme der Grundrechtsdogmatik, Darmstadt 1977.

Schwarz, Doreen: Flexibilisierung der Arbeit und deren Einfluss auf die Persönlichkeit des Arbeitnehmers – Eine konzeptionelle Analyse, in: Working Paper Series der Brandenburg University of Technology Cottbus, Working Paper Nr. 3, 2007 (zit.: Schwarz, Flexibilisierung der Arbeit).

Schwarze, Roland: Streikbegleitende „Flashmob – Aktion" im Einzelhandel – Recht am eingerichteten und ausgeübten Gewerbebetrieb – Grundsatz der Verhältnismäßigkeit, Anm. zu BAG 22. September 2009 – 1 AZR 972/08, JA 2010, 468 ff.

Schwemmle, Michael: Digitale Arbeit: dominant, mobil, gestaltungsbedürftig, in: DGB Magazin „Gegenblende“ 07. August 2013, Online Veröffentlichung: http://www.gegenblende.de/++co++d0807704-0021-11e3-9e32-52540066f352. Abrufdatum 01.05.2015.

Schwemmle, Michael; Schröder, Lothar: Gute Arbeit in der Crowd? in: Schröder, Lothar; Hans-Jürgen Urban (Hrsg.), Gute Arbeit. Jahrbuch 2014. ver.di Sonderausgabe. Profile prekärer Arbeit – Arbeitspolitik von unten , Frankfurt am Main 2013, S. 112 ff.

Seiter, Hugo: Streikrecht und Aussperrungsrecht – ein Arbeitskampfrechtssystem auf der Grundlage subjektiv – privater Kampfrechte, Tübingen 1975 (zit.: Seiter, Streikrecht).

Seiter, Hugo: Arbeitskampfparität und Übermaßverbot unter besonderer Berücksichtigung des „Boykotts“ in der deutschen Seeschiffahrt, Düsseldorf 1979 (zit.: Seiter, Übermaßverbot).

Seiter, Hugo: Betriebsinhaberwechsel – arbeitsrechtliche Auswirkungen eines Betriebsübergangs unter besonderer Berücksichtigung des § 613a BGB i. d. F. vom 13. August 1980, Stuttgart 1980.

Seiter, Hugo: Die neue Aussperrungsrechtsprechung des Bundesarbeitsgerichts, RdA 1981, 65 ff.

Seiter, Hugo: Die Rechtsprechung des Bundesverfassungsgerichts zu Art. 9 Abs. 3 GG, AöR 109 (1984), 88 ff.

Singe, Ingo: Gewerkschaftliche Organisierung in den Vereinigten Staaten, in: Juri Hälker, Claudius Vellay (Hrsg.), Union Renewal – Gewerkschaften in Veränderung, Texte aus der aktuellen internationalen Gewerkschaftsforschung, 2006 Düsseldorf, S. 162 ff.

Sinzheimer, Hugo: Grundzüge des Arbeitsrechts, 2. Aufl., Jena 1927.

Sprenger, Markus: Drittbetroffenheit und Drittschaden im Arbeitskampf, in: Giesen, Richard; Junker, Abbo; Rieble, Volker (Hrsg.), Entgrenzter Arbeitskampf, München 2015, S. 97 ff. (zit.: Sprenger, Drittbetroffenheit).

Sprenger, Markus: Haftung der Gewerkschaft für Gegner- und Drittschäden aus rechtswidrigen Streiks, BB 2013, 1146 ff.

Starck, Christian (Hrsg.): Kommentar zum Grundgesetz, Bd. 1: Präambel, Artikel 1 bis 19, 6. Aufl., München 2010 (zit.: Bearbeiter, in: Starck).

Statistisches Bundesamt (Hrsg.): Arbeitsmärkte im Wandel, Wiesbaden 2012.

Staudinger BGB: Kommentar zum Bürgerlichen Gesetzbuch mit Einführungsgesetz und Nebengesetzen, Buch 2: Recht der Schuldverhältnisse, Berlin 2012 (zit.: Staudinger/Bearbeiter).

Steinau – Steinrück, Robert von; Brugger, Helen: Arbeitskampfrecht quo vadis? NZA – Beil. 2010, 127 ff.

Stemmler, Thomasa: Das „Neminem-laedere-Gebot“ – zur Frage des Begriffs und der Existenz schutzbereichsimmanenter Grenzen der Freiheitsgrundrechte im Unterschied zu den so genannten verfassungsimmanenten Schranken, zugleich eine Abhandlung über die Weite des Grundrechtstatbestandes, Frankfurt am Main 2005 (zit.: Stemmler, Neminem-laedere-Gebot).

Stern, Klaus: Das Staatsrecht der Bundesrepublik, Bd. 3, Halbbd. 1: Grundlagen und Geschichte, nationaler und internationaler Grundrechtskonstitutionalismus, juristische Bedeutung der Grundrechte, Grundrechtsberechtigte, Grundrechtsverpflichtete, München 1988 (zit.: Stern, Staatsrecht Bd. III 1).

Stern, Klaus: Das Staatsrecht der Bundesrepublik, Bd. 3, Halbbd. 2: Grundrechtstatbestand, Grundrechtsbeeinträchtigungen und Grundrechtsbegrenzungen, Grundrechtsverluste und Grundpflichten, Schutz der Grundrechte, Grundrechtskonkurrenzen, Grundrechtssystem, München 1994 (zit.: Stern, Staatsrecht Bd. III 2).

Stern, Klaus: Die Grundrechte und ihre Schranken, in: Badura, Peter; Dreier, Horst (Hrsg.), Festschrift 50 Jahre Bundesverfassungsgericht, Zweiter Band: Klärung und Fortbildung des Verfassungsrechts, Tübingen 2001, S. 1 ff.

Stober, Rolf: Staatliches Gewaltmonopol und privates Sicherheitsgewerbe – Plädoyer für eine Police-Private-Partnership, NJW 1997, 889 ff.

Strasser, Rudolf: Der Arbeitskampf – eine rechtsdogmatische und rechtspolitische Studie, Wien 1972.

Thüsing, Gregor: Der Außenseiter im Arbeitskampf – zur Rechtsstellung des nicht und des anders organisierten Arbeitnehmers und Arbeitgebers bei Streik und Aussperrung, Berlin 1996.

Thüsing, Gregor: Europäisches Arbeitsrecht, 2. Aufl., München 2011.

Thüsing, Gregor; Waldhoff, Christian: Koalitionsfreiheit und Arbeitskampfrecht – Eine verfassungsrechtliche Positionsbestimmung der Flashmob-Entscheidung des BAG, ZfA 2011, 329 ff.

Tiedtke, Esther: GATS als unmittelbar geltendes Recht in der EU und Deutschland mit besonderem Blick auf „Bildungsdienstleistungen“ am Beispiel von E-Learning, Kassel 2012 (zit.: Tiedtke, GATS als unmittelbar geltendes Recht).

Trabant, Alice: Solidaritätskampf oder Sozialschlacht? – Die Rechtmäßigkeit des Unterstützungsstreiks in Deutschland im Rechtsvergleich mit Großbritannien, Berlin 2012 (Trabant, Rechtmäßigkeit des Unterstützungsstreiks).

Treber, Jürgen: Aktiv produktionsbehindernde Maßnahmen – zur Zulässigkeit von Betriebsbesetzungen und Betriebsblockaden unter Berücksichtigung des Funktionszusammenhangs von Privatautonomie, Tarifautonomie und Arbeitskampfrecht, Berlin 1996 (zit.: Treber, Aktiv produktionsbehindernde Maßnahmen).

Tumforde, Inka: Subjektive Verarbeitungsformen von prekärer Beschäftigung – Zwischen gewerkschaftlicher Aktivierung und Rückzug ins Private, Oldenburger

Studien zur Europäisierung und zur transnationalen Regulierung, Oldenburg 2009 (zit.: Tumforde, Subjektive Verarbeitungsformen von prekärer Beschäftigung).

Ulber, Daniel: Tarifdispositives Gesetzesrecht im Spannungsfeld von Tarifautonomie und grundrechtlichen Schutzpflichten, Berlin 2010 (zit.: Ulber, Tarifdispositives Gesetzesrecht).

ver.di: Kampagnen, Berlin 2004.

von der Groeben, Hans; Schwarze, Jürgen (Hrsg.): Kommentar zum Vertrag über die Europäische Union und zur Gründung der Europäischen Gemeinschaft, 6. Aufl., Baden-Baden 2003 (zit.: von der Groeben/Schwarze/Bearbeiter).

Voss-Dahm, D.: Verdrängen Minijobs „normale" Beschäftigung? in: Institut Arbeit und Technik Jahrbuch, Institut Arbeit und Technik (Hrsg.), Gelsenkirchen 2005, S. 232 ff.

Wagner, Alexandra: Atypische Beschäftigung – Eine wissenschaftliche Bilanzierung, Abschussbericht, Berlin 09/2010.

Wahsner, Roderich: Vom Koalitionsverbot zum Aussperrungsverbot – zur Geschichte von Koalitionsfreiheit und Aussperrung, in: Streikfreiheit und Aussperrungsverbot – zur Diskussion einer gewerkschaftlichen Forderung, Neuwied-Darmstadt 1979, S. 144 ff.

Waltermann, Raimund: Entwicklungslinien der Tarifautonomie, RdA 2014, 86 ff.

Waltermann, Raimund; Söllner, Alfred: Arbeitsrecht, 16. Aufl., München 2012.

Wank, Rolf: Anm. zu BAG 19.06.2007 - 1 AZR 396/06, AP Nr. 173 Art. 9 Arbeitskampf GG (zit.: Wank, Anm. zu BAG AP Nr. 173 Art. 9 GG Arbeitskampf).

Wesch, Martin: Neue Arbeitskampfmittel am Beispiel von Betriebsbesetzungen und Betriebsblockaden, Berlin 1993 (zit.: Wesch, Betriebsbesetzungen).

Wiedemann, Herbert: Anm. zu BAG 19.10.1976 – 1 AZR 611/75, AP TVG § 1 Form Nr. 6 (zit.: Wiedemann, Anm. zu BAG AP TVG § 1 Form Nr. 6).

Wiedemann, Herbert (Hrsg.): Tarifvertragsgesetz mit Durchführungs- und Nebenvorschriften – Kommentar, 7. Aufl., München 2007 (zit.: Wiedemann/Bearbeiter, Tarifvertragsgesetz).

Wiedemann, Herbert: Richterliche Rechtsfortbildung, NJW 2014, 2407 ff.

Wiedemann, Herbert: Der nicht organisierte Arbeitnehmer im kollektiven Arbeitsrecht, RdA 2007, 65 ff.

Wietfeld, Anne Christin: Die rechtliche Stellung von Arbeitnehmeraußenseitern im Spartenarbeitskampf, Baden-Baden 2010 (zit.: Wietfeld, Arbeitnehmeraußenseitern).

Willemsen, Heinz Josef; Mehrens, Christian: Anm. zu BAG 22. September 2009 – 1 AZR 972/08, AP Nr. 174 Art. 9 GG Arbeitskampf (zit.: Willemsen/Mehrens, Anm. zu AP Nr. 174 Art. 9 GG Arbeitskampf).

Willke, Gerhard: Die Zukunft unserer Arbeit, Hannover 1998.

Wingerter, Christian: Der Wandel der Erwerbsformen und seine Bedeutung für die Einkommenssituation Erwerbstätiger, Wirtschaft und Statistik 11/2009, S.1080 ff.

Wohland, Ulrich: Kampagnen, Organizing und mitgliederorientierte Tarifpolitik, in: Kocsis, Andrea; Sterkel, Gabriele; Wiedemuth, Jörg (Hrsg.), Organisieren am Konflikt, Hamburg 2013, S. 65 ff. (zit.: Wohland, Kampagnen).

Wohlgemuth, Hans Hermann: Staatseingriff und Arbeitskampf – zur Kritik der herrschenden Arbeitskampfdoktrin, Köln 1977 (zit.: Wohlgemuth, Staatseingriff und Arbeitskampf).

Wolf, Roland: Deutsches Tarifrecht – zwischen Erfolg und Bewährungsprobe, in: Schubert, Jens M. (Hrsg.), Anforderungen an ein modernes kollektives Arbeitsrecht: Festschrift für Otto Ernst Kempen, Baden-Baden 2013, S. 59 ff.

Wolf, Sebastian: Welthandelsrechtliche Rahmenbedingungen für die Liberalisierung ausländischer Direktinvestitionen – Multilaterale Investitionsverhandlungen oder Rückbesinnung auf bestehende Investitionsregelungen im Rahmen der WTO? Christian Tietje/Gerhard Kraft/Rolf Sethe (Hrsg.), Beiträge zum Transnationalen Wirtschaftsrecht, Heft 61, 2006. Online Veröffentlichung: http://telc.jura.uni-halle.de/sites/default/files/altbestand/Heft61.pdf. Abrufdatum 01.05.2015 (zit.: Wolf, Direktinvestitionen).

Wolter, Henner: Aussperrung und Verhältnismäßigkeit: Kritik des „obersten Gebots" des Arbeitskampfrechts, in: Streikfreiheit und Aussperrungsverbot – zur Diskussion einer gewerkschaftlichen Forderung. Neuwied-Darmstadt 1979. S. 224 ff. (zit.: Wolter, Aussperrung und Verhältnismäßigkeit).

Wompel, Mag: Sabotage – Arbeitskampf mit Strategie und Spaß, in: Bewernitz, Torsten (Hrsg.), Die neuen Streiks, Münster 2008, S. 140 ff.

Woodruff, Tom: Gewerkschaftsaufbau in schwierigen Zeiten. Wie die SEIU zur Gewerkschaft mit den höchsten Mitgliederzuwächsen in den USA wurde, in: Bremme, Peter; Fürniß, Ulrike; Meinecke, Ulrich (Hrsg.), Never work alone, Organizing – ein Zukunftsmodell für Gewerkschaften, Hamburg 2007, S. 92 ff.

Yates, Michael D.: Why Unions Matter, 2. Aufl., New York 2009.

Zechlin, Lothar: Streik, Strafrecht, Polizei – juristischer Leitfaden für Konflikte mit der Staatsgewalt, Köln 1986 (zit.: Zechlin, Streik).

Zeise, Fanny: Einleitung, in: Zeise, Fanny; Hoffmann, Rabea (Hrsg.), Erneuerung durch Streik, Berlin 2014, S. 2 ff.

Zöllner, Wolfgang: Die Zulässigkeit neuer Arbeitskampfformen, in: Karl August; Zeuner, Albrecht (Hrsg.), Festschrift für Eduard Bötticher zum 70. Geburtstag am 29. Dezember 1969, Bettermann, Berlin 1969, S. 427 ff. (zit.: Zöllner, Arbeitskampfformen).

Zöllner, Wolfgang: Die Fortentwicklung des Richterrechts zum Arbeitskampf, insbesondere zur Aussperrung, DB 1985,2450.

Zöllner, Wolfgang: Die Rechtsprechung des Bundesverfassungsgerichts zu Artikel 9 Abs. 3 GG, AöR 98 (1973), 71 ff.

Zöllner, Wolfgang; Loritz, Karl-Georg; Hergenröder, Curt Wolfgang: Arbeitsrecht – Ein Studienbuch, 6. Aufl., München 2008 (zit.: Zöllner/Loritz/Hergenröder, Arbeitsrecht).

Zuleeg, Manfred: Der Internationale Pakt über wirtschaftliche, soziale und kulturelle Rechte, RdA 1974, 321 ff.

Schriften zum Recht der Arbeit

Herausgegeben von Olaf Deinert / Rüdiger Krause

Das Arbeitsrecht regelt die Bedingungen, unter denen durch Kooperation von Arbeitgebern und Arbeitnehmern wirtschaftliche Werte geschaffen und die daraus entstehenden Erträge verteilt werden. Dabei muss sich das Arbeitsrecht in einem immer stärkeren Maße den Herausforderungen einer globalisierten Ökonomie einerseits und sich ständig verändernden gesellschaftlichen Anschauungen andererseits stellen. Das Arbeitsrecht nimmt daher eine zentrale Rolle in der Struktur moderner Industrie- und Dienstleistungsgesellschaften ein. Kein anderes Rechtsgebiet steht deshalb so stark im Spannungsfeld der politischen und sozialen Kräfte sowie zugleich im Blickpunkt der Öffentlichkeit. Die Reihe „Schriften zum Recht der Arbeit" soll die wissenschaftliche Auseinandersetzung mit dem Arbeitsrecht und dem betrieblichen Sozialrecht fördern, indem sie einen Rahmen für einschlägige Publikationen schafft. Sie vereint vorwiegend Dissertationen zu diesen Themen, die mit mindestens „cum laude" bewertet worden sind.

Manuskriptvorschläge sind in Papierform an die Herausgeber zu richten: Professor Dr. Olaf Deinert / Professor Dr. Rüdiger Krause, Institut für Arbeitsrecht, Georg-August-Universität Göttingen, Platz der Göttinger Sieben 5, 37073 Göttingen.

Band 1 Elisa Maria Wolf: Druckkündigungen mit diskriminierendem Hintergrund. 2012.

Band 2 Daniel Hader: Die Differenzierung nach der Gewerkschaftsmitgliedschaft durch Vereinbarung. 2012.

Band 3 Nils Seibert: Die Begründung und Beendigung von Arbeitsverhältnissen und Arbeitsverträgen. 2012.

Band 4 Maximilian Federhofer: Europäisches Tarifrecht? Zum Verhältnis von Grundfreiheiten und Grundrechten im Hinblick auf nationale Sachverhalte mit Tarifbezug. 2013.

Band 5 Sara Günther: Arbeitsrechtlicher Antidiskriminierungsschutz und Diversity Management. AGG - Pflicht und Chance zugleich. 2013.

Band 6 Jun Zhu: Die Mankohaftung im Arbeitsverhältnis nach der Schuldrechtsmodernisierung. 2013.

Band 7 Philip Owschimikow: Datenscreening zwischen Compliance-Aufgabe und Arbeitnehmerdatenschutz. Zugleich eine Bewertung des Regierungsentwurfs eines Gesetzes zur Regelung des Beschäftigtendatenschutzes. 2014.

Band 8 Jennifer Rasche: Arbeitnehmerweiterbildung. Gesetzlicher Rahmen und kollektive Gestaltungsmöglichkeiten. 2014.

Band 9 Nicola Jakobi: Flexibilisierungen des Arbeitsverhältnisses im Arbeitnehmerinteresse. Eine rechtsdogmatische und rechtspolitische Untersuchung des Rechts der Arbeitszeiten auf die Vereinbarkeit von Familie und Beruf. 2014.

Band 10 Christiane Radtke: Externer Sachverstand im Betriebsverfassungsrecht. Sachverständige und Berater für Betriebsrat, Gesamtbetriebsrat, Konzernbetriebsrat, Wirtschaftsausschuss und Wahlvorstand. 2014.

Band 11 Michael Au: Das Übergangsmandat der Arbeitnehmervertretungen. 2014.

Band 12 Manfred Walser: Einfluss der Rechtsordnung auf die Tarifbindung der Arbeitgeberseite. 2015.

Band 13 Natascha Ziemek: Der Urlaubsanspruch als synallagmatischer Einheitsanspruch. Die Einordnung des Urlaubs- und Urlaubsabgeltungsanspruchs in das arbeitsvertragliche Synallagma unter Berücksichtigung des unionsrechtlichen Urlaubsbegriffs nach der Rechtsprechung des EuGH. 2016.

Band 14 Yu-Fan Chiu: Die Zulässigkeit atypischer Arbeitskampfformen und die Kampfmittelfreiheit. Eine rechtssoziologische und rechtsdogmatische Analyse im Licht der Flashmob-Entscheidungen von Bundesarbeitsgericht und Bundesverfassungsgericht in Zeiten der wirtschaftlichen Globalisierung. 2017.

www.peterlang.com

www.ingramcontent.com/pod-product-compliance
Ingram Content Group UK Ltd.
Pitfield, Milton Keynes, MK11 3LW, UK
UKHW021836290926
8980IPUK00004B/479

9 783631 667422